权威·前沿·原创

皮书系列为

“十二五”“十三五”国家重点图书出版规划项目

中国海关发展前沿报告（2017）

ANNUAL CUTTING-EDGE REPORT ON THE DEVELOPMENT OF CHINA CUSTOMS (2017)

海关全面深化改革

主　编／干春晖

图书在版编目(CIP)数据

中国海关发展前沿报告. 2017：海关全面深化改革 / 干春晖主编. --北京：社会科学文献出版社，2017.6
（海关发展蓝皮书）
ISBN 978-7-5201-0400-5

Ⅰ.①中… Ⅱ.①干… Ⅲ.①海关管理-体制改革-研究报告-中国-2017 Ⅳ.①F752.5

中国版本图书馆 CIP 数据核字（2017）第 041780 号

海关发展蓝皮书
中国海关发展前沿报告（2017）
——海关全面深化改革

主　　编 / 干春晖

出 版 人 / 谢寿光
项目统筹 / 任文武
责任编辑 / 高振华

出　　版 / 社会科学文献出版社 · 区域与发展出版中心（010）59367143
地址：北京市北三环中路甲 29 号院华龙大厦　邮编：100029
网址：www.ssap.com.cn
发　　行 / 市场营销中心（010）59367081　59367018
印　　装 / 北京季蜂印刷有限公司

规　　格 / 开 本：787mm × 1092mm　1/16
印 张：23.75　字 数：399 千字
版　　次 / 2017 年 6 月第 1 版　2017 年 6 月第 1 次印刷
书　　号 / ISBN 978-7-5201-0400-5
定　　价 / 89.00 元

皮书序列号 / PSN B-2017-617-1/1

摘　要

中国（上海）自贸试验区成立三年以来，海关在参与这场国家试验的同时迎来了重要改革。在自贸区的法律地位方面，海关应当借鉴国际通行规则，确立自贸区“境内关内”的海关监管区地位，确立海关对自由区内货物（包括侵权货物问题）实施监管的充分权力。在立足周边、辐射“一带一路”的自由贸易区网络战略背景下，海关应当进一步拓展与区域物流企业合作的深度和广度，为国际性物流通道建设以及区域贸易发展提供良好环境支撑。同时，自贸区的设立对外贸监督管理部门的跨部门合作、监管制度创新提出了新的要求，海关监管制度创新应着眼于法律依据、协同创新、创新路径方面的问题，在实践中应当以国际贸易单一窗口建设为抓手，探索建立新机制，打破协调创新瓶颈。在监管制度创新的基础上，随着自贸区制度创新对制造业、文化贸易发展促进作用的显现，海关应进一步利用上海自贸试验区这一试验田，继续推广明确涉及制造业的各项措施，对制造业转型升级发挥导向作用，借鉴发达国家文化贸易发展经验，从文化产品出口贸易与文化服务贸易两方面拓宽文化贸易的发展路径。

海关全面深化改革的推进同样需要建立在对我国近年来对外贸易形势分析的基础之上。从时间上看，改革开放以来我国总体价格贸易条件呈正 U 形曲线变化趋势，近年来的改善趋势从行业层面看源于出口商品结构优化。从空间上看，贸易开放机制对各地经济增长的促进作用依赖于当地市场化进程，并呈现明显的门槛效应。在服务贸易方面，我国与东盟的《服务贸易协议》从总量上看并未有效促进双边服务贸易发展，在当前的海关贸易统计中针对新型服务贸易业态的统计也存在缺位现象。在电子信息产业贸易方面，我国目前处于向上发展的关键时期，但产品出口受外部冲击明显，出口广度呈现倒 V 形增长，亟须产业转型升级。在跨境电子商务方面，“新政”存在着试点城市发展不均衡、进口与出口受“新政”影响不显著、跨境电商税负水平显著提高等问题，需在相关法规政策、监管业务、监管流程方面创新跨境电子商务综合管理模式。法制建设同样是海关全面深化改革的应有之义。《海关全面深化改革总体方案》将构建一体化通关管理格局作为改革的主要抓手和主攻方向，改革实践应当在协同治理理论、整体性治理理论以及网络治理理论的支持下展开，提出评估指标体系，并通过优化三级事权、整合机构职能、再造通关流程改革牵引海关监管体制改革，形成集约高效、协调统一的一体化通关管理格局。同时，海关法制建设应当主动对接国际标准。针对《贸易便利化协定》的要求，海关应当理性分析存在的差距，积极推动《贸易便利化协定》实施，促进我国口岸通关综合管理体制和口岸治理能力的优化和提升。针对海关估价这一世界性难题，我国海关应加强比较法研究，汲取各国估价的先进经验和做法。针对目前已对航运企业发展造成一定阻碍的船舶吨税制度，海关应在汲取各国经验的基础上，成为一个有建设性话语权的执行者，协同税务机关，形成完善的航运税收体系，提高执法效能。

目　录

Ⅰ　总报告

Ⅱ　海关与自贸区建设

Ⅲ　海关与中国对外贸易

Ⅳ　海关深化改革与法制建设

皮书数据库阅读**使用指南**

总 报 告

General Report

B.1

自由贸易试验区背景下的海关制度创新深化研究

干春晖*

摘 要： 2016 年 9 月 29 日，中国（上海）自贸试验区成立三周年。国家在总体方案中明确，希望通过自贸区的改革试验，为我国未来扩大开放和深化改革探索新思路和新途径，更好地为全国服务。经过三年的国家创新试验，我国自贸试验区从 1 个扩充到 11 个，自贸区建设进入了新阶段。我们不仅有必要总结已有的成熟经验，还应当对新阶段海关制度创新的改革路径进行思考，这样才能做到有的放矢、有所作为。本文首先简要回顾了三年来自贸区海关在制度创新上取得的成绩，尤其是形成了一系列可复制推广的改革经验；然后分析了自贸区新时期海关制度创新面临的新问题；最后对未来海关制

* 干春晖，上海海关学院副院长，教授。

度创新路径提出了相关建议和展望。

关键词： 自贸试验区 海关 制度创新

一 引言

自金融危机后，国际经济发展进入深度调整期，我国经济发展也处于增长速度换挡期、结构调整阵痛期、深化改革深水期、前期政策消化期四期叠加的“新常态”。第一轮改革开放的制度红利逐渐式微，亟待新一轮的扩大开放、深化改革来激发经济活力，推动经济运行企稳回升，最终实现中国经济的转型升级以及跨入高收入国家行列的目标。在此背景下，自贸区应时而生，并在三年期间由上海自贸区发展至覆盖全国东、中、西部的11个自贸区。自贸区作为中国扩大开放的“试验田”，肩负着我国在新时期深化改革、扩大开放、转变政府职能、实现制度创新，为全面改革开放探索新方法、新路径的重要历史使命。

“自贸区建设的核心任务是制度创新。”制度创新是将改革成果固化为制度，从而持续释放改革红利的重要方式，是衡量自贸区成功与否的关键。海关作为自贸区发展的重要参与部门，在制度创新方面已完成诸多尝试。以“信息化、法治化、智能化、便利化、安全化”的“五化”为改革目标，海关主要围绕“简政集约、通关便利、安全高效”的全面深化改革总体要求，重点在简政放权、通关便利、功能拓展、流程优化、智能管控和资源整合等方面推进制度创新并形成了一系列可复制、可推广的创新成果。这些创新成果的辐射带动效果明显，极大地推动了海关自身的全面深化改革。

同时，自贸区海关制度创新也步入“深水区”，其面临的一些困难与瓶颈也开始显现。如简政放权仍然不够彻底、海关与其他部门协作仍需顺畅、成果普及程度仍需加强等也对下一步自贸区海关制度创新提出了挑战。此外，国内外经济形势的变化、国家战略的调整等为海关制度创新创造了新的机遇，也提出更高的要求。海关制度创新需在现有成效的基础上，重点实现“质”的突破，积极推进海关监管制度向更高层次更有质量的方向发展。

二　自贸区海关制度创新的发展现状分析

（一）自贸区海关制度创新已初具规模、成效显著

1. 创新成果丰硕，并在落地中成效显著

上海自贸试验区成立三年来，海关以配合自贸试验区制度创新为核心，在制度创新方面取得了较好的成效并形成了一系列可复制的创新成果。制度创新的成果主要包括贸易便利化水平提高、监管制度持续升级、“单一窗口”模式破冰以及制度国际化提升等。

首先，以便利化为核心的通关制度基本形成，通关效率大幅提高。海关已实现了一线“先进区、后报关”、二线“批次进出、集中申报”的创新通关制度，这使得企业通关时间大大缩短，企业申报减少，大大降低了企业的通关成本。其次，以功能拓展为重点的保税监管制度持续升级，促进外贸转型升级作用明显。海关建立并实施了保税展示交易、大宗商品期货保税交割与现货保税交易等制度，建立了“货物状态分类监管”模式并在试点企业实现常态化运作。再者，建立并推进了“单一窗口”监管模式。“单一窗口”实现了贸易和运输企业通过单一窗口向监管部门一次性提交申报，监管部门通过单一窗口向企业反馈办理结果和共享监管结果信息，实现了各部门在海关监管上的协同，极大地提升了企业贸易效率。最后，我国自贸区海关制度创新主动对标由WTO推动的《贸易便利化协定》（TFA）等国际贸易规则，逐步提升其国际化的实现。

2. 创新成果得到广泛复制推广

此外，创新成果的复制推广也是制度创新的重要内容。自贸区成立三年来，海关共推出31项创新制度，包括通关便利化类11项、保税监管类4项、企业管理类8项、税收征管类3项、功能拓展类5项，其中大部分已复制推广。表1显示了2015年以来国务院分三次推广的自贸区改革试点经验。从推广内容看，贸易便利化推进以及监管制度创新是其重点。从变化趋势看，海关

制度创新推广的内涵也更为丰富。这些制度创新成果的积累与推广一方面可以倒逼海关自身的全面深化改革，另一方面也为海关制度创新的进一步推进提供了宝贵经验。

表1　国务院复制推广自贸区海关制度创新经验的主要内容

批次	发布时间	类别	内　　容
第一次	2015年1月29日	贸易便利化	全球维修产业检验检疫监管；中转货物产地来源证管理；检验检疫通关无纸化；第三方检验结果采信；出入境生物材料制品风险管理等
		海关监管制度	期货保税交割海关监管制度、境内外维修海关监管制度、融资租赁海关监管制度等措施
第二次	2015年4月20日	贸易便利化	深化“一线放开”、“二线安全高效管住”贸易便利化改革
		海关监管制度	推进国际贸易“单一窗口”建设；统筹研究推进货物状态分类监管试点；推动贸易转型升级；完善具有国际竞争力的航运发展制度和运作模式
第三次	2016年11月10日	贸易便利化	依托电子口岸公共平台建设国际贸易单一窗口，推进单一窗口免费申报机制；国际海关经认证的经营者（AEO）互认制度；出境加工监管；企业协调员制度；引入中介机构开展保税核查、核销和企业稽查；海关企业进出口信用信息公示制度
		海关监管制度	一次备案，多次使用；委内加工监管；仓储货物按状态分类监管；大宗商品现货保税交易；委内加工监管保税展示交易货物分线监管、预检验和登记核销管理模式；海关特殊监管区域间保税货物流转监管模式

资料来源：根据中国中央人民政府网站资料整理，http：//www.gov.cn/zhengce/index.html。

（二）自贸区海关制度创新仍有进步空间

1.现有创新制度仍需持续提升

一方面，创新制度仍需进一步优化。当前自贸区许多海关制度创新，尤其涉及与企业对接的制度创新，采取了由个体试点发展为统一规则的方式，在统一规则推广落地的实践中发现有些流程并不能全部适应不同类型多元化企业的需求。此外，许多制度创新在企业准入上并没有彻底放开，仅对部分企业试点。这就要求在制度创新初步完成后，仍需在实行过程中依据试点情况不断调整、优化，实现制度创新与企业的诉求相一致。另一方面，部分流程仍需进一步简化。当前许多创新制度的流程以及手续的简化程度仍然不够，并且实际执行中存在操作指引不细致、不明确的情况，还需要进一步的简化来实现创新制度的真正落地。

2. 海关与其他贸易监管部门的协作还需加强

当前海关与其他贸易部门已经形成了一定协作基础，但是仍需进一步打破部门间的“权力壁垒”，实现各部门通力为制度创新服务。如通关一体化重要实现举措——国际贸易“单一窗口”就需要海关、质检总局、交通部、商务部等单位共同参与推进，各部门分工协作，共同促进该功能实现。目前“单一窗口”已在多个部门实现，但是其全部推进还需要一个过程，需要各方面力量的协力推进。

3. 相应的法律、法规以及配套制度建设仍需完善

目前关于自贸区制度改革的法律、法规仍未建立起来，海关制度创新方案多按照相关规定执行，缺乏法律基础保障并且有些创新模式甚至可能与现行法律制度冲突。这些相关法律保障的不健全将对创新的稳定落实和全面推广造成一定的障碍。此外，制度创新方案不断推陈出新，但部分创新制度面临风险防控以及技术保障尚不完善的问题，使得业务部门不敢放手推进落实，这在一定程度上影响了扩大开放政策的实质性落地。

（三）自贸区海关制度创新存在的机遇

1. 国家政策的大力支持

自贸区的建设是全面深化改革、推进新一轮对外开放的国家战略举措，其发展成效攸关国家经济转型成败。近几年，国家大力重视自贸区以及海关管理制度的改革创新，并密集发文提出海关制度创新意见以及政策指导，并提出了“大胆改、大胆闯、自主改”的精神指导，这对自贸区海关制度创新以及海关自身的管理改革都是一个千载难逢的机遇。国家政策的大力支持是海关大胆探索开展创新工作的重要保障。

2. 自贸区加速发展将催生更多的创新需求

如表 2 所示，我国目前共有 11 个自贸区。其中，辽宁、浙江、河南、湖北、重庆、四川、陕西的自贸区是 2016 年新设立的，亟须相应海关制度创新的配套实施。我国自贸区的总体目标一致，但其具体定位各有特色，这就给海关制度创新提出了新的课题。如陕西自贸区可能更多为实现国家“一带一路”战略服务，该区域的海关创新应会侧重于与“一带一路”沿线国家口岸管理机构的对接以及相关制度的探索、创新。这就要求海关制度创新的进一步深化既需要结合各自贸区现状普及已有创新成果并在普及过程中不断优化，还要结合各自贸区发展模式的不同形成符合其特殊需求的创新制度。

表 2　国家自贸区发展现状

自贸区名称	主要范围	主要功能定位
上海自贸区	原范围(外高桥、洋山港、浦东机场保税区)扩至陆家嘴、张江、金桥地区	上海自贸试验区的定位是立足长江经济带,面向全球,侧重金融业创新发展
天津自贸区	天津港片区、天津机场片区、滨海新区中心商务片区	天津自贸试验区着眼于京津冀的协同发展,服务于华北、东北、西北三北地区,促进环渤海经济带的产业结构调整,面向东北亚,促进制造业发展及对外开放
福建自贸区	厦门片区、平潭片区、福州片区	福建自贸试验区的定位是面向台湾地区,配合“一带一路”,深化两岸经贸合作,力图在两岸贸易层面有所突破
广东自贸区	南沙新区、前海蛇口片区、珠海横琴新区	广东自由贸易试验区定位是立足珠三角,依托港澳地区,促进服务业开放和发展
辽宁自贸区	大连自贸区(范围涵盖大连保税区、大窑湾保税港区、大连出口加工区)	辽宁省主要是落实中央关于加快市场取向体制机制改革、推动结构调整的要求,着力打造提升东北老工业基地发展整体竞争力和对外开放水平的新引擎
浙江自贸区	舟山自贸区	浙江省主要是落实中央关于“探索建设舟山自由贸易港区”的要求,就推动大宗商品贸易自由化、提升大宗商品全球配置能力进行探索
河南自贸区	郑州自贸区(以郑州为主,涵盖郑州、开封、洛阳三个片区)	河南省主要是落实中央关于加快建设贯通南北、连接东西的现代立体交通体系和现代物流体系的要求,着力建设服务于“一带一路”建设的现代综合交通枢纽
湖北自贸区	武汉自贸区	湖北省主要是落实中央关于中部地区有序承接产业转移、建设一批战略性新兴产业和高技术产业基地的要求,发挥其在实施中部崛起战略和推进长江经济带建设中的示范作用
重庆自贸区	两江新区、重庆西部物流园、重庆微电子园	重庆市主要是落实中央关于发挥重庆战略支点和连接点重要作用、加大西部地区门户城市开放力度的要求,带动西部大开发战略深入实施

续表

自贸区名称	主要范围	主要功能定位
四川自贸区	成都自贸区	四川省主要是落实中央关于加大西部地区门户城市开放力度以及建设内陆开放战略支撑带的要求，打造内陆开放型经济高地，实现内陆与沿海沿边沿江协同开放
陕西自贸区	西安自贸区	陕西省主要是落实中央关于更好发挥“一带一路”建设对西部大开发带动作用、加大西部地区门户城市开放力度的要求，打造内陆型改革开放新高地，探索内陆与“一带一路”沿线国家经济合作和人文交流新模式

资料来源：根据中国中央人民政府网站资料整理，http：//www.gov.cn/zhengce/index.htm。

3. 国家战略调整提供了新方向

近年来，随着国际、国内形势的变化，国家高瞻远瞩地提出了“一带一路”、“供给侧改革”、“京津冀经济一体化”、“长江经济带”等国家发展战略，这既是海关制度创新的机遇所在，也对海关制度创新提出了全新的、更高的要求。如“一带一路”战略的实施需要海关与“一带一路”沿线国家加强对接，建立更为便利化的监管方式，实现监管服务与沿线国家接轨，这对海关制度创新而言都是全新的领域。“供给侧改革”要求海关对不同行业有侧重、有目的地实现监管，从而为国家经济结构转型服务。此外，“京津冀经济一体化”及“长江经济带”的战略布局也将会要求并有力地推进区域通关一体化的实现。

（四）自贸区海关制度创新面临的外部挑战

1. 贸易、投资下行压力大

自金融危机后，我国进出口贸易额持续下滑。如图 1 所示，自 2010 年起，我国进口、出口贸易额占 GDP 的比重持续下降，并存在进一步下行的风险。此外，由于劳动力成本上升以及营运环境相对较差①等原因，外商直接投资也出现向外转移的趋势。对 4000 家东莞企业的调查显示，有相当数量的外资企业

① 世界银行最新发布的《营商环境报告》中，2016 年我国的营商环境仅排第 78 位，跨境贸易排名更低，为第 96 位。

存在订单转移的情况，2016 年全年企业订单转移总量超过 100 亿美元。这客观上要求海关从贸易便利化、通关流程、国际化先进理念及规则对接等多个方面更为重视制度创新，从而为我国进出口贸易的恢复提供更为有利的条件，同时通过进一步制度创新创造更好的投资营运环境，吸引外资。

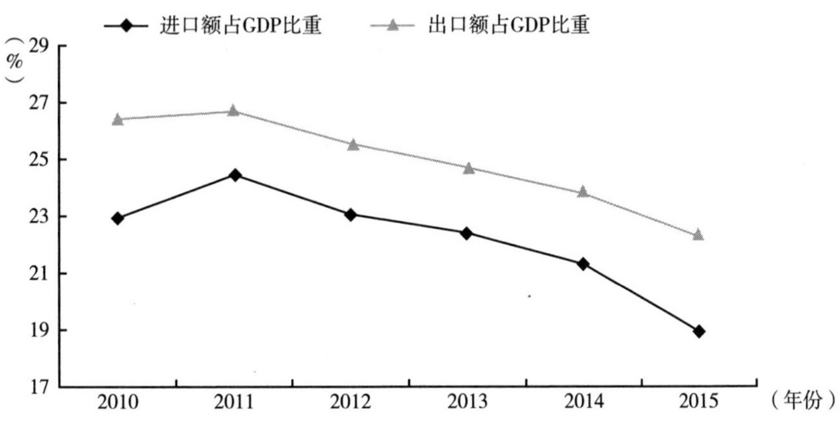

图 1　2010 ~ 2015 年中国进口额、出口额占 GDP 比重

资料来源：世界银行 WDI 数据库。

2. 国际形势的变化

已有经验表明，世界经济形势、贸易发展形势以及国际贸易组织的规则都对海关制度建设以及制度创新有着全方位、多层次的影响。后危机时代，国际贸易呈现“碎片化”趋势，美国等发达国家倾向于采取贸易保护主义，全球贸易增速放缓。另外，按照 WTO 规则中国将于 2016 年 12 月自动获得“市场经济”地位仍存在一些质疑。美国总统特朗普上台后 TPP 的走向尚不明朗。这些外部形势的变化要求我国贸易规则制定以及海关制度创新等需要更为积极主动地与国际规则对接，并依据国际形势的变化进行动态调整。

三　海关制度创新深化的路径分析

过去三年，我国海关管理伴随着自贸区的创立与发展在制度创新方面取得了重大突破。但海关管理制度创新不是一蹴而就的，而是一个持续深化的过程，应随着国内外经济形势的变化、国家战略规划的需求以及结合自身发展过程中所产生的问题不断调整与优化，向着更高层次更有质量的方向发展。基于对当前中国海关制度创新发展状况以及面临机遇与挑战的分析，自贸区海关制度创新深化可从以下几个维度深入推进。

（一）顺应“放管服”改革趋势，进一步理顺海关监管与市场关系

“让市场在资源配置中起决定性作用和更好发挥政府作用”是经济体制改革的核心理念，也是指导海关制度创新的根本原则。自贸区发展中，海关应当充分利用市场来配置创新资源。

实践上，要继续深入推进自贸区海关简政放权、放管结合、优化服务的“放管服”改革。海关应针对目前改革中仍不到位、不配套、不衔接等问题，持之以恒地进行自我革命，以壮士断腕精神把海关制度“放管服”改革向纵深推进。这具体可从两个维度进行深化。

1. 继续推进“简政放权”，让市场力量充分参与到海关制度创新中

首先，要简化各类经营活动的准入限制级及审批层级。如准入环节对符合要求企业全面放开，而不是仅覆盖部分企业，许多流程和手续如入区货物核放单申报等仍需顺应企业需求诉求继续简化。其次，要促进海关制度创新决策过程更为公平、透明。可以探索构建海关制度创新多利益群体合理、理性、科学、全过程的参与机制，并对海关改革创新活动加强信息公开和决策程序的公正透明。最后，可以继续引入社会中介等市场力量参与海关监管工作。通过委托、指导、购买服务等方式促进海关监管向市场放权，如企业资格审核、原产地确定等选择更具有专业背景的社会机构，既节省成本又促进了监管效率提升。

2. 推进“服务型”海关建设，促进关企和谐关系发展

彻底摒弃海关与企业监管—被监管的旧思路，建立真正的关企伙伴关系，以企业需求为导向实现海关制度创新，这也是符合国际海关管理理念以客户为导向的主流趋势。一是改善管理权力过度集中于海关的现状，在各个环节赋予企业更大的自主权，促进海关与企业共同参与到贸易链条管理、运行过程中。二是将部分海关直属负责的企业管理、查验等核批下放至现场海关，增加属地海关服务的针对性和有效性。

（二）以单一窗口建设为突破口，加快推进全国通关一体化改革

单一窗口已经成为世界许多国家海关管理普遍实行的一种管理模式。其模式为参与贸易管理的各部门在统一平台上各尽其责，企业通过单一的信息输入点一次性提交标准化信息，大大简化了货物审核流程。目前已经在“一般贸易进口货物申报”试点方面取得了较好进展，并开始着手推进国际贸易单一窗口建设，但在单一窗口覆盖范围以及部门协调方面仍存在改善空间。鉴于此，未来海关需深入贯彻落实国务院《落实“三互”推进大通关建设改革方案》的精神，继续深入推进大通关改革和国际贸易单一窗口建设，加大力度推进全国通关一体化改革，不断释放改革红利，增强人民群众获得感。

1. 要继续扩大单一窗口覆盖范围和功能实现

如将货物申报的单一窗口运作由进口推广至出口，完善申报数据导入功能，由海港推广至空港，由船舶出口岸联网审核扩展到船舶进出口岸手续办理，从而形成全面覆盖、规则明晰的自贸区单一窗口系统。

2. 要进一步加强各部门的协调运作

单一窗口的参与主体应由目前集中于海关、海事、边检、商检等部门逐步推广至涉及的所有部门，打通部门之间的权力壁垒。推动相关法律法规来规范、明确各部门在单一窗口建设中的管理权限和职责分工，并在实际执行中逐步细化制度条例，从而达到各部门各司其职、有效协作的目的，使单一窗口功能更为强大。

3. 基于单一窗口建设，逐步实现区域内至全国性的通关一体化

目前的单一窗口建设已经呈现从个别地区实现到区域内推广的端倪。如为配合国家“京津冀一体化”发展战略，天津海关已经开始着手实现北京、天津、河北的通关一体化运作，三地区互认商品预归类、价格预审核、原产地预确定和许可证件等通关审核材料。“长江经济带”也开始推进通关一体化改革。未来通关一体化发展应该遵循完善单一窗口等模块，进而实现在局部范围内的统一制度、通关一体化，进而将局部地区的经验推广至全国，实现全国范围内通关一体化目标。

（三）推进相关法律、法规建设及配套制度建设

自贸区海关制度创新需要政策、法律的支持以及配套制度的建设，这对于巩固制度创新的成果、增强区内企业投资者信心、促进制度创新复制推广具有重要意义。一是探索创新立法模式，建立自贸区海关制度创新相关立法的“绿色通道”，对于涉及法律突破的方面，通过政策调整、法律修订等方式予以调整，为自贸区海关制度改革建立完善的政府法律体系，营造出良好的试错环境。长期来看，要用已普遍推广的创新制度来倒逼相关法律、法规的调整，使创新制度与法律规定相一致。二是在海关创新制度建立过程中就需要考虑建立与其相配套的风险管控体系以及配套的信息化等制度，确保制度创新在相关制度的配合下顺利实施。

（四）紧密结合国家战略需求深化海关管理制度创新

1. 将自贸区海关制度创新与国家“一带一路”发展战略紧密结合

一方面，自贸区海关要积极推动实现国际物流大通道建设，为“一带一路”国家经贸合作创造条件。建立以水运、空运、铁路、公路为枢纽的多式联运物流监控中心，并实现多式联运一次申报、指运地一次查验。另一方面，要扩大内外贸易同船运输、国轮捎带、国际航班国内段货物运输适用范围，提升运力资源综合效能。最后，自贸区海关要加强与“一带一路”沿线国家海关管理制度的合作与对接，在进出口检验检疫、认证认可、标准计量等多个方面开展合作，建立统一的标准，探索联合监管的模式。

2. 海关制度创新要为外贸稳增长、调结构服务

当前我国对外贸易稳增长、调结构的压力较大。在此背景下，企业对通关效率、通关成本更为敏感，对中国对外贸易环境的改善有更强的诉求。因此，自贸区海关制度创新应该进一步着眼于提高企业贸易便利化水平，提高通关效率，减少通关审批流程，降低贸易成本，从而减少企业出口贸易的负担，增强企业的国际竞争力。此外，跨境电子商务已成为国际贸易的新趋势，自贸区海关应建立相应制度鼓励跨境电子商务的开展，完善与之相适应的海关监管、检验检疫、税务、跨境支付、物流等支撑系统。最后，海关对货物贸易的监管已形成一定的规则，但对服务贸易如何监管，目前仍未有成熟的运

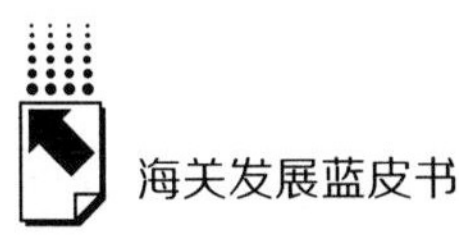

作机制，下一步需要在服务贸易监管模式上有所突破，推广复制上海自贸区在融资租赁、期货保税交割、离岸服务外包等方面的监管制度，并在服务贸易其他领域探索建立相应的监管机制，这将对推动中国服务贸易的发展具有重要意义。

3. 海关制度创新举措需配合国家供给侧改革，为化解产能过剩服务

如落实化解过剩产能部际联席会议部署，加大对煤炭、钢铁进口的管控和预警监测力度，保持打击大米、食糖、冻品等农产品走私高压态势，为农业供给侧结构性改革营造稳定环境。

海关与自贸区建设

Customs and Development of Free Trade Zone

B.2 我国自贸区海关协同创新机制的国际镜鉴与本土变革：透视上海经验

王　珉*

摘　要：　目前，我国将加快实施自由贸易区战略作为全面深化改革的重要内容，并致力于形成立足周边、辐射“一带一路”的自由贸易区网络。与此同时，国内自由贸易园区的建设也正稳步推进，并在促进贸易便利化方面取得重要进展。未来，我国将以自贸园区为核心，逐步构建一体化通关格局，创新海关监管服务制度，进一步与国际规则接轨。为充分发挥自贸园区的比较优势，深化贸易便利化改革实践，应进一步强化海关与区域物流企业之间一体化合作的深度和广度。通过建立物流企业合作机制、加强与海关等职能部门配合建立海关

* 王珉，上海海关学院法律系讲师。

与物流联盟协同创新机制，为国际性物流通道建设以及区域贸易和谐发展提供一个良好的环境支撑。

关键词：“一带一路” 自贸区 海关协同创新 物流联盟

2014 年 12 月 5 日，习近平总书记指出，加快实施自由贸易区战略是我国新一轮对外开放的重要内容，并进一步提出逐步形成立足周边、辐射“一带一路”、面向全球的自由贸易区网络。为形成区域内外辐射效应，2014 年 12 月，依托现有新区、园区，国务院决定在广东、天津、福建特定区域再设三个自由贸易园区，以上海自贸区试点内容为主体，结合地方特点，充实新的试点内容。2015 年 4 月，广东、天津、福建自由贸易试验区总体方案、进一步深化上海自由贸易试验区改革开放方案审议通过。2016 年 8 月，继上海、广东、天津和福建之后，党中央、国务院决定将再增辽宁、浙江、河南、湖北、重庆、四川、陕西 7 个自贸区。这意味着我国自贸区建设将上一个新台阶，更大范围内改革试点及深层次对外开放正在稳步推进。在经济全球化和区域合作加快发展的背景下，我国物流企业也应从市场和政策角度出发，通过物流联盟战略模式，开展区域内外物流合作，形成一体化物流服务体系，推进海关、物流企业与各部门之间的协同创新，从而有助于贸易便利化水平的进一步提升。

一 上海自贸区海关监管思路定位：扩大开放与快速通关相结合

“一带一路”战略的真正落地，除构建跨区域协调机制、加紧完善相关制度保障外，还需通过国内自贸区建设增强地区辐射效应。对于国内自贸区来说，以上海自贸区为例，上海自贸区进一步拓展改革开放的领域，全面对接“一带一路”和长江经济带国家战略，全面加强与“四个中心”、科技创新中心建设联动。

自 2013 年 9 月成立以来，上海自贸区海关监管制度创新成效显著。上海自贸区海关积极借鉴美国、日本、韩国、新加坡、中国香港等国家和地区先进经验，陆续推出了包含通关便利、税收征管、企业管理、保税监管等内容的31项创新制度。其中，“先进区、后报关”、集中汇总纳税、企业自律管理等制度得到第三方评估高度评价，被认为是具有国际先进水平的贸易监管制度，且有12条40项具体贸易便利化措施已全部对标代表国际贸易新规则的WTO《贸易便利化协定》进行研究，相关措施已全面落地。从海关监管模式来说，上海自贸区实行的是“一线放开、二线管住”的原则。对于自贸区和境外之间进出货物，允许区内企业先行将货物提运入区后再办理进境备案；而对于自贸区和境内区外之间进出货物，实行智能化卡口、电子信息联网管理模式，完善清单对比、账册管理、卡口实货核注的监管制度。自贸区内企业也享受多项便利待遇，在货物出区前自行选择时间申请检验，先入区后报关，推行“一次申报、一次查验、一次放行”模式，发展国际中转、集拼和分拨业务。

在营商环境方面，自贸区海关以信息化为依托的简政放权改革深入推进，共取消、下放、让渡、放开22项前道审批事权或限制，企业注册登记从40个工作日缩短为3个。在企业市场准入审批环节实现工商、税务等机构“七证联办”，企业9个工作日内即可领取各类证照。与此同时，海关推进关企联网、视频化查验、机检集中审像、稽查和查验单兵作业等改革，自动化作业率、通关作业无纸化率、卡口智能化验放率以及物流运输能力等重要指标有了显著提升。

以上海国际贸易单一窗口建设和关检合作“三个一”为突破，协同治理能力进一步提升。单一窗口按照“一个平台、一次提交、结果反馈、数据共享”的理念，在口岸监管环节和国际贸易管理各主要环节，实现贸易和运输企业通过单一窗口向监管部门一次性提交申报，监管部门通过单一窗口向企业反馈办理结果和共享监管结果信息。目前，已经形成货物进出口、运输工具、贸易许可与资质、支付结算、自贸专区、人员申报、快件与物品、信息共享、政务公开等9大功能板块，涵盖了口岸通关的申报、查验、支付、放行、提离/运抵物流作业等各环节，基本实现所有上海口岸货物和船舶申报手续企业普遍通过单一窗口办理。①

上海自贸区海关推出的“23+8”项制度中已有21项在全国海关复制推

① 干春晖：《上海自贸区海关制度创新的亮点、难点与突破点》，《上海观察》2016年10月2日。

广。其中“先进区、后报关”、“自行运输”、“三自一重”等改革成果在区域海关通关一体化和全国海关通关一体化改革中发挥了重要作用。总体而言，在上海自贸区内，海关采取了一系列放开措施。为了适应自贸区内货物迅速流通的需要，海关在通关环节上尽量减少货物查验和单据申报，节省货物通关时间，并调整监管思路将海关监管“前推后移”，加强事前的风险监控分析和事后稽查。目前，海关正在自贸区内创建统一的海关信息化管理系统和中央监控平台，协调四个海关特殊监管区域的物流监管；同时还将全面升级卡口的智能化以期在自贸区内提升电子围网管理水平。海关变事前核查为事后监管，对企业来说未来的合规要求将更加严格，企业必须加强自身管理，主动了解海关的相关规定使企业的各方面运行合法合规。[①] 上海金融、创新、贸易和物流在全国范围内具有示范作用，因此在“一带一路”战略和亚投行成立的背景下，上海必须实现全面开放，与“一带一路”长三角地区的积极对接也将促进这一发展趋向。

二　国际领域海关协同发展实践镜鉴：促进贸易便利化

实现贸易业务环境、海关管理和制度环境的透明度和专业化以及提升跨境贸易口岸效率，贸易便利化是一项重要指标。除海关等各职能部门外，企业是通关环节的重要参与主体，因此，国际组织、发达国家或地区通过多双边或区域合作就促进贸易便利化在海关、企业层面采取了一系列措施，值得在国内自贸区改革中加以借鉴。

（一）国际组织

1. WCO：建立统一的海关协调机制

贸易便利化的根源可追溯到1950年12月的《建立海关合作理事会协定》，该协定强调了在海关系统中应保证最高级别的协调和统一，旨在通过海关控制

① 周和敏、赵德铭、陈倩婷：《从海关特殊监管区到自由贸易区——上海自贸区海关监管政策分析》，《海关法评论》（第四卷），法律出版社，2014，第56页。

促进国际贸易的安全和便利化。从其形成至今，WCO 制定了多项旨在促进全球贸易和保障供应链的国际协定和法律文书，包括《京都公约》（修订本）、《伊斯坦布尔协定》、《海关数据模型》、《全球网络海关概念》、《海关风险管理纲要》、《即刻放行指导方针》以及《如何建立单一窗口环境概述》等。前述法律文件都对贸易便利化和安全保障具有一定贡献。

2005 年，WCO 制定发布了《保障和促进全球贸易标准框架》（以下简称 SAFE 框架）。SAFE 框架以海关与海关间合作及海关与商界合作为基础，目标是整合供应链，改进海关运作。[①] SAFE 框架明确，为确保供应链的安全与便利，必须实行整合一致的海关监管。为此，SAFE 框架建立了海关与海关的合作、海关与商界的伙伴关系两大支柱，确立了四大核心要素，即提前递交货物电子信息要求的协调、采用一致的风险管理手段、应进口国的合理请求出口国海关对出口的高风险集装箱和货物进行查验、向满足标准的企业提供相应便利和益处。[②] 发展新的海关流程以保障海关管理机构在供应链早期从非传统渠道（包括生产商和供应商）预先获得信息是必需的，WCO 理事会遂于 2004 年 6 月发布了《整合供应链管理海关指导方针》（以下简称《ISCM 指导方针》）。[③] 由于供应链由“商品从原产地往目的地物理移动”和“商业数据的平行移动”所组成，海关在全球供应链内获得必需的信息以尽早进行风险评估是必不可少的。《ISCM 指导方针》的主要内容包括“在哪些方面必须向谁提供何种信息用于风险评估、信息何时与如何提供、使用和保护，以及海关在私人领域应向哪些安全合作伙伴提供何种便利化”。具体而言，为获得必要的风险评估时间及高质量的信息，海关管理机构建立了统一的海关协调机制，该机制贯穿整条供应链。为实现统一的海关控制，海关必须通过信息共享进行双边或多边协调以整合海关控制和风险管理标准。这一机制需要协调一系列海关程序，包括 WCO《京都公约指导方针》、《海关数据模型》内定义的标准化数据要求，以及风险管理、文件保存要求等。作为整合海关控制链不可分割的一部分，

---

① Kunio Mikuriya, “Supply Chain Security: the Customs Community's Response”, *World Customs Journal*, October 2008, p. 52.

② http://www.wcoomd.org/home_wco_topics_cboverviewboxes_programmes_cbcolumbusprogrammeoverview.htm，访问时间：2016 年 8 月 27 日。

③ WCO, *Integrated Supply Chain Management*, Customs Compendium, 2005, p. 1.

《ISCM 指导方针》对授权经营者（以下简称 AEO）参与供应链的程序和内容作出规定。AEO 须遵守特定的商品安全处理标准和信息管理标准，应确保海关管理机构向 AEO 提供普遍快速放行。①

2. WTO：提高政策透明度与改善海关流程

贸易便利化协定（以下简称 TFA）是 WTO 部长级会议的主要成果，内容涵盖预先裁定，放行与货物清关，运输自由，海关合作及其他提高公正性、非歧视性和透明度的措施。TFA 旨在通过提高透明度和改善海关流程而使所有 WTO 成员方之间的进出口更为高效且成本更低。预计全球贸易成本下降 1% 将使全世界的收入提高 400 亿元以上，其中的 65% 将归于发展中国家。②

在 WTO 框架内，定义贸易便利化有四个独立主题。③

（1）适用规则及流程的简化和协调

①流程协调

采用国际协定和法律文书以及由多个不同政府机构适用的控制协调措施。

②避免重复

地区或多双边协议承认出口控制替代进口控制；共享检测设施，例如海关官员、兽医、植物健康检查员和卫生检查员；正式承认私人领域控制（例如在安全或质量领域）代替官方检查。

③适应商业实践

接受商业文件（如发票等）代替官方文件；允许货物在内陆申报，远离港口和边境检查站的瓶颈。

（2）贸易合规系统的现代化

①解决方案

使用电子信息系统；单一窗口概念；电子海关系统；港口社区系统以及信息门户。

---

① Kunio Mikuriya, "Supply Chain Security: the Customs Community's Response", *World Customs Journal*, October 2008, pp. 53 – 54.

② Carolin Eve Bolhöfer, "Trade Facilitation-WTO Law and Its Revision to Facilitate Global Trade in Goods", *World Customs Journal*, April 2008, pp. 31 – 33.

③ Andrew Grainger, "The Role of the Private Sector in Border Management Reform", *Border Management Modernization*, World Bank, April 2010, pp. 157 – 174.

②标准化

用于电脑间信息交换的电子标准；纸质文件标准；条码标准；引用协定的文档以及用于描述地点的标准。

③经验共享

培训和意识培养；发展工具箱和实施指导；开发合作系统。

（3）管理和标准

①服务标准

公共服务等级承诺；公布适用规则和流程，并使之能够获得；开发在线网站；保持海关税则更新；规定有效上诉机制。

②管理原则

按比例对寻求预防的风险进行控制；奖励合规行为的可选（基于风险）控制措施（例如边境优惠待遇）。

（4）直观机制和工具

建立一个国家贸易便利化机构；制作和发布白皮书，陈述改革意图并邀请利益相关者评论。

具体而言，TFA 对边境单一窗口、信息交换、国际物流通道建设等通关便利化措施作出规定。TFA 第 10 条第 4 款对各成员口岸通关中的单一窗口作出规定，要求各成员“应努力建立单一窗口，使贸易商通过与主管机构的单一接入点提交进口、出口及过境的单证或数据要求”，“一成员应保证其负责边境管制和货物进口、出口及过境程序的主管机关相互合作并协调，以便利贸易”。关于单一窗口的内涵，联合国贸易便利化和电子商务中心《第 33 号建议书》也做出了与此一致的解释。为了支持单一窗口，WCO 进行数据的协调和标准化，第 3 版数据模型反映了各政府部门的业务和数据要求，成为打造单一窗口的特定工具。实施单一窗口时，保证数据的协调和标准化有助于简化通关流程、提升贸易效率。[①]

TFA 还包含多项涉及海关管理机构之间合作的条款。例如，其为 WTO 成员共享信息设置了要求以确保在尊重所交换信息保密性的同时有效进行海关管理。该条款允许 WTO 成员灵活地为信息交换建立法律基础。此外，WTO 成员

---

① 御厨邦雄：《贸易便利化与海关角色》，《中国海关》2013 年第 1 期，第 32 页。

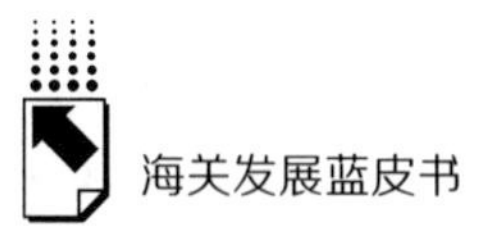

能够为分享或交换海关信息和数据，包括预报信息而订立双边、多边或地区协议。①

TFA 第 11 条规定了多项有关过境运输自由的条款，旨在简化运输流程，包括预办报关及禁止涉及除起运和目的地办事处之外海关收费、手续和检查的限制措施。其中，“TIR 公约”即国际公路运输公约，通过对国际公路运输工具颁发 TIR 证实现对过境货物及运输工具的管控，多年来实践表明该公约是最成功的国际运输公约之一，我国也于 2016 年 7 月正式批准加入该公约。TIR 过境制度的第一项协定是 1949 年在少数欧洲国家之间签署的，并于 1959 年与 1975 年进行了两次修订。迄今为止，公约已有包括欧洲共同体在内的近 70 个缔约方。公约及其过境制度背后的思想已经成为许多区域过境制度的基础，也必将成为 TFA 与“一带一路”相互融合的一项重要通关便利化措施。TIR 制度减少了通常国家过境程序的要求，避免了在沿途国进行人力和设施两方面昂贵的实货查验的需要，而只需检查车辆或集装箱的封志和外部状况。有疑问时，海关当局有权随时检查带有海关封志的货物以及在必要时中断 TIR 运输业务，或者根据本国立法采取必要措施。海关当局可把海关行政程序减少到最低限度，把有限的资源用于建立在风险评估和收集情报基础之上的特别管控措施上。TIR 程序下，承运货物的物流企业及运输工具同样必须经由海关批准许可。但只要符合有关条件，承运货物的外国车辆可以直接将货物运至其他国家境内目的地，该国国内承运车辆也可以直接将货物运至他国境内目的地，无须转换车辆。比如自我国内地海关起运、经第三国境内运往目的地国内地海关的出口货物，除正常的出口、进口申报外，可能还需分别在三个国家办理出口转关、过境、进口转关三次手续。TIR 程序下，TIR 证得到全部缔约方的承认，持证人可以凭一份 TIR 证办理除正常进出口申报外的其他海关手续，而无须在沿途国海关办理多次出入境申报手续。②

---

① Hans-Michael Wolffgang, Edward Kafeero, “Old Wine in New Skins: Analysis of the Trade Facilitation Agreement vis-à-vis the Revised Kyoto Convention”, *World Customs Journal*, September 2014, pp. 31 –34.

② 何力：《一带一路战略与海关国际合作法律机制》，法律出版社，2015，第 345 ~346 页。

（二）发达国家或地区

1. 美国：贸易便利与贸易安全并重

就海关专有权力和特有职能而言，海关负有贸易便利和安全的双重使命。现行 WCO SAFE 框架及 WTO FTA 所体现的贸易规则反映了国际海关制度的重大变革，强调通过海关与海关、海关与商界之间的合作以实现边境通关便利化。海关在保证高效快速的物流与供应链运行的同时，还要防止因不公平的经济竞争、恐怖袭击及动物疾病等的传播给国内带来的不利影响，保证货物安全过境。据此，美国海关在政策发布、无纸化贸易、风险管理等方面强化贸易安全与通关便利。

首先，美国实行海关管理过程及海关案件审理透明度原则，强调管理机构应当在海关政策制定和实施中发挥重要作用，特别是海关法律、法规、条例、司法判例、行政决定、条约等信息的可获得性。海关相关政策制定会及时在官方网站公示。海关的官方网站上还设有论坛，可以通过互动及时获得公众反馈。其次，美国海关建立并完善虚拟专用网络，即贸易网。通过贸易网收集与跨境贸易有关的数据信息，扩大通关无纸化管理，不仅提高了通关速度，节省了通关环节纸质单证的流转管理成本，有效促进贸易便利化；而且有利于整合资源及改善海关服务，加强对商品的风险防控和重点监管，通关监管整体效能得到明显提高。① 此外，建立自动化安全数据门户，有利于海关机构、经贸企业与其他政府部门之间的信息共享。美国海关和边境防卫通过系统风险控制技术的应用，使得美国海关可以有效进行风险管理，通过识别风险等级并将风险排序，从而促进合法商品的便捷通关。在美国跨境集装箱运输中可能涉及 25 个不同的组织，并需要 30 ~ 40 份文件。② 目前的风险管理强调与国内承运人的合作，预先获得关于货物的信息，并要求与外国海关管理机构紧密合作和协作。此后，出于贸易安全考虑，美国海关和边境保护机构（以下简称 CBP）与外国港口间为强化风险管理进一步提升海关间预报信息的交换。为实现这一目标，美国采取了以下行动：①为提高风险管理的有效性，在装货前将关于货

---

① Trang Nguyen, "Changes to the Role of US Customs and Border Protection and the Impact of the 100% Container Scanning Law", *World Customs Journal*, September 2012, pp. 113 – 115.

② Nicholas Hughes Allen. "The Container Security Initiative Costs, Implications and Relevance to Developing Countries", *Public Administration and Development*, November 2006, p. 440.

物的信息发送（最好以电子形式）至出境海关管理机构，包括集装箱数量。②由出境海关处理信息，并同时传送至 CBP 用于其风险管理。③如有必要，由出境海关对高风险信息货物进行进一步检查或物理检查。④在船舶出发前将检查结果和风险评估发送至 CBP。⑤CBP 决定该货物是否能够进入美国港口。这不能保证无须额外的信息或该货物免于在美国港口进行物理检查。其中，也面临一些挑战，如海关管理机构间有关信息、检查和风险评估结果共享协议的签订，信息技术发展的不平衡，可信度和海关通关结果的互相承认以及数据和信息的安全传递。除海关外，还需要商界的合作和高度合规，即提供预报信息。在有些情况下，应对商界有进一步的激励，如提供免费电子海关软件并进行培训，从而使公司能够传输必要信息。为风险管理而在海关间对预报信息进行交换将同时实现优先目标和海关角色，即在提升安全的同时加速全球贸易。①

2. 欧盟：简化、协调各成员国海关程序

欧盟内部市场的建成、国际贸易与投资壁垒的降低及保障欧盟贸易便利化环境的迫切需要，使海关逐渐转变角色并开始在供应链中发挥主导作用，在对进出口贸易进行监督和管理的过程中，海关贸易便利化水平已成为提升国家和企业竞争力的重要因素，因此，欧盟海关制度也根据经济现实情况重塑了海关职责和使命。欧盟拥有单独关税区，因此贸易商应该能在欧盟范围内采取与其在本国内相同之行为。内部市场已致力于协调大量不同的、影响社区内市场运行方式的规章制度，排除各成员国国内限制和简化边境手续。

促进贸易便利化和打击瞒骗行为需要简单、快速和标准化的海关程序及流程。因此，欧盟按照 2003 年 7 月 24 日题为《为海关和贸易提供简单和无纸化的环境》的欧盟委员会通信要求，简化海关立法，允许使用现代工具和技术，进一步促进海关法律的统一适用及海关监管的现代化，为实现高效简化的通关制度奠定基础。欧盟确立了全部海关业务和交易使用电子方式处理的法律原则以及海关业务信息与通信系统在各个成员国向经营者提供同样服务的法律原则。为了保证海关及贸易的无纸化环境，欧盟要求使用共同的电子数据标准以

① Trang Nguyen, "Changes to the Role of US Customs and Border Protection and the Impact of the 100% Container Scanning Law", *World Customs Journal*, September 2012, pp. 113 – 115.

实现信息交换和储存，在必要的电子系统运行之前，可以使用电子数据处理技术之外的方式，尤其是作为过渡方式使用，但最晚不超过2020年12月31日。同时，信息通信技术的使用应该与各成员国海关监管措施的协调化和标准化实施同步进行，以确保欧盟境内的海关监管具有同等水平，从而避免欧盟各进出口口岸出现限制竞争行为。

欧盟已在成员国间开展了联合边境控制计划，并对一体化通关基本规则作出规定。如果接收通关申报的海关与货物呈验的海关不属于同一海关管辖的，经申请，海关可授权简化通关类经认证经营者向其设立地海关就其在另一海关呈验的货物提交海关申报。申请一体化通关一般应适用于自由流通放行、保税仓储、暂时进口、最终用途、进境加工、出境加工、出口、复出口。① 在一体化通关管理制度下，接收申报地海关应当对货物实施监管、进行海关申报审核及征收进出口关税。在合理情况下，接收申报地海关可要求接受货物呈验地海关采取相应监管措施，并相互交换审核海关申报和放行货物的必要信息及提供监管结果。

2013年修订的《欧盟海关法典》对风险管理与海关监管措施作出规定，即①海关当局可实施任何认为有必要的海关监管措施。海关监管措施主要包括查验货物、取样，审核申报或通知信息的准确性和完整性，以及文件的完备性、真实性、准确性和有效性，检查经营者账户和其他记录，检查运输工具，查验个人携带的行李和其他货物，并实施查问及其他类似行为。②除随机抽查以外，海关监管措施应当首先基于使用电子数据处理技术的风险分析，其目的在于在本国、欧盟以及可能的国际层面所制定的风险标准的基础上识别和评估

① 《欧盟海关法授权条例》第149条明确了批准一体化通关授权的条件，即：①申请一体化通关应适用于以下情况：自由流通放行、保税仓储、暂时进口、最终用途、进境加工、出境加工、出口、复出口。②申请授权涉及自由流通放行的，对下列情形不应授权：货物同时办理自由流通及内销放行，依照2006/112/EC号指令第138条免缴增值税，且若需征消费税，根据2008/118/EC号指令享受增值税缓征；复进口货物按自由流通及内销放行，依照2006/112/EC号指令第138条免缴增值税，且若需征消费税，根据2008/118/EC号指令享受增值税缓征。③申请授权涉及出口及复出口的，仅在下列条件同时满足时方可批准授权：依照《法典》第263条第（2）款启运前申报义务已免除；出口海关也同时是出境海关，或者出口海关与出境海关达成了货物离境时接受海关监管的安排。④申请授权涉及出口及复出口的，除非2008/118/EC号指令第30条适用，不允许出口应征收消费税的货物。

风险，并制定必要的应对措施。③海关监管措施的实施应当在各国海关之间风险信息和风险分析结果交换的基础上，通过确立共同的风险标准以及监管措施和重点监管领域，在共同的风险管理框架内进行。④海关当局应当运用风险管理，区分有关处于海关监管或监督之下的货物的风险等级，并且决定是否要对货物采取特定的海关监管措施。如果需要，确定在何处实施。风险管理应当根据国际的、欧盟的以及成员国的信息来源和策略，开展以下活动：收集数据和信息、分析和评估风险、指定和采取行动、定期跟踪和回顾评估该风险管理过程及其结果。⑤有下列情形的海关当局应当交换风险信息和风险分析结果：经海关当局评估后认为有重大风险，需要采取海关监管措施，而且监管结果认定引发风险的事件已发生；或者监管结果未认定引发风险的事件已发生，但有关海关当局认为该威胁会在欧盟其他地区引发高风险。⑥为确立共同的风险标准、监管措施和重点监管领域，下列内容应予考虑：与风险程度的相称性；有必要实施监管措施的紧迫性；对贸易往来、各成员国及监管资源的可能影响。⑦共同风险标准应当包括下列内容：风险的描述；为实施海关监管措施，选择货物或经营者的风险要素或指标；海关当局所采取的海关监管措施的性质；海关监管措施的实施期限。⑧在不影响海关当局通常实施的其他监管措施的情况下，重点监管领域应当涵盖在一定时期内需要强化风险分析和海关监管措施的具体海关程序、货物类型、运输路线、运输方式或经营者。

为加强边境联合监管，欧盟将出口国的出口申报单作为目的国进口信息的基础使用。这意味着在供应链上负责进口合规的合作伙伴将在货物到达目的地时立即获得出口申报单，相似的办法将应用在安全合规数据检查中。简而言之，海关当局将开始使用供应链而非不相关且不协调的商业交易材料整合数据资源，将这一理念引入欧盟无纸化海关环境的愿景中将进一步促进这些项目的发展。有这些创新作为基础，欧盟能够着手研究设置和使用商业实体作为“第三方认证机构”检验供应链的合规情况。[①]

总体而言，为保证欧盟的关税联盟和单一市场内部贸易的统一、协调，欧盟通过制定特征列表简化海关程序，促进贸易便利化，即任何欧盟成员国内设

---

① Peter Wilmott, “A Review of the European Commission's Plan for An Electronic Customs Environment”, *World Customs Journal*, March 2007, p. 13.

立的贸易商应能够进行以下行为：①按照业务需要而不是行政约束完成所有海关手续；②在欧盟关税区内的任何地点，原则上对于所有海关程序，仅与一家海关管理机构发生关系；③能够组织其生产、销售、分销、会计、售后和相关服务而不必担心成员国之间海关待遇的差异；④实施单一窗口，即仅提交一次相关数据就可符合所有管理要求（无须重新提交或更新相同的数据以达成不同的管理要求）；⑤无论商品或相关海关程序发生在何处，对其商品都预期能适用相同的规则和标准；对于违规惩罚、海关结算或其他在运营中可能产生的债务都能符合相同的制度；⑥对于海关以外的行政管理机构，预期其规则和手续能够以完全兼容和配合欧盟海关手续的方式进行，包括对商品的风险管理、物理检查等；⑦通过最新、透明而低成本的信息技术基础设施与所有胜任的边境管理机构互动。同时，保证无论在欧盟内的何处都能有完整的渠道获得所有涉及海关和相关程序的法律、规章、指导方针和建议。

3. 区域联盟：物流企业与海关协同发展

为促进跨境运输便利化，在海关等职能部门协调框架下各国物流企业也逐渐形成合力，开展深层次的区域合作，实现物流企业与海关的协同发展。

以大湄公河次区域（以下简称 GMS）物流一体化的合作实践为例，GMS 由柬埔寨、老挝、缅甸、泰国和越南，以及中国云南省和广西壮族自治区组成。1992 年，在亚洲发展银行的协助下，6 个国家订立了一项次区域经济合作计划，旨在提高国家间的经济联系。GMS 合作计划为共享资源，发展基础设施，并促进次区域内货物和人员的自由流动做出了贡献。GMS 国家在 1998 年第八届 GMS 部长级会议期间开始实施经济走廊战略，以改进和提高对次区域内运输、能源和通信的投资。

GMS 物流的提升能够为经济全面一体化提供基础。对于次区域内的一些国家而言，运输基础设施的不足以及高昂的物流服务成本约束了经济走廊的发展和一体化。GMS 国家已经在主要基础设施项目上进行投资，毗邻国家的物理连接将在完成这些基础设施的投资后显著加强。改进的基础设施连同扩大的 GMS 国家跨边界合作一起，能够加快该次区域经济走廊融入世界和全球市场的进程（见表 1）。但是，在货物、人员和车辆跨境移动方面的许多非物理壁垒依然存在，成员国边境跨越手续和流程不一，如限制性的签证要求及对机动车辆入境的限制十分普遍，使得交通运输十分困难。

表1　经济走廊发展阶段

阶段	走廊类型	定　　义
1	运　输	物理上连接一个区域或地区的走廊
2	多模式	通过多种运输模式的整合,物理上连接一个区域或地区的走廊
3	物　流	不仅在物理上连接一个区域或地区,而且协调走廊制度框架,以加速货物、人员和相关信息的有效移动和储存的走廊
4	经　济	能够吸引投资并沿着欠发达区域或地区产生经济活动的走廊。物理连接和物流便利化必须作为前提条件在走廊内存在

资料来源：Ruth Banomyong,"Logistics Development in the Greater Mekong Subregion：A Study of the North-South Economic Corridor", *Journal of Greater Mekong Subregion Development Studies*, April 2008, pp. 43 –58。

作为对货物、人员和车辆跨境移动的非物理壁垒的回应，GMS 国家同意制定一项能够帮助加速通过边境的地区协议，即《GMS 跨境运输协议》(以下简称 CBTA)。CBTA 是一项国际多边协定，经所有 6 个 GMS 成员国同意，于 2003 年 12 月生效。CBTA 适用于多边协商选择的路线，以及签署国的入境点和离境点。CBTA 包括序文和 10 个部分，拥有 20 个附件和协议。① 其内容涵盖了跨边境运输便利化的相关方面：①一站式/单一窗口海关检查；②人员跨境移动（参与运输操作的人员签证)；③交通运输制度，包括免于海关检查、担保、检验检疫等；④公路用车须符合跨境交通资格的要求；⑤商业交通权利交换；⑥包括公路和桥梁设计标准、道路标志及信号在内的基础设施。

一个地区或宏观物流系统包含：发货人、贸易商和收货人，公共、私营领域物流和运输服务供应商，国家机构、政策和规定，以及运输和通信基础设施。根据在系统能力和绩效方面的观察，这四个物流相关维数存在内在联系，决定了宏观物流系统在地理区域范围内的总体能力（见图 1)。

GMS 物流服务供应商发展迅速，并在交通运输领域扮演着重要的支持角色。但是，这些公司常常是小型家庭所有制企业，无法与跨国公司直接竞争（如 TNT、联邦快递、DHL 等)。GMS 国家内的物流服务供应商有各自的强项和弱项，强项是他们都对当地市场有深度的了解。针对这一情况，GMS 国家进一步

① See www. adb. org/GMS/Cross-Border/annex. asp，访问时间：2016 年 9 月 2 日。

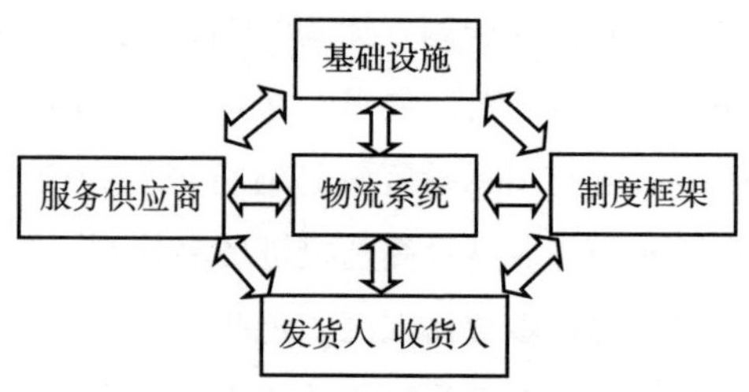

图 1 宏观物流系统

资料来源：Ruth Banomyong, " Benchmarking: Economic Corridors Logistics Performance: A GMS Border Crossing Observation", *World Customs Journal*, March 2010, pp. 29 - 38。

整合资源，通过组建物流联盟形成规模效应以符合日益提升的国际标准，维持其在全球市场的竞争力。物流联盟是两个或多个企业之间重新整合各成员企业的物流资源，结合成相互信任、共担风险、共享收益，以物流为合作基础的企业战略联盟。总体而言，企业之间通过建立物流联盟得以实现以下两个目标：其一，联盟企业间在一定时期和范围内保持紧密的合作关系，有利于限制恶性竞争并降低企业成本；其二，通过对物流基础设施、技术等的充分应用，有利于构建资源共享平台，与海关等部门进行多方位交流、多样化协作。① 虽然 GMS 区域内物理路线目前已经完成，但仍缺乏支持和管理程序，各 GMS 国家在基于四个物流维数的物流发展方面仍然处于相对早期的阶段。此外，虽然在 GMS 中也有大量的双边便利化协议，覆盖了不同的地理区域，但 GMS 物流一体化仍然被现有的制度框架所阻碍，如何整合现有的便利化措施是当务之急。

三 我国自贸园区海关改革战略构想：建立协同创新机制

2014 年 11 月 6 日，海关总署公布了《海关全面深化改革总体方案》，明确未来将重点总结推广上海自贸区海关监管服务制度创新，继续深化京津冀、长江经济带、广东地区等经济联系密切区域通关一体化改革。2015 年 4 月 20

① 田宇、朱道立：《物流联盟形成机理研究》，《物流技术》2000 年第 2 期，第 34 页。

日，国务院批准了《进一步深化中国（上海）自由贸易试验区改革开放方案》（以下简称《方案》）。按照《方案》要求，在自贸园区内发展以贸易便利化为重点的贸易监管制度，形成与国际投资贸易通行规则相衔接的制度创新体系，力争将上海自贸区建设成为开放度最高的投资贸易便利、货币兑换自由、监管高效便捷、法制环境规范的自由贸易园区。由此可见，目前，海关正着力于提高贸易便利化水平，其核心就在于简化通关流程，扩大贸易开放。物流联盟的建立也正是着眼于加速货物、人员和相关信息的有效移动和储存，通过对物流基础设施、技术等的充分应用，有利于有效整合供应链，构建资源共享平台。同时，物流联盟通过与海关等部门进行多方位交流、多样化协作，进一步实现物流、通关、税收等信息对接，简化通关流程，促进贸易便利化，为经济全面一体化提供基础。为进一步深化我国自贸园区改革战略的实施，海关与物流联盟内部首先应对各自监管或合作机制进行创新，在此基础之上，通过深化合作，逐步建立海关内部、海关之间及海关与物流企业之间的协同创新机制。

（一）推进监管机制创新，深化海关执法协作

1. 构建一体化通关格局

根据《海关全面深化改革总体方案》，海关将推动口岸管理相关部门“一站式作业”，将单一窗口试点项目推行到沿海海运口岸，强化大通关协作机制，形成“三互”改革方案；同时，进一步完善两个中心和三项制度建设，基本完成全国一体化通关管理改革。落实“三互”推进大通关建设改革，初步形成内陆沿海沿边一体化通关管理格局。到2020年，一体化通关管理格局全面建成。具体而言，改革可从以下方面展开。

（1）整合口岸管理资源，简化和协调海关程序。海关整体工作应以有效监管和提高大通关效率为宗旨，海关内部以及海关与企业、中介服务机构等之间也应建立多层次的合作协商机制，确保通关程序的高效性和标准化。边境管理部门在主要的国际港、空港和陆地边境办公室与海关分享实际办公地点并合作安排实际的检验工作，海关不代替其他部门进行边境检验。①

① Sandeep Raj Jain, “Coordinated Border Management: the Experience of Asia and the Pacific Region”, *World Customs Journal*, March 2012, pp. 65 – 67.

（2）完善企业准入单一窗口制度。单一窗口可通过部门间合作，实现进出口业务信息优化整合。以单一窗口完善为契机，建设自由贸易港区电子口岸（电子海关是电子口岸的一个组成部分），实现信息化管理。电子口岸是通过现代信息技术和网络技术实现联网信息监管的管理系统或平台，涵盖海关、税务、银行、外经贸、港口、交通运输等一切与进出口活动相关的管理部门，能够在统一、安全、高效的计算机物理平台实现数据共享和交换。

（3）确立以供应链安全与便利为导向的工作模式。以供应链为核心构建口岸工作流程，制定供应链安全指南。现行海关的工作流程虽然也包括供应链安全与便利的内容，但并非完全是以供应链的安全与便利为导向的。建议以供应链为切入点，优化海关的申报、归类、估价、纳税、放行的工作流程，打破条块分割，实施供应链监管的无障碍化，打破关区壁垒，按照供应链自身流向实现无障碍监管。①

2. 创新海关监管服务制度

近年来，上海自贸区在促进贸易便利化方面取得了重要进展，在构建与国际通行规则接轨的贸易监管制度创新上进一步加大了力度。未来，海关将进一步研究完善报关审核管理、协同监管等制度的改革实施方案，以及风险防控、税收征管两个中心的建设方案，深化改革试点。

推进货物状态分类监管制度改革。进一步规范政策，在自贸园区内的海关特殊监管区域统筹推进货物状态分类监管模式。自贸园区实行一线、二线分类监管制度，货物的流入、流出采取不同的海关监管方式。由于货物进出自贸园区的溯源地差异以及货物在区内操作方式的不同，货物监管存在复杂性。因此，今后将持续简化货物监管模式，有效促进货物自由顺畅流动。

优化风险管理和外部审计制度。风险管理和外部审计制度是推进贸易便利化的有效措施，也是提前审单、预归类制度、快速通关制度等措施全面实施的基础，如实施提前审单和预归类的数据预存和处理制度，将放行与办理通关的货物分离，或将享受特殊程序待遇企业与其他企业进行分类管理，有助于快捷通关。

① 王冠凤、郭羽诞：《促进上海自贸区贸易自由化和贸易便利化发展的对策》，《经济纵横》2014年第2期，第60页。

深化海关国际执法合作。巩固和促进与“一带一路”沿线国家海关在多双边及区域性机制下的交流合作，推进同其他国家海关 AEO 互认，推动国际海关间实现“信息互换、监管互认、执法互助”（3M），加强战略性参与国际海关能力建设，完善与国际海关间行政互助协查机制，推动与国际海关间跨境监管程序协调。

（二）实施物流联盟战略，充分发挥协同效应

1. 建立物流联盟合作机制

2016 年 9 月，国务院办公厅转发了国家发改委《物流业降本增效专项行动方案（2016～2018 年）》（以下简称《方案》），部署降低企业物流成本，提高社会物流效率工作，大力推进物流业转型升级和创新发展。如前所述，物流联盟是具有核心技术、能力和资源的物流企业在共同的战略目标和一致利益下，通过协议对各联盟成员企业的物流资源进行重新组合，以形成优势互补、风险共担、利益共享的组织。在经济全球化和区域经济合作加快发展的背景下，我国物流企业都应从市场和政策角度出发，尝试采用物流联盟的战略模式。物流联盟合作机制应在自贸园区内部或各园区之间组建，这使得各成员企业能够在相对统一的合作框架内全方位开展物流合作。因此，应建立物流行业组织充分推进区域内各物流企业之间的经济技术合作，通过协同合作机制消除区域内各企业之间及区域物流联盟之间的利益冲突。该合作机制的主要功能应该包括以下几个方面：协调物流发展规划，组织地区物流联盟统一制定合作发展规划和战略；推进物流信息化建设，实现信息资源互补、共享；统一收费标准和通关政策，逐步形成区域大物流体系。① 此外，为实现贸易和投资便利化，推进区域经济和运输

① 应在铁路、公路、水路、港口、海关、检验检疫、货代等部门和企业建立并完善整合的管理信息系统，形成即时、动态、开放、集成的信息资源共享机制，实现物流联盟等各参与者的信息共享。在这一机制下，进口海关将被告知与发送至出口海关相同的数据，他们将能够共同工作。两个海关也都将能够进入“管道”，主动地监控货物运动，使用实时数据进行风险管理。在到达进口地点前，买方/收货方可以制作法律申报单交至海关，用于确认原产地托运人数据并告知海关在进口时采用的流程。当批准风险和流程时，也存在向收货人告知清关和选择的可能性。在该点上，所有参与者所需的全部规制、交易和物流层面的信息将从“管道”内被知晓，包括官方贸易统计、地点、运输和最后用途数据。

合作，物流联盟还应积极与海关等职能部门展开合作，消除通关口岸、检验检疫等环节上的贸易和非贸易壁垒，确保区域内运输物流通畅。

2. 加强与海关等职能部门配合

要想使物流功能得到充分发挥，必须与区域内海关、公路、铁路、场站等部门相互配合，因此，我国有必要在制度和管理方法上进行变革。自贸园区内海关与物流企业合作与发展要注意发挥各自的比较优势，规范并完善政策性体系框架，进一步强化两者之间一体化合作的深度和广度，为促进区域贸易便利化提供良好的环境支撑。具体而言，应设立海关与物流联盟协调机构，建立区域统筹协调发展新机制以推动两者协同发展，从而构建开放的区域统一市场。这个协同机制的主要功能应该包括以下几个方面：协调物流联盟物流发展规划，制定区域物流业发展战略及代理、通关、投资等管理办法，建立口岸通关和换装的合作机制以减少车货滞留时间；推进物流标准化建设，促进交通运输基础设施的跨区域整合；以自贸园区为核心，推进交通运输规模化及物流信息化建设，通过构建大物流信息公共平台，包括政府公共政务信息平台和企业交互信息平台，加快通关一体化建设，促进自贸园区内外“物畅其流”。要实现物流企业、供应商、制造商、海关、检验检疫等信息资源的共享，必须借助于电子物流信息管理系统，并对所有信息进行有效整合，才能够使进出口流程的各个环节在信息管理上实现一体化，最终有助于减少通关时间，降低物流成本，从而进一步提升贸易便利化水平。

B.3

发挥自贸区平台优势，扩大上海文化贸易发展的路径探索

孙　浩*

摘　要：如何利用上海自贸试验区这个改革开放的试验田，进一步扩大上海文化贸易的发展，并待时机成熟后推广复制到全国其他地区，是本文研究的基本出发点。在借鉴三个有典型代表意义的国家——美国、卢森堡和韩国的文化贸易发展经验基础上，结合对上海市文化贸易发展情况、上海自贸试验区在文化贸易发展方面的举措与成效的分析，本文从促进文化产品出口贸易和文化服务贸易的扩大发展两个方面提出相关发展建议。

关键词：自贸区　文化贸易　文化产品　文化服务

一　引言

文化是一个国家软实力的重要体现。经济全球化背景下，文化贸易在国际贸易中的受重视程度不断提高。

文化贸易是国际贸易中的重要组成部分，是指与知识产权有关的文化产品和文化服务的贸易活动，是国家间文化产品和服务输入和输出的贸易方式，[①]

---

* 孙浩，上海海关学院海关管理系教授。

① 蒋多、王海文：《优化我国对外文化服务贸易统计制度的思路与方法》，《中国海洋大学学报》（社会科学版）2014 年第 5 期。

它涵盖电影、电视、演出、会展、图书、版权等具体行业的国际公司、贸易环境、贸易历史、文化政策等[①]相关内容。在内涵上，国际文化贸易包括文化产品[②]和文化服务两个范畴。联合国教科文组织认为文化产品一般是指传播思想、符号和生活方式的消费品，主要指国际文化贸易中的图书、音像制品、视觉艺术品、收藏品等具有精神和意识形态属性，具有知识产权特征的商品。文化服务其实就是指能够满足人们文化兴趣和文化需要的行为，具有一定的商业目的。通常，文化服务不是以货物的形式出现，而是政府和一些私人机构、半公共机构通过组织文化活动[③④⑤]，提供图书资料等支持性行为来满足社会文化实践活动。

从我国对外文化贸易的表现来看，其与贸易大国的地位不相匹配，与文明古国的影响力相去甚远。2013 年文化产品进出口总额 274.1 亿美元，仅占货物贸易的 0.659%；文化服务进出口额 95.6 亿美元，仅占服务贸易的 1.77%。为提升我国文化软实力和国际影响力，国家在继续引进国外优秀文化的同时，相继出台政策鼓励中国文化“走出去”。

国务院于 2013 年 9 月 18 日批准《中国（上海）自由贸易试验区总体方案》，明确规定上海自贸区应扩大开放文化服务领域，改革外商投资管理模式。9 月 29 日，为了落实《总体方案》娱乐、文化、传媒领域的开放措施，文化部发布了《文化部关于实施中国（上海）自由贸易试验区文化市场管理政策的通知》，包括娱乐行业外资企业的设立、游戏设备的生产销售等内容。此次上海自贸区对于传媒娱乐产业的改革是上海自贸区改革的亮点之一。根据媒体报道，多家传媒娱乐领域的上市公司已经于上海自贸区成立子公司，例如时代出版、东方明珠，有望借助上海自贸区的开放政策，寻求传媒娱乐产业板块创新发展的机会。

上海自贸区作为我国一项非常重要的国家战略，将文化服务业列为自贸区服务业扩大开放的六大行业之一，意图通过自贸区这个平台推动我国文化服务

① 韩骏伟、胡晓明：《国际文化贸易》，中山大学出版社，2009。

② 文化产品或可称为“文化商品”，本文统一称为“文化产品”。

③ 张蹇：《国际文化产品贸易公法研究》，博士学位论文，苏州大学，2010。

④ 张蹇：《国际服务贸易与国际文化服务贸易之辨析》，《江南大学学报》（人文社会科学版）2011 年第 4 期。

⑤ 蒋多、王海文：《优化我国对外文化服务贸易统计制度的思路与方法》，《中国海洋大学学报》（社会科学版）2014 年第 5 期。

业的对外开放，同时“引进来”，实现文化贸易的重大突破。本文即立足于上海自贸试验区的建设，尝试对如何扩大发展上海文化贸易、提高上海国际化大都市的文化实力与国际竞争力进行思考分析。冀以此充分发挥上海自贸试验区作为国家深化改革试验田的作用，待成熟后逐步在全国范围内推广复制，以全面提高我国在国际上的文化贸易地位，提升文化软实力。

二　国内外相关研究

对于自由贸易区，国际上有很多相近的称呼，如自由区（Free Zone）、自由贸易区（Free Trade Zone）、自由港（Free Port）、出口加工区（Export Processing Zone）等，美国称之为对外贸易区（Foreign Trade Zone）。一般发展中国家的自贸区以面向出口的生产制造与加工为主，发达国家如美国的对外贸易区一般是以仓储、加标签、装配或转运分销为主要业务。

（一）国外相关研究

国外关于自贸区的文献比较丰富。早期研究，如 Cornwell、Tansuhaj and Gentry、Tansuhaj and Jackson；Papadopoulos 主要研究自贸区的基本功能及其在国际商务中的作用；Wade Ferguson 分析了美国对外贸易区的优势，以及为什么能够降低贸易成本。进入 20 世纪 90 年代后，相关文献研究范围逐渐多样化，Beenhakker and Damanpour、Mathur 主要研究美国对外贸易区对本地公司带来的好处；Brenes and Ruddy、Noland and Flake 采用基本的经济学视角研究特别区域（Special Zone）；Jenkins 分析影响出口加工区（EPZ）内企业从当地经济中获取半成品的因素；等等。

总体而言，由于国外的自贸区和出口加工区等自由区定位为加工制造、物流服务，相关文献主要是研究自贸区及其类似区域的主要功能、经济效益等，尚无关于区内文化服务业发展的相关研究。

（二）国内研究现状

上海自贸区是我国在积累 30 多年海关特殊监管区域成功建设经验基础之上，在当前国内外经济形势下做出进一步加强对外开放的重要战略。国内关于自贸区建设的研究主要集中于以下几个范式。

研究范式一：保税区等海关特殊监管区域向自由贸易区转型发展。自1990年我国第一个海关特殊监管区域——外高桥保税区成立后，王育民、潘明，李力，舒榕怀等认为自由贸易区是保税区发展的必然方向。[①] 散襄军认为保税区向具有综合竞争优势的自由贸易区转型，重要的是按自贸区的内涵，落实其定位，落实其“境内关外”性质，[②] 张世坤提出，通过立法、功能重新定位、政策调整、管理体制和运行机制的改革，为保税区向自由贸易区的转型[③][④]创造条件。成思危分析了我国保税区向自由贸易区转型的指导思想、目标模式和实施步骤等问题，[⑤][⑥] 他从转型发展试点以及立法两个方面提出了具体建议。

研究范式二：我国自由贸易区发展战略和上海自贸区发展研究。于立新、王佳佳立足区域经济合作理论的分析框架，探索我国自由贸易区发展模式。张鸿分析了十七大提出中国自由贸易区发展战略的国际背景，提出我国自由贸易区的战略总体目标是充分利用自由贸易协定 FTA 来实现国家利益的最大化。夏善晨研究了上海自贸区的功能定位。石良平、孙浩、黄丙志研究了上海综合保税区向自由贸易园区的转型发展，提出了外高桥自由贸易园区的建设构想，即将外高桥保税区与保税物流园区合并升级，并适时发展建设洋山自由港和浦东机场自由空港，[⑦] 形成“一体两翼”的发展格局。

从国内外相关研究来看，国外自贸区的相关文献主要是关于货物贸易的，缺少对服务贸易尤其是文化服务业的监管研究。相比国外，我国对自贸区的研究才刚刚起步，更多的还是停留在发展战略、功能定位、金融、投资、海关监管等方面。这既给本文留下了较大的研究空间，也给研究的开展带来了较大的挑战。

---

① 孙浩：《上海综合保税区转型为自由贸易园区建设研究》，《国际商务研究》2014 年第 1 期。
② 孙浩：《上海综合保税区转型为自由贸易园区建设研究》，《国际商务研究》2014 年第 1 期。
③ 张世坤：《保税区向自由贸易区转型的机理和对策研究》，《管理世界》2005 年第 10 期。
④ 牛玉凤：《我国保税区向自由贸易区转型研究》，硕士学位论文，兰州商学院，2008。
⑤ 孙浩：《上海综合保税区转型为自由贸易园区建设研究》，《国际商务研究》2014 年第 1 期。
⑥ 牛玉凤：《我国保税区向自由贸易区转型研究》，硕士学位论文，兰州商学院，2008。
⑦ 石良平、孙浩、黄丙志：《海关特殊监管区域转型升级与上海国际贸易中心建设》，上海人民出版社，2013。

三　典型国家文化贸易发展经验

单从影视文化作品来看，美国好莱坞大片、韩剧韩流已经成功俘获了越来越多的全球观众，来自世界不同国家的人，尤其是青少年已经成为这些影视作品的忠实观众。事实上，不仅仅是影视作品，美、韩的对外文化贸易发展都远远超出我国。美国虽然只有三百多年的历史，但是美国文化在某种程度上已经成为世界主流文化。韩国与我们一衣带水，其文化传承了我国的大唐文化，但是在对外文化贸易发展上已经大大超出了我国的现有水平。欧洲小国卢森堡以制造业和服务业为其重点产业，近年来在个人、文化与娱乐输出服务上取得惊人的成长速度。本文选取这三个有代表性的国家，对他们的文化贸易发展经验进行简略分析。

（一）美国：以版权产业服务于文化发展

美国从1790年颁布实施的《版权法》开始正式建立版权保护制度，此后不断地修改完善版权法，与时俱进地增加新的内容，如数字版权等，并且积极推动国际版权立法。《与贸易有关的知识产权协议》（TRIPs）的英文全称是“Agreement on Trade-Related Aspects of Intellectual Property Rights”，简称为《知识产权协定》。获得通过以后，美国借助这一具有强制性的贸易规则，将版权保护与贸易挂钩，全面开启了海外版权利益保护和扩张运动;①② 在美国国内版权利益集团的强烈诉求下，美国国会从法律、政治、经济等方面给予版权企业多种支持，在全球范围内维护美国版权产业的利益;③ 美国版权企业通过海外销售和出口贸易、对外直接投资、离岸外包、在海外设立研发中心等直接或间接的贸易形式，增强版权产业的国际竞争力，保护版权产业的核心竞争优势

① 〔美〕罗纳德·V. 贝蒂格：《版权文化——知识产权的政治经济学》，沈国麟、韩绍伟译，清华大学出版社，2009，第188页。

② 李菊丹、宋敏：《论〈植物新品种保护条例〉的修订》，《中国种业》2014年第8期。

③ 蒋多：《构建新型对外文化贸易促进机制——美日韩文化贸易战略动向及其对我国的启示》，《东岳论丛》2014年第2期。

和全球价值链高端地位，[①] 不断扩大在国际上的影响和势力范围。

美国通过实施这种版权保护政策，极大地促进了国内文化服务和文化产品的发展，并不断向国外延伸，在境外生产、销售文化产品，输出文化服务，促使美国成为全球范围内文化贸易的翘楚。

（二）卢森堡：以多元化优质软环境促进服务业发展

从国家单位 GDP 的服务输出表现来看，欧洲小国卢森堡一直居于世界前列，2011 年以出口总值占 GDP 之比高达 119. 3% 雄踞世界第一位。在各类服务贸易中，卢森堡在个人、文化与娱乐输出服务上的成长速度非常惊人，2006 ~ 2011年的出口成长率达到 750%，遥遥领先于其他服务出口。

卢森堡文化贸易获得成功的关键就在于她积极构建优质的多元化软环境。一是建设跨界文化资讯平台，成功吸引了 Amazon. com、iTunes、eBay 等企业进驻，逐渐形成企业总部，令卢森堡成为欧洲非常重要的文化、娱乐信息服务平台，提供在线音乐、影视、游戏、购物等服务。二是实施了许多航运产业的优惠税率措施，提高转运效率，吸引国际主要物流企业入驻，确立欧洲转运枢纽地位，通过运输服务业促进产业发展，并进一步带动服务贸易的发展。此外，卢森堡还通过良好的金融服务环境、安全的电子商务环境、友好的跨境人才服务政策构建起适合服务业发展的软环境，促进了包括文化服务贸易在内的服务贸易的发展。

（三）韩国：韩流文化就是国家力量

从 20 世纪 90 年代开始，韩国文化就以文化传播的形式走向世界，在全球刮起了“韩流”之风。2010 年，韩国的文化内容产业出口占据全球 2. 2% 的市场份额，在全球排第 9 位，步入世界文化强国前十之列。现任总统朴槿惠在就职演说中提出的“韩流文化就是国家力量”的口号，更表明了政府对文化立国、文化兴国战略的重视。

---

① 张昌兵：《美国版权产业的海外扩张战略》，《国际经济合作》2010 年第 12 期；蒋多：《构建新型对外文化贸易促进机制——美日韩文化贸易战略动向及其对我国的启示》，《东岳论丛》2014 年第 2 期。

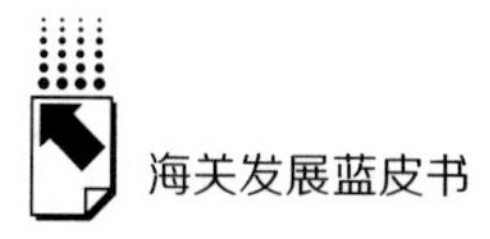

1997 年亚洲金融危机之后，韩国政府将文化产业作为发展经济的重点支柱产业，颁布了《国民政府的新文化政策》、《文化产业振兴基本法》等法规，设立国家和地方的文化产业专项基金，从政策、法律、财政方面为文化产业的发展提供保障。韩国相关部门还特别注重对文化产业内容设计的创新性人才、文化产业营销的复合型管理人才的培养，注重在文化产品中注入原创性内容和高科技元素，将文化产业链向上下游延伸，并通过文化产业的发展拉动其他相关产业的发展，真正实现了文化兴国。

四　上海国际文化贸易发展现状

以下将从发展规模、文化服务与文化产品贸易的比较、核心文化产品与服务的构成比例、与全国其他城市的比较四个方面分析上海文化贸易的发展现状。

（一）总体规模偏小，与国际大都市相比差距较大

按照国家统计局有关“文化及相关产业”的统计口径，2012 年上海文化产品和服务的进出口总额达到 168.8 亿美元，实现贸易顺差 38.4 亿美元。自 2007 年以来的 6 年，上海国际文化贸易发展的总体情况是起起落落，增幅不大（见图 1）。2007 年对外文化贸易进出口总额为 158.9 亿美元，2012 年为

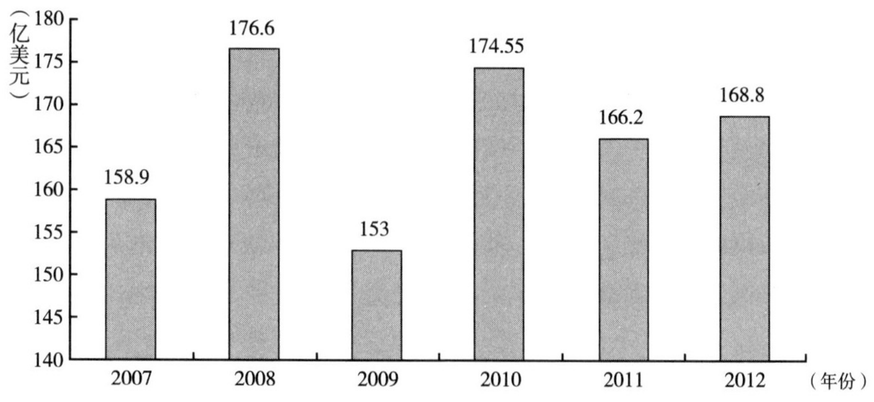

图 1　2007 ~ 2012 年上海文化贸易发展

168.8 亿美元，仅增长了 9.9 亿美元。其中，2009 年受全球经济危机的影响还曾一度下探至 153 亿美元。与国际知名的文化大都市（如纽约、伦敦、巴黎）相比，上海在对外文化贸易发展方面存在不小的差距。

（二）对外文化服务贸易的快速增长难掩文化产品贸易低位徘徊的颓势

从文化贸易的构成来看，可以发现 2007～2011 年上海文化服务贸易一直稳步增长，2011 年达到 28.6 亿美元，净增长 10.4 亿美元，年平均增长幅度为 14.3%。与此同时，文化产品贸易与文化服务贸易的进出口总额差距在逐年缩小，二者之比从 7.73 减小为 4.81（见表 1）。

上海的文化产品贸易一直是出口大于进口。自 2007 年以来，文化产品进口一直在稳步增长，然而文化产品出口基本原位徘徊，导致顺差不断减小，已经从 58.8 亿美元缩减到 2011 年的 34.5 亿美元。文化产品贸易顺差逐步减小投射出的是上海不容乐观的文化产品对外出口。

表 1　上海市对外文化贸易情况（2007～2011 年）

单位：亿美元

项目	2007 年	2008 年	2009 年	2010 年	2011 年
对外文化贸易总额	158.9	176.6	153	174.5	166.2
文化产品贸易总额	140.7	156	132.8	149.9	137.6
其中:出口额	99.7	106.6	89.13	97	100.4
进口额	40.9	49.4	43.63	52.9	65.9
文化服务贸易总额	18.2	20.6	20.2	24.6	28.6
文化产品贸易额/文化服务贸易额	7.73	7.57	6.57	6.09	4.81

资料来源：根据上海市统计局数据和有关网站资料整理。

（三）核心文化产品和服务所占比重偏低，有待进一步提速发展

国家统计局《文化及相关产业分类（2012）》从统计学意义上对文化产业概念和范围做出了权威界定，如图 2 所示。

文化产业从层级来看，可以分为核心层、外围层和延伸层，如图 3 所示。

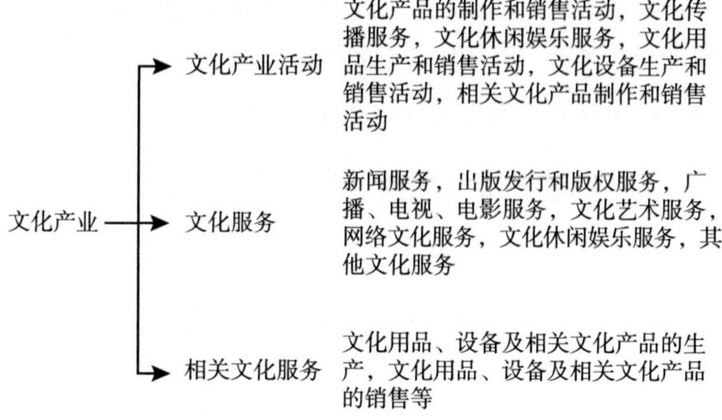

图 2　文化产业的分类及活动范围界定

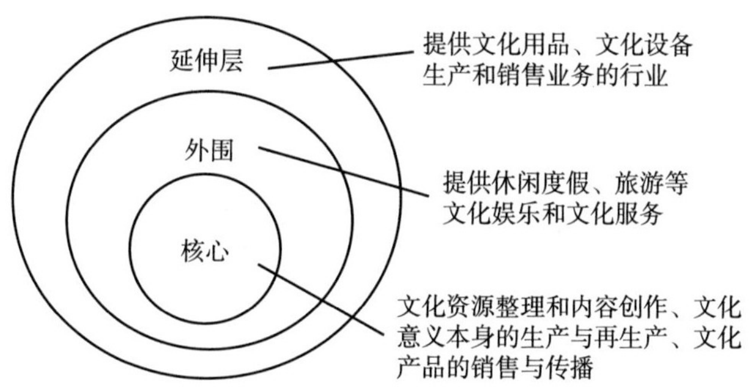

图 3　文化产业的层级

据统计，2012 年核心文化产品①和服务的出口额是 41.3 亿美元，同比增长 13%，明显高于文化相关产品和服务的同比增幅 1%。但是，全年对外文化贸易总额为 168.8 亿美元，核心文化产品和服务所占的比重尚不及其 1/4，明显偏低，需要进一步发展核心文化产品和服务贸易。

（四）上海文化产业的发展势头不及北京、江苏等地

从全国范围来看，上海文化产业的发展起伏不定。2009 年上海市文化产

① 根据联合国教科文组织定义，核心文化产品通常指古董、收藏品、书籍、视听媒体（视频游戏、照相、电影胶片）、视觉艺术品（绘画、雕像、雕塑、版画等）、磁带等音像制品。

业指数（CCIDI）位列全国31个省（区、市）之首，但2011年被挤出前五名，至2012年回升至全国第三，落后于北京和近几年文化产业快速发展的江苏省，也有随时被浙江、山东等地迎头赶上的可能（见表2）。上海这个国际化大都市的文化产业发展在全国的优势地位已经有所动摇。

表2　2009～2012年全国文化产业发展指数排名前六位的省市

排名	2009年	2010年	2011年	2012年
1	上海	北京	北京	北京
2	北京	上海	广东	江苏
3	广东	广东	浙江	上海
4	山东	江苏	江苏	浙江
5	江苏	浙江	山东	山东
6	浙江	山东	上海	福建

资料来源：根据各年《中国文化产业发展指数报告》整理。

虽然上海文化产业的总体发展情况略显不振，但是，其文化创意产业自2012年以来发展形势喜人。2012年，上海文化创意产业总产出7695.36亿元，同比增长11.3%，实现增加值2269.76亿元，按可比价格计算同比增长10.8%，占全市GDP比重达11.29%，对全市经济增长的贡献率达到20.2%，[①] 其中，2012年上海文化创意服务业实现增加值为1973.07亿元，同比增长11%，在整个文化创意产业的增加值中所占比重为86.9%，在上海市第三产业的增加值中所占比重为16.4%，比2011年提高0.1个百分点；文化及创意相关产业实现增加值296.69亿元，增长9.4%，占比达到13.1%，[②] 基本与2011年持平。

由图4可知，在上海文化创意服务业的10大分类中，建筑设计业、软件与计算机服务业的总产出规模最大，然后是广告及会展服务业、咨询服务业、时尚创意业这三类，以上五类合计所占比例高达70.9%，它们是上海文化创意服务业发展的主力军。

① 聂晓薇：《我国城市旅游文化创意产业竞争力指标体系构建及实证研究》，硕士学位论文，天津大学，2013。

② 吴威：《创意产业与区域经济增长互动发展研究》，博士学位论文，吉林大学，2014。

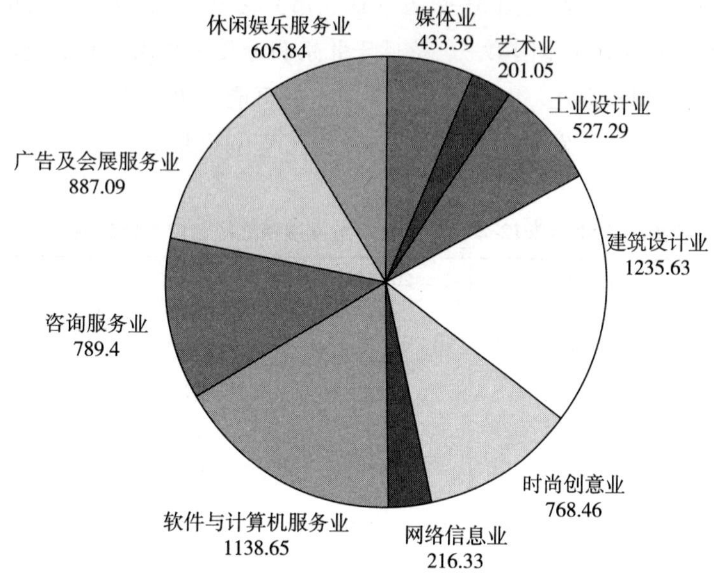

图 4　上海文化创意服务业的分类产出情况（2012 年）

注：该分类源自对《上海市文化创意产业分类目录》（2011）的修订。该修订工作是基于国家统计局 2012 年颁布的新的《文化及相关产业分类（2012）》，由上海市委宣传部、市经信委、市统计局等部门联合进行的。新目录保持了《上海市文化创意产业分类目录》（2011）的大类分组设置，对部分行业进行了增减，新增加了“时尚创意业”。

资料来源：根据上海市政府新闻发布会介绍 2012 年上海文化创意产业统计数据、《2013 年上海市文化创意产业发展报告和工作要点》整理。

五　上海自贸试验区的文化贸易开放与发展

（一）自贸试验区文化贸易扩大开放的有关规定

上海自贸试验区成立之后，有关文化贸易扩大开放的有关规定不断推出，从最早的《中国（上海）自由贸易试验区建设总体方案》，到负面清单 2013 版、2014 版的改进、推出，到《中国（上海）自由贸易试验区文化市场开放项目实施细则》的发布，都可见推进自贸试验区文化贸易扩大开放发展的制度与措施。

根据《中国（上海）自由贸易试验区建设总体方案》，上海自贸试验区在文化服务领域扩大对外开放，包括在商贸服务领域和文化服务领域的开放，如图5所示。在《总体方案》“主要任务和措施”的第三部分“推进贸易发展方式转变”中还提出了“加快对外文化贸易基地建设”。

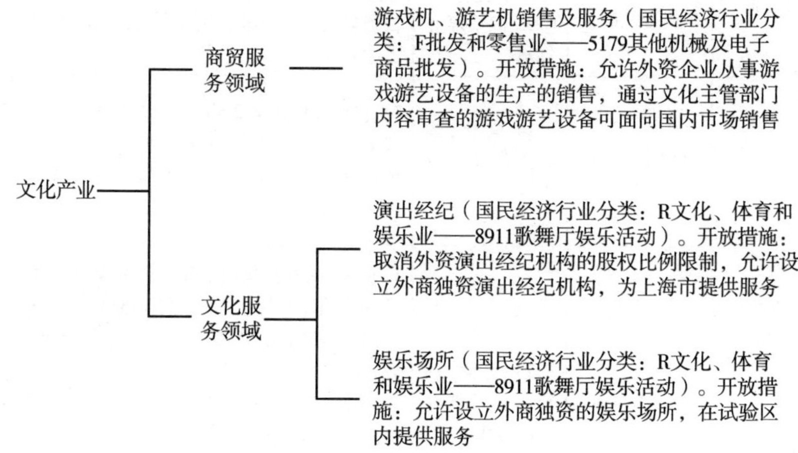

图5　《总体方案》中与文化贸易相关的开放领域

资料来源：根据国务院印发《中国（上海）自由贸易试验区总体方案》制作。

在2013版《中国（上海）自由贸易试验区外商投资准入特别管理措施》（负面清单）中，R类文化、体育和娱乐业中对外商的投资有如下规定：

①禁止投资新闻机构；

②禁止投资图书、报纸、期刊的出版业务；

③禁止投资音像制品和电子出版物的出版、制作业务；

④除香港、澳门服务提供者外，限制投资电影院的建设、经营（中方控股）；

⑤限制投资广播电视节目、电影的制作业务（限于合作）；

⑥禁止投资广播电视节目制作经营公司、电影制作公司、发行公司、院线公司。

同时，在其他门类中有些涉及文化产品的外商投资特别管理规定，如表3所示。

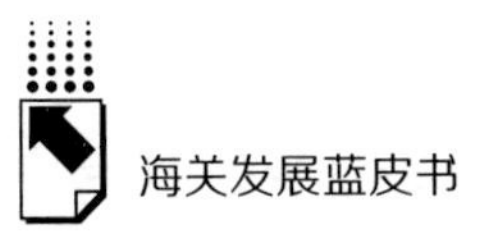

表 3　有关文化产品外商投资的特别管理措施（2013 版负面清单）

门类（代码及名称）	大类（代码及名称）	中类（代码及名称）	特别管理措施
C 制造业	C23 印刷和记录媒介复制业	C231 印刷	限制投资出版物印刷（中方控股），注册资本不得低于 1000 万元人民币
		C233 记录媒介复制	投资只读类光盘复制须合资、合作，且中方控股或占主导地位
F 批发和零售业	F51 批发业	F514 文化、体育用品及器材批发	除香港、澳门服务提供者可以独资、合资、合作形式提供音像制品（含后电影产品）分销外，限制其他国家或地区投资者投资音像制品（除电影外）的分销（限于合作）
	F52 零售业	F524 文化、体育用品及器材专门零售	1. 除同一香港、澳门服务提供者投资图书、报纸、期刊连锁经营的出资比例不得超过 65% 外，其他国家或地区投资者投资图书、报纸、期刊连锁经营，连锁门店超过 30 家的，不允许控股 2. 除香港、澳门服务提供者可以独资、合资、合作形式提供音像制品（含后电影产品）分销外，限制其他国家或地区投资者投资音像制品（除电影外）的分销（限于合作） 3. 禁止投资文物商店
L 租赁和商务服务业	L71 租赁业	L712 文化及日用品出租	1. 除同一香港、澳门服务提供者投资图书、报纸、期刊出租连锁经营的出资比例不得超过 65% 外，其他国家或地区投资者投资图书、报纸、期刊出租连锁经营，连锁门店超过 30 家的，不允许控股 2. 除香港、澳门服务提供者可以独资、合资、合作形式提供音像制品（含后电影产品）出租外，限制其他国家或地区投资者投资音像制品（除电影外）的出租（限于合作）

2014 年上半年，上海自贸试验区的负面清单进行了修订，有关文化贸易的变更涉及“F524 文化、体育用品及器材专门零售”、“L712 文化及日用品出租”、“R86 广播、电视、电影和影视录音制作业”、“R87 文化艺术业”、“R891 室内娱乐活动”、“R893 彩票活动”、“R899 其他娱乐业”，涉及范围较大，开放程度更高。

（二）自贸试验区的文化贸易开放创新发展举措

据海关总署新闻发言人张广志介绍，“海关积极支持上海自由贸易试验区文化产业发展，支持区内文化产品专用仓库建设，指导企业开展文化产品保税展示业务，探索保税展示交易功能拓展；设立文化产品通关专用窗口，上门查验移动损毁风险较高的特殊商品”①。2014 年，海关总署新上线了“知识产权海关保护系统”，它以原“知识产权海关保护备案系统”为基础，目的在于便利权利人办理海关保护备案，尽可能保障备案信息的准确、可靠。

1. 艺术品保税仓储

很多国内投资者从国外买回艺术品存储在艺术品仓库内，可享受暂时不完税的优惠政策，并且没有存放时间限制。按照自贸区的税收优惠政策，艺术品在保税仓储状态下可以享受关税、增值税和消费环节的税费暂免缴纳优惠，譬如油画，6% 关税、17% 增值税，加上消费环节税，合计约 24% 的税费。对于高价值艺术品而言，这是一笔非常巨大的费用节省。而且，自贸区的艺术品保税仓库的仓储设施一流，储藏环境专业，服务非常到位。这些优惠的税收政策和优良的专业仓储对艺术品入区具有非常大的吸引力，极大地促进了区内艺术品交易。

2. 艺术品保税拍卖

艺术品保税拍卖和一般的拍卖最大的差别还是在于保税模式上。保税属性不仅能够让艺术品在自贸试验区内仓储展示享受到巨大的税收优惠，同样也能够让拍卖享受到巨大的税收优惠。如果拍卖后的艺术品仍然留存在自贸试验区内，或者转移到境外，可享受免征关税、增值税的优惠（转移到境内需按照进口办理清关手续，缴纳关税、增值税）。

得益于保税拍卖的优惠税收政策，目前在自贸区已开拍的部分拍品的定价甚至低于区外其他交易场所同类拍品定价的 40%，甚至还有更多的优惠。这种保税拍卖模式可吸引全球大型拍卖行入驻，吸引更多珍贵的拍品入区仓储、展示、拍卖，有利于将上海自贸试验区打造为艺术品保税交易平台。

---

① 《2013 年外高桥保税区文化贸易基地贸易额达 41 亿元》，新华网，2016 年 11 月 6 日访问。

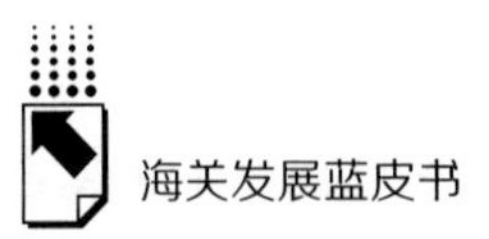

3. 境外图书保税展示与交易

（1）境外图书保税展示功能创新

2014 年 7 月底，文化基地在区内首次举办了境外图书展览，特点之一就是保税展示，不需要像在区外办理时办理一般贸易进口手续，只需要进境备案即可。国外出版商可以将外文图书放在区内，国内出版商到试验区内挑选商谈，通过点对点的交流平台，节省了国内出版商前往境外的来回交通时间和成本。

除了保税展示外，在自贸试验区的图书展示审核流程也相对简化，只需要具有引进海外图书资质的企业对内容进行保证就可以进入自贸试验区，流程大为简便，而在区外则需要对内容全面审核。

（2）展示交易模式创新

文化产品与普通商品并不一样，展示交流是促进交易的主要手段，一般通过展览吸引买家。作为一个公共服务平台，不少企业通过文化基地将文化产品从境外市场转移到境内交易，或者进行保税展示等。自贸试验区成立前，货品在入境审批时，必须先在港口报关，之后才能到区内，且只能在区内指定展示。自贸区成立之后，货品不仅可以出区展示，而且展示还可以进行交易。

在海关的“先入区、后报关”等相关政策出台后，文化产品可以不需要在港口等待报关，而是等到入库后再进行报关，节省了在港口等待的时间，最终产品也可以更快交到买家手中。更为便利的是，在境外展示时就可以实现交易。例如，当艺术品运到美国进行展示时，如果发生了交易，该艺术品仍需再运回国内，办完一般贸易出口手续后，才算真正完成了交易流程，该过程使得艺术品交易过程被拉长，手续复杂。但在自贸试验区成立后，文化基地向海关提出了相关简化要求，使得文化产品在境外展示交易时，实物无需再返回境内，只要相关单证回到境内办理即可。此外，利用自贸试验区内的自由贸易账户，交易时所需的资金流动也更为方便高效，不仅汇率可以更接近国际市场，降低企业资金成本，资金划转最快可以在当天完成。目前，文化基地正积极探索在洋山保税港区建立文化装备基地，以带动高端文化设备的展示展览、制作加工、保税租赁和保税融资租赁乃至制造生产等产业的发展。此外，还正向国家新闻出版广电总局提出设立国家版权贸易基地的申请。

4. 上海国际艺术品交易中心启动

上海国际艺术品交易中心在自贸区设立前半年已经成立，2013 年 7 月，保税仓库第一期项目建成并开始运营。受展示空间限制，第一期仓库内大部分作品都被收藏于折叠式的展示柜内。后建成的二期仓库完全按照艺术品的储存要求进行建设，更符合艺术品、展示储存的专业标准。第三期工程将主要用于艺术品的展示、交易和拍卖。这三期工程覆盖自贸区内和自贸区外共 12 万平方米的服务区域，实行区内、区外联动，为艺术品交易提供仓储、运输、展示交易等一系列服务。

该交易中心和自贸区的成立联合产生了较为强大的虹吸效应，英国著名的翡翠画廊、香格纳画廊、白立方画廊等一大批海内外知名艺术机构与艺术品交易机构进驻自贸区,[①] 逐渐成为国际艺术品交易的新地标。

（三）文化贸易开放发展的成效

1. 文化贸易平台功能已显现

上海自贸试验区成立之前，在国家加快文化“走出去”这一大背景下，外高桥保税区内成立了国家文化贸易基地。国家对外文化贸易基地的前身——上海国际文化服务贸易平台是由上海市委宣传部和浦东新区人民政府牵头发起，于 2007 年 9 月 28 日在上海外高桥正式启动的。平台充分利用外高桥保税区作为海关特殊监管区域的区位优势和功能优势，在全国先行先试，以“政府推动、企业运作”的模式，从社会资源、建设资金、渠道开发、专业服务等方面积极推动对外文化贸易，成效显著。文化部于 2011 年 10 月正式发文批准“上海国际文化服务贸易平台升级为‘国家对外文化贸易基地’”，上海国际文化服务贸易平台成为首个国家级文化产业基地（以下简称“文化贸易基地”）。2011 年 11 月 18 日，国家对外文化贸易基地正式揭牌。

自成立以来，文化贸易基地紧紧围绕“文化产品进出口基地”、“文化贸易品牌企业集聚地”、“文化贸易金融政策试验基地”、“文化产品展览展示推介基地”、“文化经营贸易人才培训基地”等五大功能的开拓与建设，为文化企业打造国际文化贸易服务创新展示平台，大力推动国内文化企业、产品和服

---

① 缪锦春:《上海自贸区制度创新与我国文化产业开放发展对策研究》,《文化产业研究》2015 年第 5 期。

务“走出去”，取得了阶段性进展和成果。截至2012年底，上海对外文化贸易基地聚集了包括上海文交所、安舒茨、精文世嘉、星空卫视、品藏拍卖等一批文化龙头企业在内的130多家企业，注册资本逾17亿元，税收贡献过亿元。2012年上海文交所交易额逾150亿元。在全国文化产品和服务国际贸易呈现逆差的境遇下，上海文化产品和服务进出口连年实现顺差，[①] 文化贸易基地业已成为上海推进社会主义文化“大繁荣、大发展”的重要载体之一。随着上海自贸试验区成立后有关文化贸易扩大开放和创新发展举措的推出，文化贸易基地更加充分地发挥出贸易平台功能。

为促进文化贸易产业的发展，海关积极优化调整艺术品的通关流程，创新监管服务以适应文化贸易产业的发展需求，更好地服务于自贸区内文化贸易产业的发展。为满足文化产品的仓储条件要求，海关积极指导企业在区内设立专用的保税仓库，以降低文化贸易企业的仓储运营成本。同时，为拓展保税展示功能，海关积极支持企业在自贸区内对一些高价值的文化商品开展保税展示业务，探索企业在提供有效担保的前提下开展出区保税展示业务及海关的监管模式，提供更全面、更到位的海关监管创新服务。

2. 文化产品贸易增长势态良好

得益于多方改革举措的推动，区内文化贸易产业获得了良好的发展，区内累计进出境文化产品的金额或数量都有大幅度增长。以2011年1月至2014年8月的税号950430的游戏游艺设备进口为例，2011年进口仅104台，2012年小幅增加至152台，到2013年则迅速增加至3305台，2014年前8个月已进口6665台，相当于2013年全年进口量的2倍，如表4所示。

表4　近年来游戏游艺设备950430的进口情况

单位：台，美元

2011年1～12月地区统计			
地区	商品名称	数量	金额
31224上海外高桥保税区	950430使用硬币、钞票及类似品的其他游戏用品	104	2481192

① 陈伟军：《文化贸易拓展：提升软实力与走出去》，《中国出版》2013年第2期。

续表

2012年1~12月地区统计			
地区	商品名称	数量	金额
31224上海外高桥保税区	950430使用硬币、钞票及类似品的其他游戏用品	152	7241203
2013年1~12月地区统计			
地区	商品名称	数量	金额
31224上海外高桥保税区	950430使用硬币、钞票及类似品的其他游戏用品	3305	20453
2014年1~8月地区统计			
地区	商品名称	数量	金额
31224上海外高桥保税区	950430使用硬币、钞票及类似品的其他游戏用品	6665	12051

六　进一步扩大发展自贸试验区文化服务贸易

国务院总体方案提出推进自贸试验区贸易转型升级，加快对外文化贸易基地建设，并列出文化服务领域若干扩大开放措施。而税收政策已经成为制约文化贸易业态多元发展的主要瓶颈。因此，探索研究完善文化产业的进出口税收优惠政策，逐步改变文化贸易长期逆差态势，把中国优秀的文化产品推向世界已经成为摆在我们面前的迫切任务。

上海自贸试验区开放的环境、创新的服务有力地推动了上海对外文化贸易的发展。但是，在喜人的成绩背后，还是有不少亟待提高和改善的方面。以下就对如何利用好自贸试验区这个平台，进一步扩大文化贸易发展提出几点思考。

（一）突破创新，促进核心文化产品的出口贸易

联合国教科文组织（UNESCO）在2005年发表的报告“International Flows of Selected Cultural Products and Service”中，将主要的文化产品分为核心层（core level）和相关层（related level）两个层次。核心文化产品通常指古董、收藏品、书籍、视听媒体（视频游戏、照相、电影胶片）、视觉艺术品（绘画、雕像、雕塑、版画等）、磁带等音像制品。它们兼具商品属性和艺术属性，其出口贸易额无疑是衡量一个国家或地区国际文化竞争力的关键指标之一。

虽然2014年上半年，上海市出口文化产品在自贸试验区开放发展的促进下同比增长了27.8%，但是，主要出口商品为印刷品和装饰品等低附加值商品，在上海市出口值排名前10位的文化产品（按HS8位商品编码统计）中，装饰品和印刷品共占5席，合计占同期上海市文化产品出口值的24.8%。而且，从我国核心文化产品的国际市场占有率来看，长期在2.1%～2.5%之间波动，处于1%～5%衡量区间的中下部，表明我国核心文化产品的国际竞争力偏弱，国际市场占有率较低。为此，可从以下几方面尝试促进核心文化产品的出口，提升上海文化产品的国际竞争力，并为全国范围内文化产业提升核心文化产品的国际市场占有率提供借鉴。

一是深入研究上海自贸试验区外商投资特别管理措施，进一步释放负面清单对文化产业发展的制约条款。2014版负面清单的第135条对于“R86广播、电视、电影和影视录音制作业”的限制是“除香港、澳门服务提供者外，限制投资电影院的建设、经营（中方控股)”，这一条其实是对2013版负面清单相应条目增加了“除香港、澳门服务提供者外”（见表5)，但因为是负面清单，这一排除条件反而意味着允许香港、澳门企业投资电影院的建设、经营(中方控股)。这个可以成为下一版负面清单制定的一个重要参考。对于文化贸易的扩大开放，可以考虑在制定下一版负面清单时适度放开某些项目上对港澳地区的限制，将在文化贸易发展方面比国内表现更好的香港文化产业经营管理和文化贸易发展经验引入到区内，促进区内企业水平的提升。

表5　2014版与2013版负面清单关于文化贸易的特别管理措施比较

共同点	都涉及C、F、I、L、R五大门类
	保留2013版中C231、C233、C243、I64、R851、R852的特别管理措施不变
不同点	删除：删除R87文化艺术业，因为原条款中已有“投资文化艺术业须符合有关规定”；删除R89娱乐业中的R891、R893、R899，因为博彩、色情业本身就属于我国法律不允许的范畴
	合并：将2013版中F514、F524、L712（第2条）合并为第75条特别管理措施，将F518、F524合并为第77条特别管理措施，将F524、L712（第1条）合并为第79条特别管理措施，都属于F51、F52大类
	增加排斥性限定：将2013版中R86的“限制投资电影院的建设、经营（中方控股）”修改为“除香港、澳门服务提供者外，限制投资电影院的建设、经营（中方控股）”，即增加了“除香港、澳门服务提供者外”的限定，意味着向港澳服务商开放

注：C代表制造业，F代表批发和零售业，I代表信息传输、软件和信息技术服务业，R代表文化、体育和娱乐业。

二是充分利用自贸试验区的开放环境和创新服务的引力效应，继续引进优秀的文化贸易企业，尤其是民营和国有文化贸易企业。并且在各方条件许可的情况下，建立文化产业内同行业的国内企业的战略联盟关系，实现资源共享和优化配置，壮大国内企业的规模、技术能力和经济实力，培养具有较强国际竞争力、拥有自主品牌和核心文化产品的对外文化贸易骨干企业，增强和同类国际企业在文化产品出口方面抗衡的能力。

三是鼓励区内文化企业出区发展，建设自贸试验区文化产业的“飞地”。在贸易、物流、金融等业务蓬勃发展的上海自贸试验区内，土地逐渐成为稀缺资源，28.78平方公里的土地已很难满足各行各业对外开放发展的诉求。建议文化企业利用自贸试验区的强大辐射力，在区外建立“文化产业飞地”，既可成功突围自贸试验区土地规模的限制，又可以利用飞地的劳动力、土地资源优势，降低核心文化产品的成本，提高它们在国际市场的价格竞争力。

四是从税收政策上给予文化产品出口企业的优惠，减轻企业的资金压力。需要强调的是，这种税收优惠是双方面的。其一，对文化产业出口企业从境外进口的专业设备、器材等商品，综合其市场价值、在国内有无可替代品以及替代品的竞争力等因素，制定进口分级税收优惠政策，适当放宽进口税收的优惠。其二，对于这些企业的核心文化产品出口放宽出口退税产品的适用范围，酌情施以增值税零税率优惠。

五是加大对核心文化产品出口企业的培育和扶持力度。核心文化产品通常被赋予以某种文化内容为主体的价值观，其创造、生产、贸易与企业拥有的高端人才、科学技术、新型贸易方式、生产成本等要素紧密相关。因此，除了以上对文化产品出口企业一般适用性的税收优惠政策外，对于从事核心文化产品出口企业还要从人才引进政策、关键技术支持、跨境电子贸易、土地租赁费用等方面给予更多的优惠，营造适合这类企业发展的软硬件环境，使他们能够开发出更多的具有民族文化精髓的本土品牌核心文化产品，并提高对企业设立营运总部的吸引力。对于发展成熟的规模企业，要积极创造条件让他们去境外发展，让中国文化产品、文化产业都更好更多地“走出去”。

六是加强边境执法合作，构建通关便利化环境。上海自贸试验区内拥有交通区位优势明显、航线密集的深水海港和航空港，能够为文化产品的进出口贸易提供良好的物流条件。但是，海关、检验检疫和文化管理等部门作为文化产品进出口活动中的一些重要执法机构，他们的工作效率将直接影响到文化产品跨境流动的效率。因此，建议有关执法部门加强监管协作，通过上海自贸试验区正在着手建设的国际贸易单一窗口，加强各方协作，积极构建便利化的进出口通关环境。

（二）多管齐下，推动文化服务贸易的扩大发展

一是积极通过文化产品国际贸易的发展促进文化服务国际贸易的发展。因为，制造业的发展会促进服务业的衍生发展，使其由传统的消费性服务业向更为高级的生产性服务业转型，增加服务业创造产值的面向，从而推动服务贸易的发展。文化贸易亦是如此。在上文有关促进核心文化产品出口贸易的改革创新举措下，相信文化产品贸易尤其是出口贸易会有更好的发展，随之而来的就会是对外文化咨询、文化交流等文化服务贸易的兴起。

二是发挥好上海知识产权交易中心、上海文化产权交易所等平台的功能，提供周全的文化产品知识产权保护服务。文化产业是知识密集型产业，对知识产权保护的完善政策和保障措施将如强力磁铁一般吸引相关企业，可以更好地形成文化产业集群效应，完善文化产业链。同时，利用这些知识产权交易的中心和平台，可以为区域内中小型文化产业企业提供知识产权质押融资、技术入股等融资服务，向社会提供国际性知识产权专利权查询、申请等服务，以此带动文化贸易的发展。

三是着力打造文化信息综合服务公共平台。卢森堡积极建设跨界文化资讯平台的成功经验是一个很好的启示。上海自贸试验区管委会、上海市政府或者某社会服务机构可以着力打造一个类似的文化信息综合服务平台，整合有关文化贸易的产业信息、服务资讯等资源，促进文化要素汇集与交流，由此吸引各类企业入驻，促进文化贸易发展。

四是通过金融与文化融合为文化服务贸易创造适合发展的经济环境。根据最新的全球综合竞争力最强的十大国际金融中心排名，2014 年上海排名提升至第 5 位。上海国际金融中心的综合竞争力的提升同样也为文化服务贸易的发展创造了条件，譬如，推动文化产业的产权交易和要素流通，以金融专业服务

能力和创新能力提供国际化的文化评估、鉴定、交易服务，提高对全球文化项目的投融资能力等。

五是利用税收优惠政策促进咨询服务业、广告及会展服务业等文化服务业的发展。在税率上可以对这些目前发展最快的核心文化服务业给予不同等级的优惠，等级的确定可以从企业的生产规模、出口能力、国际竞争力等方面综合考虑，原则上对中小型企业给予更多的税收优惠，以鼓励企业的发展和更多的社会资金投入文化产业。

B.4

自贸区知识产权海关保护规则的国际借鉴

朱秋沅*

摘　要：　我国尚无对自贸区的法律或政策定义，也无对自贸区法律地位的规定。同时，我国也从无对自贸区是否属于“境内关外”的官方解释或有效解释。在现实中，我国知识产权海关保护制度是否适用于自贸区存在疑问，也鲜有自贸区中的知识产权海关保护的执法或创新政策出现。鉴于在自贸区内存在知识产权侵权风险，对自贸区（欧盟与《京都公约》中称为“自由区”）实施知识产权海关保护是当前国际规则的主流趋势。自贸区不是“境内关外”，而是“境内关内”的海关监管区。海关具有对自由区内货物（包括侵权货物问题）实施监管的充分权力。

关键词：　自贸区　自由区　海关特殊监管区　知识产权海关保护　侵权

2013 年 9 月 29 日，中国（上海）自由贸易试验区（以下简称上海“自贸区”①）正式挂牌成立。2014 年 12 月，上海自贸区扩区，其地域范围从原先的

---

* 朱秋沅，上海海关学院法律系教授。

① 本课题所论述的自由贸易区（Free Trade Zone）是指一国在本国境内自主设立的，实施比国内其他区域更为优惠的经济贸易政策和更为便利的海关制度的区域；而不是指在各国家间或单独关境之间通过自由贸易协定（Free Trade Agreement）或类似协定（如经济伙伴协定等）所形成的自由贸易区域（Free Trade Area）。

28.78 平方公里扩至 120.72 平方公里。此后中央于 2015 年 3 月 24 日审议通过广东、天津、福建自由贸易试验区总体方案，进一步深化上海自由贸易试验区改革开放方案。2016 年 8 月，党中央、国务院决定，在辽宁省、浙江省、河南省、湖北省、重庆市、四川省、陕西省新设立 7 个自贸试验区。我国的自贸区的发展目标在于将进一步对接高标准的国际经贸规则，推动全面深化改革，扩大开放。与此同时，根据国际经验，自贸区中存在着转装转运①、中转分拆、生产加工等多种业务，而我国海关在自贸区中进行知识产权海关保护的案例与经验都比较少。所以，对于是否在自贸区中实施知识产权海关保护，理论上的回答是明确的，但现实中的执法是模糊的。鉴于此，我国实有必要从国际层面中寻找自贸区海关保护的规则与措施，以资立法与执法参考。

一　我国对自贸区定义与法律地位的理解

（一）我国尚无对自贸区的有效定义，也无对自贸区法律地位的规定

在《中国（上海）自由贸易试验区管理办法》② 以及其他三个自贸区相关地方立法中，在《中国（上海）自由贸易试验区总体方案》③ 以及广东、天津、福建的四项政策方案④中，并未对什么是“自由贸易试验区”做出定义，也无对自贸区法律地位的规定。同时，在《进一步深化中国（上海）自由贸易试验区改革开放方案》⑤ 以及《国务院关于推广中国（上海）自由贸易试验区可复制改革试点经验的通知》⑥ 并未对什么是“自由贸易试验区”做出定义，也无对自贸区法律地位的规定。

因此，我国尚无对自贸区的法律或政策定义，也无对自贸区法律地位的规定。同时，我国也从无对自贸区是否属于“境内关外”的官方解释或有效解释。

---

① 本课题中将国际规则中的“Transit”翻译为“转运”，将“Goods in Transit”翻译为“转运货物”。此时，“Transit”的范围广于我国《海关法》中的“转运”。

② 2013 年 9 月 29 日上海市人民政府令第 7 号。

③ 国发〔2013〕38 号。

④ 国发〔2015〕18 号、国发〔2015〕19 号、国发〔2015〕20 号。

⑤ 国发〔2015〕21 号。

⑥ 国发〔2014〕65 号。

（二）我国对自贸区进行了功能定位

2015 年 4 月 20 日，国务院新闻办公室召开新闻发布会，四大自贸区建设方案（包括主要功能[①]）同期公布。根据自贸区建设方案，该四大自贸区所共同具有的定位之一是：进行制度创新，为改革开放先行先试。在成熟或适当时进行复制推广。除此之外，其具体的区域功能方面，四大自贸区的定位又各有不同，在上海、广东、福建、天津四大自贸区建设方案中分别体现出“一带一路”、“长江经济带建设”、“京津冀协同发展”战略。

（三）对我国“海关特殊监管区”的相关理解

1. 关境、海关监管区与海关特殊监管区域

海关特殊监管区是我国海关立法所确定的一个专用法律概念。[②] 2006 年《中华人民共和国海关对物流园区的管理办法》规定“海关特殊监管区域”是指：“经国务院批准设立的保税区、出口加工区、园区、保税港区及其他特殊监管区域。”这个概念在国际上有对应的多种称谓，例如在美国称为“对外贸易区”（Foreign Trade Zone），而欧盟与 WCO 称为“自由区”（Free Zone）。[③]为适应我国不同时期对外开放和经济发展的需要，国务院先后批准设立了保税区、出口加工区、保税物流园区、跨境工业区、保税港区、综合保税区等 6 类海关特殊监管区域。国务院于 2012 年 10 月 27 日发布的《国务院关于促进海关特殊监管区域科学发展的指导意见》中要求对海关特殊监管区域现有类型进行整合，统一新设类型，新设立的特殊监管区域原则上统一命名为“综合

---

① 四大自贸试验区主要功能有：一是推进服务业扩大开放和投资管理体制改革；二是推动贸易转型升级，创新监管服务模式；三是深化金融领域开放；四是探索建立与国际高水平投资和贸易服务体系相适应的行政管理体系，培育国际化、法制化营商环境。

② 海关特殊监管区是指经国务院批准，设立在中华人民共和国关境内，赋予承接国际产业转移、连接国内国际两个市场的特殊功能和政策，以海关为主实施封闭监管的特定经济功能区域。2012 年国务院《关于促进海关特殊监管科学发展的指导意见》中指出 6 类海关特殊监管区域，即保税区、出口加工区、保税物流园区、跨境工业区、保税港区、综合保税区。

③ 参见朱秋沅《特殊区域内知识产权边境侵权规制问题比较研究——兼驳“特殊监管区域处于境内关外”的误解》，《上海海关学院学报》2012 年第 4 期，第 62 页。

保税区”。[①] 因此，我国的海关特殊监管区域将面临进一步的整合。

关境是某经济体海关法实施的区域。海关监管区是指设立海关的港口、车站、机场、国界孔道、国际邮件互换局（交换站）和其他有海关监管业务的场所，以及虽未设立海关，但是经国务院批准的进出境地点。[②] 一般情况下，关境大于海关监管区。海关法可以在整个关境内实施，而我国海关一般并不能在整个关境内执法，海关监管区才是我国海关真正可以执法的区域。对于海关执法的地域范围，根据不同的关境区的法律规定，会出现不同的情况。

2. 对海关特殊监管区法律地位的法理理解

海关特殊监管区，虽然“特殊”，但是海关监管区的一种，也应在“海关监管之下”。从全面的海关法内容上看，一国仍需要在海关特殊监管区域内或者在进出海关特殊监管区时实施边境管理措施。海关特殊监管区域仍然属于海关监管区，只是相对“特殊”而已。

二　在自贸区实施知识产权海关保护所存在的障碍

（一）知识产权海关保护制度所适用的地域范围存疑

海关的执法地域范围是有法定限制的，其并不能在整个关境内进行知识产权的海关执法，而只能在海关监管区内执法。因此，虽然知识产权边境保护制度适用于整个关境，而海关的知识产权行政执法只能及于关境内的海关监管区的特定环节。如在海关知识产权执法的地域范围之外需要实施边境保护则由其他机关（如司法部门和其他行政部门）的执法予以衔接。如果涉嫌侵犯知识产权的案件发生在海关监管区之外，而海关知道案件线索，海关就应当将有关的案件线索通报给其他执法部门，协助其他行政执法部门查处案件。

虽然在辨析了有关地域范围的几个概念后，海关执法的地域范围较为明确。但对于海关的知识产权执法是否及于海关特殊监管区域的问题一直存在着

---

① 《国务院关于促进海关特殊监管区域科学发展的指导意见》（国发〔2012〕58 号）。

② 《中华人民共和国海关法》第 100 条。

争论。有观点认为，海关在海关特殊监管区域内是没有知识产权保护执法权的。[①]

（二）现实中鲜有自贸区中的知识产权海关保护的执法或创新政策

但应当注意的是，海关特殊监管区域属于海关监管区的范畴。一般认为，在海关特殊监管区内实施特定的关税政策，因此在关税制度上视为“境内关外”，而不是在所有的海关制度上都视为“境内关外”。“境内关外”的理解仅限于在关税制度方面。从整个海关制度来看，鉴于国家安全与主权考虑，一国仍然需要在特定区域内实施边境禁限措施，海关特殊监管区域仍然属于海关监管区，只是相对“特殊”而已。因此，从理论上说，各关境区的海关都有权在海关特殊监管区内进行边境执法，边境保护制度也应当及于该区域。但是在实践中，由于对“境内关外”理解得不准确，使得在海关特殊监管区域内的知识产权海关执法，以及其他行政机构的知识产权执法都遇到了障碍。

我国海关只有极少量的对进出海关特殊监管区域的货物进行执法的案例。例如 2015 年 3 月 6 日上海海关在洋山港查获的进口货物侵犯耐克国际有限公司“NIKE 及钩形图”商标专用权案。[②] 再如 2011 年的“重庆某动力有限公司

---

① 其中原因有三：其一，习惯上，人们将海关特殊监管区域称为处于“境内关外”的区域，即国境之内，关境之外。由于关境是指一国海关法适用的地域。“关境之外”自然是海关法实施的地域范围之外，货物从关境内进入海关特殊监管区域视为出口，货物从国外进入海关特殊监管区域不用办理进口通关手续，也不征收进口关税。海关因此也不能在此区域内执法。其二，此类简单加工或实质性加工的侵权行为虽然发生在海关特殊监管区域内，但是其尚处于生产环节，既不属于“进出境”环节，也不属于“进出口”环节，而且如果进行边境执法将与国内知识产权行政保护机关执法相重叠。因此，海关对加工贸易货物的知识产权状态是不予监管的。其三，从国内进入海关特殊监管区域的货物与原材料，在其进入区域时，已经完成出口通关程序。因此，当侵权行为加诸货物后，侵权货物直接出境，不用再经出口监管。（参见朱秋沅《特殊区域内知识产权边境侵权规制问题比较研究——兼驳“特殊监管区域处于境内关外”的误解》，《上海海关学院学报》2012 年第 4 期。）

② 2015 年 3 月 6 日上海海关在洋山港一举查获某公司申报进境自贸区的标有“NIKE 及钩形图”商标的运动鞋 10164 双。经耐克国际有限公司确认，该批货物侵犯了其“NIKE 及钩形图”商标专用权，据初步统计涉案货物市场价值约为人民币 500 万元。（《海关查获上海自贸区首起进境侵权货物案》，http：//shanghai. customs. gov. cn/publish/portal27/tab61724/info737737. htm，访问日期：2016 年 10 月 12 日。）

向广州海关隶属南沙海关申报至保税港区物流区摩托车散件侵权案"[①]。通过公开文献检索，除前述案例外，还有一例发生于深加工结转中海关保护执法。因此，我国在自贸区中的知识产权海关保护实践屈指可数。

与此同时，以上海自贸区为例，至2016年6月上海自贸试验区当前海关监管制度创新措施（31+4项）中，除了1项措施外[②]，尚缺乏对知识产权海关保护的考虑，也缺乏知识产权海关保护的配套措施，海关监管制度创新中的智能化措施还缺乏知识产权海关保护的监管数据要求和风险分析指标。

三　两个《京都公约》对自贸区定义与海关法律地位的变化对我国的借鉴意义

（一）两个版本的《京都公约》对自贸区规定的变化

20世纪80年代欧盟对自由区法律性质的定位对一项重要的全球性国际海关制度，即《简化与协调海关制度的国际公约》（《京都公约》）产生了关键影响。第一个版本的《简化与协调海关制度的国际公约》产生于1973年。

---

① 2011年3月10日，重庆某动力有限公司向广州海关隶属南沙海关申报至保税港区物流区摩托车散件396辆，价值人民币120多万元，货物最终出口目的地为多哥，申报品牌为公司自有品牌。海关关员经过风险分析，认为存在以下疑点：一是经营单位为异地生产型企业，远距离跨关区申报有违常规；二是目的国位处非洲地区，属侵权高发地域；三是散件方式申报，涉及汽车、摩托车敏感类别商品，遂下达指令进行布控查验。经查验，发现该批货物包装箱外层均为无标的车轮、摩托车主要外壳等零部件，但仔细检查隐藏于包装箱底部的后视镜、刹车总成、车钥匙、贴纸及发动机右大盖等部件均标有"YAMAHA"商标。海关经调查，认定涉案摩托车散件为侵权货物，逐对相关企业做出行政处罚决定，并将有关案件线索向公安机关进行了通报。（海关总署政法司：《2011年知识产权海关保护十佳案例》，《中国海关》2012年第6期，第47~48页。）

② 即"自主报税、自助通关、自动审放、重点稽核"作业模式（又称为"三自一重"）。"三自一重"企业准入条件：自贸试验区内高级认证企业，符合海关计算机联网要求。海关税费电子支付用户；3年内没有走私、违反海关监管规定、进出口侵犯知识产权记录，没有欠缴海关税收记录（3年是指申请"三自一重"模式之日起倒推）；企业申报规范率较高，具备自测、自报税款能力。

1973年《京都公约》F. 1“有关自由区的附约”（以下简称“附约F. 1”）中对“自由区”定义。① 该定义使人误解地认为“进入该区域的货物”，不仅免于进口税费，而且免于海关监管，则主要的海关法律制度都不能适用于进入该区域的货物，则该区域的法律地位应处于关境之外（outside the customs territory）。但实际上这种理解是断章取义的，是偏颇的。附约F. 1表述“自由区处于关境之外”是有明确限定的，即“就进口税及其他各种税而言”处于“关境之外”，且这些货物免除的仅是“惯常”的海关监管。正确理解“惯常”的海关监管是指海关监管一般进出境货物时所适用的监管制度，并非免除适用于“自由区”的海关监管制度。

世界海关组织在世纪之交对《京都公约》进行修订。经修订的1999年《京都公约》专项附约四第二章“自由区”中的定义条款规定：“自由区”指缔约方境内的一部分，进入这一部分的任何货物，就进口税费而言，通常视为关境之外。② 可见为了避免误解，修订后的《京都公约》从定义中删除了入区货物“免于实施惯常的海关监管”的表述③，从而使得“自由区被视为关境之外”的情况明确限定于“就进口税费而言”（见表1）。

（二）1999年《京都公约》（修订）对“自贸区”表述的改进

第二个版本的《简化与协调海关制度的国际公约》产生于世纪之交。由

① 自由区是指一国领土的一部分，运入（该区域）的任何货物，就进口税及其他各种税而言，被认为处于关境以外，并免于实施惯常的海关监管。International Convention on the simplification and harmonization of Customs procedures（Kyoto，May 18，1973），Annex F. 1 Concerning free zone，Definitions（a）the term “free zone” means a part of the territory of a State where any goods introduced are generally regarded，in so far as import duties and taxes are concerned，as being outside the customs territory and are not subject to the usual customs control.

② 原文为：Kyoto Convertion（as amended）（1999），Specific Annex D-Chapter 2 Guideline on Free Zones，3. Definition “free zone” means a part of the territory of a Contracting Party where any goods introduced are generally regarded，insofar as import duties and taxes are concerned，as being outside the Customs territory. 海关总署国际合作司编译《关于简化与协调海关制度的国际公约（京都公约）总附约和专项附约指南》，中国海关出版社，2003，第522页。再参见朱秋沅《中国自贸区海关法律地位及其知识产权边境保护问题的四点建议》，《电子知识产权》2014年第2期。

③ Kyoto Convertion（as amended）（1999），Specific Annex D-Chapter 2 Guideline on Free Zones，6. Recommended Practice.

表1　两个《京都公约》发展轨迹对比

公约具体名称	通过时间与地点	生效时间	我国的公约地位
关于简化和协调海关业务制度的国际公约 International Convention on the Simplification and Harmonization of Customs Procedures	1973 年 5 月 18 日 京都	1974 年 9 月 25 日	1988 年 5 月 29 日交存加入书，同时接受公约 E. 3 和 E. 5 附约
关于简化和协调海关制度的国际公约修正案议定书 Protocol of the Amendment totheInternational Convention on the Simplification and Harmonized of Customs Procedures	1999 年 6 月 26 日 布鲁塞尔	2006 年 2 月 3 日	2000 年 6 月 15 日签署《修正案议定书》，并接受专项附约 D 第一章“海关仓库”和专项附约 G 第一章“暂准进口”①

①我国对《京都公约》（修订）专项附约四中第一章第九条、专项附约七中第一章第十六条和第二十一条做出保留。

于世界经济形势的发展以及 1974 年《京都公约》自身存在的问题[①]，1994 年世界海关组织决定对其修订[②]。1999 年 6 月，修订后的《京都公约》议定书及其文本在海关合作理事会的年会上获得正式通过，于 2006 年 2 月 3 日生效（因此简称“1999 年《京都公约》（修订）”）。

虽然综合 1973 年《京都公约》附约 F. 1 的定义与标准条款可以对自由区法律地位产生完整的认识。但是仍然产生了“自贸区”属于“境内关外”或“境外”的普遍误解。[③] 因此，WCO 在 1999 年《京都公约》（修订）中竭力澄清自由区的法律地位。

1. 定义方面的进一步修改与澄清

1999 年《京都公约》（修订）专项附约四第二章自由区中的定义条款规定：“自由区”指缔约方境内的一部分，进入这一部分的任何货物，就进口税

① 伊羊羊：《〈京都公约〉的修改及可能产生的影响》，《中国海关》1998 年第 3 期，第 33 页。

② 龚正：《深入研究国际海关惯例积极推动海关法制建设——浅谈〈京都公约〉与〈海关法〉的修改》，《中国海关》1999 年第 6 期，第 14 页。

③ ICC，BASCAP，Controlling the Zone：Balancing facilitation and control to combat illicit trade in the world's Free Trade Zones，May 2013，p. 2.

费而言，通常视为关境之外。[①] 为了避免误解，修订后的《京都公约》从定义中删除了入区货物“免于实施惯常的海关监管”的表述[②]，从而使得“自由区被视为关境之外”的情况明确限定于“就进口税费而言”。[③]

2. 建议的实践

建议的实践（Recommended Practice），无论货物的原产国、发运国或目的国如何，基于保护专利、商标和版权的原因可以禁止做限制货物进入自由区。

四　国际法律文件对自贸区知识产权海关保护执法的具体建议

鉴于在海关特殊监管内发生知识产权侵权存在的风险，一些国际组织和发达国家都倾向于通过立法明确授权海关应当在海关特殊监管区域内进行知识产权执法。除了前述的 WCO《京都公约》专项附约的规定外，还有一系列的国际法律文件都包含了对该区域内海关执法的明确授权。

（一）《公正有效实施符合〈TRIPS 协议〉的边境措施的国内立法示范法》中的规定

在 1995 年的《WCO 知识产权边境保护示范法》并没有将特殊区域内的侵权问题列入考虑。《TRIPS 协议》也没有将转运程序下的边境保护作为成员方的义务。[④] 此后，自由区内边境侵权日趋发展，WCO 在 2004 年《WCO 知识产权海关保

① 译文参见海关总署国际合作司编译《关于〈简化与协调海关制度的国际公约〉（京都公约）总附约和专项附约指南》，中国海关出版社，2003，第 522 页。原文为：Kyoto Convertion（as amended）Specific Annex D-Chapter 2 Guideline on Free Zones，3. Definition “free zone” means a part of the territory of a Contracting Party where any goods introduced are generally regarded，insofar as import duties and taxes are concerned，as being outside the Customs territory.

② Kyoto Convertion（as amended）Specific Annex D-Chapter 2 Guideline on Free Zones，6. Recommended Practice.

③ 朱秋沅：《中国自贸区海关法律地位及其知识产权边境保护问题的四点建议》，《电子知识产权》2014 年第 2 期。

④ 朱秋沅：《特殊区域内知识产权边境侵权规制问题比较研究——兼驳“特殊监管区域处于境内关外”的误解》，《上海海关学院学报》2012 年第 4 期。

护示范法》的引言部分明确指出了边境保护应当适用于进口、出口、复出口与转运，并在《示范法》的定义与解释部分以及第1条第1款中明确要求知识产权边境保护应当适用于转运通关程序。[①]

（二）ACTA中的相应条款

《反假冒贸易协定》（Anti-Counterfeiting Trade Agreement，ACTA）于2010年12月3日公布了协定的认证（verification）文本。该协定的第二章第三节“边境措施”、第三章“执法实践”、第四章“国际合作”都对知识产权边境保护制度提出了以权利人本位的高标准要求。

ACTA第一章第二节的第5条“一般定义”中对边境执法的地域范围作了如下规定：“（知识产权执法的法律框架）第三节（边境措施）中的‘领土’，是指缔约方的关境和所有自由区。”同时，该协定通过脚注对“自由区”进行了进一步说明，即“为了具有更大的确定性，缔约方承认自由区是指缔约方境内的一部分，就进口税费而言，进入这一部分的任何货物通常被视为处于关境之外”[②]。

从上述定义以及定义的注释来看，ACTA在《京都公约》的基础上再一次强调：知识产权边境保护的地域范围是整个关境，也包括自由区在内。对自由区而言，“自由”是指在进口税费方面的自由，对于其他海关职能而言，“自由区”仍然是缔约方关境内的一部分。

（三）2005年《在自由区内知识产权侵权的监管指南》——一部适用于特殊区域的高标准、专业性国际规则

2005年《在自由区内知识产权侵权的监管指南》中提出，自由区或自由贸易区已经在各国普遍设立，推行区内的最小监管与最大的贸易自由，用以促进贸易。但事物总是两面的，[③] 自由区在使进出区的贸易活动广泛受益的同时，由于政府监管的减少，使得在该区域内的边境执法机构的执法权限不明，

---

① 朱秋沅：《特殊区域内知识产权边境侵权规制问题比较研究——兼驳“特殊监管区域处于境内关外”的误解》，《上海海关学院学报》2012年第4期。

② 朱秋沅：《反假冒贸易协定》，《上海海关学院学报》2011年第1期。

③ 朱秋沅：《中国自贸区海关法律地位及其知识产权边境保护问题的四点建议》，《电子知识产权》2014年第2期。

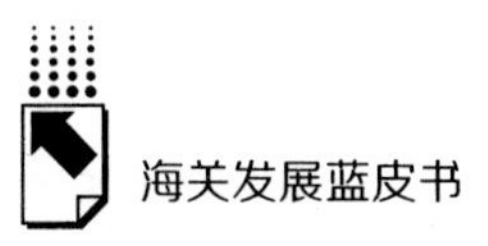

区内边境执法缺失。鉴于此，WCO 的知识产权战略组以《京都公约》为法律基础，提出了《在自由区内知识产权侵权的监管指南》（以下简称为《自由区监管指南》）。

1. 自由区的法律地位及其法律适用

（1）《京都公约》的基础性规定

《京都公约》（修订）专项附约 D 中对此问题作出了规定。《京都公约》将“自由区”定义为：是成员方的一部分领土，在此领土内，在进口税费范围内被视为处于关境之外。因此，根据此定义，被视为关境之外的，不是整个自由区，也不是自由区的整个海关制度，而是自由区的进口税费问题。因此，自由区整体法律地位仍然处于经济体的关境之内。

同时，在《京都公约》专项附约 D 第二章“自由区”对区内的法律适用作出了规定。

该章“原则”的标准条款 1 规定：“自由区适用的海关规定受本章条文约束，并在可适用的范围内，适用总附约。”

该章“设立与监管”的标准条款 2 规定：“国家立法应对有关自由区的设立、允许进入自由区的货物种类以及自由区内货物应遵守的作业性质的要求，作出规定。”①

（2）对应建议

《自由区监管指南》建议在自由区内实施的国内法与上述《京都公约》规定相符。此建议也同样适用于未加入《京都公约》的国家。同时，在国内法中，并且在自由区内经营的授权中应当明确下列具体内容：第一，建立自由区；第二，允许合法进入自由区的货物；第三，自由区中的货物的商业性质。

海关应当有权准许（自由区内经营）授权，因此也有权对（自由区内经营）授权的正确使用进行监管。在自由区内的商业经营必须符合授权中的条件。② 这需要有监管机制以确保商业经营的守法。

在国内法中应当规定海关监管的安排，包括自由区的相配性、建筑和布局

① 朱秋沅：《特殊区域内知识产权边境侵权规制问题比较研究——兼驳“特殊监管区域处于境内关外”的误解》，《上海海关学院学报》2012 年第 4 期。

② 参见朱秋沅《欧盟自由区海关制度分析及对中国自贸区建设的启示》，《国际贸易》2014 年第 5 期。

的适当要求。

2. 许可进入自由区的货物——是否任何货物都允许进入自由区

根据《京都公约》(修订)专项附约D第二章“货物的进入”的建议条款6①,即使是属于某关境区禁限制度管制的货物仍然可以存储于自由区,但是如果货物侵犯了专利、商标和著作权的保护,则无论其原产国、发运国或目的国如何,都不会被允许进入自由区。因此基于上述分析,《自由区监管指南》建议,国内立法应当明确规定哪些货物不允许进入自由区。该立法也应当确保禁止此类侵权货物进口和/或进入到自由区,也不能存储于自由区。海关应当获得监管自由区,以及允许进入自由区、在区内加工及出区货物的权力。海关也应当获得对自由区内被授权操作此程序的企业的监管权。

3. 海关监管自由区内货物的权力

(1)《京都公约》的基础性规定

据《京都公约》专项附约D第二章的“设立与监管”标准条款4的规定:“海关应有权随时核对自由区内储存的货物。”

(2)对应建议

《自由区监管指南》建议,海关应当被授权对自由区实施监管,并应当在国内立法中予以规定。海关也应当是作出准予经营自由权授权的政府部门。经营自由区的授权中应当对自由区内可能发生的所有行为作出定义。海关同样应当被授权,也应当有权在自由区内随时监管货物、区内营运的企业及其在区内产生的行为。

4. 海关监管权的行使

(1)建议基础

海关当局不仅有权监管,也应当设计适当的监管体系并在系统化的基础上行使这些权利。出于这一目的,海关当局应当实施合理构建的、成比例的监管,以确保便利合法贸易,发现并阻止违反国内禁限制度的非法贸易,如违反

① 即“不应仅因为从国外进入的货物受到禁止或限制而拒绝准予进入自由区。但是无论原产国、发运国或者目的国如何,基于以下原因受到禁止或限制的除外:公共道德或秩序、公共安全、公共卫生或健康,或动植物检疫的需要;或保护专利、商标和版权。危险货物,可能会影响其他货物的或需要特别设施的货物,应只准进入特别设计的自由区。”参见海关总署国际合作司编译《关于〈简化与协调海关制度的国际公约〉(京都公约)总附约和专项附约指南》,中国海关出版社,2003,第264页。

知识产权法的贸易。从权利人所提供的证据和各国知识产权边境执法的查获信息可知，自由区经常被用于隐藏货物的真实原产地，并经常被用于生产和分拨假冒和盗版货物。因此，海关行使国内法授予的权利显得更为重要。

（2）对应建议

《自由区监管指南》建议，海关应当在风险评估的基础上在自由区内行使对货物的监管权。该风险评估应当设计用于识别禁限货物，这些禁限货物可能被允许进入自由区，在自由区内制造、加工、存储或移出自由区。

海关监管应当是全过程监管，包括：①货物自境外入区，②货物自境内入区，③货物存储于自由区时的监管（包括保税仓储与加工等），④货物离区入境，⑤货物离区出境。

5. 自由区内所允许的商业经营

据《京都公约》（修订）专项附约 D 第二章的“经授权的作业”中标准条款 11① 与标准条款 12②，《自由区监管指南》建议，在经营自由区的授权中，为保存货物而进行的必要加工、改进包装或销售质量或为装运前的准备而进行通常处理是可以允许的。这是海关应当在授权和监管中予以明确的。

在自由区中允许进行重新包装，但是在此加工过程中，货物的原产地不可以改变。在此情况下，货物的原产地保留为其生产国。这是知识产权侵权最大的风险区。当货物被重新包装，就有机会去除原产地标志。这使得海关在行使追踪货物的原产地的其他权限时尤为困难，因此也使得有关监管更为困难。当这些货物移出自由区，出口或发往最终目的地时，监管就尤其困难。因为非法贸易商知道海关当局将原产地作为一项关键的风险指标，因此他们企图伪装原产地。海关应当特别注意用以识别和检查在自由区内加工的货物真实原产地的技术。适当的监管应当针对（货物的）文件和货物本身来行使。

《京都公约》允许自由区内加工货物。但是，海关应当在授权中明确所允

① 即“准予进入自由区的货物应被允许为保存货物进行必要的作业，为改进包装或销售质量或为装运进行通常的处理，例如分装（breaking bulk）、合装（grouping of packages）、分类、分级和重新包装。”

② 即“如果主管机构允许在自由区进行加工或制造作业，应当在自由区适用的法规中或在给予从事这些作业的企业的许可中一般性规定和/或详细规定货物应遵守的加工或制造作业规则。”

许的加工与制造的准确性质，以及所需的海关手续和申请。

在自由区内加工和制造货物也会致使知识产权货物的生产，这就意味着风险。因此在加工上进行海关监管是必要的。

五　国际法律文件对我国自贸区知识产权海关保护执法的九点借鉴

第一，对自贸区实施知识产权海关保护是当前国际规则的主流趋势。当前主流国际规则与法律工具（legal instruments）中，无论是国际硬法或软法，一般都倡导对自贸区的地域范围或者有关自贸区的通关程序实施知识产权海关保护。

第二，在自贸区知识产权海关保护方面，目前尚无对我国有约束力的国际硬法。虽然《京都公约》（修订）是国际硬法，但我国并未接受该公约的专项附约 D。因此，有关“自由区”的专项附约 D 对我国没有约束力，而其他区域法与我国无关。同时，我国也未缔结承诺对自贸区实施知识产权海关保护的双边协议。

第三，自贸区不是“境内关外”，而是“境内关内”的海关监管区。《京都公约》明确指出自由区是海关监管区，特殊之处仅在于关税措施，而并非免于所有的海关监管。《在自由区内知识产权侵权的监管指南》以《京都公约》为基础，再次明确“自由区”是“境内关内”的海关监管区域。

第四，应当授予海关在自贸区的执法权与立法权。《京都公约》规定：“自由区有关建设与布局的要求以及海关监管的安排应当由海关予以规定。”该条通过注释进一步说明了“海关监管安排”广泛内容，不仅包括货物出入区的限制与监管，还包括对区内企业的账册文件监管和实地检查（Spot Check）的权力。因此，该条明确说明自由区不仅需要海关监管，而且海关对自由权的监管安排具有立法权。

第五，应当强调海关对自贸区货物的检查权。《京都公约》规定：“海关应当有权在任何时间对将货物运入自由区的任何人存储于其所在地的货物实施检查。”该条着重强调了海关对区内货物的检查与实地查验权。

第六，应当明确海关对进出区货物采取限制措施的权力与范围。从 1973

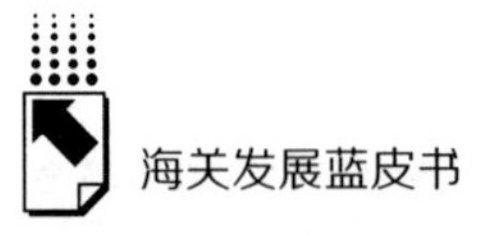

年《京都公约》开始，其就规定入区“自由”是相对的，海关可以基于所列的重要考虑而禁止或限制货物入区，其中重要考虑之一就是知识产权海关保护。

第七，侵权货物属于特定的禁止进入自由区的货物。《在自由区内知识产权侵权的监管指南》明确表明侵权货物属于禁止进入自由区的货物。即使属于禁限制度管制的货物仍然可以存储于自由区，这些属于禁限制度管制的货物不包括侵权货物。

第八，海关具有对自由区内货物（包括侵权货物问题）实施监管的充分权力，应当对（侵权）货物进行全过程监管和追责。海关对自由区货物（包括侵权货物问题）实施全过程监管，包括境外入区、境内入区、区内海关监管货物、离区入境、离区出境，此五个流向的货物被全过程监管。同时也应当对区内构成侵权的全链条的多个行为人进行追责。

第九，海关对自由区应当实施合理构建的、成比例的监管。借鉴《在自由区内知识产权侵权的监管指南》的原则，在全链条追责的侵权海关监管下，成比例执法可以防止海关过度执法，从而有利于实现区域内知识产权边境执法与贸易自由的平衡。

综合上述表述可知，自由区应当仅在“进口税及其他税方面”视为处于“关境之外”。自由区内的货物虽可免除适用于普通进出口货物的海关监管措施，但仍然要受到适用于自由区的海关监管制度的约束，并承担相应的侵权责任。

B.5

深化上海自贸试验区贸易管制执法的跨部门合作

陈振海*

摘　要：　自上海自贸试验区设立以来，以海关为主的贸易管制执法机构积极推进跨部门合作，取得了比较明显的进展，但也存在一些问题，例如运作的协调性有待改进；推进的能动性尚需提升；业务的全面性有待增强；标准的统一性尚需健全；手段的信息化尚需完善；制度的前瞻性有待拓展。这些问题的核心可归结为动力不足和能力不足，因此建议以组织变革理论和力学分析法为视角，探索从动力增强、阻力消减以及能力提升三方面采取对策，深入推进上海自贸试验区贸易管制执法的跨部门合作。

关键词：　上海自贸试验区　贸易管制　跨部门合作　力学分析

自贸区建设作为国家战略，是展示我国改革开放成就的名片，也是进一步发展外向型经济的桥头堡。而贸易管制在维护宏观经济利益以及国家产业安全的同时，也会对贸易自由度和通关成本效率产生重要影响。以海关为主的贸易管制执法机构应当进一步强化跨部门合作，正视存在的障碍和不足，积极优化推进策略，不断提升合作效能，为保障贸易管制措施有效实施以及上海自贸试验区健康发展作出更为有效的努力。

* 陈振海，上海海关学院基础部副主任、讲师，研究方向为行政改革、海关管理。

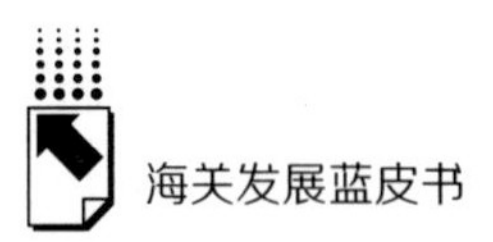

一 跨部门合作对贸易管制执法的价值分析

（一）跨部门合作是政府管理变革的发展趋势

合作一直在社会发展进程中扮演着重要的角色，“人类有影响的行为都是合作产生的，如果没有合作，也就不会有任何成果”①。跨部门合作（cross-departmental collaboration），是指组织内部或组织之间开展的合作，其核心价值是有效团结某一范围或领域内的不同利益主体，通过加强彼此间的协调互助，进一步优化配置资源，提高管理的效能并有效实现目标。

自20世纪末以来，诸如恐怖主义、环境污染、气候变暖、毒品泛滥等层出不穷的公共治理难题令各国政府面临很大压力，这些问题往往内容广泛，涉及专业知识比较复杂，而政府应对的每一项行政程序都需要关联多个部门的职责，容易导致反应迟缓、效率低下。较为可行的办法是在不取消部门边界的前提下，围绕特定的政策目标实行跨部门合作，通过多维度合作来解决特定的公共问题，不断提高公共服务质量。② 从20世纪90年代中后期起，很多西方国家开始推行政府改革，致力于寻求公共部门合作与协调机制的构建，跨部门合作模式逐渐在世界范围内兴起。近年来，跨部门合作在美国、英国、加拿大等西方国家得到高度重视，被广泛应用于社会治理和公共服务中，并在环境治理、经济合作、联合反恐、资源开发、基础设施建设等方面取得了显著成效。2011年1月，美国曾专门通过《政府绩效和结果行为现代化法案》，要求更好地利用跨部门合作以实现其规定的优先目标，该法案为美国跨部门合作的顺利进行提供了有力的法律保障和详尽的法律依据，大大促进了各个跨部门合作的发展并取得实效。③

我国人口数量庞大，环境污染、食品安全等各种社会问题层出不穷，对政府治理能力提出了很高的要求。特别是目前我国已进入全面深化改革的新阶

---

① 转引自陈曦《中国跨部门合作问题研究》，博士学位论文，吉林大学，2015。

② 陈曦：《中国跨部门合作问题研究》，博士学位论文，吉林大学，2015。

③ 孙迎春：《国外政府跨部门合作机制的探索与研究》，《中国行政管理》2010年第7期；陈曦：《中国跨部门合作问题研究》，博士学位论文，吉林大学，2015。

段，政府管理面临着更加复杂的形势、更为繁重的任务及各种难以预料的困难和挑战，迫切需要一个包括政府自身在内的密切合作和协同高效的治理体系，跨部门合作正逐渐成为政府有效且可行的治理工具之一。需要指出的是，跨部门合作在事实上主要解决的是政府行政中相关部门之间各项职能分工未达到所期待的效率最优水平的问题，偏重行为取向和过程取向，因此作为一种机制，跨部门合作尚不能够替代每个部门在各自原有职能中的权力及责任。① 自我国2008年大部制改革推进后，后续改革相对平缓，因此在实施机构整合成立统一边境执法机构暂不具备充分条件的现阶段，推进跨部门合作是一种相对容易被各方接受、所受阻力较小的方案选择。②

（二）跨部门合作是贸易管制执法的内在要求

贸易管制（import and export trade control 或 foreign trade control）是对外贸易管制、进出口贸易管制的简称。它在本质上是政府行使国家主权、实现其监督调控职能的重要体现，由政府通过制定国内立法、作出行政决定和缔结国际条约的方式予以实现，表现为政府贸易管理机关与进出口商之间的一种纵向的管理关系。③ 贸易管制根据其性质，可分为出口贸易管制和进口贸易管制；根据其手段，可分为关税贸易管制和非关税贸易管制。一国为推行贸易管制而采取的措施，因其往往会对进出口贸易活动形成约束性障碍，通常又被称为贸易壁垒（trade barrier）。通常所称的贸易管制措施一般指狭义的非关税壁垒（non-tariff barriers），即关税外的其他进出口管制措施的总称。这些贸易管制措施具有普遍性、长期性和多样性。④

---

① 孙涛：《社会治理体制创新中的跨部门合作机制研究》，《云南民族大学学报》2016年第2期。

② 楚会霞：《大部制背景下的跨部门协调与合作机制研究》，硕士学位论文，河南大学，2011。

③ 徐台宁：《海关贸易管制法律问题研究》，硕士学位论文，中国政法大学，2010。

④ 世界海关组织和联合国贸易与发展会议都曾对各种非关税贸易管制措施进行过分类统计。这些措施多达100余种，主要包括进出口许可、进口配额、进口禁令、自愿出口限制、当地含量要求、卫生与动植物检疫措施、贸易救济（反倾销、反补贴、保障措施）、技术型贸易壁垒、知识产权壁垒，以及准入限制、外国股权限制、社会壁垒（社会责任标准）等。它们在各国的具体选用实施不尽相同。王传丽：《国家贸易法》，中国政法大学出版社，2004。

各国对本国对外贸易的管制需要通过贸易法令与管理机构来施行。为确保贸易管制的目的得到有效实现，各国通常制定了一系列的规则体系，其渊源涉及宪法、法律、行政命令以及相关的国际条约，并细化为进出口许可制度、市场准入制度、出入境检验检疫制度、海关监管制度等若干比较具体的制度。这些与贸易管制相关的各项制度并不能自动得到执行，因此各国政府根据自己的需要，设立若干执法机构来实现对进出口贸易的管制。作为国家层面的宏观管理行为，贸易管制需要以政府机构内部一定的职能分工为基础，在它们各自履行自己职责的同时开展通力合作。各国实施和推行贸易管制的机构有的是综合式，有的是归口管理，其余是部门配合。[①] 其中，海关在贸易管制实施中通常发挥着关键性作用，是贸易管制最主要的执法机构。作为进出境的监督管理机关，海关依法行使权力，代表国家在口岸行使监督管理职能，这种特殊的管理职能决定了要实现贸易管制目标，海关执法必定是不可缺少的有效手段。在贸易管制政策制定出台后，相关机构根据申请，签发进出口许可证件和其他单证，由海关进行验核，并根据进出口货物合法与否实施监督管理。显然，贸易管制离不开海关对单、证、货的有效管理，在对外贸易管制整个业务链条中，海关处于最后一环，因此海关常常被比喻为“贸易管制的最后一道门”。[②]

贸易管制目标和功能是否能够真正得到实现，既受制于贸易管制政策措施本身的科学程度，又离不开这些政策和措施的执行效率和实施质量。贸易管制政策往往是由中央层面相关机构根据自己的法定职能制定，涉及资源保护、敏感技术、环境保护、产业政策、外汇收支等多个方面。与此同时，在执行过程中，海关尽管通常是最主要机构，但并非唯一机构，因此开展跨部门合作就成

---

① 例如，美国对外贸易的国家调节职权属于国会，根据美国联邦宪法规定，联邦政府则根据国会立法制定和执行外贸政策，但美国在制定和执行对外贸易政策方面的职权在很大程度上分散于政府许多部门，没有一个集中的政府管理部门。英国对外贸易管理机构则集中在贸工部。贸工部既管外贸也管国内商业、旅游、服务行业、海运和空运，下设 20 余个司。日本通商产业省是日本政府制定外贸政策的主要部门。主要机构是贸易会议和通产省进出口贸易审议会。前者主席为内阁总理大臣，副主席是通产省大臣，主要任务是讨论综合性和长期性的贸易政策。后者是通商产业大臣的咨询机构，主要任务是对贸易政策进行分析研究与审议。何茂春著《国际服务贸易：自由化与规则——兼论扩大开放与国家经济安全》，世界知识出版社，2007。

② 徐台宁：《海关贸易管制法律问题研究》，硕士学位论文，中国政法大学，2010。

为贸易管制执法的必然要求。各边境口岸执法机构只有进一步加强跨部门合作，才能确保国家各项贸易管制规定真正得以实施，有效维护国家整体利益和在国际上的良好形象。离开跨部门合作，各种贸易管制政策措施要真正得到有效执行是不可想象的。

二　国内外贸易管制执法跨部门合作的实践进展

（一）贸易管制执法跨部门合作的国际做法

1. 美国

美国一直重视贸易管制执法领域的跨部门合作，特别是在“9·11”恐怖袭击事件发生以后，美国对包括海关在内的边境执法机构进行改组，成立国土安全部，将海岸警卫队、移民和归化局及海关等22个联邦机构合并，为贸易管制执法的跨部门合作扫清了体制上的障碍，但推进跨部门合作的脚步并未因此而停滞。

美国对外贸易管制体系极为复杂，以出口贸易管制为例，其管理主体涉及多个部门，包括国土安全部、商务部、国务院、国防部、司法部、财政部、能源部、联邦调查局等等。管制机构众多、职能重复，影响了管理效率的提升，奥巴马政府于2010年开始启动出口管制体制改革，并分阶段制定和实施行动方案，内容主要包括：重新修订管制清单，统一许可申请表与出口筛查清单，统一武器进出口代理商的登记注册和行政许可，废除“双重许可”制度，强化信息技术基础设施建设，等等。例如，政府对出口许可证业务的流程以及规定要求进行了统一，开发使用单一的许可申请表，并对国务院、财务部和商务部各自负责的出口筛查清单予以合并，由各部门定期进行内容更新，向社会公布以便查询。此外，原先当出口的武器装备涉及的组件、零部件或附属装置属于军民两用品管制清单之列，则其出口还需经过商务部的审查和批准。按照新的行政命令，对出口武器装备的组件、零部件或附属装置，美国国务院将有权一并进行出口审查和批准，从而在一定程度上简化了美国武器出口审批流程。①

① 王达、白大范：《美国的出口贸易政策及其对美中贸易的影响》，《东北亚论坛》2012年第5期；彭爽、张晓东：《论美国的出口管理体制》，《经济资料译丛》2015年第2期。

在此基础上，美国联邦政府还探索设立出口执法协调中心。该中心于2012年正式成立，挂靠在国土安全部下，由国土安全调查委员会具体负责其管理与运营，参与部门包括国务院、国家情报总监办公室、国土安全部、商务部、国防部、司法部、能源部、财政部、邮政检察局等9个政府部门。中心主要负责提升和推动美国出口管制执法和情报部门之间的信息分享和协调，职责包括：协调出口管制执法活动，解决执法活动中可能出现的分歧与冲突，促进联邦执法机构与情报部门之间的信息交流，加强出口管制执法与许可部门之间的沟通，协调出口管制执法教育活动，建设出口管制执法活动数据跟踪能力。中心设主任1名、副主任2名。主任由国土安全部部长指定1名本部门人员担任；副主任则由商务部部长和司法部部长各自从本部门选派1人到该中心担任，2人向该中心主任负责并汇报工作。此外，中心还另设国家情报系统联系人1名，由国家情报主任派出相关人员担任。①

2. 新加坡

新加坡贸易管制执法跨部门合作最突出的特点是建设单一窗口。早在1986年，新加坡政府就大力开发EDI电子数据交换系统，并于1989年推出全国性EDI贸易网（Trade Net），它将海关在内的35个政府部门连接起来，与进出口（包括转口）贸易有关的申请、申报、审核、许可、管制等手续，均在贸易网上进行操作。

为确保改革的顺利进行，新加坡政府分阶段推进贸易网的应用，其受理范围由最初免税和非管制商品的申报，逐渐拓展到管制商品（如医药用品、武器弹药等）、原产地证商品以及应税商品（如汽油、烟酒等）。贸易网24小时全天候运行，企业可以通过特定账号登录该系统提前进行申报，系统则根据监管部门预先设置的条件，自动完成数据分析和处理，并锁定需监管的重点目标，作出是否需要查验的决定，从而使进口审批、通关查验等环节得以高效完成。如果申报的货物属于管制类商品，则系统将自动向这些部门发出审核提醒。一般情况下，商家在申报后10分钟内就可得到答复。管制类商品通过贸易网审核通过后，系统将自动打印通关批

① 王达、白大范：《美国的出口贸易政策及其对美中贸易的影响》，《东北亚论坛》2012年第5期；彭爽、张晓东：《论美国的出口管理体制》，《经济资料译丛》2015年第2期。

准证明。

在贸易网基础上，2006 年起新加坡政府发起 Trade X change 商贸通计划。该计划由海关联合经济发展局和资讯通信发展管理局共同推进，开发运营则由劲升逻辑私人有限公司承担。商贸通将贸易网、各港口系统、货运社区网络及官方港务网进行整合，成为全国性贸易及物流 IT 平台。商贸通进一步优化了商业流程，从供应链角度将相关企业有效连接，发票、装箱单、订单等数据信息能够通过系统直接交换，减少了无效重复和输入差错，降低了运营成本，促进了商业融合。而在贸易管制方面，该系统可以实现电子数据一次性录入，为不同的政府部门所自动采集处理，进一步提高了执法效率和合作质量。不仅如此，商贸通还通过与国外相关结构的网络相连，扩大国际层面上的信息共享和执法合作，成为真正的多系统的单一接口，可以与韩国、美国、澳大利亚、加拿大、马来西亚、泰国、菲律宾和中国台湾、中国澳门、中国香港等多个国家和地区直接进行电子舱单数据和电子清关数据的传输、分析和处理。①

此外，加拿大、瑞典、日本和韩国等很多国家也结合自身情况，从机构整合、信息共享、执法互助等多个途径，在贸易管制执法的跨部门合作方面进行了积极探索，并取得了较好的效果。限于篇幅，在此不再赘述。综合上述国家跨部门合作的实践，可以总结出一些具有普遍性的特征，如领导人高度重视，通过权威部门予以协调；加强调研论证，分阶段循序渐进稳步推动；依托信息技术构建单一系统，排除信息共享的障碍；坚持公众和客户需求导向，对业务进行系统性重组；安全与便利兼顾，强化阶段性评估并持续修正；等等。这些共同的做法和经验，值得我们在贸易管制跨部门合作执法的实践中适度予以参考和借鉴。

（二）贸易管制执法跨部门合作的中国探索

按照功能性质和运行环节的不同，贸易管制机构一般包括决策立法和实施执法两个层次。决策立法层面通常为中央政府相关部门，它们依据自身职能制

① 刘恩专、王伟：《浅析新加坡单一窗口建设对我国的启示》，《科技管理研究》2014 年第 24 期。

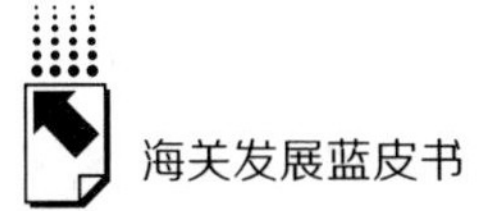

定出台相关贸易管制的政策和措施。目前，我国贸易管制的主管部门有数十个之多。涉及的商品种类根据行业等存在一定的分工，如涉及农药、兽药的归农业部，涉及濒危野生动植物种由林业局负责，涉及固体废物、有毒化学品的则属环保部。个别管制商品还可能要求多个部门的批准文件。例如，废纸进口不仅需要环保部门审批《废物进口许可证》，还要求商务部门签发《自动进口许可证》，检验检疫部门签发《入境货物通关单》。①

以上这些部门往往在地方层面也设置有相应职能机构，授权其负责相应贸易管制政策和措施在本区域的落实。海关总署尽管也参与部分立法，但主要扮演执行者的角色。而在地方一线层面，主要由海关与检验检疫部门来负责贸易管制政策的具体执行。因此，贸易管制执法中的跨部门合作，最关键的便是海关与检验检疫部门之间开展的合作（简称“关检合作”）。此外，由于贸易管制政策措施的具体执行还涉及边防、交通运输、海事等口岸机构以及工商、税务、外汇等地方职能部门，与它们及其上级主管单位开展沟通合作也值得关注和重视。

在很长时间内，我国一线口岸的贸易管制执法由海关、商检、动植检、海事等多个部门共同承担，货物通过放行单、证书及在报关单上加盖放行章的形式通关。1998 年，原农业部动植物检疫局与原卫生部卫生检疫局、原国家进出口商品检验局合并，成立国家出入境检验检疫局，实行“三检”合一。2000 年，我国开始实施“先报检，后报关”的通关作业模式。并正式启用“出（入）境货物通关单”，规定海关对规定目录范围内的进出口货物，均凭检验检疫部门签发的“出（入）境货物通关单”验放。2005 年，海关总署与质检总局共同签署合作备忘录，这是海关、检验检疫部门在口岸工作中加强相互协调配合的指导性文件，提出在敏感商品进出口监管、货物转关运输、商品分类鉴定、旅检通道 X 光机“一机两屏”模式等方面，建立协同执法机制，开展全面合作。

近年来，海关与检验检疫等部门不断推进改革，依托口岸办并通过工作联络组、联席会议等，在贸易管制执法跨部门合作方面开展一系列积极探索，并在联合查验“三个一”、“一站式作业”、电子口岸建设上取得了比较

---

① 徐台宁：《海关贸易管制法律问题研究》，硕士学位论文，中国政法大学，2010。

明显的进展。[①] 目前，中国电子口岸已经实现多个口岸执法部门联网，提供与通关相关的一系列业务功能，并逐步实现口岸通关无纸化和许可证件联网核查核销，各种申报信息等也开始共享，为贸易管制措施的有效落实创造了很好的条件。

党的十八届三中全会提出“推动内陆同沿海沿边通关协作，实现口岸管理相关部门信息互换、监管互认、执法互助”的重要改革举措。2014 年 12 月 26 日，国务院印发《落实“三互”推进大通关建设改革方案》，强调推动跨部门、跨区域的通关协作，推进大通关建设，使口岸管理相关部门的职能优势和协同治理的效能充分得以发挥。同年 3 月，国务院总理李克强主持召开国务院常务会议，强调要推进全国一体化通关，由“串联执法”转为“并联执法”，积极推进国际贸易单一窗口。党和国家对通关过程中口岸管理部门间合作问题的高度重视以及相关改革文件的出台，为推动我国贸易管制执法的跨部门合作提供了良好的契机，也将发挥了积极的指导作用。

三　上海自贸试验区贸易管制执法跨部门合作的现状审视

（一）上海自贸试验区贸易管制基本概况

我国的自贸区在性质上属于海关特殊监管区域，其贸易管制政策遵循“一线放开、二线管住、区内自由”的定位原则设计，即除少数规定必须在一线进境环节和一线出境环节实施贸易管制的特殊商品外，其他大多数商品的进口贸易管制环节后移至二线出区环节，出口贸易管制环节则前置到二线进区环节。目前在实际监管中，进口贸易管制约有 18 种证件在一线进境环节验核，

① “三个一”即“一次申报、一次查验、一次放行”，是指除针对废物、危险货物等带有特殊专业技术性要求的执法作业外，对进出口岸运输工具、货物、物品、人员的查验，双方合并进行，发现违法行为则依职权分别处置。在企业报检后，检验检疫部门先行发送电子通关单，海关接受企业申报后，通知企业将需查验的货物拖运至查验场，并与检验检疫部门共同依据双方各自职责进行验货，待检验检疫部门出具纸本通关单后，办理放行手续，实现对检查货物的一次过磅、一次装卸和一次验货。广州海关关检合作课题组：《关于优化关检合作工作机制的思考》，《上海海关学院学报》2011 年第 2 期。

14 种证件在二线出区环节验核，7 种证件具体验核环节不明确，各海关操作不统一，有的在一线进境环节验核、有的在二线出区环节验核。出口贸易管制有 11 种证件在一线出境环节验核，15 种证件在二线进区环节验核，6 种证件具体验核环节不明确，同一种证件在不同海关验核环节不完全一致，有的在一线出境环节验核，有的在二线进区环节验核。①

中国（上海）自由贸易试验区正式成立于 2013 年 9 月，《中国（上海）自由贸易试验区管理办法》中对自贸区贸易管制作了原则性规定，也体现了“一线放开、二线安全高效管住、区内流转自由”的原则，其中一线指自贸试验区与境外之间的管理，二线指自贸试验区与境外之间的管理。该管理办法对自贸区中海关、检验检疫等机构的职责和角色进行了明确，提出要建立国际贸易的单一窗口，逐步实现部门之间的“三互”（信息互换、监管互认、执法互助）。②

（二）上海自贸试验区贸易管制执法跨部门合作的进展做法③

1. 无纸化作业方面

自贸区探索实行外经贸备案登记、自动进口许可通关无纸化，开展自动进口许可证“一批一证”无纸通关作业试点，通关时效由原来的 1 天缩短至 4 个小时，并于 2015 年 5 月 1 日起在自贸区试点出口退税无纸化。质监部门也致力于检验检疫智能化平台的构建，推动检验检疫申报无纸化，并推出了组织机构代码实时赋码。税务部门则立足“办税一网通”推出 10 项创新措施，使税务登记号码在网上实现自动赋码。海事也积极推进国际航行船舶出口岸联系单的电子化，通过船舶出口岸联网核放。

2. 单一窗口建设方面

在各部门无纸化改革的基础上，由“多个部门多头受理”逐步发展为“一个部门、一个窗口集中受理”。目前，已实现自贸区一线进出境货物申报

---

① 曾马凯：《海关特殊监管区域贸易管制研究》，《2012 年综合类获奖优秀论文汇编》，海关内网资料。

② 凤凰网：《官方发布上海自贸区管理办法权威解读》，http：//news. ifeng. com/mainland/detail_ 2013_ 10/16/30371986_ 0. shtml，2016 年 5 月 20 日访问。

③ 根据上海自贸区网站、中国国门时报、中国质量新闻网、凤凰网等相关报道整理。

上线运行。通过单一窗口，海关、检验检疫、海事、边检等监管部门对包括国际来展审批、外经贸备案登记、进出口许可证等业务，能够在统一的平台上受理有关申报。海事部门签发出口岸许可证时，可直接在单一窗口平台上发出准予船舶离港的信息。目前正在进一步完善已上线项目功能，推进拓展应用功能，逐步将贸易管制的主要环节和主要部门都纳入到单一窗口。

3. 工作联系沟通方面

自贸区海关会同检验检疫、海事、边检等口岸单位建立联合工作小组，共同优化工作流程，协调解决试点过程中的疑难问题。如外高桥口岸多次召开关检“三互”工作小组会议，推动外高桥检验检疫局与外港海关在资源、场所的共享共用，合作内容涉及货物进口流向信息的核查，以及对关封和检验检疫工作联系单互相认可等多个方面。

4. 联合监管执法方面

例如，在外高桥首次启动进口汽车关检“一次查验”，并逐步拓展至全过程的“一站式服务”，包括方式上实现联合登轮，场地上覆盖至检验检疫场地，货物种类也有所增加。此外，海关与检验检疫还依托风险分析，探索建立和完善联防联控机制，对执法中发现涉及对方监管缺失问题的货物信息，及时进行沟通和报送。此外，海关与税务部门之间也尝试针对物流配送业务联合开展货物状态分类监管试点，逐步把试点企业范围扩大到整个贸易类企业。

5. 信息分析共享方面

自贸区海关等执法机构不定期向上海市委、市政府报送地方外贸形势、统计分析及监测预警信息；针对市商务委、统计局、口岸办等地方委办的不同需求，提供“定制化”海关统计数据报表；与市发改委、科委、质监局等开展外贸领域前瞻性课题合作；定期向地方政府报送企业出口订单等情况，及时将企业反映的外贸进出口呼声传递给有关部门，并对企业反映的问题在上海海关门户网站设置专栏予以书面答复。

6. 业务联合培训方面

各监管机构积极开展业务拓展联合培训，推动相关部门更加熟悉相互的业务，为贸易管制执法方面的合作奠定了良好基础。如外高桥检验检疫局于2016 年 4 月举办业务拓展联合培训班，由外高桥局的业务骨干和专家介绍检验检疫的主要业务，外港海关、口岸办、海事、边检在内的多家口岸单位 40 余人参加了此次培训班。

（三）上海自贸试验区贸易管制执法跨部门合作的问题剖析

1. 运作的协调性有待改进

贸易管制涉及领域众多，主管部门相对纷繁复杂，相关法律有 9 部部门法、23 个行政法规条例，并有相配套的行政规章和其他规范性文件，商品种类各自行业特点均不相同，如环保部涉及固体废物、有毒化学品，农业部涉及农药、兽药，林业局涉及濒危野生动植物种等。虽然《总体方案》中要求上海自贸区“实现不同部门的协同管理机制”，而在《自贸区条例》和《大通关方案》中都强调了“信息互换、监管互认、执法互助”的要求。但在上海自贸区内尚不能超出区外管理体制或者原有保税区体制的局限。许多具体的贸易管制政策涉及国务院的多个部门，条块分割现象依然存在，相互之间有时存在矛盾冲突，造成了上海自贸区一定程度上的“多头分管”局面，例如，海关、检验检疫、海事和边防公安等部门各自为政；外高桥设有保税区和港区两个海关，一定程度上影响通关效率；区港之间货物流转管理相对复杂，造成取件保税货物流转和税收征管的手续不够便捷；等等。①

2. 推进的能动性尚需提升

在上海自贸试验区贸易管制执法过程中，执法机构之间也在很多方面开展了合作试点，但毕竟它们分属不同的部门。不同的政府部门由于其职能存在差异，其目标也不尽相同，都有属于自己的利益考量和政策视角，容易为本部门行为进行成本 - 收益分析，存在追求实现部门利益最大化这一目标的内在冲动，因而在合作推进时往往存在较多顾虑。同时，由于自贸区建设属于先行先试，相关机构容易热衷于短期内社会效益明显的合作项目，而当存在改革风险或者参与各方收益不平衡的情况下，就可能产生“剃头担子一头热”的尴尬，在一定程度上削弱了合作的主动性以及进一步深入的意愿。

3. 业务的全面性有待增强

贸易管制政策涉及多个方面，主要由国务院各职能部门制定。每一项政策

---

① 颜晨广、姚瑶：《上海自贸区政府管理模式创新之问题分析》，《上海市经济管理干部学院学报》2015 年第 5 期。

都涉及十分专业的内容，如化工产品、濒危物种的鉴定需要较强的专业知识，甚至借助仪器才能得出正确的结论，执法人员很难在短期内全面透彻地掌握相关知识。此外，自贸试验区提出要推动仓储物流、加工制造等基础业务转型升级，发展离岸贸易、跨境电子商务等新型贸易业务，这些都对执法人员的知识储备和业务能力提出了挑战。尽管自贸区相关机构之间也开始联合举办一些培训，但毕竟“隔行如隔山”，在短时间内难以真正熟悉了解对方的业务，而且庞大的业务量也在一定程度上制约了参加培训的人数和次数，覆盖面相对有限。

4. 标准的统一性尚需健全

针对进出口贸易中出现的问题，行政主管部门的对策思路一般是制定相应的具体政策和法规，往往不涉及其中的操作程序，导致很多贸管政策的实现往往无章可循。[①] 由于缺乏一部规范贸易管制工作程序的立法，究竟何种情况下需要提供许可证件，如何保障企业的知情权，企业不能提供许可证件时海关如何决定等，在实际操作中就可能较为随意，各地执法不统一。[②] 尽管海关总署为规范海关贸易管制执法，曾制定出台了《海关贸易管制规程》，但它只是海关自身内部规范性文件，效力层次低，并且对诸如超过许可证审核具体时限的责任认定等没有做出具体规定，使得海关在具体监管过程中面临潜在的执法风险。这种风险在自贸区贸易管制执法的跨部门合作中也同样存在。

5. 手段的信息化尚需完善

虽然自贸区无纸化通关和单一窗口建设得到重视并不断推进，但各部门之间在信息化方面的原有基础和水平参差不齐，一定程度上影响了数据统一采集和集中开发的实际效果。从上海试点的情况来看，企业按单一窗口模式一次性申报的数据经整合后还有 113 项之多，基本上是将海关、检验检疫的信息需求罗列在一起，对其中含义相同的进行合并，并没有进行进一步的简化，主要原因是由于各口岸管理相关部门要求申报的项目繁复且数据标准化程度低。[③] 此外，到目前为止，受制于技术及其他一些客观条件的约束，还有一部分贸易管制的政

---

① 徐台宁：《海关贸易管制法律问题研究》，硕士学位论文，中国政法大学，2010。

② 陈立国：《贸易管制职能实现的障碍分析及对策研究》，《2009 年海关贸易管制工作优秀论文集》，海关内网资料。

③ 党英杰：《关于推进单一窗口建设若干问题的思考》，《政研参考》2015 年第 35 期。

策和措施无法通过监管证件的代码化充实进参数数据库中，如《医疗用毒性药品进出口批件》、《军品出口许可证》、《人类遗传资源材料出口、出境证明》等。海关就需要耗费较多的时间精力进行人工审核，以防范伪证、假证等情况，制约了贸易管制合作执法效率的整体提升。

6. 制度的前瞻性有待拓展

自贸区管理办法提出自贸试验区要推进新型业务监管创新试点，建立与服务贸易、离岸贸易和新型贸易业务发展需求相适应的监管模式，但部分管理制度相对滞后，制约了新型贸易业务的探索开展。例如，根据《机电产品进口管理办法》相关规定，列入《禁止进口旧机电产品目录》中的旧机电产品禁止以任何方式进口。而对于中国生产并出口的上述旧机电产品，仅允许出口加工区内企业在经报商务部审核后，才能进行售后维修。由于全球检测维修业务通常属于先进制造业的延伸，具有相对较高的技术要求，因此简单套用旧机电管理办法执行，就会人为地抬高区外企业入境维修业务的门槛，影响企业发展此类业务的积极性。同时，对于维修过程中所产生的废料，如何在现有环保标准下予以回收处置，存在政策冲突，还需海关、环保等部门共同协调解决。

四　深化上海自贸试验区贸易管制执法跨部门合作的策略建议

（一）策略思路

美国学者库尔特·勒温（Kurt Lewin）曾分析指出，任何一个组织之中，都同时存在着推动变革和阻碍变革两种力量。变革的关键在于识别不同力量的性质和来源，确定哪些力量是不可改变的，哪些力量是能够改变的，从而促使管理者集中精力去应对那些能够消除的阻力，或是确保朝理想方向发展的力量得到延续和支持。[①] 尽管从表面上看，贸易管制执法主要涉及业务领域，但其跨部门合作的推进却受到体制机制、职能权力、法律体系、技术手段、行政文化等多种因素的制约，因此贸易管制执法的跨部门合作在本质上也属于变革。

---

① 叶浩生：《西方心理学理论与流派》，广东高等教育出版社，2004。

上海自贸区自设立以来，市场准入的负面清单制度以及货物监管的贸易便利化举措在一定程度上成为国内外关注的焦点。在此背景下，以海关为主的贸易管制执法机构应当全面深入地推进合作，在职能、流程、方式、手段等多方面主动进行改革，进一步优化管理策略、降低改革成本，科学平衡贸易安全与贸易便利的矛盾关系，在加强监管质量保障管制政策措施落实的同时，努力实现程序和手续的简化，为企业提供恰当的便利和优质的服务，尽可能减少贸易管制对自贸区守法企业的不利影响，为有效提升上海的整体贸易功能和企业竞争力做出应有的贡献。

如前所析，当前中国贸易管制跨部门合作执法还存在一些问题，这些问题从最集中的表现可以概括为动力不足和能力不足。动力不足主要表现在贸易管制执法各方由于所处体制、职能内容、理念文化、利益立场等方面的不一致，导致积极性不高，使得这种跨部门合作难以全面推进，取得预期的理想效果；能力不足则主要表现面对各种新型贸易形式以及复杂多变的执法环境，难以在方式和手段等方面作出科学有效的回应。因此，在现有体制尚无法根本改变的前提和背景下，可以适当借鉴勒温组织变革理论和力学分析法，通过对贸易管制执法中的跨部门合作进行多维度分析，不断优化推进策略。

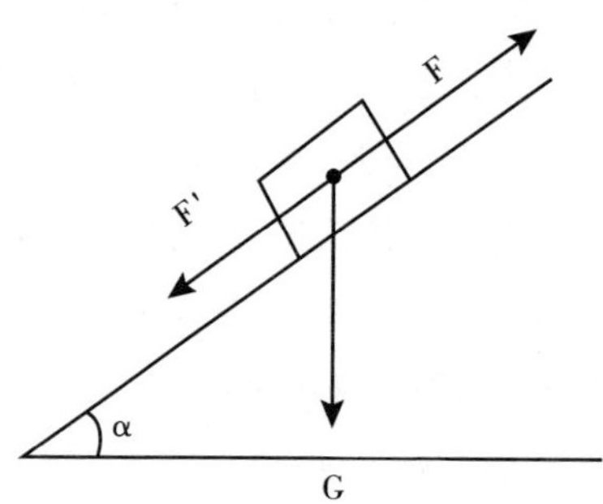

图 1　斜面物体运动的力学分析

资料来源：自行绘制

根据图 1 的力学分析可知：斜线上物体要从下向上前进，必须具备的基本条件是拉力 F 大于阻力 F’并保持正确的方向。F’主要取决于物体自身重力 G、斜面角 α 以及斜面摩擦系数的大小。同理，如果把贸易管制跨部门合作执法的推进比作是驱使物体沿斜坡前进，可采取以下策略思路。

（1）增强动力

①加大内驱力。如分享利益满足合理需求，出台绩效奖惩措施等。

②利用外推力。如借助上级权威力量，引入社会公众评价等。

（2）消减阻力

①降低重力。如逐步克服旧有体制束缚，摒弃传统行政观念等。

②减少摩擦系数。如促进日常交往，增加信任，适当借助信息技术等。

（3）提升能力

①提高业务水平。如组织联合培训，促进业务交流等。

②依托团队力量。如成立专家队伍，开展课题研究等。

③借助现代科技。如推进数据共享，整合信息系统等。

（二）措施建议

1. 增强动力方面

（1）承认利益差别的客观存在性

在现有体制条件下，我国不同政府部门的本位主义以及相互之间的利益差别在一定程度上仍是客观存在的。在自贸区贸易管制执法的实践中，由于职能差异、体制区别、部门利益等因素的存在，往往容易产生相互扯皮推诿、不配合不支持的问题。对此国务院、上海市政府、自贸区管委会以及贸易管制政策的制定机关不能视而不见、置之不理，在政策措施出台前对跨部门合作中不同主体所关注的利益点差异应有清醒的认识和把握，并将之纳入考量因素，否则合作方案要么无法充分发挥应有的价值，效果大打折扣；要么沦为“表面文章”或“形象工程”，甚至在暗地里被束之高阁。

（2）构建跨部门合作奖惩激励办法

组织开展自贸区贸易管制执法工作先进单位和个人的评选，对立足本职岗位、积极推进贸易管制执法跨部门合作的单位和个人，由市政府和管委会提请各执法机构的主管单位给予物质和精神奖励。对单位的奖励，重在表彰其主动参与、共同推动贸易管制合作执法的态度和实绩。同时，在查找执法漏洞、促进正面监管的同时，对涉及内部失职、渎职及其他违法行为的案件进行责任倒查，依法追究有关人员责任，从反面强化有关部门对推进贸易管制合作执法的重视程度。

（3）加大贸易管制合作执法成效的宣传力度

借助上海市政府和自贸区的宣传网络和传播载体，及时宣传各部门在贸易管制中推行跨部门合作的新情况、新举措，积极举办或参与市政府组织的政策法规流动宣传、现场咨询等活动，加强舆论和法律宣传，为贸易管制执法工作营造良好的社会环境。加强与中央、市政府、新闻媒体的沟通配合，借助外部媒介及完善上海海关12360热线微信平台等，介绍贸易管制执法合作新动态，特别是主动宣传高资信企业享受的实际便利，适时曝光贸易管制执法中的典型案件，提高政府和商界对贸易管制重要意义的认识。

（4）适当运用上级权威的力量资源

尊重上级、服从权威是目前我国政府行政文化的基本特征之一，存在一定的弊端，但倘若科学予以运用，有时也能够发挥积极作用，进而对贸易管制工作产生良好的推动效应。在贸易管制执法的推进过程中，上海市政府主要领导和自贸区推进工作领导小组应多给予态度上的重视和直接的资源支持，对各部门参与配合贸易管制执法情况进行强调和检查，并将配合协助情况纳入对各部门领导的考核内容，同时部门高层领导之间也应主动加强联系沟通，为下级单位作出榜样示范，确保贸易管制跨部门合作顺畅进行。此外，海关总署也可及时将自贸区贸易管制执法合作中发现的问题及建议呈送国务院，力争获得国家领导人的相关批示，以更好地推动贸易管制执法工作。

2. 消减阻力方面

（1）预判各方态度立场和利益需求

在推进贸易管制执法内容、方式和手段创新前，可以通过较为正式的座谈、意见征询、问卷调查或者非正式的沟通谈话，借助自贸区贸易管制联合工作会议等特定的场合和途径，使其态度立场和利益需求得到表达。应当注意通过分析，找准在贸易管制执法过程中各部门在实现既定目标过程中扮演的角色、影响力、优势、困境及核心需求。并在此基础上，主动设计调整合作方案，力求通过满足合理需求，实现利益权衡。充分认识和分析自贸区贸易管制执法跨部门合作推进中可能引发的各种利益冲突，将有助于找准切入点，提前采取有效措施，化解合作过程中可能引发的冲突。

（2）创造条件促进部门间的理解和交流

从现实来看，人情观念仍深植于国人的思想意识之中，并成为构建理性社会的大众心理基础，进而指导着人们的行为。在政府管理领域，这种人情关系往往会破坏规则、阻碍合作，但在一定条件下，也可以发挥正面的效应。在自贸区贸易管制跨部门合作推进过程中，可以有意识地安排贸易管制涉及的相关部门负责人，定期共同参与业务交流、工作座谈，或者集中安排在浦东干部学院、上海市委党校或者上海海关学院等院校，多开展专题培训学习和项目考察，甚至探索不同部门间一定期限的交叉挂职交流。通过这些场合和机会，促进相互的交流和了解，更好地融洽彼此间的人际关系，培养和强化信任的氛围，为将来贸易管制中的跨部门合作奠定良好的感情基础，减少抵制的阻力。

（3）提升贸易管制执法协调机构的地位

目前我国关于贸易管制执法跨部门合作，尚没有专门机构予以协调，主要依托国家口岸办和地方口岸办。由于国家口岸办牵头部门为海关总署，在中央政府部门序列中地位相对较弱，往往难以真正有效获得贸易管制主管部门的支持配合，协调作用有限。考虑到自贸区建设是国家层面的战略，可探索建立国务院贸易管制工作部际联席会议或领导小组，由一名副总理或国务委员主持协调，国家发改委负责牵头，统一承担全国及各自贸区贸易管制的业务指导和综合协调职责，条件成熟时可借鉴美国做法，探索设立专门的贸易管制执法协调中心。

3. 提升能力方面

（1）针对问题开展前瞻性课题研究

管委会应注意发现在贸易管制执法改革实践中脱颖而出的优秀专业人才，推荐组建来自不同部门的自贸区贸易管制专家团队，针对自贸区建设中遇到的重大疑难问题和争议问题，如自贸区知识产权保护、融资租赁出口退税、维修保税货物监管、边角料性质认定等，依托“项目小组”、“课题小组”等形式进行联合研究判别，提出解决思路和修改建议，拟定具有较强操作性的建议措施，研究成果及时报送国务院和市政府相关部门。

（2）探索建立贸易管制执法专家队伍

贸易管制执法人才的培养要和国家及自贸区的改革和业务建设相结合，走专业发展道路。自贸区可考虑与海关、检验检疫等部门以及相关高校合作，采用个人自荐与部门推荐的形式，通过业务交流、论文评选、课题研究等途径，考察发掘一批贸易管制方面的业务骨干和知识专家，并积极提供发展提升机遇，推荐安排其参加海关院校培训、口岸单位挂职、国外考察学习等，持续提高其理论水平和业务能力，培养和促进贸易管制执法专家队伍的形成。

（3）实行多部门参与的联合研判制度

充分发挥自贸区贸易管制各执法部门专业特长，整合组建跨部门的联合研判团队，定期开展相互之间的知识交流和业务探讨。加强个案分析与综合研判，增强贸易管制执法的针对性和实效性。定期组织集中工作，根据执法情况实施专题式案例分析，强化对趋势性贸易管制风险的研判。进一步明确各部门在联合研判中的职责，尝试由管委会或口岸办定期进行组织协调和绩效评估，提高各部门参与联合研判工作的积极性。

（4）重视抓好贸易管制相关业务培训

自贸区贸易管制执法相关部门应针对不同的需求，面向所有与贸易管制相关的业务岗位，建立系统完整的分级培训体系，依托 WCO 亚太培训中心、上海海关学院、上海行政学院等，采用岗位培训、在职培训、专题培训、实地调研、跟班作业等各种方式，提高各层次培训的针对性和有效性。在内容方面，加强对国际经济形势、政策法规、行业状况、监控分析、税则税率、数据挖掘等方面的培训，使每一位关员都能了解贸易管制政策制定的背景和目的，熟知每个监管方式的应征范围和免征范围，在工作中主动发现贸易管制执法的风险所在，提升贸易管制合作执法的能力。

（5）探索制定《进出口贸易管制条例》

目前我国尚没有专门的贸易管制立法，2004 年修订实施的《对外贸易法》对贸易管制中相关各部门的权力、责任、地位、关系和合作方式等缺乏明确具体的规定。现行的《海关贸易管制规程》仅是海关内部规范性文件，而且相关规定模糊，影响实际执行。国务院可以考虑从行政法规的层次制定单独的贸易管制条例，将相关部门制定执行国家贸易管制政策的程序环节、开展贸易管制合作的方式和责任，以及管理相对人参与的条件和时限，包括主管部门对企业申领许可证件申请的答复时限，都作出详细的规定，使得各自的权力、义务和责任得以清晰界定，这将为包括自贸区在内的贸易管制执法跨部门合作提供明确的指导和规范。[①]

① 徐台宁：《海关贸易管制法律问题研究》，硕士学位论文，中国政法大学，2010。

B.6 上海自贸试验区贸易监管创新的主要瓶颈及对策*

周　阳**

摘　要：制度创新既是上海自贸试验区的重要使命，更是其关键动力。贸易监管创新是其中的主要组成部分。三年来，上海自贸试验区贸易监管创新取得了公认成绩，但仍然在法律依据、协同创新以及创新路径等三个方面存在不小的问题。遵照“暂时调整或者暂时停止适用”的先例是破解贸易监管创新法律瓶颈最为现实的路径，以国际贸易单一窗口建设为抓手，探索建立新机制，打破协调创新瓶颈，并以提升企业感受度与获得感为核心目标，推动贸易监管创新路径的多元化。

关键词：上海自贸试验区　贸易监管　制度创新

一　引言

2013年9月正式设立的上海自贸试验区对于我国改革开放的意义重大，尤其它确立的“制度洼地”而非“政策洼地”的理念标志着制度创新是上海自贸试验区建设的关键内容，这一点也在随后公布实施的《总体方案》与

---

* 本文系由作者主持的“2016年上海市人民政府决策咨询研究浦东/自贸试验区专项课题（贸易监管创新）”（项目编号：2016－Z－T02）部分内容修订而成。

** 周阳，上海海关学院科研处处长、副教授。

《深化方案》（以下简称“两个方案”）中予以明确，其中，贸易监管制度创新是一个重要组成部分。三年多来，上海自贸试验区贸易监管创新取得了公认的成绩，但也存在着不少问题有待解决，如果不能顺利克服，将成为影响上海自贸试验区能否更进一步、尽快全面实现预期目标的障碍，还很可能对我国新一轮自贸试验区建设带来压力。因此，本文将主要探讨上海自贸试验区贸易监管创新中的主要瓶颈，并有针对性地提出可操作性的建议和对策，以期抛砖引玉，共同将研讨更进一步。

二　上海自贸试验区贸易监管创新发展中的主要瓶颈

（一）法律瓶颈

站在法治的立场上，任何制度创新必须在现有的法治框架下进行。正如习主席所说，在整个改革过程中，都要高度重视运用法治思维和法治方式，发挥法治的引领和推动作用，加强对相关立法工作的协调，确保在法治轨道上推进改革。[①] 联系到上海自贸试验区的贸易监管制度创新，它至少包括两个层次含义：第一，所有贸易监管创新制度应当有法律法规的支撑，做到于法有据，既可直接源自法律法规条文也可以间接来自立法原意与精神；第二，即便考虑到制度创新所必须具有一定的容错空间，但也绝对不能以违背现行法律法规为代价。这不仅是依法治国原则在上海自贸试验区贸易监管创新过程中的体现，更是贸易监管创新所始终坚持的法治底线。

一般认为，“两个方案”是上海自贸试验区法治框架中最为重要的两份基础性法律文件，不仅是先行先试的法律界限，也是自贸试验区相关立法活动的法意基础与各项配套政策措施的依据。[②] 国务院有关部委，特别是与贸易监管创新密切相关的海关总署、质检总局先后出台了一些支持上海自贸试验区贸易

① 习近平总书记2014年2月28日在中央全面深化改革领导小组第二次会议上的讲话。

② 丁伟：《中国（上海）自由贸易试验区法制保障的探索与实践》，《法学》2013年第11期，第109页。

监管创新的法律文件。[①] 因此，我们完全有理由认为，两个方案事实上已经成为上海自贸试验区贸易监管创新的法律依据。当前，受制于一些体制性、政策性的障碍，贸易监管创新出现了边际效应递减的趋势。在现行的法律法规框架内，除非对相关法律法规做出修改，否则实质性改革的空间会越来越小。两个方案在我国法律位阶中属于行政规定，这就形成了“行政规定”改变“法律法规”的现象，直接违背了“下位法服从上位法”的法律原理，也就是于法无据，从而存在着违法创新的法律风险。实践中，由于两个方案内容非常宏观，只有依赖现行法律法规的支撑才能落地，已经构成对现行法律法规的事实改变，而要遵行法律规范之间的基本准则要求，就需要做到不同位阶之间的法律规范相互不抵触，如对同一事项均作出规定，则下位法不得与上位法的规定内容不一致，亦不可违背上位法的原则和条文。[②]

1. 两个方案的法律位阶属于行政规定，不能改变上位法的法律法规

有人提出，《总体方案》是国务院批准的事实并不能等同于国务院制定，它实际上是由商务部与上海地方政府联合拟定。单纯从规范性文件的制发主体的角度看，它的法律位阶应当属于部门规章或者地方政府规章。但是，如果站在规范性文件法律效力的立场上，《总体方案》经过国务院批准才予以生效，其法律效力似高于一般意义上的部分规章或者地方政府规章。至于其效力是否高于省、自治区、直辖市人大常委会制定的地方性法规，这在理论上是存疑的。[③] 这种观点看上去似乎有一定道理，但制发主体的判断标准不能依据起草文件的人是谁，而更应该是谁发布的文件，两个方案毋庸置疑均是由国务院批准公开引发，制发主体自然是国务院，所以将两个方案视为部门规章或地方政府规章是比较牵强的。

我们认为，两个方案的法律位阶不是行政法规，也不属于部门规章或者地方政府规章，而只能冠以行政规范性文件的身份。行政规范性文件是我国行政

---

① 例如，《海关总署关于安全有效监管支持和促进中国（上海）自由贸易试验区建设的若干措施》、《质检总局关于支持中国（上海）自由贸易试验区建设的意见》、《财政部、国家税务总局关于中国（上海）自由贸易试验区内企业以非货币性资产对外投资等资产重组行为有关企业所得税政策问题的通知》等。

② 胡建淼：《法律规范之间抵触标准研究》，《中国法学》2016 年第 3 期，第 5 ~ 24 页。

③ 丁伟：《中国（上海）自由贸易试验区法制保障的探索与实践》，《法学》2013 年第 11 期，第 110 页。

法体系的有机构成，它应以规范名称和制定主体相结合确定其等效，具有次级强制力性。[①] 它在实践中往往成为行政行为最直接的依据；其效力甚至可能超过行政法规和行政规章，例如，国务院发布的行政规范性文件就在实践中具有高于行政规章的效力，不是法而高于法。[②] 然而，我国《立法法》没有对行政规范性文件做出任何具体或导向性规定，因此，两个方案应属于行政规定，即除行政法规和规章之外的行政文件，它在法律上的约束力源自行政规定的法律地位。

行政规定一词最先来源于《中华人民共和国行政复议法》第 7 条[③]的规定，在行政法治实践中的运用相对比较混乱。在《立法法》施行之前，一度出现过经国务院批准、由国务院部门公布的规范性文件为行政法规的现象。但在《立法法》施行之后，这一现象已为《立法法》、《行政诉讼法》、《行政法规制定程序条例》等法律规范以及司法机关[④]所否定。行政规定作为无名规范虽然不具有行政法规或规章（有名规范）的外形，但绝不能够断言行政规定之中不存在法律规范。[⑤] 行政机关依据行政法规范制定行政规定的过程，就是对行政法规范的理解与解释过程，是以行政机关在相应领域积累的经验、形成的惯例、拥有的物质和技术以及持有的观念等为前提，结合当下的情景和面对未来达成行政目的的想象、创设规范的过程，绝不是对作为依据的行政法规范的简单重复，也不能还原为原有规范，而是一种新的规范——以不与依据规范相抵触为限度。[⑥] 行政规定只是实施宪法和法律、履行行政机关职责的具体形

---

① 关保英：《行政规定性文件的法律地位研究》，《河南司法警官职业学院学报》2003 年第 1 期，第 52 ~ 54 页。

② 毕雁英：《宪政权力架构中行政立法程序》，法律出版社，2010，第 24 页。

③ 该条规定："公民、法人或者其他组织认为行政机关的具体行政行为所依据的下列规定不合法，在对具体行政行为申请行政复议时，可以一并向行政复议机关提出对该规定的审查申请：（一）国务院部门的规定；（二）县级以上地方各级人民政府及其工作部门的规定；（三）乡、镇人民政府的规定。前款所列规定不含国务院部、委员会规章和地方人民政府规章。规章的审查依照法律、行政法规办理。"

④ 最高人民法院关于审理行政案件适用法律规范问题的座谈会纪要（法〔2004〕第 96 号）第一条规定："……但在立法法施行以后，经国务院批准、由国务院部门公布的规范性文件，不再属于行政法规……"

⑤ 朱芒：《论行政规定的性质——从行政规范体系角度的定位》，《中国法学》2003 年第 1 期，第 46 页。

⑥ 陈骏业：《重新定位行政规定的功能》，《法商研究》2006 年第 5 期，第 89 页。

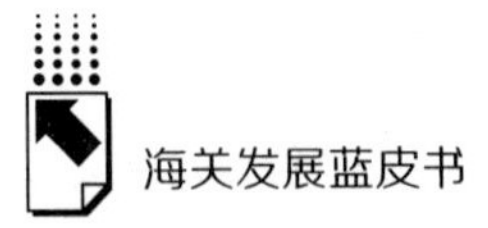

式，而上海自贸试验区监管制度创新涉及的财政、海关、金融和外贸的基本制度只能由法律来规定。因此，从“下位法必须服从上位法”的法律原理出发，两个方案绝对不能改变包括《海关法》、《进出口商品检验法》等在内的法律法规。

2. 两个方案在实践中已经构成对现行法律法规的事实改变

依据《宪法》，国务院有权领导和管理经济工作和城乡建设，在内涵上自然可以延伸理解为包含上海自贸试验区的设立与发展，因此，它采用行政规定的方式决定上海自贸试验区的相关政策与措施具有形式上的合法性，即两个方案在形式上合乎宪法规定，但两个方案贸易监管内容非常宏观，不具有可操作性，必须依赖于现行法律法规的支撑才能落地，这就形成了“行政规定”改变“法律法规”的现象，从而构成了对现行法律法规的事实改变。

例如，两个方案对上海自贸试验区海关监管的要求均是“一线放开”，甚至有企业提出，“一线放开”提了很久，但“一线”到现在都没有正式放开，应当在自贸试验区的海关特殊监管区内，取消备案通关制度，使货物无须备案也能享受保税运输等创新政策。[①] 然而，《海关法》第 17 条规定：“运输工具装卸进出境货物、物品或者上下进出境旅客，应当接受海关监管。”《保税区海关监管办法》第 9 条规定：“海关对保税区与境外之间进出的货物，实施简便、有效的监管。”它们表明海关对运输工具装卸进出境货物必须实施监管，而对保税区一线货物实施监管的标准是简便与有效，因此，“一线放开”不仅明显超出了“简便”与“有效”的标准，更是对实施监管的一种策略性退让。所以，从海关监管制度的本质改变完全可以将以上改革视为海关“基本制度”范畴的改变。[②] 进一步而言，在对海关法以及检验检疫等法律梳理后发现，《海关法》有 43 条规定、检验检疫部门法共有 108 条规定涉及口岸通关，其中已经合作的环节涉及《海关法》23 条规定、检验检疫部门法 58 条规定，双方还有《海关法》的 17 条规定、检验检疫部门法的 31 条规定在作业时间、空间

---

① 自贸试验区管委会政策研究局：《外资企业及驻沪协会关于上海自贸试验区改革创新的意见及建议》，《工作专报》〔2016〕第 28 号。

② 吴展：《中国（上海）自由贸易试验区运行之合法性瑕疵及其补正》，《海关与经贸研究》2014 年第 4 期，第 51 页。

上有叠加，包括“进出境运输工具”、“过境货物”、“疫区运输工具检验检疫”、“进口食品检验检疫”等项目，[①] 而海关法与检验检疫等法是贸易监管创新的主要部门法，这就意味着如果要创新，就势必构成两个方案对前述法律条文一种事实上的改变。

（二）协同创新瓶颈

上海自贸试验区贸易监管涉及海关、检验检疫、工商、税务等行政部门。它们从各自的职能范围内均推出实施了一系列贸易监管创新措施，也获得明显的成效与较好的评价。然而，这些措施缺乏顶层设计，碎片化现象比较突出，设计的创新措施与制度呈现拼盘化，虽然后来边实践边完善，但先天性的不足造成总体上缺乏整合效应，或仅实现了表面的联通，难以最终形成合力，与企业的实际需求还有明显差距。[②] 这一点突出地表现在区域协同与职能协同两个方面。

1. 上海自贸试验区内海关特殊监管区域与非区域之间的区域协同问题

上海自贸试验区获批时的地域范围全部是 4 个海关特殊监管区域，它们仍然基本维持原来特殊区域的贸易监管模式，有些贸易监管创新措施甚至在这 4 个海关特殊监管区域间都还没有获得完全统一，扩区后增加的陆家嘴金融片区、金桥开发片区、张江高科技片区也不是海关特殊监管区域。从贸易监管的角度，上海自贸试验区内出现了海关特殊监管区域与非海关特殊监管区域两个完全不同法律性质的地理区域，海关、检验检疫等口岸管理部门推出的贸易监管创新措施一般限定在海关特殊监管区域内。这直接导致上海自贸试验区内区域与非区域之间出现政策落差，从而产生了区域协同的难题。

有的公司提出，希望金桥片区、张江片区和陆家嘴片区的外资企业在进口研发用仪器、“先进区、后报关”等方面能享受与外高桥保税区相同的政策。

---

① 根据对《出境入境管理法》、《海关法》、《进出境动植物检疫法》、《国境卫生检疫法》、《进出口商品检验法》相关条款整理得出。

② 问卷调查显示，43.9% 的被访企业认为“制度创新出自多个部门，制度间协调性差”。参见肖林《国家试验——中国（上海）自由贸易试验区制度设计》，格致出版社，2015，第 230 页。

还有公司希望在自贸试验区“一地注册、四区通行”的基础上，解决全国通关一体化的问题，特别是通过加强区域监管协同，在厦门等地的保税料件能够退回到上海自贸试验区设立的零配件分拨中心。[①] 仅从海关而言，原先转关、过境通关模式难以适应国际物流快捷、高效流动及多式联运发展的需求，海关监管货物在多个海关之间流转时需要办理多次转关（过境）申报手续，环节多、手续繁、成本高、时效低，而且实际执行中存在操作流程不统一、不规范的现象。[②] 2016 年 6 月 1 日，全国海关在区域通关合作机制的基础上，在上海试点全面启动通关一体化改革，着力推行协同监管，实施功能化改造，提升监管整体效能，通过优化三级事权、整合机构职能、再造通关流程，彻底打破部门、关区、业务条线之间的“藩篱”，形成集约高效、协调统一的一体化通关管理格局，为全国企业提供一体化通关服务。

2016 年 11 月 10 日，国务院印发了《关于做好自由贸易试验区新一批改革试点经验复制推广工作的通知》，为新一批自贸试验区改革试点经验推广作出具体安排。复制推广的主要内容共有 19 项，涉及海关的有 13 项，11 项由海关总署牵头，另有 2 项是配合相关部委推进。其中，7 项措施仅仅在全国海关特殊监管区域或实施通关一体化的海关特殊监管区域内复制推广。可见，真正要打破区域协同难的问题，还需要较长时间的探索。

2. 上海自贸试验区各参与部门之间的职能协同问题

以上海国际贸易单一窗口为例，它既是《深化方案》贸易监管制度创新的核心内容，也是提升上海口岸贸易便利化水平、营造良好口岸通关环境、推动上海外贸稳定增长和转型升级的首要抓手。一方面上海作为全国最早启动的试点单位先行先试，单一窗口从 1.0 版快速发展到 2.0 版，并即将实施 3.0 版，形成货物进出口、运输工具等 9 大功能模块，涵盖了口岸通关的申报、查验、支付、放行、提离/运抵物流作业等各个环节，基本实现上海口岸货物和船舶申报手续企业能够通过单一窗口办理，试点经验也全面推广到广东、天津

① 自贸试验区管委会政策研究局：《外资企业及驻沪协会关于上海自贸试验区改革创新的意见及建议》，《工作专报》〔2016〕第 28 号。

② 蔡俊伟：《海关服务“一带一路”建设的若干思考》，《海关与经贸研究》2015 年第 5 期，第 12 页。

和福建自贸试验区，并为其他地区国际贸易单一窗口建设持续提供可借鉴学习的宝贵经验，从而确立了国内标杆的示范地位。

另外，我国国际贸易单一窗口建设由国务院口岸工作部际联席会议统筹指导，地方政府具体推进。中央层面成立由国家口岸办牵头、公安部、交通部、海关总署和质检总局等相关部门组成建设工作组，地方层面相应成立由各地口岸管理部门和有关查验单位组成的推进工作组。在这一机制下，公安部推动单一窗口，实现出入境团体旅客网上申报功能，交通部推动国际航行船舶进出口岸许可证功能在国际贸易单一窗口实现无纸化，商务部为实现单一窗口贸易许可证申办功能与数据中心、上海口岸办积极研究系统对接方案，海关总署为适应地方特色通过开放接口、公共组件等方式实现单一窗口报关功能，质检总局开放接口实现单一窗口报检功能并推动实现原产地证书网上申报功能。

在此过程中，不可避免地出现了海关、检验检疫、海事、边检等口岸和贸易监管部门之间的职能协同问题，并直接导致了单一窗口功能建设碎片化的问题，最突出的表现便是单一窗口基础的“部门化”。例如，上海国检按照国家质检总局要求，编制了单一窗口货物申报检验检疫标准数据集，该标准数据集将为全国单一窗口建设提供统一的检验检疫数据标准。上海海事局与华为公司签署海事共享数据库建设协议，包括 6 个基础主数据库、4 个海事业务数据库和 1 个船位信息数据库，可与港口企业、电子口岸等开展对接，实现海事共享数据统一汇聚、统一管理和统一服务，并对外提供共享信息查询和交换服务。但是，这些部门均从自身角度推动基础数据的标准化工作，数据差异较大，比如包装种类，海关申报为木箱、纸箱、托盘等 7 类，检验检疫则需根据材质、形状、大小分为 96 类。从这个角度看，各部门建设标准化数据库的工作，事实上却形成了新的信息孤岛与应用孤岛。

如前所述，上海市口岸办已经牵头着手开展口岸管理部门基础数据整合工作，货物申报集成海关、国检 8 个申报环节和 14 个反馈环节，通过一张大表申报数据由 135 项合并成 103 项，归并 32 项相同数据。运输工具（船舶）申报集成海事、海关、国检、边检的 22 个申报环节和 30 个反馈环节，通过一张大表将申报数据从 1112 项整合为 388 项，归并 181 项相同数据，并形成了

《国际贸易单一窗口数据元目录》（货物申报）、《国际贸易单一窗口数据元集》（货物申报）以及按照运输方式、进出口、通关方式定义的8类流程的数据子集。但是，单一窗口功能申报并不是简单的数据归并，而是被口岸管理部门所共同接受的申报格式基础数据的标准化与简化，它最初表现为形式上的数据归并，最终将发展到实质上的数据整合。

（三）创新路径瓶颈

十八届三中全会提出“国家治理体系和治理能力现代化”的要求，强调引导行政部门从“管理”向“治理”理念的转变，就需要对国家的行政制度、司法制度、监督制度等进行突破性改革。一个国家的社会治理状况，取决于政府对社会生活的管理能力，更取决于公民的自我管理水平。要实现良好的社会治理，真正在社会领域实现善治，需要强有力的社会管理，更需要高度的社会自治。[①] 从方式方法上看，“管理”的主体是单一的政府，而“治理”的主体是多元化的，除政府行政部门外还包括社会组织、企业等，不仅是强制，更多是协商。上海自贸试验区贸易监管创新涉及海关、检验检疫、商务、税务、海事、银行、保险、运输、仓储等行政部门和商业机构，然而，目前几乎所有的贸易监管创新措施均源自行政部门，这种现象实质上是我国由来已久的一种行政至上思维在贸易监管创新问题上的又一次展现。它既折射出贸易监管部门对本身的创新能力相当自信，贸易监管相对人也习惯于被动接受，形成了一种创新路径依赖模式，也反映出社会组织与企业等创新能力的不足以及由此带来的行政部门对于前者参与创新未能给予充分的信任与支持。与此同时，与行政部门有密切联系的特定公司既是创新的参与者也是市场规则的隐形垄断者，破坏了创新所必需的公平环境。短期看，行政部门绝对主导下的贸易监管创新可以尽快开拓新局面，但长期缺乏社会组织与企业等全过程、全方位深入参与的创新不仅将严重影响感受度，创新也将失去活力而不可持续。

1. 行业协议等各类社会组织与企业的创新能力没有得到有效培育

上海自贸试验区成立后便一直鼓励各类社会组织与企业参与制度创新，并

① 俞可平：《论国家治理现代化》，社会科学文献出版社，2014，第120页。

在《上海自贸试验区条例》中予以立法支撑。[①] 有关贸易监管行政部门也围绕创新制度重点推出了相应措施。例如，上海国检局以“合格假定 + 符合性评估”合格评定程序为基础，构建与国际通行做法接轨的第三方检验结果采信方案，并于 2014 年 3 月起在上海口岸进口机动车辆检验监管过程中“先行先试”。截至目前，上海国检正式将植入式心脏起搏器等三类进口医疗器械产品及数控车床等八类进口机械加工设备的检验监管纳入第三方采信试点范围。截至 2016 年 6 月，已有 8 家相关检验鉴定机构纳入采信工作试点，上海自贸试验区检验鉴定市场多样化发展趋势初步形成。又如，上海海关引入 30 余家社会中介机构协助海关开展保税核查与企业稽查，实现第三方参与海关监管的良性互动，并通过“企业协调员”制度，引导 775 家区内企业开展自查作业，其中 28 家已查发报告相关问题。

但从效果上看，并不尽如人意。例如，上海“国际贸易单一窗口”2.0 版上线运行后，企业在使用过程中，往往会碰到很多问题，比如船代信息修改，船舶基本信息表里明明存在，但是为什么在做进港预报时选船选不到？为什么填写境内目的地（境内货源地）时总是提示“无效的代码”？为什么“货物信息”中需要填写两个“用途”？对于这些问题，提供国际贸易单一窗口技术支持的上海亿通国际股份有限公司都可以解答并进行操作层面的技术指导，但是由于没有进行技术培训，企业在使用当中会碰到很多问题，导致操作受阻，体验很不方便。如果连作为贸易监管创新核心内容的国际贸易单一窗口系统都出现如此低级的问题，可想而知，本来应该在其中发挥重要作用的社会组织的效果也会不佳。各类社会组织与企业创新能力的薄弱不仅放大了他们在贸易监管创新中的感受落差，也损害了贸易监管部门在打造两个方案所要求的营商环境方面所做出的种种努力。我们应当意识到，贸易监管

---

① 例如，第 42 条规定：“鼓励律师事务所、会计师事务所、税务师事务所、知识产权服务机构、报关报检机构、检验检测机构、认证机构、船舶和船员代理机构、公证机构、司法鉴定机构、信用服务机构等专业机构在自贸试验区开展业务。管委会、驻区机构和有关部门应当通过制度安排，将区内适合专业机构办理的事项，交由专业机构承担，或者引入竞争机制，通过购买服务等方式，引导和培育专业机构发展。”第 43 条规定：“自贸试验区建立企业和相关组织代表等组成的社会参与机制，引导企业和相关组织等表达利益诉求、参与试点政策评估和市场监督。支持行业协会、商会等参与自贸试验区建设，推动行业协会、商会等制定行业管理标准和行业公约，加强行业自律。”

创新能力的培育不仅仅是召开几场座谈会，听取在政策上、操作流程便捷度上、物流成本上等多方面的意见与困难，也不仅仅是在官方网站上公布规章制度那么简单，而是要从顶层设计的高度采取措施加强各类社会组织与企业参与创新的能力建设。

2. 与行政部门有密切联系的特定公司的多重身份，不利于构建创新所必需的公平环境

在上海自贸试验区贸易监管创新中，有一些公司与行政部门有着密切联系，其中有的原来就是行政部门所设立的三产公司，有的经过长期的合作已经形成了极为默契的关系。例如，在报检方面，与国家质检总局有深度合作关系的九城网络技术集团有限公司负责向进出口企业提供 B2G（企业对政府）进出口通关软件及相关服务，代理进出口企业办理法定检验检疫事项，外高桥保税区近 2 万家进出口企业均使用九城软件办理法定检验检疫事项，目前只能在国际贸易单一窗口上办理非法定检验检疫业务，法定的检验检疫必须与九城公司进行有效沟通协调后，才能使用国际贸易单一窗口功能。因此，类似于九城网络这样与行政部门有着密切联系的特定公司在上海自贸试验区贸易监管创新过程中不仅是积极的参与者，还由于其背景而成为市场规则的事实垄断者。造成这种现象的原因很复杂，市场主体的自我选择与路径依赖是一个重要因素，毕竟在上海国际贸易单一窗口上线运行之前，是这些公司运维的系统承担着主要的货物进出口申报等功能，单一窗口的建设也不可能完全重新另起炉灶，而采取纳入其中的做法，这也是一种不可忽视的原因。这些特定公司客观上不利于构建创新所必需的公平环境，从而减少了各类社会组织与企业等参与贸易监管创新的可能性与必要的空间。

三　完善上海自贸试验区贸易监管创新的对策建议

（一）遵照“暂时调整或者暂时停止适用”的先例是破解贸易监管创新法律瓶颈最为现实的路径

如前所述，上海自贸试验区贸易监管创新法律瓶颈在于两个方案行政规定的法律位阶无法改变现行法律法规，而既然是创新如果没有法律法规的配套修改则将使得创新置于于法无据的境地。因此，将两个方案提升到基本法律的位阶，换句话说便是制定出一部全新的上海自贸试验区基本法或者中国自贸试验区基本法就可以彻底破解这个难题。对任何国家而言，一个法律的框架对于特别经济区的成功至关重要。[①] 早在上海自贸试验区设立之前，针对全国15个保税区较为混乱的立法状况，曾有人提出建议全国应当统一立法，并可以分成两个步骤，第一步制定《中华人民共和国保税区条例》，属于国务院颁布实施的行政法规位阶。在该条例实施期间，有条件的保税区可以逐步探索向自由贸易园区的方向转型。第二步等到该条例在全国实施一段时间后，总结经验，再制定《中华人民共和国自由贸易区法》，提交全国人大讨论、通过，颁布实施。[②] 甚至还有人提出，依法设立自由贸易园区并赋予一定的立法权是国际通行做法，如服务贸易、投资等领域。[③] 这些无不反映出通过立法手段解决包括贸易监管创新在内等问题的紧迫性。

另外，国际社会上“先立法后设区”已经成为一个相当普遍的惯例。例如，1995年8月，加纳颁布第504号国会议案——《自由贸易区法案》。1996年9月，加纳自由贸易区计划正式实施。智利的伊基克自由贸易区根据《自由贸易区法》设立于1975年6月，1976年正式运行。韩国的马山出口自由区是根据1970年1月1日公布的《出口自由区建立法》设立的韩国第一个外国人专用出口加工工业区。日本唯一的自由贸易区——冲绳自由贸易区的前身那霸保税区也是《冲绳振兴开发特别措施法》的产物。新加坡裕廊工业区内的第一个自由贸易区则是根据《自由贸易区法令》设立的。法律修改的实践经验以及立法与改革的关系启示我们，随着改革开放的日益推进，社会的高速发展很容易把立法诉求远远地甩在后面。因此，对于未来的法律修改事业而言，必须从前瞻的视角与全局的高度进行把握：法律必须具备针对性，要加强重点领

---

① Thomas Farole, Gokhan Akinci, ed, “*Special economic zones: progress, emerging challenges, and future directions*”, The World Bank, 2011, p. 11.

② 皮舜、武康平：《中国保税区的新发展需要国家统一立法》，《管理评论》2003年第11期，第58页。类似的建议还可参见宁清同、黎其武等《保税港区法律问题研究》，法律出版社，2011，第50~53页。

③ 肖林：《国家试验——中国（上海）自由贸易试验区制度设计》，格致出版社，2015，第11页。

域立法，及时围绕社会重大问题进行修改，方不至于使法律与社会脱节。[①] 然而，令人遗憾的是，立法提升贸易监管创新法律依据的设想一直到上海自贸试验区获批也未能实现，考虑到我国立法仍然属于“疏漏型”而非“引导型”的现状，这一局面未来数年内也很难改变。

我国在立法修改过程中，一贯奉行的是“先行先试”理念。立法之前一般会选择一个地区进行试验，发现错误、总结经验与提炼做法，逐步上升到法律法规的层次。以深圳经济特区为例，1992 年 7 月 1 日，全国人大常委会第 26 次会议通过了《全国人民代表大会常务委员会关于授权深圳市人大及其常委会和深圳市人民政府分别制定法规和规章在深圳经济特区实施的决定》。根据这一授权，深圳市出台了一系列法规，其价值主要有二：①从局部看，为深圳经济特区的社会建设提供了法制保障。“试错先行”立法模式通过创制新法和变通国家立法来实现巩固改革开放成果，引导、推进经济社会的发展。这反映在立法上，就是特区立法的侧重点从 20 世纪 90 年代的现代企业制度、房地产市场、中介服务行业等到近年来逐步向国有企业改革、高新技术产业、公用事业特许经营等领域转变。②从整体上看，为国家的立法活动积累了宝贵的经验。深圳经济特区通过“试错先行”所获得的经验，为国家立法所吸收，以公司、房地产、劳动和社会保障、中介组织等方面的立法经验最为典型。[②]

上海自贸试验区成立后，先行先试的立法理念得到延续与发展，主要表现为在法律层面，全国人大常委会授权国务院暂时调整《外资企业法》、《中外合资经营企业法》与《中外合作经营企业法》规定的行政审批。随后，国务院也根据授权发布了一系列在上海自贸试验区内暂时调整有关行政法规、国务院文件和经国务院批准的部门规章规定的决定，从而为上海自贸试验区的制度创新拓展出一个从法律到部门规章的完整空间。随着广东、天津、福建自贸试验区的成立以及上海自贸试验区的扩区，这种做法得到了延续，并在修订后的

① 付子堂、胡夏枫：《立法与改革：以法律修改为重心的考察》，《法学研究》2014 年第 6 期，第 62 页。

② 王成义：《深圳经济特区立法述评》，《中德法学论坛》第 4 辑，南京大学出版社，2006，第 46 ~ 52 页。

《立法法》第13条①中予以固定。从实践看，并非所有先行先试事项现阶段都需要立即入法，任何压力测试都存在失败或不成功的可能，唯有经过测试取得成功的经验才具备入法的条件。②

2016年9月3日，第十二届全国人大常委会第二十二次会议通过关于修改《中华人民共和国外资企业法》等四部法律的决定。自2016年10月1日起，2013年8月30日第十二届全国人民代表大会常务委员会第四次会议通过的《全国人民代表大会常务委员会关于授权国务院在中国（上海）自由贸易试验区暂时调整有关法律规定的行政审批的决定》、2014年12月28日第十二届全国人民代表大会常务委员会第十二次会议通过的《全国人民代表大会常务委员会关于授权国务院在中国（广东）自由贸易试验区、中国（天津）自由贸易试验区、中国（福建）自由贸易试验区以及中国（上海）自由贸易试验区扩展区域暂时调整有关法律规定的行政审批的决定》的效力相应终止。《中华人民共和国外资企业法》、《中华人民共和国中外合资经营企业法》、《中华人民共和国中外合作经营企业法》、《中华人民共和国台湾同胞投资保护法》根据决定作相应修改，重新公布。因此，暂时调整或者暂时停止适用已经成为先行先试立法理念在上海自贸试验区立法实践中的最新表现形式。我们完全可以遵循该先例，提请全国人大及其常委会对于包括《海关法》、《进出口商品检验法》在内的那些限制上海自贸试验区贸易监管创新的法律条款暂时停止适用，并提请国务院暂时调整与之相关的行政法规、国务院文件和经国务院批准的部门规章规定，尽可能为上海自贸试验区贸易监管创新赢得必需的法律空间。

（二）以国际贸易单一窗口建设为抓手，探索建立新机制打破协调创新瓶颈

无论是区域协同瓶颈还是职能协同瓶颈，其根源均在于贸易监管创新责任的属地化与参与部门的非属地化之间的矛盾，特别是参与贸易监管创新的中央

---

① 该条规定，全国人民代表大会及其常务委员会可以根据改革发展的需要，决定就行政管理等领域的特定事项授权在一定期限内在部分地方暂时调整或者暂时停止适用法律的部分规定。

② 丁伟：《〈中国（上海）自由贸易试验区条例〉立法透析》，《政法论坛》2015年第1期，第139页。

驻沪部门根据法律行使职能的行为属于《立法法》明文规定的需要法律才能修改的中央事权，并不属于上海市地方政府的管辖，而只能协调。因此，上海市地方政府既要确保安全有效地推进口岸信息渠道畅通与资源整合，实现横向互动联通，还必须充分尊重中央驻沪口岸管理部门的执法主体地位与合理利益诉求。这就很可能出现下级协调上级、无法协调有法、地方协调中央的尴尬局面。因此，需要探索建立新的机制来破解瓶颈，鉴于国际贸易单一窗口建设既集中体现贸易监管部门协同创新的成果，也展示出了协同创新的瓶颈，以其作为抓手便是一个好的切入点。

1．“政府购买服务”机制在我国口岸通关中的实践

实际上，“政府购买服务”方式在口岸通关领域早有实践。目前，根据“降低通关费用，争取先行实施海关检验检疫查验费用由财政承担的试点”，海关、检验检疫实施进出口货物集装箱（不含固体废物和空箱）查验，对查验没有问题的，由政府以购买服务方式承担查验服务作业费每年超过5亿元。这种方式的最大优点是在不改变现有监管基本作业模式与市场利益格局的前提下，有效降低了企业负担。横向来看，广东国际贸易单一窗口建设中已有政府购买服务的实践。在广东省口岸办的协调下，全国海关信息中心广东分中心将其负责的广东保税监管辅助平台（企业端）与海关查验数据交互平台（企业端）两个系统迁移到省电子口岸运行。由省电岸公司与广东分中心做好对接工作，研究制定系统和界面迁移、数据网络贯通和实施方案，广东分中心负责提供现有程序源代码及相关文资料。广东省电子口岸管理有限公司以政府购买服务的方式将后台运维支撑等工作委托给全国海关信息中心广东分中心负责，并以双方直接签署合同方式确定各自权利义务关系。这固然是海关总署广东分署支持广东电子口岸实体平台功能建设的务实举措，但客观上探索出了一条以政府购买服务的利益补偿方式来推动单一窗口功能建设的有效路径，值得上海研究借鉴。

2．上海国际贸易单一窗口建设适用“政府购买服务”理念的可行性

国际贸易单一窗口运行出现的瓶颈在于我们仅仅将它看成是一项集成进出口主要功能的信息化改革，所以才会出现所谓的从1.0版升级到目前的2.0版，但实际上它涉及口岸部门管理体制的改革，是打破各贸易监管部门之间利益格局下的流程再造。单一窗口已经涵盖了口岸通关各主要环节，功能框架也基本建成，但如果要把更多的许可审批事项纳入进去，就涉及复杂的利益博弈。

表面上看，单一窗口收费问题、宣传推广力度不够、技术培训跟不上等因素直接拉低了企业申报效率，而企业未能全过程、全方位地深入参与单一窗口功能建设导致没有照顾到企业真正的便利需求，也严重影响了企业的感受度。进一步看，国际贸易单一窗口系统与现有通关、法检系统利益关系没有理顺造成单一窗口功能的非唯一性是根本原因。方便与便利企业，提高企业申报率与感受度是上海国际贸易单一窗口功能建设的出发点与落脚点。既然无法改变中央驻沪参与部门非属地化问题，不妨以政府购买服务的方式，鼓励他们以及有关特定公司将各自面向企业的功能平台以及附带的许可审批事项纳入单一窗口功能平台，逐步探索出一条将中央事权功能纳入单一窗口系统的有效路径，促进功能平台与口岸监管执法与通关流程的集约优化，从顶层设计层面有所作为地破解单一窗口功能建设碎片化的瓶颈，为最终彻底解决问题争取时间与时机。上海市地方政府应当在其中承担起主导责任，不仅仅是因为其具有强大的行政资源与协调能力，还在于其是国际贸易单一窗口制度创新的最大受益者。

（三）以提升企业感受度与获得感为核心目标，推动贸易监管创新路径的多元化

构建良好营商环境是上海自贸试验区两个方案中的明确要求，而企业感受度与获得感则是判断营商环境是否达标的关键指标，也是破解贸易监管创新路径过于依赖行政部门瓶颈的重要抓手。调研中许多企业反映对贸易监管改革措施感受度不高，很多政策并不能解决企业的需求，相反还增加了企业的成本，这一点在国际贸易单一窗口建设中反应明显。这种局面如果不尽快做出改变，贸易监管创新的目标将很难达到预期的效果与目标。因此，上海市地方政府应从单方面强调贸易监管创新转向贸易监管制度创新与培育创新环境兼顾，有时市场本身就可以更有效地解决一些我们习惯认为需要政府运用法律不断干预的问题。我们在为市场经济立法时，应当摆脱传统的法条主义的立法研究，应当注意研究市场经济的运作规律和需求。因此，立法必须坚持从市场经济的实践出发。对一个法律，不论它如何符合传统的立法原则或定义，不论它如何精美

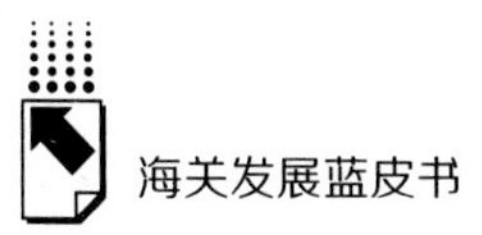

地符合法律教科书的描述，也不论它是否得到法律家的赞美，只要它不符合社会和市场经济的运作，那么它就是错误的。[①] 拿出一套符合上海自贸试验区特点的贸易创新与投融资便利化指数体系，将企业感受度纳入进去，赋予其足够的权重，就可以相对公平地面对数以万计企业的诉求。

1. 注重培育贸易监管创新的公平环境，全面综合评价企业运用成本问题

一个公平的贸易监管创新环境的培育需要制度的保障，需要监管部门与被监管者双向的有效互动，至少包括“进入贸易监管创新程序的权利”、“提出贸易监管创新意见的权利”、“创新意见得到回应的权利”以及“合理意见获得采纳的权利”四个方面，只有确保这些内容的权利功能，才能有效保障贸易监管创新体现企业的意志。例如，贸易监管部门可以探索以谈判磋商的方式制定创新措施，这样就把利益相关方的意见考虑在内，听取企业在政策、操作流程便捷度、物流成本等方面的意见和困难，或许监管者用智慧在努力搭建某些平台，优化流程、优化法律法规，但很多小企业并没有完全受益，也没有相关的渠道能快捷、透明、公开地了解到很多新政策，而是按部就班，监管者说改，企业就改。如此有利于利用被监管方的专业知识提高监管的技术质量；培养被监管者对结果负责的精神，提高其对监管的认可度和自愿遵守程度。

上海自贸试验区企业成本问题也是关系到获得感的一个重要内容。上海市口岸办归纳为清理规范口岸各环节收费，先后停止征收船舶港务费、出口商品检验检疫费等行政规范 9.6 亿元，取消预归类、打印证书费等 0.4 亿元，政府承担查验作业服务费 5.8 亿元，单一窗口停止进出口环节收费 2.8 亿元，每年共为企业减负 18.6 亿元。上海国检也声称自 2013 年起，货物检验检疫费由原来的按货物总值的 1.5‰、1.2‰分别计收，降为按货物总值的 0.8‰一次性收取；对 2013 年 8 月至 12 月、2014 年、2015 年、2016 年报检的所有出境货物、运输工具、集装箱及其他法定检验检疫物免收出境检验检疫费；2014 年 7 月起通关单无纸化免收出入境签证费；上海局行政事业性收费从 2012 年的 11.12 亿元减少到 2015 年的 4.42 亿元，减幅为 60.25%。2015 年 9 月 15 日起。在上海港港区内，对海关查验没有问题的进出口集装箱（重箱）货物查验（固体废物除外），免除企业在海关查验环节

---

① 苏力：《市场经济对立法的启示》，《中国法学》1996 年第 4 期，第 30～31 页。

发生与海关查验工作直接相关的吊装、移位、仓储费用。然而，调研中有企业就反映，AEO 企业认证过程比较复杂，公司管理水平已经非常高，实现精细化管理，企业信用完全信得过，但公司并没有申请 AEO 的认证。因为在申请的过程中会增加相关成本，企业要出具相关的审计报告，出具审计报告的机构必须是贸易监管部门指定的，其他机构出具的报告没有效力。这充分说明监管者眼中降低的成本却被企业眼中所增加的成本冲抵，这就要求我们必须客观全面地综合评价企业运营成本问题，而不能单方面从自身角度出发做出结论。

2. 建立发布一套符合上海自贸试验区特点的贸易创新与投融资便利化指数体系

提升企业获得感、便利企业、构建良好的营商环境是上海自贸试验区一项重要使命，也是贸易监管创新的主要内容。企业有着各自的需求，所代表的利益诉求也有所差异，决定着对于贸易监管创新措施的感受度自然也不相同。问题的核心在于我们必须拿出一套符合上海自贸试验区特点的贸易创新与投融资便利化指数体系，将企业感受度纳入进去，赋予其足够的权重，这样就可以相对公平地面对数以万计企业的诉求。因此，评价贸易监管创新成效的核心目标是作为市场主体的企业的感受度与获得感，从而引导贸易监管创新从单纯的制度创新向营造创新环境与制度创新并重的局面过渡。

2015 年 8 月，受广东自贸办委托，海关总署广东分署联合上海海关学院等高校及相关口岸部门，着手对广东自贸试验区实施一年来的贸易与投融资便利化发展状况进行评估，并在广东自贸试验区成立一周年之际，发布三大指数——贸易便利化指数、投资便利化指数、跨境金融指数，引起了国内其他自贸试验区和学者的广泛关注和积极评价，已成为广东自贸试验区一项重要的制度创新。从可行性上来说，编制贸易与投融资便利化指数属于小投入、大回报的高收益、无风险项目，是真正的价值投资。从长期看，系统的、连续的、权威的便利化指数的发布，能使国内、国际社会在第一时间了解上海自贸试验区的贸易和投融资便利化程度，成为向国内外展示营商环境的“风向标”和“窗口”，从而达到事半功倍的效果。从长远来看，便利化指数体系的构建，可以按两步走的战略：第一步，在自贸试验区内推出至少三类指数；第二步，在上海市整个范围内推出三类或以上的指数，每年或半年发布一次，连续发布。此外，建立贸易与投融资便利化指数体系本身是一个不断完善和提升的过程。

B.7

自贸区视角下论海关制度创新对我国制造业发展的影响

张　慧*

摘　要：本文首先归纳总结了自贸区内促进制造业发展的相关政策、措施，尤其是自由贸易试验区发展中海关的制度创新。在此基础上，通过比较分析制造业部分行业出口额、制造业增加值、制造业固定资产投资额、制造业外商直接投资和通关效率等数据阐述了中国（上海）自由贸易试验区对制造业的影响。研究结果显示，以上海自贸区为例的海关制度创新对制造业的发展整体上具有促进作用，并且该影响主要体现在“质”的变化，即制造业结构的调整。

关键词：自由贸易试验区　海关制度创新　制造业

一　引言

目前，我国面临的国内国际形势均发生着变化，国际层面上，全球经济虽然稍有回暖，但整体经济放缓甚至下行的压力仍然较大，这导致的结果体现在，其一，跨太平洋战略经济伙伴协定（TTP）、跨大西洋贸易与投资伙伴关系协定（TTIP）的签署，其二，很多发达国家重新开始关注制造业的发展而导致其制造业回流；而国内的情况，中国的经济结构正处于调整阶段，但是基本面没有发生较大明显变化。

* 张慧，上海海关学院海关管理系讲师。

具体地，随着经济全球化的发展和我国改革开放的推进，我国制造业取得了引人注目的成绩，成为新的“世界工厂”。制造业作为经济发展的支柱性产业和战略性产业，在国民经济中占有举足轻重的地位。但同时一个不容忽视的事实就是中国制造处于全球制造业产业链的低端，长期以来缺少先进技术等核心环节，向高端环节升级的过程艰难缓慢。在工艺和产品的升级方面发达国家往往会在技术上提供帮助，但在功能和链条等更高层次的环节上，由于蕴含更大的技术含量和附加值，发达国家则提供有限帮助，中国制造业的升级不易。

另外，我国总体市场需求疲软，制造业产能过剩，急需转型升级，而国际上也出现了发达国家制造业资本回流的情况，因此，我国制造业所面临的国内外形势均不容乐观。制造业是一国之根本，占我国 GDP 比重 1/3 以上的工业增加值的主体部分便是制造业。在制造业所面临的“内忧外患”情况下，党的十八大报告中提出了“自由贸易区战略”，从制度和政策上给我国制造业的发展提供了便利和新契机，促进着我国制造业的转型升级。2013 年 9 月中国（上海）自由贸易试验区（下文简称为上海自贸区）正式挂牌，其建立为企业带来了政策上最为优惠的政策便利，入驻企业和业务量不断攀升。2014 年 12 月，李克强总理主持召开国务院常务会议，决定在广东、天津、福建的特定区域再设三个自由贸易园区，以上海自贸试验区试点内容为主体，结合地方特点，充实新的试点内容。① 上海自贸区建立后，陆续出台了一系列支持制造业发展的相关政策，如：负面清单扩大开放的新举措中涉及制造业方面的条款不断减少；自贸区扩围后首批监管改革出台关于先进制造业的检验便利措施；海关制度创新备受瞩目的“23 + 8”项改革举措；等等。

从上海自贸区的负面清单、海关监管制度创新等政策优惠都可以看出，借由自贸区的建立实施更加开放的监管制度和相关政策可以吸引高端制造业和服务业企业入驻，与其相配备的加工再制造、金融、仓储、物流等企业也会相应聚集于此，实现联动升级。因此，如何发挥我国自贸区的优势，尤其是以上海自贸区可复制、可推广的海关制度创新来推进我国制造业的发展显得尤为重要。本文首先对自由贸易试验园区和海关在制造业的制度创新等研究进行文献评述，其次阐述了中国制造业的现状以及存在的问题，着重研究了上海自贸区成立后针对制造

---

① 《广东、天津、福建特定区域将再设三个自由贸易园区》，中国新闻网，2014 年 12 月 12 日。

业企业出台的政策、措施，以及对上海的数据进行统计分析，探讨以上海自由贸易区为代表的自贸区中海关制度创新举措对我国制造业产生的影响。

二　文献综述

（一）关于自贸区建立的影响方面的相关研究

张诗荟研究了服务贸易和自由贸易区（FTZ）的关系，认为自贸区开放提升了服务贸易水平、促使区域内服务贸易功能的完善并带来经济效应。[①] 徐立霞从我国离岸金融市场的发展过程、现有的法律监管制度存在的薄弱点出发，深入分析制定自贸区离岸金融市场监管法规的必要性，分析了自贸区离岸金融市场监管需要解决的问题，如离岸金融市场监管模式的选择、离岸金融市场准入标准、税收监管机制等。[②] 付鑫分析了上海自贸区制度与政策创新对港口物流企业转型发展的影响，对我国海关特殊监管区域政策进行梳理，将自由贸易区政策与之前的政策进行比较，分析了自贸区对港口物流企业的价值影响。[③] 王欣宇探讨了上海自贸区建设对港航业发展的影响，其中指出“一线放开、二线安全高效管住”的海关监管模式、上海口岸大通关信息化建设等都推动了上海港货物和集装箱吞吐量攀升，提升货物入境通关效率并且提升了上海港国际航运服务能级。[④] 其他服务业方面的文献还包括：辜月分析了上海自贸区对推动我国金融服务业发展的影响；[⑤] 夏子乔探讨了上海自贸区对上海市航空产业的影响；[⑥] 董鑫等探讨了中国（上海）自贸区对商业健康保险发展的影响等。[⑦]

① 张诗荟：《自由贸易区航运服务贸易功能研究》，硕士学位论文，浙江大学，2015。

② 徐立霞：《上海自贸区离岸金融市场的法律监管》，硕士学位论文，华东师范大学，2014。

③ 付鑫：《中国（上海）自由贸易试验区对港口物流企业转型发展及价值影响研究》，硕士学位论文，上海交通大学，2014。

④ 王欣宇：《中国（上海）自由贸易试验区建设及其对港航业发展的影响》，《集装箱化》2014 年第 4 期，第 11 ~ 13 页。

⑤ 辜月：《浅析上海自贸区对推动我国金融服务业发展的影响》，《时代金融》2013 年第 12 期，第 77 页。

⑥ 夏子乔：《上海自贸区对上海市航空产业的影响分析》，《中国商贸》2014 年第 3 期，第 137 ~ 138 页。

⑦ 董鑫、严惟力、李天栋：《中国（上海）自贸区商业健康保险发展的启示——基于新加坡和中国香港的经验》，《中国卫生政策研究》2014 年第 3 期，第 12 ~ 16 页。

（二）关于自贸区监管制度的相关研究

祝佳音在深入分析了上海自贸区在贸易、投资、金融三个方面的框架和建设进展后提出，应进一步促进贸易自由化和便利化改革，合理推进资本市场开放，并建立起健全的自贸区配套法规和监管制度，从而推动上海自贸区的深入发展。① 匡增杰从贸易便利化的视角总结了建区一年多来海关适应自贸区的监管制度和措施，并指出了包括深入监管服务模式、监管理念、监管手段的转变等未来海关监管新模式。② 林少滨认为，未来为了配合推进自贸区建设，海关监管制度创新是趋势，主要的方式包括：海关要把握好监管定位，以管理到位和促进贸易便利化作为出发点；另外，发挥出海关监管制度创新的最大效益。③ 谢燮指出了我国目前航运政策的不足使得现在的航运企业低效并且竞争力不足，认为在自贸区发展的当下，应该从经济政策、营商环境和监管机制等方面进行改善。④

综上所述，由于上海自贸区成立时间不久，全球制造业整体发展前景不乐观，目前相关研究多集中在对于自贸区自身、负面清单以及自贸区对投资、金融、物流等服务业领域，而鲜有关于自贸区的建立特别是从海关制度创新角度对制造业的影响进行研究。因此，本文通过对负面清单的情况进行说明，然后归纳总结上海自贸区的海关制度创新，以制造业外商直接投资、制造业行业出口等宏观数据和企业通关等微观数据说明上海自贸区海关制度创新对制造业的影响，其结论具有一定的借鉴意义。

三　上海自贸区促进制造业发展的海关制度创新

上海自贸区海关创新制度一直在以较快的速度跟进，最初制度创新 11

---

① 祝佳音：《上海自贸区建设的进展、问题与对策研究》，硕士学位论文，吉林大学，2015。

② 匡增杰：《加快推进中国（上海）自由贸易试验区海关监管制度创新：贸易便利化的视角》，《经济体制改革》2015 年第 4 期，第 65 ~ 69 页。

③ 林少滨：《以海关监管制度创新配合推进自贸区建设》，《南方日报》2015 年 3 月 21 日，第 F02 版。

④ 谢燮：《自贸区框架下的航运政策创新分析》，《交通与港航》2015 年第 4 期，第 4 ~ 5 页。

项，为了实现自贸区的发展，海关于2014年上半年推出了14项监管服务制度，之后又于2014年12月9日在自贸区开展“自主报关、自助通关、自动审放、重点稽核”的作业模式试点，这标志着上海海关在自贸区成立一年多来，截至2014年推出的23项海关监管服务改革制度已经全部落地生效。

笔者将23项按照其实施时间整理如表1所示。

从表1可以看出，23项内容中，通关便利7项、保税监管3项、税收征管3项、企业管理6项、功能拓展4项。在复制推广上，其中6项在全国部分海关特殊监管区使用，10项在上海关区实施，6项在上海自贸区内实施，1项在上海部分卡口实施。

从这23项海关创新制度实施的目的和预期效果来看，笔者将其总结为，其中，2项措施是为了促进上海金融和航运的发展，4项措施是为了降低企业物流成本，6项措施是为了降低企业成本、提高通关效率，8项措施是促进企业诚信、自律，3项措施是促进企业竞争力的提高，开展保税维修等业务，其中有一项“推动加工制造向研发及检测、维修等生产链高附加值的前后两端延伸，促进加工贸易转型升级”。因此，从这些具体的措施可以看出，海关出台的23项举措显然大部分将服务于制造业企业的发展，或者说制造业企业将从中获益。

其后，将上海自贸区出台的23项监管制度不断地进行复制推广，由于它们是在不同时间段分批推出，实施时间不同，并且实施时间长度都不同，因此其覆盖范围和实施效果等方面也会出现不同。例如，在上海自贸试验区或者上海关区运行之后，陆续在全国或部分地区进行复制推广。在部分海关特殊监管区复制推广的6项包括保税展示交易、区内企业货物流转自行运输、统一备案清单、批次进出集中申报、简化无纸通关随附单证、集中汇总纳税，这6项中4项属于通关便利，1项属于税收征管，1项属于功能拓展。

2015年6月24日，上海海关提出了深化自贸区改革创新的8项制度，包括三大类，其中简政放权1项、功能拓展2项、通关便利5项。具体内容如表2所示。

表 1　上海自贸区海关改革创新 23 项制度

序号	实施时间	海关监管新政名称	类型	具体内容		目的和拟达到的效果	复制推广时间	实施区域
1	2014.4.21	保税展示交易	功能拓展	改革前:仅允许企业在区内开展保税展示	改革后:允许区内企业在向海关提供足额款担保(保证金或银行保函)后,在区外或区内指定场所进行保税货物的展示及交易	帮助企业降低物流成本和终端售价,加快物流运作速度	2014.8.18	全国部分海关特殊监管区域、保税物流中心(B 型)或保税监管场所
2	2014.4.21	融资租赁	功能拓展	改革前:仅在浦东机场综合保税区开展试点	改革后:允许承租企业分期缴纳租金,对融资租赁货物按照海关审查确定的租金分期征收关税和增值税	推动试验区建设成为国内一流的融资租赁特别功能区与金融创新实践区	2014.8.18	上海关区
3	2014.4.21	期货保税交割	功能拓展	改革前:在上海洋山保税港区内开展铜、铝两项商品的保税期货交割试点	改革后:允许企业在试验区 4 个海关特殊监管区域内开展以保税监管状态的货物作为期货交割标的物,开展期货实物交割。业务品种扩大到上海期货交易所全部上市的商品品种	进一步促进中国期货贸易的发展,促进形成中国大宗商品定价机制,推动上海国际金融中心和航运中心建设	2014.4.21	上海自贸区内
4	2014.4.21	内销选择性征税	税收征管	改革前:除外高桥保税区外,试验区其他海关特殊监管区域实行内销货物按照实际状态征税	改革后:对设在自贸试验区内的企业生产、加工并经"二线"销往国内市场的货物,企业可根据其对应进口料件或实际状态中选择缴纳进口关税	达到减少税负、降低成本的目的,有利于企业扩大内销,提升试验区生产企业的竞争力,吸引更多生产企业入区	2014.4.21	上海自贸区内

续表

序号	实施时间	海关监管新政名称	类型	具体内容		目的和拟达到的效果	复制推广时间	实施区域
5	2014.5.1	一线进境货物“先进区、后报关”制度	通关便利	改革前:在一线进境货物入区环节,企业先向海关申报进境备案清单,海关办理完通关手续后,企业再凭放行单据将货物运至区内	改革后:对于一线进境货物,海关依托信息化系统,允许企业凭进境货物的舱单信息先提货进区等	企业进境货物从港区到区内仓库时间平均从2~3天缩短至半天;企业物流成本平均降低10%	2014.8.18	上海关区
6	2014.5.1	区内企业货物流转自行运输	通关便利	改革前:试验区范围内4个海关特殊监管区域之间货物的流转采取转关运输方式,并用海关监管车辆运输货物	改革后:试验区内企业,可以使用经海关备案的自有车辆或委托取得相关运输资质的境内运输企业车辆,在试验区内自行结转货物	大幅节约企业物流成本和通关时间。根据试点情况测算,每车缩短30分钟,企业一年节约物流成本约20万元	2014.8.18	全国部分海关特殊监管区域、保税物流中心(B型)或保税监管场所
7	2014.5.1	加工贸易工单式核销	保税监管	改革前:仅在区内个别生产企业试点。一般生产企业实施单耗管理核销模式	改革后:对实行海关联网监管,并符合一定条件的企业,取消单耗管理核销模式,实行以每日工单数据为基础的核销模式	将实现海关动态实时准确核算、即时计算核销结果。企业库差异认定时间从原来的一两个月减少到一天。为区内维修和研发等新型的业务类型提供了与之适应的核销模式	2014.8.18	上海关区

续表

序号	实施时间	海关监管新政名称	类型	具体内容		目的和拟达到的效果	复制推广时间	实施区域
8	2014. 5. 1	境内外维修	功能拓展	改革前:仅允许区内企业开展区内生产出口产品的返区维修,且维修业务规范不明确	改革后:支持自贸试验区内企业开展高技术、高附加值、无污染的境内外维修业务,海关参照保税加工的监管模式,依托信息化管理系统实施管理	拓展区内维修业务范围,促进高技术、高附加值、无污染的境内维修业务发展,推动加工制造向研发及检测、维修等生产链高附加值的前后两端延伸,促进加工贸易转型升级	2014. 5. 1	上海自贸区内
9	2014. 6. 30	统一备案清单	通关便利	改革前:外高桥保税区、保税物流园区备案清单申报项为36项;洋山保税港区和浦东机场综合保税区备案清单申报项为42项	改革后:统一简化区内备案清单格式,申报要素统一规范为30项	实现规范简捷申报,减轻企业负担,提高一线进出境通关效率,促进海关特殊监管区域一体化动作	2014. 8. 18	全国部分海关特殊监管区域、保税物流中心(B型)或保税监管场所
10	2014. 6. 30	批次进出集中申报	通关便利	改革前:通关申报环节以逐票申报为主,集中申报为辅且均在二线实施	改革后:改革传统逐票申报方式,改“一票一报”为“多票一报”,允许企业货物分批次进出,在规定期限内集中办理海关报关手续	扩大企业申报自主权,大幅减少企业申报次数,加快企业物流速度,有效降低通关成本;同时,方便企业开展保税展示、保税维修、外发加工等业务,提升企业竞争力	2014. 8. 18	全国部分海关特殊监管区域、保税物流中心(B型)或保税监管场所

续表

序号	实施时间	海关监管新政名称	类型	具体内容		目的和拟达到的效果	复制推广时间	实施区域
11	2014.6.30	简化无纸通关随附单证	通关便利	改革前：海关在通关申报环节需提交提单、合同、发票、装箱单等纸质随附单据	改革后：对一线进出境备案清单以及二线不涉税的进出口报关单取消随附单证的要求，但海关保留必要时要求企业提供随附单证的权力	简化企业报关手续，提高通关作业自动化率，大幅提升通关效率	2014.9.16	全国部分海关特殊监管区域、保税物流中心（B型）或保税监管场所
12	2014.6.30	集中汇总纳税	税收征管	改革前：海关征税为传统的逐票审核、征税放行模式	改革后：深化税收征管环节的“前推”和“后移”，海关由实时性审核转为集约化后续审核和税收稽核	实现货物的高效通关，缓解企业资金压力，降低企业纳税成本，有利于激发市场主体的活力。据测算，应税货物通关时间可节省70%	2014.9.16	全国部分海关特殊监管区域、保税物流中心（B型）或保税监管场所
13	2014.6.30	对符合条件的仓储企业实行联网监管	保税监管	改革前：对区内保税仓库管理采取传统的定期盘库管理模式，仓储企业管理系统未与海关联网	改革后：对符合条件的使用仓储管理系统（WMS）的企业，实施“系统联网＋库位管理＋实时核注”的仓储物流海关监管模式，对货物进、出、转、存情况做到实时掌控和动态核查	简化企业申报流程，便于企业实现不同状态货物的同库仓储经营，提高物流动作效率，降低企业运营成本，适应企业内外贸一体化的需求	2014.8.18	上海关区
14	2014.6.30	智能化卡口验放	通关便利	改革前：车辆、货物进出人工办理手续，效率较低	改革后：简化卡口操作环节，升级改造卡口设施，实现自动比对、自动判别、自动验放，缩短车辆过卡时间，提升通关效率	货物过卡时间从6分钟缩短到5秒钟左右，大幅缩短车辆过卡时间；提升通关效率和通车能力	2014.8.18	上海部分卡口

续表

序号	实施时间	海关监管新政名称	类型	具体内容	目的和拟达到的效果	复制推广时间	实施区域
15	2014. 7. 1	推进海关 AEO 互认	企业管理	互认之后，每个国家按照双边协议，进出口贸易中，本国的高资信企业到了另一国，也可以享受最高等级的通关便利。海关优先将自贸区内企业作为首批运作企业，及时享受 AEO 互认成果，适用相应通关便利措施	自贸区 AA 类企业将获得首批次试点，以及与海关总署国际 AEO 联络员专有通道，去协调异国通关疑难的权力	2014. 9. 16	上海关区
16	2014. 7. 1	企业信用信息公开	企业管理	定期编制并公布《中国（上海）自由贸易试验区海关企业信用信息公开目录》，采用主动公开和依申请公开两种途径对外公布经海关注册登记的试验区内企业相关信用信息	通过对社会公开信用信息，利用社会监督进一步强化“事中、事后监督”，形成他律倒逼自律的氛围，促进全社会诚信体系的建设进程。也能满足企业上市、商务招投标等方面，对信用状况的需求	2014. 9. 16	上海关区
17	2014. 7. 1	企业自律管理	企业管理	把海关稽查部门对企业单一的强制性查处违规行为，变成同时给企业一条主动向执法机构报告相关行为的途径	企业以年度报告或自查报告的形式，主动向海关稽查部门提交，通过审核，必要时通过稽查，确认企业违反规定的行为，据此，海关做出不同惩罚	2014. 9. 16	上海关区
18	2014. 7. 1	企业协调员	企业管理	将在自贸区中拓展至 B 类以上且有实际需求的企业，除了少部分低资信企业之外（这数量只有十几家），绝大多数企业都能享受这项制度的好处	企业可以通过线上汇总提交疑难问题，海关协调员专人督办有关事项，一口反馈处理结果	2014. 9. 16	上海关区符合条件的企业

续表

序号	实施时间	海关监管新政名称	类型	具体内容	目的和拟达到的效果	复制推广时间	实施区域
19	2014. 7. 1	授权试验区内海关办理企业适用A类管理事项	企业管理	海关的企业分类共分5类,A类是第二类。原先这类企业的评定事权属于上海海关,这次由上海海关放权至自贸区海关	这将进一步方便企业申请高资信级别的评定,提高企业自律诚信的积极性	2014. 9. 16	上海关区
20	2014. 8. 12	一次备案、多次使用	保税监管	区内企业经一次账册备案后,不再需要向海关重复备案,就可以开展"批次进出、集中申报"、"保税展示交易"、"境内外维修"、"期货保税交割"、"融资租赁"等需要海关核准开展的业务	这项新制度能够较好地满足区内企业保税加工、保税物流、保税服务贸易等多元化业务需求	2014. 9. 16	上海关区
21	2014. 9. 1	自动审放、重点复核	通关便利	创新海关审单作业模式,以企业信用为前提,对低风险单证实施计算机自动验收	改变"人工、实时、逐票"审单模式,以电子自动审放为主,纸质单证人工重点审核,报关单自动验收比率已超过70%	2014. 9. 1	上海自贸区内
22	2014. 9. 16	引入社会中介机构辅助开展海关保税监管和企业稽查	企业管理	将中介机构引入到海关保税监管和企业稽查工作中,拓宽中介机构参与海关监管的业务领域、作业环节和工作范围	将海关监管、企业自管、中介协管和社会共管统一起来,引导企业自律,形成第三方社会中介对关企之间公平公正关系的有效保障	2014. 9. 16	上海自贸区内
23	2014. 12. 9	自主报税、海关重点稽核	税收征管	运用"守法便利"理念,将海关审核把关为主转变为企业自主申报为主,将海关事前监管为主转变为事前、事中、事后监管联动	提高企业申报水平和质量,提高通关效率	2014. 12. 9	上海自贸区内

资料来源：上海海关官网、澎湃新闻网。

表 2　上海深化自贸区改革创新 8 项制度

序号	海关监管新政名称	类型	具体内容		目的和拟达到的效果	实施区域
1	海关执法清单式管理制度	简政放权	①没有特别针对自贸区改革特点梳理形成专门的自贸区海关权力清单。②没有梳理形成责任清单等海关执法相关的其他清单。③上海海关权力清单只在内部公开,未对外发布	①形成与上海自贸区改革创新同步配套的新版权力清单,更充分地体现法治对改革的引领和保障作用。②在上海自贸区范围内首次发布海关责任清单。③多种渠道公开发布自贸区海关权力清单和责任清单,提升海关执法透明度	实现海关行政执法的制度化、透明化、规范化	上海自贸试验区
2	离岸服务外包全程保税监管制度	功能拓展	①离岸服务外包业务没有形成制度化、标准化的产业链全程保税监管模式。②可享受保税政策的企业范围较小	①简化审批。吸引产业链高端的研发设计企业向国内转移聚集。②降低企业准入门槛,让更多区内企业共享改革红利和发展成果,让创业门槛更低、创新天地更广	一是降低企业准入门槛。二是允许研发设计等企业开设电子手册、自主进行外发加工,对设计研发、生产制造、封装测试等企业组成的产业链实施全程保税监管	上海自贸试验区
3	大宗商品现货市场保税交易制度	功能拓展	①尚未建立制度化的大宗商品现货交易平台海关监管制度。②区外保税交割仓库参与上海自贸区大宗商品现货交易存在监管风险	①支持自贸区大宗商品现货交易市场建设,建立与之适应的海关监管新模式,允许大宗商品现货以保税方式进行多次交易、实施交割,有效对接国内外两个市场。②实现海关与交收仓库、第三方仓单公示机构的三方信息联网前提下,推进协同监管	允许大宗商品现货以保税方式进行多次交易、实施交割,并实现第三方公示平台与海关联网,进而推进大宗商品现货交易的协同监管	区内 4 个海关特殊监管区域,市场交易业务则涉及全国

续表

序号	海关监管新政名称	类型	具体内容		目的和拟达到的效果	实施区域
4	“一站式”申报查验作业制度	通关便利	①企业需要进行两次数据录入。②船运企业(或代理)需要分别向海关、检验检疫、海事、边检进行船舶申报。③关检均需查验的货物需要拉到不同场地、进行2次开箱查验。④关检抽查比例机械叠加给企业带来额外负担	①企业只需通过“单一窗口”进行一次录入。②实现海关、检验检疫、海事和边检管理信息系统的“一次申报”。③关检均需查验的货物只需要进行1次开箱查验。④按照“就高原则”对无特殊要求的查验比例进行融合,减轻企业负担	推进关检执法的深度融合,实施高效便捷的“一站式”申报查验作业	一站式申报制度在上海自贸试验区范围。一站式查验制度率先在4个海关特殊监管区域试点,逐步推广
5	“一区注册、四区经营”制度	通关便利	区内四个海关特殊监管区域的海关注册企业,仅可在其注册区域内办理海关业务,跨区运作的企业需在不同区域设立独立企业法人,使用不同的海关注册企业编码	区内任意一个海关特殊监管区域的海关注册企业,都可使用同一个海关注册编码在其他三个区域开展海关业务,无须重新设立独立企业法人	突破区内4个海关特殊监管区域注册企业仅能在其注册区域内办理海关业务的限制,允许在区内任何一个特殊区域注册的企业,都可在其他三个区域共用一个海关注册编码开展海关业务	自贸试验区内的4个海关特殊监管区域
6	美术品便利通关制度	通关便利	①美术品一线进境环节海关需要验核市文广局签发的监管证件。②美术品批准文件需一证一批。③分批出区参加同一展览会的多批展览品通关,海关进行多次、重复审核	①主管海关不再验核相关批准文件,转为二线实际进出口或区内外展览展示时验核。②改为一证多批,但最多不超过六次。③对分批出区参加同一展览会的展览品通关允许企业只提供一次展览会批文,海关一次审核即可,不再重复审核	一是一线放开、免证进境。二是美术品相关批准文件由一证一批改为一证多批	自贸试验区内的4个海关特殊监管区域

续表

序号	海关监管新政名称	类型	具体内容		目的和拟达到的效果	实施区域
7	归类行政裁定全国适用制度	通关便利	海关尚未针对进出口货物制发过归类行政裁定，主要是因为缺少归类行政裁定操作规程	依据《中华人民共和国海关行政裁定管理暂行办法》申请总署授权，率先对上海自贸区内注册登记企业的进出口商品作出海关归类行政裁定。企业可在货物进口或出口3个月前提出海关归类行政裁定申请，海关一旦受理并作出裁定，将在全国范围内适用	在上海自贸区率先启动实施海关归类行政裁定制度，有助于解决归类提议、提高通关效率、防控贸易风险，促进执法统一	上海自贸试验区
8	商品易归类服务制度	通关便利	企业缺少集中简明、通俗易懂的归类指南及服务渠道，企业归类难度大	帮助企业便捷、高效、准确归类申报，从而提高贸易可预知性，提高企业归类守法自律能力	商品易归类服务制度，就是向社会提供通俗易懂、便捷高效的海关归类专业服务	上海自贸试验区

资料来源：根据 http：//www. servtrad. org. cn/news_ info_ 28269. html 整理得来，因内容较多，笔者将其简化罗列。

在复制推广上，其中4.5项在上海自贸区内实施（包括表2中4，一站式申报），3.5项（包括表2中4，一站式查验）在自贸试验区内的4个海关特殊监管区域实施。

从这8项海关创新制度实施的目的和预期效果来看，笔者将其总结为，其中，1项措施是为了降低企业物流成本，3项是为了提高通关效率，1项是为了促进海关执法透明化，1项是为了规范大宗商品市场，1项是美术品监管新模式，1项是为了促进生产制造企业的发展。因此，上海深化自贸区改革创新8项制度中，至少有5项是服务于制造业企业发展的。

四　上海自贸区海关制度创新对制造业的影响

制造业是国之根本，是我国经济增长的主导领域，但是，由于目前中国总体市场需求疲软，总体经济下滑，制造业总体产能过剩，制造业面临转型升级的困难和挑战。

2014年7月至2015年1月，制造业PMI指数连续下降，虽然2015年2月起PMI开始有小幅回升，但6月又开始下降，这在一定程度上说明我国制造业形势较为严峻（见图1）。

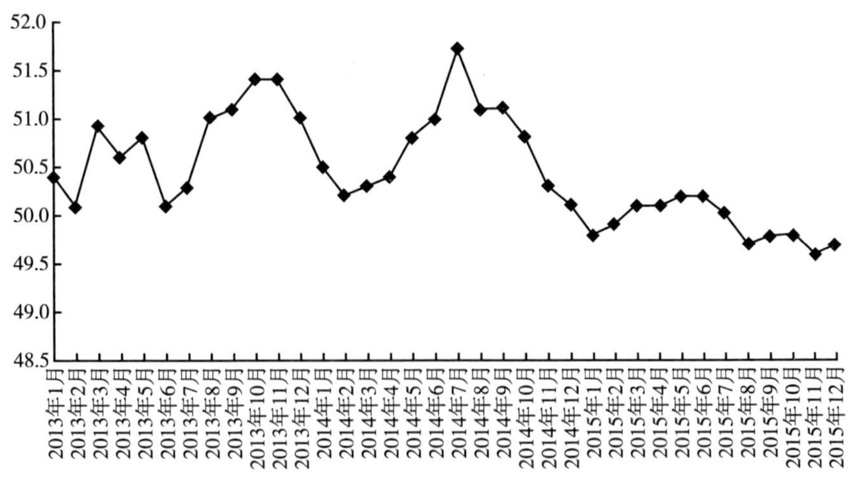

图1　中国2013年1月至2015年12月制造业PMI数据

资料来源：中国国家统计局。

如前文所述，上海海关针对上海自贸试验区推出了“23+8”项改革创新制度，其中，通关便利12项、保税监管3项、税收征管3项、企业管理6项、功能拓展6项、简政放权1项，服务于制造业企业的约20项，并且其中2项的实施专门针对制造业企业。

在这个过程中，“先进区、后报关”、集中汇总纳税、企业自律管理以及“三自一重”（自主报税、自助通关、自动审放、重点稽核）等制度都具有重大创新意义。同时，这些海关创新制度也势必会对制造业产生影响。主要从以下几个方面进行阐述。

（一）部分制造业行业的出口情况

2016年4月18日，上海制定了《关于推进供给侧结构性改革，促进工业稳增长调结构促转型的实施意见》，这是我国第一个制造业供给侧改革的方案，其目的就是引领上海的工业向高端化发展，而其中制造业是工业的重要组成部分。因此，本文在探讨自贸区海关制度创新对制造业的影响时，采用的以贸易数据为代表的先进制造业的出口数据，选取的是上海海关2013~2015年，C26化学原料和化学制品制造业，C27医药制造，C34通用设备制造业，C35专用设备制造业，C36汽车制造业，C37铁路、船舶、航空航天和其他运输设备制造业。[①] 由于HS编码和国民经济行业分类不能对应，因此，笔者按照HS-行业对照表，将其对应自行加总所得。

1. 化学原料和化学制品制造业

化学原料及化学制品制造业工业共包括基础化学原料制造，肥料制造，农药制造，涂料、油墨、颜料及类似产品制造，合成材料制造，专用化学产品制造，日用化学产品制造7个子行业。我国的化学工业正处于结构调整、转型升级阶段，上海亦是如此。由图2可见，化学原料和化学制品制造业出口情况整

---

① 除C25石油加工、炼焦和核燃料加工业及C37铁路、船舶、航空航天和其他运输设备制造业波动较大以外，其他行业在2013年2月、2014年2月和2015年3月都有明显下降，其中2014年2月下降最为显著，出口大幅下降的主要原因可能是由于正值中国农历新年和大部分出口结算集中在1月。企业考虑到节后恢复生产和经营需要时间等，将本应在2月出口的商品提前至1月出口，从而导致1月出口规模的上升和2月出口规模的下降。2015年春节在2月19日，相比2014年春节的1月31日推迟19天，所以春节后出口下降也推迟了一个月。

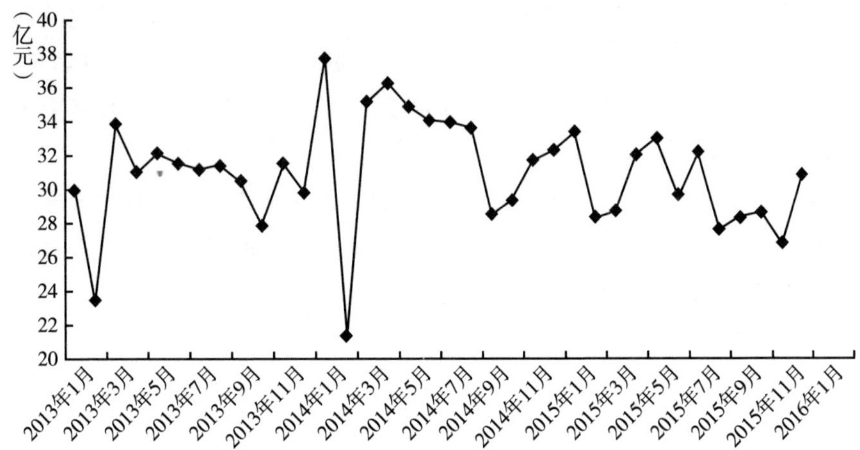

图 2　2013 年 1 月至 2016 年 1 月上海化学原料和化学制品制造业出口情况

资料来源：根据上海海关统计数据绘制。

体表现平稳，略有下降，但是近期来看其波动幅度逐渐变小。这与我国化学工业处于结构调整的现状相符，反映出自贸区内负面清单和海关制度创新对于化学工业的影响，助力化学工业的转型升级。

2. 医药制造业

该行业是上海统计局统计数字六个重点行业之一，由图 3 可见，2013 年 1 月到 2013 年 12 月，医药制造业的出口变动幅度较大，不稳定，2013 年 12 月至 2014 年 2 月医药制造业的出口下降幅度最大，但是，从 2014 年 3 月开始该行业出口整体呈上升趋势，并且变化幅度较之前变小。

近年来，全球经济仍然处于弱势复苏阶段，美欧等发达国家经济明显放缓，而发展中国家经济增速也放缓，进出口情况随之受到影响，但是，国际医药市场对专利药品和先进医疗器械与设备的需求持续增长。统计发现，2014 年，我国医药保健品进出口额达 980 亿美元，同比增长 9.26%。其中，出口约 550 亿美元，增长 7.38%；进口约 430 亿美元，增长 11.77%，对外贸易顺差 119 亿美元，同比下降近 6%。[①] 全球医药市场低速增长，中国医药外贸也步入中低速增长期，因此，在所处的医药产业转型的关键期，找到拉动医药贸易

① http://www.chinairn.com/news/20150211/105316877.shtml.

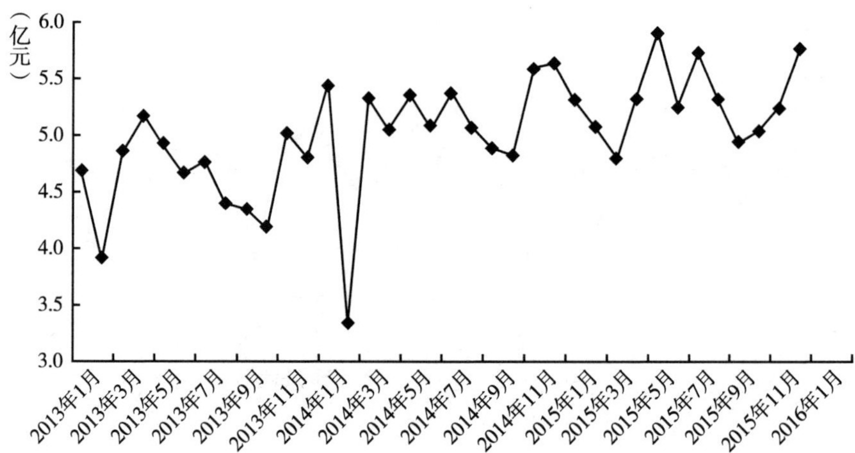

图 3　2013 年 1 月至 2016 年 1 月上海医药制造业出口情况

资料来源：根据上海海关统计数据绘制。

增长的新动力就尤为重要。从上海医药制药业的出口情况看，2014 年上半年开始，其出口即以小幅度弹性变动的稳定趋势增长，这和上海自贸区医药方面的政策促进和海关制度创新是分不开的。

2013 年 10 月 25 日发布的《中国（上海）自由贸易试验区外商独资医疗机构管理暂行办法》进一步落实了国务院印发的《中国（上海）自由贸易试验区总体方案》，为外商投资医药行业提供了便利。2015 版负面清单中，医药制造领域大举“瘦身”，仅保留 C273、C274 两个中类，放开力度显著提高，医药制造业作为科技含量较高的制造业，在上海自贸区张江高科片区以及金桥片区均有分布，而海关制度创新提供的便利政策对医药制造业发展的促进作用同样值得关注。上海海关通过调研海关在建立与服务贸易相适应的海关监管模式时，着重调研了生物医药研发、制造业企业情况，其后发现，目前上海的生物医药基本零散进入，都享受到保税的海关监管措施，企业普遍认为以通关效率为代表的海关监管服务已基本到位。它们遇到的主要问题是贸易管制或者安全转入，其主导不在海关，但是目前海关已经联系食药监局、农业部等一起研究准备方案以帮助和促进其发展。

3. 通用设备制造业

由图 4 可见，通用设备制造业出口情况 2013 年 2 月、2014 年 2 月和 2015

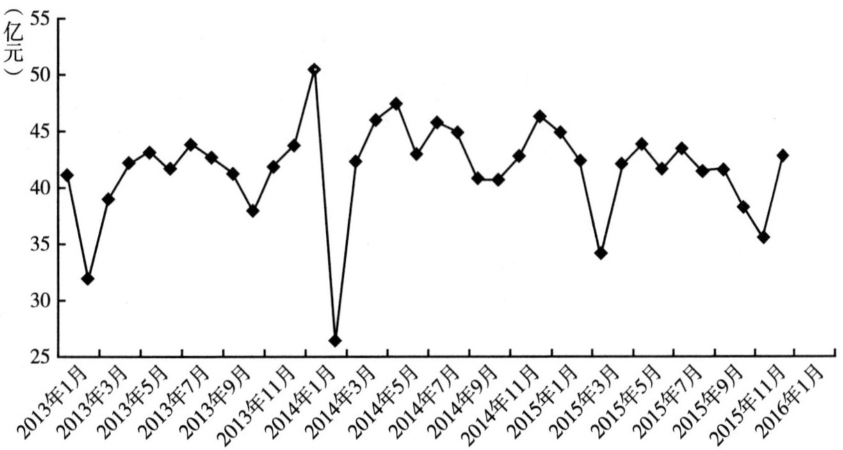

图4　2013 年 1 月至 2016 年 1 月上海通用设备制造业出口情况

资料来源：根据上海海关统计数据绘制。

年 3 月出现明显下降，但整体表现平稳，略有上升。

通用设备制造业是装备制造业中的基础性产业，为工业行业提供动力、传动、基础加工、起重运输、热处理等基础设备，钢铁铸件、锻件等初级产品和轴承、齿轮、紧固件、密封件等基础零部件。行业产品应用领域广泛，主要涵盖航空航天、交通运输、石油化工、轻工纺织等市场。①

通用设备制造业是装备制造业的基础，我国的装备制造业产值规模在 2013 年就已突破 20 万亿元，占全球 1/3 的比重，其重要性可见一斑。2015 年中国装备制造业对外直接投资 70. 4 亿美元，同比增长 154. 2% 。同期，大型成套设备出口额同比增长 10% 。② 从国家政策方面看，2010 年，国务院发布了《国务院关于加快培育和发展战略性新兴产业的决定》，明确把“高端智能装备及基础制造装备”作为高端装备制造业领域中的重点方向；2011 年，国务院印发《工业转型升级规划（2011—2015 年）》，着力推进信息化与工业化深度融合，改造提升传统产业，培育壮大战略性新兴产业；2011 年科技部发布《国家“十二五”科学和技术发展规划》，大幅提升自主创新能力，增强科技

① 引自中研网，http：//www. chinairn. com/news/20140514/131319479. shtml。

② 引自中国经济网，http：//intl. ce. cn/specials/zxxx/201601/20/t20160120_ 8398766. shtml。

竞争力和国际影响力，提速科技创新能力。可见，通用设备制造业政策主要集中在增强自主创新能力上，鼓励企业加快产业组织结构调整，以各种鼓励措施鼓励企业开发具有自主知识产权、自主品牌、高附加值的产品。① 在国家战略的大背景下，2015 年新版负面清单删除多条对 C34 通用设备制造业的限制性措施，以促进通用设备制造的发展，同时，结合自贸区，海关制度创新中除了对制造业企业均适用的提高通关效率、提高企业竞争力的措施外，专门有创新制度提到“拓展区内维修业务范围，促进高技术、高附加值、无污染的境内维修业务发展，推动加工制造向研发及检测、维修等生产链高附加值的前后两端延伸，促进加工贸易转型升级”。因此，从该制造行业目前上海的出口情况来看，海关制度创新带来的便利措施对其产生了一定的影响，虽然没有出现出口大幅提升的情况，但是结合全国制造业整体发展来看，至少其出口保持了小幅波动的平稳状态。

4. 专用设备制造业

由图 5 可见，专用设备制造业在 2013 年 2 月、2014 年 2 月和 2015 年 3 月下降较为明显，但整体趋势较为平稳，略显上升。

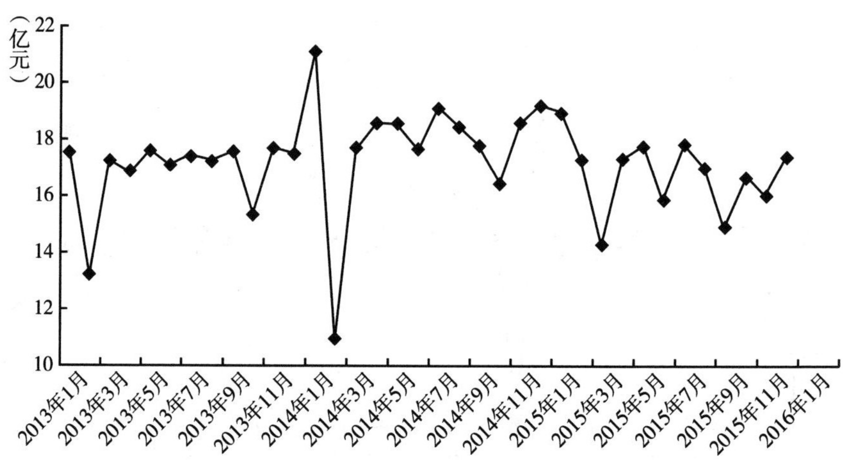

图 5　2013 年 1 月至 2016 年 1 月上海专用设备制造业出口情况

资料来源：根据上海海关统计数据绘制。

① 引自《2014～2020 年中国通用设备制造行业分析与发展前景预测报告》。

专用设备制造业包括采矿、采石、石油钻取、建筑、化工、橡胶、塑料、木材、食品、医药、机械设备制造等。专用设备制造业整体形势受到各制造行业影响，总体较为平稳。

5. 汽车制造业

该行业同为上海统计局六个重点行业之一，由图6可见，汽车制造业出口在2013年12月至2014年2月下降幅度最大，整体上波动幅度相对较小，之后显现下降趋势。

近年来汽车制造业经济效益有所下滑，增速减缓，汽车市场较为低迷。整车方面，产品出口市场一直较为低迷，自贸区2016年推行《关于促进汽车平行进口试点的若干意见》以后，境外汽车进口对国内汽车行业也造成了冲击。汽车零部件方面，其发展状况稍好但是增长乏力，究其原因，主要是国内的生产已经形成较为完善的格局，增长空间有限。因此，汽车制造业要扭转现有的情况，必须加快转型升级，例如提升国有品牌的国际竞争力。从图6情况来看，上海汽车制造业总体是趋好的、平稳的，下降明显减缓，侧面反映出，自贸区制度，包括海关制度创新对汽车制造业的转型升级具有导向和辅助作用。

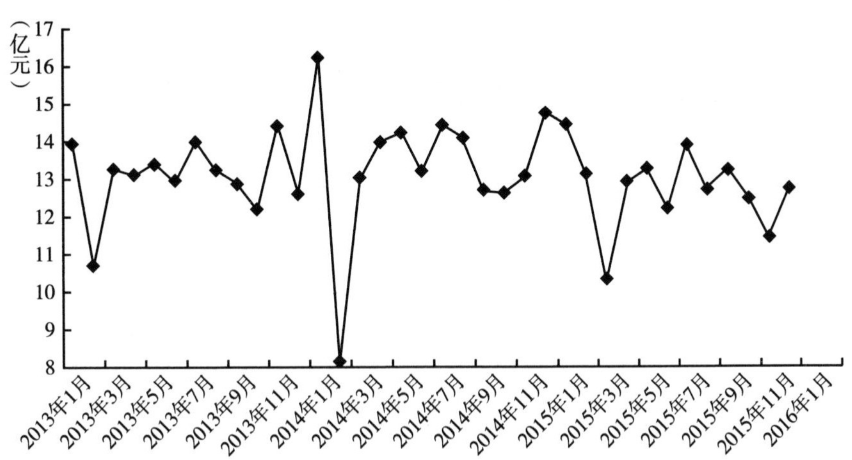

图6　2013年1月至2016年1月上海汽车制造业出口情况

资料来源：根据上海海关统计数据绘制。

6. 铁路、船舶、航空航天和其他运输设备制造业

从图 7 可以看出，铁路、船舶、航空航天以及其他设备制造业的出口量，在 2013 年 12 月至 2014 年 2 月下降幅度最大，截取时间内该行业出口的波动幅度也较大，但从 2015 年中开始起波动幅度已放缓，并稍有所回弹。

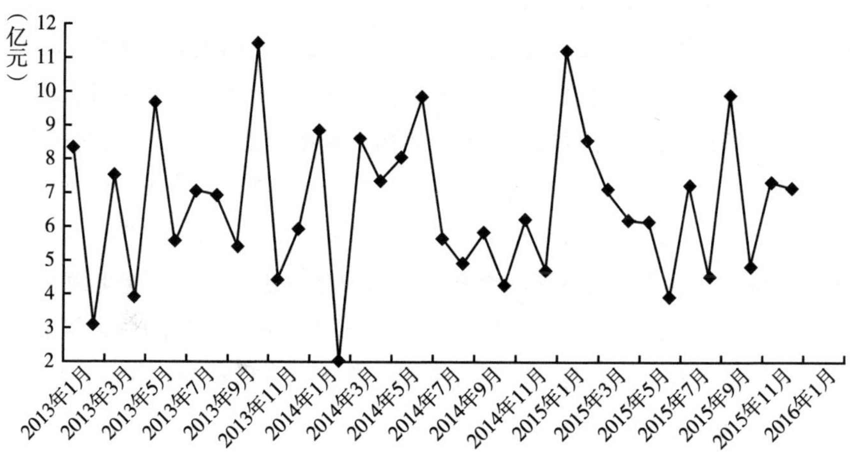

图 7　2013 年 1 月至 2016 年 1 月上海铁路、船舶、航空航天和其他运输设备制造业出口情况

资料来源：根据上海海关统计数据绘制。

近年来，全球造船工业、航运业发展后力不足，国际船舶市场都面临着严峻形势，上海受其影响较大，出口量也呈现浮动的情况。2015 年 5 月，国务院印发《中国制造 2025》，全面推进实施制造强国战略，其中明确九项战略任务和重点就包括航空航天装备、海洋工程装备及高技术船舶、先进轨道交通装备、节能与新能源汽车。因此，从国家战略的角度，铁路、船舶、航空航天和其他运输设备制造业未来的发展目标和要求是在高新技术、环保节能方面取得突破，如何发展本土领先技术和服务来支持该制造业行业向高端转型。配合国家战略，上海自贸区 2015 版负面清单对铁路、船舶、航空航天和其他运输设备制造业的放开力度较大，与国家对于发展该行业高新技术，建立高端技术体系的战略目标相一致，与其配套的海关制度创新也显示了其对于运输设备制造行业的指导意义、导向作用和便利化作用。

综上所述，上海自贸区通过负面清单对制造业市场准入不断放宽，海关监

管范围随即扩大，因此，海关制度创新对这些制造业行业的发展提供了支持和保障。2013 年，上海出口 2042.44 亿美元，下降 1.2%；2014 年上海货物出口 2102.77 亿美元，增长 3.0%；2015 年上海出口 12228.56 亿元（约合 1963.35 亿美元①），下降 5.3%。而从笔者选取的 6 个行业的出口情况可以看出，在上海制造业出口整体下滑的背景下，化工类行业的出口正在下降，汽车制造业下降幅度变缓，通用、专用设备制造业，铁路、船舶、航空航天和其他运输设备制造业这些出口比重较大的行业有所波动，但总体趋势平稳，医药行业总体明显上升、增长较好，这说明制造业产业结构正处在调整和转型升级的过程中，国家政策、自贸区政策以及海关制度创新对上海制造业转型升级、促进先进制造业发展起到了一定的作用。另外，统计数据显示海关制度创新举措的效果还体现在：2014 年，上海自贸区 4 个特殊区域累计进出口增速高于上海市平均 3.7 个百分点，高出全国平均 6 个百分点，拉动上海市进出口增速 5 年来首次反超全国。2015 年 1～10 月，上述区域累计进出口货值 6113.7 亿元，占同期上海市进出口总值的 26.5%②。

（二）制造业增加值、企业利润、固定资产投资、国际直接投资等情况

1. 上海制造业增加值、企业利润

笔者对 2013～2015 年《上海市国民经济和社会发展统计公报》进行整理发现：2013 年，上海制造业增加值 1511.14 亿元，增长 4%；2014 年制造业增加值 1613.23 亿元，增长 6.3%；2015 年制造业增加值 1673.49 亿元，下降 0.1%。

2013 年规模以上工业企业实现利润总额 2415.2 亿元，比上年增长 13.1%；实现税金总额 1815.94 亿元，增长 11%。2014 年规模以上工业企业实现利润总额 2661.13 亿元，比上年增长 10.4%；实现税金总额 1857.89 亿元，增长 2.8%。2015 年规模以上工业企业实现利润总额 2650.59 亿元，比上年下降 0.9%，实现税金总额 2049.41 亿元，增长 10.2%。2016 年第一季度，

① 按照 2015 年平均汇率 6.2284 进行换算所得。

② http://yesinfo.com.cn/news/detail.action?id=381689938，访问时间：2016 年 2 月 13 日。

上海工业增加值同比下降4.1%，工业企业利润上升6.9%，工业企业税收增加4.1%。以上数据在一定程度上表明，上海制造业企业效益和产业结构都在优化。

2. 固定资产投资、国际直接投资情况

2013年，上海制造业固定资产投资1072.19亿元，2014年为978.4亿元，下降8.7%，工业投资出现下降，工业完成投资占全市固定资产投资的比重为19.2%，同比下降2.7个百分点①，但是一些先进制造业的比重有所提高。例如，石油化工及精细化工制造业增长较快，精品钢材制造业和生物医药制造业完成投资小幅增长。

全球范围内，各国吸引外资的竞争日趋激烈，中国国内经济下行压力又比较大，推进自贸试验区建设虽然制造业的整体增长情况不明显，但是高技术制造业则继续保持稳步增长。全国范围内，“十二五”末高技术制造业外资企业数量达1.55万户，年均增长0.7%，占制造业外资企业数量的9.78%，较“十一五”末占比高出了1.81个百分点②。这主要是受劳动力等生产成本上升的影响，我国传统制造业的低成本优势不再明显，随着自贸区内相关导向性政策的出台，高新技术制造业崛起，这种制造业的重新洗牌和调整可以弥补低端制造业竞争力降低以及发达国家制造业回流给我国带来的损失。

具体到上海，据上海市商务委员会统计，2015年上海合同利用外资589亿美元，比上一年增长86%，再创年度引资新高，规模居全国各省区市首位；实际到位外资184.59亿美元，同比增长1.6%，连续16年实现增长。其中制造业实际到位外资24.9亿美元，同比增幅高达42.8%，化工、生物医药、电子设备制造领域成为外商投资重点。扩展区域后的上海自贸试验区吸收外商投资占全市一半。融资租赁、科技研发、创业投资、电子商务、现代物流等高端产业向自贸试验区集聚的态势明显③。由此可见，上海自贸区引资聚集效应凸显，自贸区以及作为支撑的海关制度创新所带来的积极效应对促进制造业的转型升级起到了重要作用。

---

① 《上海市国民经济和社会发展统计公报》。

② 新华网，http：//news.xinhuanet.com/fortune/2016-04/12/c_1118601814.htm。

③ 中国新闻网，http：//www.chinanews.com/cj/2016/01-14/7716902.shtml。

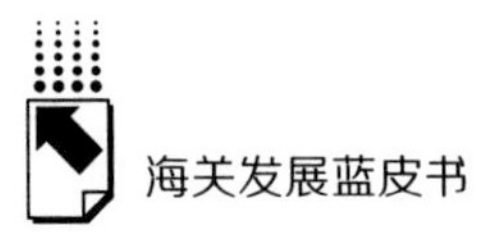

2015 年，上海自贸区新增外资项目约 2800 个，合同外资超过 350 美元，实际到位外资超过 30 亿美元。随着融资租赁、工程设计、旅行社、游戏游艺设备生产销售、演出经纪、船舶管理、增值电信等行业的扩大开放，到 2015 年底，共有 1300 个相关外资项目落户上海自贸区[①]。相关服务领域、金融领域的扩大，一定程度上也将会促进制造业的发展壮大。

通过对以上数据分析，自贸区对制造业的影响是积极正面的，自贸区成为引资高地。2015 年，在上海自贸区的推动效应下，天津、福建和广东新设外资企业数量同比增速分别达到了 35.2%、38.9% 和 17.4%，特别是天津和广东，2015 年的企业数量增速远高于前几年，上海新设外资企业数量同比增速连续两年稳定在 15% 以上。从占比看，天津、福建、广东、上海四个省市新设外资企业数量合计 2.19 万户，占全国新设外资企业总量的半数以上，达到了 51.7%[②]。尤其是自贸区包括海关制度创新的政策引导和帮助，制造业外资的大量流入，给制造业的发展不仅仅带来了资金这一在发展中所必备的基础，更会带来国外的先进技术、生产管理经验，同时也会促进物流业等的发展，他们之间互相促进、共同发展，将会更好地促使制造业的发展和转型升级。

3. 通关效率和企业等微观数据

截至 2015 年底，上海自贸区海关制度创新举措使得自贸区进、出口平均通关时间分别较区外减少 41.3% 和 36.8%。上海海关自贸区海关工作组副组长邱海滢说，将引导企业把创新制度由单项适用全面转向组合应用，实现“1 加 1 大于 2”的效果，将通关效率提升到国际一流水平[③]。结合前文海关制度创新的具体措施中有大量提高通关效率的，可以归纳到“通关便利”类型的就有 11 项创新举措，因此，上海自贸区海关制度创新为制造业企业发展提供了政策保障，减少其运营成本，促进其发展。

因此，区内企业从微观层面也给出了支持。西班牙国际服装品牌“蒂则诺”纺织工业公司曾表示，通过区港联动与“先进区、后报关”、“批次进出、

---

① 新华网，http://news.xinhuanet.com/fortune/2015-12/31/c_1117643435.htm。

② 中国新闻网，http://www.chinanews.com。

③ http://yesinfo.com.cn/news/detail.action?id=381689938，访问时间：2016 年 2 月 13 日。

集中申报”等海关创新制度的组合和应用，该公司货物从飞机进境落地至完成分拨出区，整体通关时间不到5小时，物流效率令同行震惊①。

以上是海关制度创新对制造业企业的直接影响，事实上，31项制度创新对物流等方面的巨大影响也会间接地促进制造业企业的发展。例如，区内上海畅联国际物流股份有限公司等物流服务企业均叠加应用海关创新制度，实现多元流向的物流快速便捷分拨、调拨、集拼、流转，供应链高效整合，国际揽货竞争力和市场运营规模稳步扩大。②

综上所述，为配合并发挥自贸区的作用，海关制度创新中有明确涉及制造业的措施，也有促进制造业发展相关便利化措施，对制造业的转型升级尤为重要，因此，应当在实施现有措施的基础上使其更加完善，并继续扩大推广，从而更好地对制造业转型升级起到导向和促进作用。上海自贸区作为示范性的改革窗口，其成功经验可在全国范围内进行推广。例如，针对制造业海关监管便利化措施中的通关无纸化措施，提升自贸区通关监管效率，降低企业通关成本；培养企业自律的企业管理方面措施，在自贸区入驻企业内树立典型标杆，使企业发展更加积极向上，为制造业创造更好的发展条件。推广海关制度创新可以使全国自贸区甚至更广泛的范围内共同享受其带来的积极成果，进一步推进全国制造业的转型升级。

① http：//yesinfo. com. cn/news/detail. action? id =381689938，访问时间：2016年2月13日。

② http：//yesinfo. com. cn/news/detail. action? id =381689938，访问时间：2016年2月13日。

海关与中国对外贸易

Customs and the International Trade of China

B.8

我国对外贸易利益分析——基于1981～2015年贸易条件的视角

李向阳*

摘　要：数据分析表明，改革开放近40年来，我国总体价格贸易条件呈正U形曲线变化趋势，底部出现于2011年。2011年前呈震荡下行趋势，而后呈现改善趋势。从外部环境看，大宗商品的价格持续低迷为价格贸易条件的改善创造了微观基础。从行业层面看，出口行业出现明显分化和优化使得价格贸易条件趋于改善，而这种改善很大程度来自于出口商品结构优化，特别是机电类和高新技术类产品出口比重的迅速增长，这使得价格贸易条件具有长期改善的微观基础。从收入和要素贸易条件来看，得益于出口数量的迅速增长，两种贸易条件都呈现稳步提升趋势。贸易条件的改善意味着我国开始逐

* 李向阳，上海海关学院研究所助理研究员。

步摆脱贸易利益长期恶化的趋势，贸易利益和福利逐步得以提升。国别比较表明，经济的长期增长不是依靠粗放式的出口实现。最后，从 1981 ~ 2015 年宏观数据的经验分析来看，我国价格贸易条件和出口贸易方式、企业所有制性质、资本密集类型以及商品结构密切相关。

关键词：　贸易利益　贸易条件　贸易方式　贸易商品结构

一　引言

贸易利益（Trade Gains）是一国对外贸易的重要关切点，反映了对外贸易的成本和收益，是价值链分工地位和贸易竞争力的直观体现。虽然不少文献认为贸易条件不能完全反映贸易利益①②③，但很多文献认为贸易条件仍是反映贸易利益最直接和最重要的指标之一④，贸易条件仍然能够在一定程度上反映出贸易利益的分配状况。而作为贸易条件的一种，价格贸易条件则能较为直观地反映出篮子要素流入和流出的比例，直接反映利益分配状况。因此，本文仍打算从贸易条件出发，分别考虑价格、收入和要素贸易条件，以全面考察我国贸易利益的基本情况。

本文的结构安排如下：第二部分从数据分析的视角，对我国近 40 年来的总体贸易条件进行客观分析和国别比较；第三部分从加工贸易视角考察了几种主要出口商品的贸易条件；第四部分从经验分析的角度考察影响我国贸易条件，特别是价格贸易条件的影响因素。

---

① 曾铮、胡小环：《我国出口商品结构高度化与贸易条件恶化》，《财经科学》2005 年第 4 期，第 162 ~ 168 页。

② 张先锋、刘厚俊：《我国贸易条件与贸易利益关系的再探讨》，《国际贸易问题》2006 年第 8 期，第 12 ~ 17 页。

③ 张娟、刘钻石：《我国对外贸易利益分析：基于 2001 ~ 2008 年的数据》，《国际贸易问题》2011 年第 8 期，第 3 ~ 13 页。

④ 张娟、刘钻石：《我国对外贸易利益分析：基于 2001 ~ 2008 年的数据》，《国际贸易问题》2011 年第 8 期，第 3 ~ 13 页。

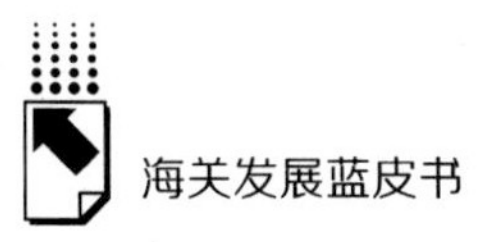

二　基于总体贸易条件的分析

正如前文所述，贸易条件是贸易利益的重要衡量指标之一。本部分通过对三种贸易条件（价格、收入以及要素贸易条件）的分析来探究我国贸易利益的变化趋势。

（一）价格贸易条件指数的变化趋势

价格贸易条件指数，也被称为净易货贸易条件指数或净贸易条件指数（Net Barter Terms of Trade，NBTT），其反映的是一国单位出口商品的进口能力，即出口一单位的商品能够换回多少单位的进口商品。通常情况下单位商品是指一篮子商品，而非某单一商品。因此，从物物交换（Barter）的角度来讲，价格贸易条件指数着实反映了一国在国际贸易利益分配中的能力和地位。用公式来表示就是出口价格指数和进口价格指数之比，因此价格贸易条件指数从本质上说是一种交换比价：

$$NBTT = \frac{P_X}{P_M} \times 100 \tag{1}$$

其中 P_X 表示出口价格指数，P_M 表示进口价格指数。在上述定义下，指数数值上升，则意味着贸易条件的相对改善，也就是说一单位出口商品能换回更多单位的进口商品，意味着贸易利益的上升和改善。反之，则意味着贸易条件相对恶化以及贸易利益的下降和损失。由于价格贸易条件指数是进出口商品交换比价，指数的上升或下降是由进出口价格的变动幅度和变动趋势决定的。因此，贸易条件的改善（恶化）通常有三种情况：第一，进出口价格指数都同时出现上升，但出口价格指数上升的幅度大于（小于）进口价格指数；第二，进出口价格指数都同时出现下降，但出口价格指数下降的幅度小于（大于）进口价格指数；第三，进口价格指数出现下降（上升），而出口价格指数出现上升（下降）。

通常情况下，计算价格贸易条件指数时会选取某一个时间点作为基期，即该基期的价格贸易条件指数为 100。表 1 列示了 1992 ~2014 年我国价格和收入贸易条件指数。

表 1　价格和收入贸易条件指数（2000 年 =100）

年份	出口量指数	价格贸易条件指数	收入贸易条件指数
1992	34. 08	103. 09	35. 14
1993	37. 95	101. 04	38. 35
1994	48. 56	102. 04	49. 55
1995	56. 86	101. 94	57. 96
1996	56. 65	105. 94	60. 01
1997	67. 92	110. 20	74. 85
1998	70. 88	110. 64	78. 43
1999	77. 45	104. 12	80. 64
2000	100. 00	100. 00	100. 00
2001	109. 74	97. 40	106. 89
2002	138. 72	92. 07	127. 72
2003	182. 87	92. 89	169. 86
2004	226. 93	90. 73	205. 89
2005	283. 77	88. 40	250. 86
2006	346. 32	89. 43	309. 73
2007	415. 04	88. 51	367. 34
2008	450. 49	83. 78	377. 40
2009	403. 37	91. 06	367. 29
2010	516. 72	82. 01	423. 79
2011	562. 14	79. 01	444. 17
2012	597. 10	79. 72	476. 01
2013	643. 18	81. 76	525. 87
2014	686. 80	83. 96	576. 64

资料来源：世界银行（World Bank）世界发展指数数据库（World Development Indicators, WDI），http：//databank. worldbank. org/；基期为 2000 年。

从图 1 可以看出，我国价格贸易条件指数在不断波折中具有明显的下行趋势，但从 2011 年开始则探底回升，局部呈现 U 形趋势，这说明近几年来价格贸易条件处于 U 形的右端，呈现改善态势。2011 年之前，我国价格贸易条件在曲折中不断下行，这说明出口价格相对于进口价格变动幅度较小。这种原因应该是多方面的。除了出口数量的大幅增长（见收入贸易条件指数分析部分）和产品需求缺乏弹性外，劳动生产率的提高亦是重要原因（见要素贸易条件指数分析部分）。此外，在 2008 年国际金融危机之前，能源类产品，特别是原油价格增长的幅度要快于多数出口制成品，而且我国出口商品中单位能耗比较高。考虑到我国产业结构升级和调整对国外高、精、尖的产品的需求不断扩大，导致价格贸易条件计算公式中分母增长较快，分子出口价格的增长相对有限，从而使得价格贸易条件下滑。2011 年后，国际原油价格保持在 100 美元每桶附近，直至 2014 年下半年，原油价格开始暴跌，一度跌至 2016 年 2 月的 30 美元以下，接近 20 世纪 80 年代初的水平。近几年来，我国大宗商品进口量保持增长。2015 年，进口铁矿砂 9.53 亿吨，增长 2.2%；原油 3.34 亿吨，增长 8.8%。同期，我国进口价格总体下跌 11.6%。铁矿砂、原油、成品油、大豆、煤炭和铜等大宗商品价格跌幅较深。而出口价格总体跌幅只有 1%，明显小于同期进口价格总体下跌幅度。

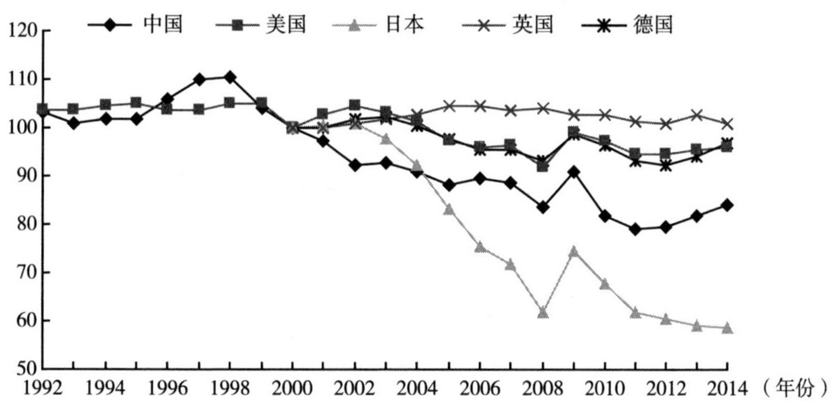

图 1　各国价格贸易条件的比较（1992～2014 年）

资料来源：世界银行（World Bank）世界发展指数 WDI 数据库，年度数据，基期为 2000 年；因数据可得性限制，日本、德国和英国数据为 2000～2014 年。

从贸易方式来看，我国出口商品结构进一步优化。在加工贸易类出口商品中，机电类和高新技术产品的比重不断升高，附加值大幅提升，竞争能力逐步增强。2015 年，我国总出口机电产品 8.15 万亿元，增长 1.2%，占出口总值的 57.7%，较上年提升 1.7 个百分点。同期，纺织品、服装、箱包、鞋类、玩具、家具、塑料制品等 7 大类劳动密集型产品出口总值 2.93 万亿元，下降 1.7%，占出口总值的 20.7%。

再从品牌来看，近年来，我国涌现了诸如华为、联想、小米等一批以技术创新为支撑的科技企业，也出现了中车、三一重工、中核工业等在高铁、核电、工程机械等在国际上享有良好声誉的高端装备制造企业集团，引领越来越多的企业以质量为根本来铸造世界名牌，形成群体性的、行业性的良好声誉，通过品质提升贸易条件，增强出口竞争优势和贸易利益。因此，近几年来，得益于出口商品结构的优化和进口大宗商品价格下跌，使得我国贸易条件的改善有了长期微观基础①。

从其他几个发达国家来看，除日本外，美国、德国和英国的价格贸易条件虽然波折，但较为平稳，都在100附近波动，位于90~110的区间内，这说明总体进出口价格保持相对平稳，或波动同步。日本的贸易条件指数则成趋势性下行，贸易条件不断恶化，而且近年来不断探底。因此，和发达国家相比，我国价格贸易条件表现不是最差。虽然从20世纪90年代以来成恶化态势，和主要发达国家存在一定差距，但最近几年却在缓慢回升，恶化趋势得到遏制，而且明显好于日本。

（二）收入贸易条件指数

收入贸易条件指数（Income Term of Trade，ITT）是指在一定的时间段内出口贸易数量指数和价格贸易条件指数的乘积。收入贸易条件指数更能直观地解释贸易利益和福利水平的变化。从狭义上讲，指数数值升高意味着收入和福利水平的向好和改善，反之则意味着福利水平的损失和恶化。从广义上讲，收入贸易条件指数用来全面衡量贸易利益和福利水平存在局限性。因为该指数只能反映出纯粹经济意义上的收入水平的变化，并未考虑到收入水平变化背后的隐含因素，比如资源、环境承载能力等。因此从广义上说，收入指数的提高并不必然意味着贸易利益的增加和福利水平的改善。

从图2中可看出，我国收入贸易条件指数呈迅速上升趋势，从1992年的35.14上升到2014年的576.64，增长了15倍多。而出口数量指标则从1992年的34.08上升到2014年的686.80，增长了19倍多，年均复合平均增长率达到

---

① 中华人民共和国商务部综合司：《中国对外贸易形势报告（2016年春季）》，http://zhs.mofcom.gov.cn/article/cbw/201605/20160501314656.shtml，访问日期：2016年9月10日。

14.6%。很明显，收入贸易条件指数和出口数量指数呈现高度一致性。结合价格贸易条件的分析，可看出收入贸易条件的上升是出口数量指数的急剧增加引起的。虽然价格贸易条件指数呈现下降的趋势，但远不足以抵消出口数量指数的上升动能，因而收入指数复制了出口数量指数的趋势。出口数量急剧的增长是和我国出口导向的经济增长战略密不可分的，“大进大出”的出口导向战略使得出口数量直线上升。

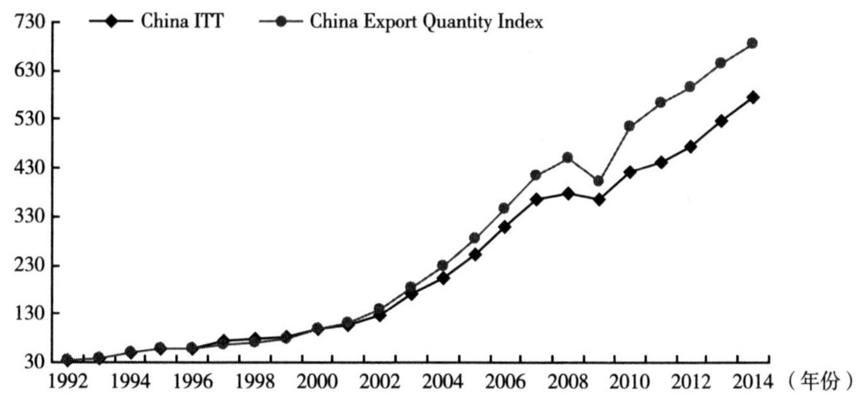

图2　我国收入贸易条件和出口数量指数（2000年=100）

资料来源：世界银行（World Bank）世界发展指数WDI数据库，年度数据，基期为2000年。

图3显示了其他四个发达国家的收入条件指数则呈现和我国大不相同的态势。美国、德国缓慢增长，美国从1992年的57.8增长到2014年的150.2，而德国从2000年的100增长到2014年的143.9。而且日本和英国的收入条件指数在震荡中下行，出现不同程度萎缩的态势。日本从2000年的100下降到87.4，英国则从100下降到91.8。结合上述关于价格贸易条件的分析，由于美国和德国的价格贸易条件指数的变化比较平稳，可以看出美国和德国收入条件的变化主要由于其出口数量的增长，因此可推测美国和德国出口数量的增长大概在2.6倍、1.4倍，而事实也正是如此。对日本而言，可推导其出口数量的变化类似于德国，其收入贸易条件的下跌主要受制于价格贸易条件的过度下滑。由于英国价格贸易条件非常平稳，其收入贸易条件的变化几乎复制出口数量的变化。

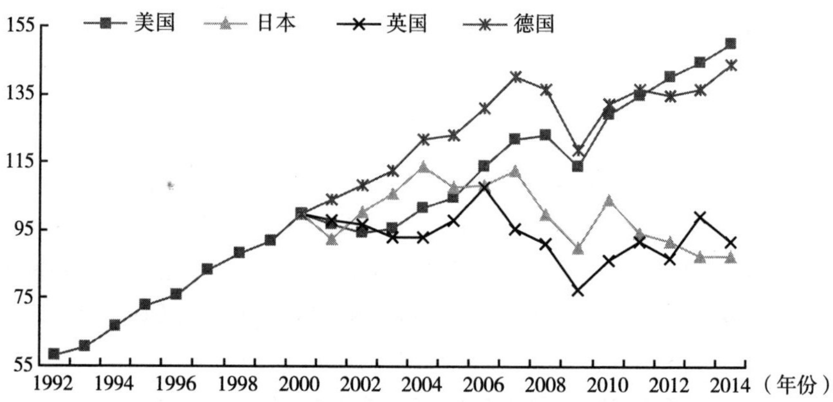

图3　美国、日本、英国和德国收入贸易条件指数对比（2000年 =100）

注：除美国外，日本、英国和德国的数据始于2000年。

资料来源：世界银行（World Bank）世界发展指数 WDI 数据库，年度数据，基期为2000年

根据上述分析，可以看出我国出口导向的增长战略，导致我国和主要发达国家相比，收入贸易条件指数与出口数量指数出现巨大差异。发达国家除英国外，出口数量缓慢自然增长。美国出口数量的年均复合增长率有4.8%，德国和日本出口数量的年均复合增长率分别只有1.82%和1.84%；而英国则呈现短期波动、长期下行的态势，我国则呈现直线增长。因此，从发达国家经验看，经济的长期增长并不依靠出口的持续增长来拉动。这为我国“调结构、稳增长”改革战略提供了佐证，出口不能长期依靠粗放式“大进大出”的模式，因为这种增长方式不可持续，受制于资源和环境承载能力的约束，理应逐渐向“优质优价、优进优出”的可持续发展模式转变，从而持续提升价格贸易条件和收入贸易条件。

（三）要素贸易条件指数

国际贸易实质是要素的贸易和流动。从这个意义上说，要素贸易条件是衡量贸易利益和竞争力的重要指标之一。贸易利益是由贸易竞争力决定，而贸易竞争力的一个重要决定要素是劳动生产率。要素贸易条件分为单要素和双要素贸易条件。单要素贸易条件只考虑了本国出口部门的劳动生产率，而双要素贸易条件则同时考虑了国内和国外劳动生产率。

首先来考察单要素贸易条件指数的变化。单要素贸易条件指数S的定义如下。

$$S = \frac{P_X}{P_M} \times Z_X \tag{2}$$

其中 Z_X 表示出口部门的劳动生产率。P_X 、P_M 含义如前文所述。表2显示了我国单要素贸易条件指数。从数据来看，劳动生产率从1995年的64.57%上升到2014年的401.13%。由于受价格贸易条件的拖累，单要素贸易条件的增速要低于劳动生产率的增速，增长了4.1倍。出口部门劳动生产率的大幅提升得

表2　1995～2014年单要素贸易条件（劳动生产率）

年份	工业增加值（亿元）	第二产业就业人员数(万人)	第二产业劳动生产率(%)	价格贸易条件指数	单要素贸易条件指数
1995	24887.2	15655	64.57	101.94	65.82
1996	29372.7	16203	73.63	105.94	78.00
1997	32837.7	16547	80.60	110.20	88.83
1998	33931.9	16600	83.02	110.64	91.86
1999	35770.3	16421	88.48	104.12	92.13
2000	39931.8	16219	100.00	100.00	100.00
2001	43469.8	16234	108.76	97.40	105.93
2002	47310.7	15682	122.54	92.07	112.82
2003	54805.8	15927	139.76	92.89	129.83
2004	65044.2	16709	158.11	90.73	143.45
2005	77034.4	17766	176.12	88.40	155.69
2006	91078.8	18894	195.79	89.43	175.10
2007	110253.9	20186	221.84	88.51	196.35
2008	129929.1	20553	256.77	83.78	215.11
2009	135849	21080	261.75	91.06	238.34
2010	162376.4	21842	301.95	82.01	247.64
2011	191570.8	22544	345.15	79.01	272.71
2012	204539.5	23241	357.46	79.72	284.97
2013	217263.9	23170	380.86	81.76	311.40
2014	228122.9	23099	401.13	83.96	336.79

资料来源：国家统计局；EPS数据平台，http：//www.epsnet.com.cn。对于标准化指数，设定2000年=100。其中劳动生产率=工业增加值/第二产业就业人数；要素贸易条件=劳动生产率×价格贸易条件。由于出口产品多为工业制成品，因此选取第二产业增加值（即工业增加值）为分子，第二产业就业人口为分母来近似计算第二产业劳动生产率。

益于前期的固定资产投入和高新技术设备的进口，使得传统劳动密集型行业出口产品的生产率大幅提升，这主要是劳动节约型的技术进步。但其结果是提升了劳动生产率的同时，使价格贸易条件出现恶化趋势。

其次，来考察双要素贸易条件，其定义为：

$$D = \frac{P_X}{P_M} \times \frac{Z_X}{Z_M} \times 100 \tag{3}$$

其中 Z_M 表示进口产品对应的国外劳动生产率。Z_X 、P_X 、P_M 含义如前文所述。表 3 中给出了我国相对于美国的双要素贸易条件指数，以美国第二产业劳动生产率近似替代我国进口产品对应的国外劳动生产率。从双要素贸易条件来看，得益于国内劳动生产率指标的大幅攀升、美国第二产业劳动生产率指数变化趋势较为平缓，双要素贸易条件指标在考察期内是处于上升通道。由于近 20 年，我国处于产业结构调整和技术迅速提升的黄金时期，虽然从绝对水平来讲，仍处于生产力和技术弱势地位，但从边际增长率来说，我国要大于美国的边际增长率，因此会使得在考察期内双要素贸易条件处于不断改善状态。

但已有研究从定性分析的角度认为我国相对于发达国家的双要素条件将处于长期恶化状态，其理由是发达国家从事高新技术行业的技术创新要快于我国，而且价格贸易条件处于不断恶化状态①。但其定性分析忽略了一个重要的因素，就是技术进步的边际变化率。正如前文所述，改革开放初期，我国工业和技术基础比较薄弱，引进外资，进口大量高新技术设备，因此使得技术水平高速增长，技术边际变化率较高。而美国则一直处于技术水平高、非常成熟的阶段，其技术边际变化率在短期内应较低。但可以预见，从长期来看，在价格贸易条件和国外劳动生产率相对平稳的条件下，我国双要素贸易条件指数的改善将趋于放缓。这是因为我国随着技术水平的日趋成熟，向发达国家靠拢，其生产力和技术进步的边际增长率在高速增长后将处于递减和下降通道，也就是说双要素贸易条件指数的变化趋势将复制价格贸易条件指数的变化趋势。

---

① 刘志永：《对外贸易中“贫困化增长”问题及对策分析——基于贸易条件变动趋势的角度》，《国际经济合作》2009 年第 2 期，第 17～21 页。

表 3 我国相对于美国的双要素贸易条件指数

年份	中国第二产业劳动生产率指数	美国第二产业劳动生产率指数	双要素贸易条件指数
1995	64. 57	92. 58	67. 63
1996	73. 63	94. 62	79. 69
1997	80. 60	91. 49	93. 62
1998	83. 02	93. 21	93. 98
1999	88. 48	96. 74	90. 74
2000	100. 00	100. 00	100. 00
2001	108. 76	98. 80	104. 30
2002	122. 54	98. 30	109. 98
2003	139. 76	102. 61	122. 86
2004	158. 11	109. 76	129. 10
2005	176. 12	116. 63	137. 39
2006	195. 79	123. 30	148. 00
2007	221. 84	126. 26	161. 04
2008	256. 77	125. 48	186. 72
2009	261. 75	119. 46	201. 62
2010	301. 95	125. 93	202. 51
2011	345. 15	132. 39	217. 72
2012	357. 46	136. 69	220. 18
2013	380. 86	140. 37	232. 69
2014	401. 13	143. 46	244. 83

注：中美之间劳动生产率指标，由于基数不同，因此国别比较时，指数本身的大小不代表绝对生产率水平，指数变化的趋势则代表了生产率的变化趋势。

资料来源：IMF，世界银行 DATABANK 和 EPS 数据平台，http：//www. epsnet. com. cn，2000 年 = 100。美国第二产业劳动生产率的计算使用了美国第二产业增加值数据，但未能析出第二产业就业人员数据，因此使用了全部就业人数数据。由于美国就业人数的相对平稳，因此劳动生产率指数几乎复制了第二产业增加值的变动趋势。

三 加工贸易项下主要产品的价格贸易条件指数

加工贸易是我国对外贸易的重要方式，也是总量进出口中的重要组成部分，因此加工贸易项下主要产品的贸易条件的变化，必将对整体贸易条件的变化产生影响。

（一）加工贸易发展概况

从1978年开始，我国开始承接加工贸易，而后高歌猛进。加工贸易从本质上讲是一种产业内分工，是跨国公司在全球配置资源、布局供应链的一种选择。

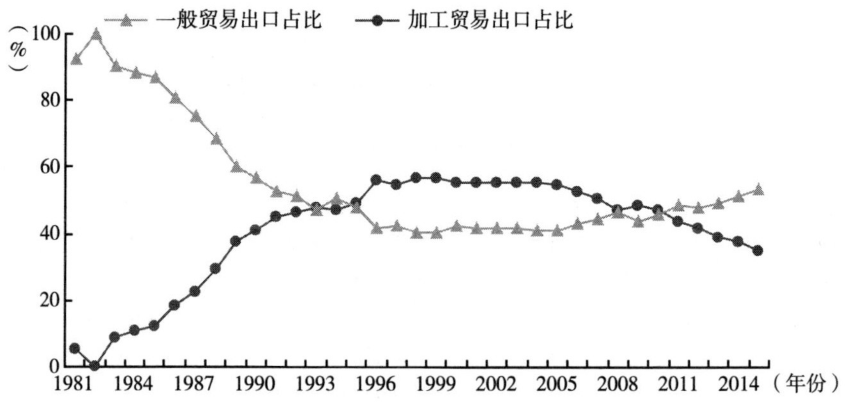

图4 1981～2015年我国一般贸易和加工贸易出口总量占比趋势

资料来源：《中国外贸进出口年度报告（2015）》。

从贸易总量上讲，加工贸易一度超越一般贸易，成为我国主要的贸易方式。以出口为例，加工贸易占总出口量从1982年的0.24%，一路高速增长，直到1999年达到最高点56.88%，然后才开始逐步下降。从1995年开始，直到2010年加工贸易占比超过一般贸易总量长达15年之久（见图4）。以广东东莞的民营、小额、分散为特色的加工贸易和以江苏苏州的大型跨国公司、高新技术和产业集聚为特色的加工贸易，成为我国加工贸易的两个缩影和典型，形成了以珠三角和长三角为中心的外向型产业集群，助推珠三角和长三角成为世界工厂，成为我国外向型经济高速发展的重要动力。

近年来，我国加工贸易进出口产品类型主要集中于机电类和传统劳动密集型产品，但机电类产品占比已经远远超过传统劳动密集型产品的比重。受制于要素成本、国际需求等因素的影响，加工贸易进出口总量都呈逐年下滑态势。从出口角度看，产品附加值逐步提升，缓慢向“微笑曲线”两端延伸，技术水平和研发能力得以提升，结构逐步趋于优化。“十二五”期间，加工贸易出口中电话机（含手持电话）、集成电路和汽车零配件呈高速增长，而劳动密集型产品则呈现下降态势，七大类劳动密集型产品中的服装产业①，年均复合下降3.5%。而其他劳动密集型产业的出口总额都未达到千亿级别。在进口中，初级形状的塑料，纺织纱线、织物及制品等传统劳动密集型产品进口呈现负增长态势，2015年分别进口893.1亿元和591.8亿元，较2011年均下降6.4%和7.5%（见表4）。

表4　2015年加工贸易项下主要进出口商品统计

单位：亿元，%

出口商品	出口值	年均增速	进口商品	进口值	年均增速
机电产品	38667.4	-0.7	机电产品	19048.7	-0.2
高新技术产品	25684.2	-0.5	高新技术产品	14990.5	0.7
自动数据处理设备及其部件	7891.2	-5.7	集成电路	7479.1	1.9
电话机(含手持电话)	5623.7	15.1	液晶显示板	1678.4	-8.2
集成电路	1768.9	5.8	原油	1489.2	9.6
液晶显示板	1452.9	-1.2	初级形状的塑料	893.1	-6.4
船舶	1448.3	-10.8	纺织纱线、织物及制品	591.8	-7.5
服装及衣着附件	1320.1	-3.5	印刷电路	577.4	-3.2
自动数据处理设备的零件	1197.3	-5.9	二极管及类似半导体器件	574.2	-3.9
汽车零配件	1083.4	31.0	通断保护电路装置及零件	570.0	-1.8
印刷、装订机械及零件	1081.6	-5.3	自动数据处理设备的零件	527.7	-1.9

注：其中机电产品和高新技术产品存在部分交叉，也就是说部分进口和出口商品中，既属于机电产品，也属于高新技术产品。其中年均增速是指2015年（“十二五”期末）相对于2011年（“十二五”期初）的年均复合增长率。

资料来源：《“十二五”期间中国对外贸易监测报告暨中国外贸进出口年度报告（2016）》。

（二）加工贸易项下主要产品的价格贸易条件指数

鉴于加工贸易是我国对外贸易的重要组成部分，其价格贸易条件的变动必然对总体贸易条件造成较大的影响，因此考察加工贸易的价格贸易条件，能够更加清楚地看到我国总体价格贸易条件变动的趋势和结构性变化原因。

① 七大类劳动密集型产品：纺织品、服装、箱包、鞋类、玩具、家具、塑料制品。

考察加工贸易的价格贸易条件，由于数据可得性问题，只考虑加工贸易项下的主要商品类别，具体到 HS 两位编码，即章目，然后分别考察其价格贸易条件的变化趋势。首先，确定要考察的商品类别。综合考虑我国加工贸易进出口商品的类别，并根据《中华人民共和国海关统计商品目录（2015 年版）》，选取考察如下七大类商品的价格贸易条件：第 84 章（机械、器具及其零件）、第 85 章（电机、电器及其附件和零件等）、第 86 章（车辆、交通设备及附件等）、第 60 章（针织物及钩编织物）、第 61 章（针织或钩编的服装及衣着附件）、第 62 章（非针织或非钩编的服装及衣着附件）、第 39 章（塑料及其制品）。然后，确定计算公式。对每一个类别（以章目为一个类别）定义价格贸易条件 $NBTT_{PT}$：

$$NBTT_{PT} = \frac{P_{PT\_EX}}{P_{PT\_IM}} \times 100 \tag{4}$$

其中 P_{PT_EX}、P_{PT_IM} 分别为该类别对应的出口、进口价格指数。根据海关总署隶属的全国海关信息中心发布的贸易价格指数——HS2 分类对应的数据加以计算。

图 5 给出第 84 ~86 章相应的价格贸易条件指数。此三章覆盖了我国加工贸易进出口中几乎所有的机电类和高新技术产品。以轨道机车和车辆为代表的机电类产品，其价格贸易条件在考察期内呈总体上升态势，从 2007 年开始处于上升通道，并显著高于 100%。这也恰好印证了近 10 年我国有轨机车、车辆及其零配件在技术进步、研发实力和国际市场占有率快速提升的事实。在机电类其他类别上，虽然贸易额增长迅速，但近 10 年来价格贸易条件几乎没有改善，始终处于 100% 以下，甚至缓慢下降，这也说明了我国加工贸易总体上技术含量依然偏低，贴牌加工依然是企业主要的经营模式，企业缺乏核心技术并难以形成自主品牌。跨国公司为了保持技术垄断，不愿意将自己的核心技术转移到国内，国内厂商依然从事的是生产和加工环节，付出的是物化的要素成本和简单的劳动成本。特别是在核心集成电路 IC 和芯片制造方面，情况更是如此，核心技术仍然掌握在美国等少数欧美国家。以 iPhone6 为例，其核心部件，如 CPU 的设计在美国完成，生产和代工则交由位于我国台湾的台积电和韩国的三星。当所有零部件生产完成后，则在我国的河南、广东等地和巴西进

行组装加工，然后分发到全世界，因此低水平的加工贸易所能得到的只是极少的加工、组装费用。

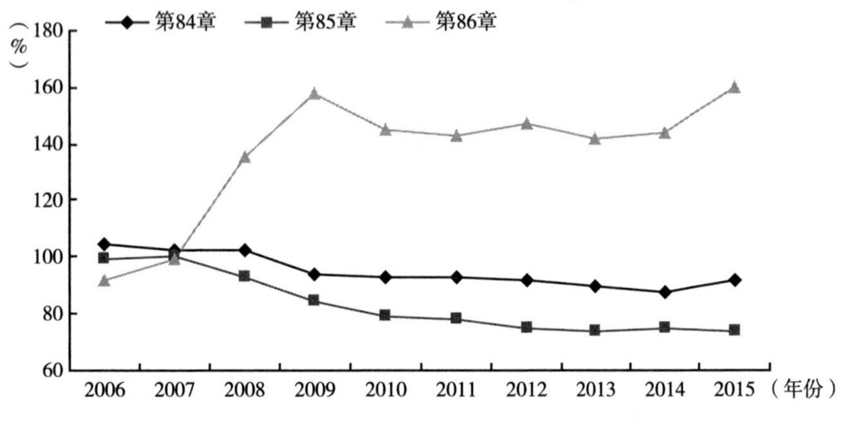

图 5　第 84 ~ 86 章价格贸易条件变化趋势

资料来源：海关信息网，http：//www. haiguan. info。

综合上述分析，机电类产品虽然总体价格贸易条件呈现上升态势，但机电类产品类别内部却呈现不同的变化趋势，差异较大，即出现类别内差异。以第 86 章为代表的机电行业，其价格贸易条件在考察期内均值为 140%，大幅领先于以第 84 和第 85 章为代表的机电行业，其均值在考察期内处于 100% 以下。

再从劳动密集型产品出口来看，图 6 示意了五大类常见的劳动密集型产品的价格贸易条件的变化趋势。在考察期内，第 39 章对应的塑料及其制品行业，其价格贸易条件平均水平略高于 100%。第 60 ~ 62 章对应的产品类别为纺织和服装行业，其价格贸易条件不容乐观，均值长期处于 100% 以下，特别是非服装类的针织物和钩编物、非针织和非钩编的服装及其附件。

自 1978 年广东签署了首个纺织品加工贸易合同以来，纺织和服装业飞速发展。但这 30 年来，整个行业的技术水平和品牌营销与发达国家相比，甚至与世界平均水平仍存在不小差距。就价格贸易条件而言，仍不容乐观，近 10 年来价格贸易条件总体水平仍处于 100% 以下。这和当前我国纺织和服装业的特点密不可分。当前纺织和服装行业以民营企业为主、技术吸收率低和设备水平落后、出口集中度和国际依存度较高，导致整体增值率不高。代表纺织和服装行业先进技术和装备水平的自动络筒机，在我国全行业占有率只有 35%，

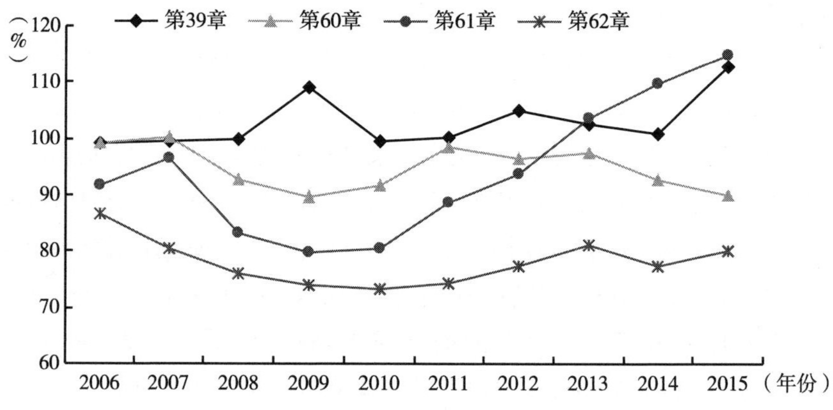

图 6　第 39 章、第 60 ~ 62 章价格贸易条件的变化趋势

资料来源：海关信息网，http：//www. haiguan. info。

而发达国家接近 100% 的占有率，几乎是标配。此外，无梭织机的拥有率只有 10%，低于欧美发达国家的 40% 和世界平均水平的 20%①。民营纺织和服装行业的整体研发投入普遍偏低，研发人力资源低于世界平均水平，80% 投资主要用于设备更新，专利申请、售后和咨询不足 20%。此外，我国纺织和服装出口的国际市场集中度较高，主要集中于欧洲、美国、日本和东盟，因此依存度较高，市场单一化将是纺织和服装出口的又一个重要障碍。

四　企业所有制性质、贸易产品结构、贸易方式与价格贸易条件

前文第二、第三部分分别从总体贸易条件、加工贸易项下主要商品的价格贸易条件这两个角度进行了数据分析。可看出除外部条件变化外，我国总体贸易条件近年来的改善，与贸易商品结构的优化有很大关系，特别是机电类和高新技术产品的出口增长带来的改善，也即是与资本和技术密集型产品出口增长相关。此部分将借鉴文献中的研究视角，从经验分析的角度考察影响我国价格

① 邓军、李超群：《我国纺织品服装加工贸易现状及转型升级研究》，《纺织导报》2015 年第 12 期，第 22 ~ 26 页。

贸易条件的主要因素。

通常说来，影响一国贸易条件的因素非常多。就价格贸易条件而言，由于其受到进口价格和出口价格直接影响，因此影响进出口价格的因素，都间接影响价格贸易条件。文献中有较多研究贸易条件的影响因素，其主要的影响因素除传统经济学中的供求关系和宏观经济变量（如汇率）外，还受到出口商品本身的属性和结构，产品的需求弹性、贸易方式、出口企业的性质等因素的影响。这些影响因素是文献的共识，但所得到的结论却不尽相同。

已有研究认为不同贸易方式下的价格贸易条件和出口贸易结构密切相关，一般贸易方式下的贸易条件和出口贸易结构关系最为密切，而加工贸易则最小[①]。此外，有研究认为长期内中国的收入贸易条件与FDI之间存在稳定的协整关系（Co-integration），FDI的增长正是中国收入贸易条件改善的格兰杰原因[②]。本文的经验分析从另一个角度验证了FDI企业出口与价格贸易条件的关系，即外商投资企业出口占比。此外，还有研究从出口商品结构与贸易条件方面进行分析，结果表明初级产品和工业制成品比重都与价格贸易条件呈负相关关系。进一步的数理模型显示，工业制成品均位于产品内分工的低价值链环节，从而造成商品结构高度化的假象[③]。最后，还有研究使用了简单的三变量OLS和1990～1999年度数据，基于SITC分类的初级产品和工业制成品比重构建的产业结构指数和GDP指数为解释变量，结论显示贸易条件和该产业结构指数成正比[④]。

然而文献中很少有文献同时考虑企业所有制性质、贸易产品结构、贸易方式对价格贸易条件的影响，而且数据覆盖的时间序列较短，因此可能造成回归和判断偏误。本文综合上述因素，并考虑使用1980～2015年的年度时间序列宏观数据，以考察价格贸易条件可能的宏观影响因素。鉴于文献中析出的影响

① 张娟、刘钻石：《我国对外贸易利益分析：基于2001～2008年的数据》，《国际贸易问题》2011年第8期，第3～13页。

② 冯晓玲、张凡：《外商直接投资对中国收入贸易条件的影响分析》，《世界经济研究》2011年第4期，第69～74页。

③ 曾铮、胡小环：《我国出口商品结构高度化与贸易条件恶化》，《财经科学》2005年第4期，第162～168页。

④ 张建华、刘庆玉：《中国贸易条件影响因素的实证分析》，《国际贸易问题》2004年第6期，第20～23页。

因素，本文建立如下简单的线性回归模型：

$$\log(NBTT_t) = \beta_0 + \beta_1\log(PT_t) + \beta_2\log(OS_t) + \beta_3\log(CI_t) + \beta_4\log(PP_t) + \varepsilon_t \quad (5)$$

其中 *NBTT* 表示总体价格贸易条件，具体定义见第二部分，数据来源于世界银行数据库；*PT* 表示加工贸易（Processing Trade）出口占总出口比重；*OS* 表示外商直接投资企业（Foreign-invested Enterprises）出口占总出口的比重；*CI* 表示资本密集型（Capital Intensive）产品出口占工业制成品出口的比重；*PP* 表示初级工业（Primitive Products）出口品占总出口的比重。所有解释变量对应的数据来源于海关总署统计司的《中国外贸进出口年度报告 2015》和商务部的《中国对外贸易形势报告（2016 年春季）》。此外，资本密集型产品用化学品及有关产品、机械及运输设备表示；初级工业产品则依据《中华人民共和国海关统计商品目录（2015 年版）》，使用第一类至第五类产品表示，包括第 1～27 章，涵盖食品、饮料及烟类、非食用原料、矿物燃料、润滑油及有关原料、动植物油脂和蜡等。

表 5 给出了主要解释变量的描述性统计。在考察期内，加工贸易出口比重均值为 40.6%，最大值超过 50%，为 56.88%（1999 年）。外资企业出口比重均值为 33.48%，最大值为 58.29%（2005 年）。在考察期内，资本密集型产品出口比重均值为 37.45%，最大值为 58.01%（2010 年）。初级产品出口占比大体呈现逐年下降态势，最大值为 52.48%（1985 年），均值为 17.97%。

表 5　主要变量的描述性统计

单位：%

统计量 \ 变量	加工贸易出口比重	外资企业出口比重	资本密集型产品出口比重	初级产品出口比重
均　值	40.6429	33.4800	37.4466	17.9683
中位数	46.9200	44.0600	37.0900	11.1500
最大值	56.8800	58.2900	58.0100	52.4800
最小值	0.2400	0.1500	14.3700	4.5700
标准差	16.6690	21.8223	15.9816	14.8192
观测值	35	35	36	36

资料来源：作者自行计算。

表6给出了回归结果。回归结果显示外资出口比重、资本密集型产品比重和初级产品比重都在1%显著性水平下显著为正，而加工贸易出口比重则在10%的显著性水平下显著为负。

加工贸易出口增长的负效应则和猜测相符，这可能因为一直以来加工贸易都在“低水平、低技术、低附加值”上重复生产和代工。但其负效应较小，而且显著性水平只有10%，正如前文所分析，这种较小的负效应与显著性水平，应和近年来加工贸易出口结构的优化相关。这也和国家倡导的加工贸易转型和创新发展的方向和政策相一致：提升出口产品的质量和技术含量，提高附加值，向微笑曲线两端逐步攀升，从而有助于改善贸易条件。

外资企业出口显著为正，意味着外资的引入有助于提升价格贸易条件，这和直觉相符。更多的外资出口可解释为更多的外资引入（FDI），而更多FDI的引入意味着更多先进技术、设备和管理经验的引入，特别是绿地投资的效果将会更为显著。但其系数显著小于资本密集型产品出口比重和初级产品出口比重，这可能和我国现阶段多数外资从事加工贸易的事实相关，加工贸易增长的负效应可能在一定程度上削弱了FDI提升价格贸易条件的效果，从而使得其系数显著小于其他两个变量。

表6　OLS回归结果

	Coefficient	Std. Error	t-Statistic	Prob.
C	1.181292	0.284090	4.158164	0.0003
LOG(PROCESSTRADETYPE)	-0.046248	0.024867	-1.859809	0.0731
LOG(FOREIGN_OWNERSHIP)	0.076821	0.023221	3.308275	0.0025
LOG(CAPITAL_INTENSIVE)	0.338046	0.107282	3.151005	0.0038
LOG(PRIMITIVE_STRUCTURE)	0.381670	0.077768	4.907817	0.0000

注：为了尽可能消除存在的异方差，对各变量取对数处理。使用Eviews6进行OLS回归，回归命令为：ls log（nbtt）c log（processtradetype）log（foreign_ ownership）log（capital_ intensive）log（primitive_ structure）。processtradetype对应加工贸易出口比重，foreign_ ownership对应外资出口比重，capital_ intensive对应资本密集型产品出口比重，primitive_ structure对应初级产品出口比重。

资料来源：作者自行计算，Eviews回归结果。

资本密集型产品出口增长同样会提升贸易条件，而且效果显著。这同样和直觉相符。资本密集型往往伴随技术密集型，技术含量提升有助于提升附加值和贸易分工的地位，从而改善贸易条件。但初级产品出口增长的效应似乎和直觉不符。这也和部分已有研究结果存在差异①。但从理论研究上看，初级产品出口增长伴随贸易条件恶化或将其等同于贫困增长的推论是没有根据的。一个国家在国际分工体系中的地位，无论从价值链分工还是产业链分工来看，取决于其在初级产品生产中的比较优势（Comparative Advantage），而非其所从事的产业部门的特性。因此在某些初级产品的出口中我国应该具有较大的比较优势，这值得进一步探讨和研究。

五　结论

本文从贸易条件的视角出发，探讨了改革开放近40年来我国对外贸易利益。数据分析显示，我国总体价格贸易条件呈现U形变化趋势，底部出现于2011年。2011年之前，呈现震荡下行的趋势，2011年之后则呈缓慢上行趋势。受到出口规模急剧增长的影响，我国收入和要素贸易条件呈现稳步改善状态。国别比较分析表明，我国价格贸易条件不处于最差的位置，虽然落后于美国、德国和英国，但要好于日本。从加工贸易项下主要出口商品的价格贸易条件来看，以第86章轨道机车及其附件为代表的机电行业则异军突起，其价格贸易条件在考察期内均值为140%，显著好于其他机电类行业和劳动密集型产业。因此从狭义上讲，贸易条件的逐步改善使得我国开始慢慢摆脱贸易利益分配失衡的局面。这种改善除外部条件变化的原因外（如大宗商品价格下跌），出口商品结构优化也是另外一个原因，特别是高端装备制造业。而且国别比较表明，经济的长期增长不是依靠粗放式出口来实现的。最后的经验分析表明，外资出口比重、资本密集型产品出口比重都有助于改善价格贸易条件，而加工贸易的增长则无助于价格贸易条件的改善。

文章的总体分析结果表明，我国要实现从“大进大出”到“优进优出”的转变，从“贸易大国”向“贸易强国”转变，归根结底在于提升价值链和产业链的国际分工地位，以进一步改善我国贸易条件和贸易利益。而这恰好也

① 曾铮、胡小环：《我国出口商品结构高度化与贸易条件恶化》，《财经科学》2005年第4期，第162～168页。

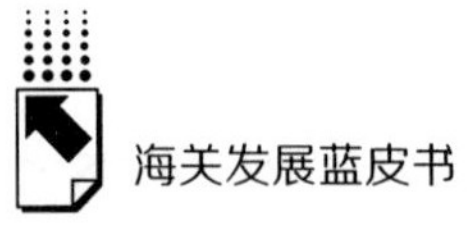

契合国家“十三五”规划纲要关于外贸创新发展的核心精神，即要加快转变外贸发展方式，优化贸易结构。而转变方式与优化结构，关键在于巩固传统优势的前提下，加快培育以技术、标准、品牌、质量、服务为核心的对外经济新优势，推动高端装备出口，提高出口产品科技含量和附加值。培育竞争新优势的关键取决于能否培育起以技术、品牌、服务为核心的产品质量优势，以质量立命。质量立命的核心是铸就品牌，提升品质和性能，改变廉价低质的负面形象。持续的技术研发创新是铸就品牌的关键，良好的售后服务是品牌维护的守护神。要以技术创新为依托，以提升产品质量为基础，以体制改革和政策优化为动力，以主动参与国际经贸规则制定为保障，形成系统性优势，着力提升对外贸易效益。

B.9 《中国－东盟全面经济合作框架协议服务贸易协议》促进了双边服务贸易吗

李　凌*

摘　要：一直以来，评估服务贸易自由化协定的实施效果是区域经济一体化领域的一个重要研究议题。本文基于联合国服务贸易数据库的双边贸易总量和分类数据，采用基于倾向得分匹配的双重差分模型（PSM-DID）较为系统地评估了《中国－东盟全面经济合作框架协议服务贸易协议》（以下简称"《协议》"）对中国与东盟国家双边服务贸易的影响。研究表明，从总量上看，《协议》的实施并未有效地促进双边服务贸易的发展。分类估计显示，《协议》促进了中国自东盟国家的版税和许可服务，个人、文化和休闲服务进口；但对建筑服务的进出口以及保险服务的出口却产生了负面作用。《协议》的开放措施与比较优势、服务贸易提供模式不匹配可能是造成这种情况的原因。后续的服务贸易开放谈判中应着力避免上述问题，以更好地推动区域经济一体化框架下服务贸易的发展。

关键词：《协议》　服务贸易　比较优势　双重差分

一　引言

服务贸易是中国－东盟自由贸易区建设的重要组成部分。2007 年 1 月 14

* 李凌，上海海关学院经济与工商管理系国际商务教研室主任、讲师。

日《中国－东盟全面经济合作框架协议服务贸易协议》正式签署，当年7月开始实施。该协议是中国在自贸区框架下与其他国家签署的第一份服务贸易协议，旨在为中国与东盟国家之间的服务贸易提供制度性保障，推动区域内部成员国减少对服务业的准入限制，扩大服务部门市场开放，促进区域服务贸易增长。2011年11月16日，《〈中国－东盟全面经济合作框架协议服务贸易协议〉第二批具体承诺的议定书》在印尼巴厘岛签署，并于次年1月1日生效。如今《协议》已经实施10年有余，其是否促进了中国与东盟各国之间的服务贸易发展？对这一问题的考察不仅有助于我们正确认识和把握未来中国－东盟自贸区服务贸易自由化的发展方向，有针对性地推进区域内服务贸易自由化进程，同时也为今后我国的自贸区服务贸易自由化谈判提供参考借鉴。

服务贸易由于具有无形性特征，导致统计数据难以获得。因而在区域经济一体化领域关于服务贸易自由化协议的实施效果研究的文献相对较少，研究发展进程也远远滞后于货物贸易。部分文献基于服务贸易协定的文本内容，对缔约国的服务贸易壁垒进行量化分析，如Hoekman、Mattoo、盛斌、程大中、殷凤等。另外一部分文献则尝试将GTAP模型用于服务部门，对服务贸易自由化的收益进行了事前分析，如Peri、Benjamin and Diao等。其研究发现发达国家从服务贸易自由化中获得的收益高达总收益的80%，而发展中国家从服务贸易自由化中获得的收益比从货物贸易自由化中获得的收益要高。自OECD公布了部分发达国家和新兴经济体双边服务贸易数据后，相继出现了一批采用引力模型对服务贸易自由化协议实施效果进行事后定量分析的研究文献。Grüfeld and Moxnes采用22个OECD国家在1999年服务贸易的截面数据构建引力模型，研究发现服务贸易自由化协议对服务贸易的影响并不显著。即使一国的服务贸易部门完全开放，服务贸易出口规模增幅也仅有30%～50%。Lejour和Verheijden分别采用加拿大国内各省之间的服务贸易和欧盟国家间的双边服务贸易两个数据集，对服务贸易出口的各影响因素进行了细致深入地分析。研究发现，贸易双方的经济规模越大、人口聚集度越高、市场管制越严格、地理距离越近，服务贸易出口量越大。Walsh研究发现，服务贸易壁垒的降低对一国服务贸易出口的影响显著但较弱。Shingal考虑到货物和服务贸易自由化协议都会对服务贸易出口产生影响，从而对两种影响效应进行区分，发现服务贸易自由化协议的影响介于11.6%和12.7%之间。Guillin采用1999～2007年的面板数据进行研究发现，服务贸易自由化的推进有助于区域内成员之间服务贸易的发展。周念利利用2000～2009年的双边服务贸易流量数据，采用多种计量方法进行估计，结果发现“南北型”服务贸易自由化协议对双边服务贸易的促进作用较大，而“南南型”和“北北型”服务贸易协定的效应较弱。此外，服务贸易自由化的影响在两年内即可显现，远小于货物贸易所需的10年“渐入期”。

对中国－东盟自贸区的贸易自由化协议实施效果的研究成果相对丰富，但同样集中在货物贸易领域。程伟晶、冯帆①，陈雯②，郎永峰、尹翔硕③，陈汉林、涂艳④对中国－东盟自贸区的贸易效应进行了实证研究；谢娟娟、岳静⑤，胡超⑥将研究视角进一步深化到中国－东盟自贸区贸易便利化所带来的贸易效应；此外，还有一类研究深入到某产品领域，如原瑞玲、田志宏⑦针对中国－东盟自贸区的农产品贸易效应进行研究，董微等研究了中国－东盟自贸区水果产品的贸易效应。服务贸易方面，目前的研究集中于对中国－东盟服务贸易自由化程度的评估，代表性文献包括：黄建忠、蒙英华⑧，邹春萌、林珊⑨以及蒙英华、林艺宇⑩等。此外，还有一些文献从法律视角加以分析，如曾文革、

① 程伟晶、冯帆：《中国－东盟自由贸易区的贸易效应——基于三阶段引力模型的实证分析》，《国际经贸探索》2014年第2期，第4～16页。

② 陈雯：《中国－东盟自由贸易区的贸易效应研究——基于引力模型“单国模式”的实证分析》，《国际贸易问题》2009年第1期，第61～66页。

③ 郎永峰、尹翔硕：《中国－东盟FTA贸易效应实证研究》，《世界经济研究》2009年第9期，第76～80、89页。

④ 陈汉林、涂艳：《中国－东盟自由贸易区下中国的静态贸易效应——基于引力模型的实证分析》，《国际贸易问题》2007年第5期，第47～50页。

⑤ 谢娟娟、岳静：《贸易便利化对中国－东盟贸易影响的实证分析》，《世界经济研究》2011年第8期，第81～86、89页。

⑥ 胡超：《中国－东盟自贸区进口通关时间的贸易效应及比较研究——基于不同时间密集型农产品的实证》，《国际贸易问题》2014年第8期，第58～67页。

⑦ 原瑞玲、田志宏：《中国－东盟自贸区农产品贸易效应的实证研究》，《国际经贸探索》2014年第4期，第65～74页。

⑧ 黄建忠、蒙英华：《中国加入世界贸易组织与东盟自贸区〈服务贸易协议〉的承诺比较》，《中国服务贸易发展报告2010》，第40～47页。

⑨ 邹春萌、林珊：《中国－东盟服务贸易自由化程度的评估与分析》，《亚太经济》2012年第4期，第60～65页。

⑩ 蒙英华、林艺宇：《〈中国－东盟服务贸易协议〉第二批承诺评估分析》，《亚太经济》2014年第3期，第50～56页。

余元玲分析了中国－东盟自贸区服务贸易的审议机制；并且探讨了《协议》制度创新条款的意义和价值。然而，对于中国－东盟自贸区的服务贸易效应，目前仍没有受到足够的关注。

本文采用2000～2010年联合国服务贸易数据库的双边服务贸易总量和分类数据，采用基于倾向得分匹配的双重差分模型（PSM-DID）对"《协议》是否促进了中国与东盟国家之间的服务贸易"这一问题进行实证分析。文章其余部分安排如下：第二部分回顾了中国与东盟国家的服务贸易发展情况；第三部分利用区域显示性比较优势指数（RRCA）测算和分析了中国与东盟各国服务贸易的比较优势；第四、第五部分通过建立双重差分模型对《协议》的服务贸易效应进行了实证分析；第六部分是本文的主要结论和建议。

二　中国与东盟国家服务贸易发展现状

在全球服务贸易稳步快速发展的背景下，中国与东盟的服务贸易也同样发展迅速。中国与东盟各国通过在政治、经济、文化等领域的不断深化合作，已经逐渐建立起了良好的合作伙伴关系，双边的服务贸易合作也随着中国－东盟自贸区的顺利建成以及《协议》的正式签署而逐步扩大和深化。

（一）中国与东盟国家服务贸易的发展概况

1. 中国服务贸易的发展概况

中国服务贸易虽然起步稍晚，但是在世界各国服务贸易迅猛发展的推动下，近年来的发展步伐始终要比世界平均水平更快，进出口额得到持续增长的同时，在世界服务贸易中所占的比重也逐年增加。2014年中国的服务贸易出口额达到2235亿美元，占世界出口总额的比重为4.46%，列于美国、英国、德国和法国之后，居世界第五位。另外，2014年中国的服务贸易进口额高达3836亿美元，占世界进口总额的比重为7.82%，仅次于美国，是世界服务贸易进口第二大的国家。但是中国服务贸易常年呈现贸易逆差，并且存在不断扩大的趋势。2014年，中国服务贸易逆差总额为1601亿美元，与2013年的1236亿美元相比扩大了近30%（见表1）。

表 1　中国服务贸易规模及比重（2005～2014 年）

单位：亿美元，%

年份	进口额	占世界比重	出口额	占世界比重	进出口总额	增长率	占世界比重
2005	842	3.26	892	3.34	1733	22.37	3.30
2006	1008	3.72	920	3.17	1928	10.11	3.44
2007	1301	4.06	1222	3.52	2523	23.58	3.78
2008	1590	4.07	1660	4.10	3250	22.37	4.08
2009	1592	4.56	1442	3.98	3034	－7.12	4.27
2010	1940	5.08	1715	4.36	3655	16.98	4.71
2011	2389	5.62	1848	4.20	4237	13.73	4.89
2012	2821	6.41	2162	4.76	4982	14.96	5.57
2013	3316	7.13	2080	4.35	5396	7.67	5.72
2014	3836	7.82	2235	4.46	6071	11.12	6.12

资料来源：根据联合国贸发会 UNCTAD Handbook of Statistics 2006～2015 年计算编制。

2. 东盟国家服务贸易的发展概况

与中国类似，东盟各国[①]总体服务贸易进出口额同样保持增长态势，在世界服务贸易中所占的比重逐年增加，呈现出稳步发展的良好态势。尽管东盟总体的人口规模还不及中国的一半，然而在服务贸易进出口总额上却略微大于中国，尤其在出口方面优势更为明显。2014 年，东盟服务贸易总额达到 6111 亿美元，占世界服务贸易总规模的 6.16%。其中，出口额 2990 亿美元，进口额 3121 亿美元，均创出了历史新高。与 2005 年相比，出口和进口规模分别增加了 121.5% 和 160.7%，年均增长超过 10%。同样，在过去十几年间东盟的服务贸易也处于逆差状态，但其逆差规模比中国小得多，且趋势相对平稳。2014 年，东盟十国服务贸易逆差总额为 131 亿美元，与上一年度基本持平（见表 2）。

纵观东盟各国 2014 年的服务贸易水平，新加坡的服务贸易进出口额几乎占到了东盟十国服务贸易进出口总额的半壁江山，所占比重高达 46.14%。可见新加坡在引领东盟服务贸易发展的过程中发挥着至关重要的作用。泰国和马

① 包括新加坡、泰国、菲律宾、印度尼西亚、马来西亚、越南、文莱、柬埔寨、老挝、缅甸十国。

表 2　东盟服务贸易规模及比重（2005～2014 年）

单位：亿美元，%

年份	进口额	占世界比重	出口额	占世界比重	进出口总额	增长率	占世界比重
2005	1409	5.45	1147	4.29	2556	9.75	4.86
2006	1573	5.79	1384	4.78	2957	13.56	5.27
2007	1833	5.72	1763	5.07	3596	17.76	5.38
2008	2195	5.62	1922	4.74	4117	12.66	5.17
2009	1929	5.53	1768	4.89	3697	-11.36	5.20
2010	2307	6.04	2133	5.42	4440	16.74	5.73
2011	2682	6.31	2510	5.70	5192	14.48	6.00
2012	2906	6.61	2747	6.04	5653	8.16	6.32
2013	3129	6.72	2998	6.26	6127	7.73	6.49
2014	3121	6.36	2990	5.96	6111	-0.25	6.16

资料来源：根据联合国贸发会 UNCTAD Handbook of Statistics 2006～2015 年计算编制。

来西亚所占的比重也相对较高，分别为 17.75% 和 13.81%，印度尼西亚、菲律宾和越南的进出口规模相比要小很多，都不足 10%，剩下的柬埔寨、文莱、缅甸和老挝相对占比很小，均在 1% 以下。东盟各国的服务贸易进出口规模差异巨大，反映出东盟各国在服务贸易领域呈现出的层次水平差异化特征，预示着伴随中国和东盟各国服务业的不断发展，双边服务贸易将日益深化，存在巨大的提升空间（见表 3）。

表 3　东盟各国服务贸易规模及比重（2014 年）

单位：亿美元，%

国　家	进口额	占东盟比重	出口额	占东盟比重	进出口总额	占东盟比重
新加坡	1415.6	45.36	1404.3	46.96	2819.9	46.14
泰　国	532.0	17.05	553.0	18.49	1085.0	17.75
马来西亚	449.0	14.39	394.8	13.20	843.8	13.81
印度尼西亚	335.4	10.75	235.3	7.87	570.7	9.34
菲律宾	199.6	6.40	248.4	8.31	448.0	7.33
越　南	145.0	4.65	109.7	3.67	254.7	4.17
柬埔寨	20.2	0.65	40.1	1.34	60.3	0.99
文　莱	23.8	0.76	4.8	0.16	28.6	0.47
缅　甸	14.8	0.47	22.7	0.76	37.5	0.61
老　挝	5.3	0.17	7.8	0.26	13.1	0.21

资料来源：根据联合国贸发会 UNCTAD Handbook of Statistics 2015 年计算编制。

（二）中国－东盟双边服务贸易的发展概况

1. 双边服务贸易的总体规模

中国与东盟各国通过在政治、经济、文化等领域的长期合作，已经逐渐建立起了良好的合作伙伴关系，双方在服务贸易领域的合作也随之不断扩大和深化。据联合国的数据显示，2006 年中国与东盟国家之间的双边服务贸易总额为 126 亿美元，到 2011 年，这一规模增至 369 亿美元（见图 1）。2012 年，东盟成为继欧盟、美国之后的中国第三大服务贸易合作伙伴。中国与东盟各国正在有效利用各自竞争优势，努力促进服务领域的深化合作，推动服务贸易发展。然而，相比于货物贸易，中国与东盟的服务贸易金额小、开放程度有限、发展层次较低，想要在世界服务领域争夺一席之地，还需要不断加强和提升。

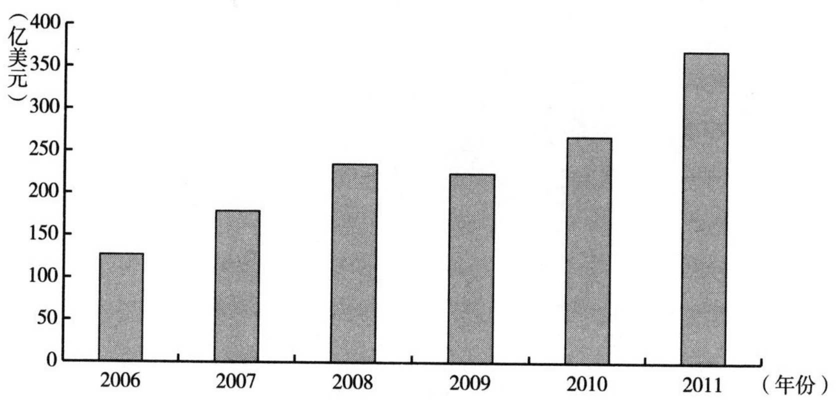

图 1　中国－东盟双边服务贸易趋势（2006～2011 年）

资料来源：联合国服务贸易统计数据库 UN Service Trade Database。

2. 双边服务贸易的国别结构

从国别构成来看，无论是在出口还是进口方面，中国与东盟国家间的服务贸易都呈现出明显的集中化特征。以世界银行服务贸易数据库提供的 2009 年双边贸易数据计算，在十个东盟成员国中新加坡和泰国为中国服务贸易的主要进口国，规模分别占中国出口东盟服务贸易总额的 32% 和 27%。印尼、越南、马来西亚和菲律宾四国从中国购买的服务贸易相对较少，在 6%～14% 之间。

其他国家由于自身的国民经济和服务贸易发展较为滞后，很少或几乎没有从中国购买服务（见图2）。中国自东盟国家服务进口的集中化特征则更加明显。新加坡是中国在东盟内部购买服务的第一大来源国，其比重占中国自东盟进口全部服务贸易的59%，其次是马来西亚，比重达到27%。其他国家对中国的服务贸易出口合计不到15%，规模非常有限（见图3）。不过，需要指出的是，由于数据可获得性的限制，关于中国与东盟国家服务贸易国别结构的分析仅能够体现2009年的情况。近年来，中国与东盟国家间服务贸易的国别结构可能随着《协议》的实施发生一定程度的改变，贸易结构或将更加多元化。

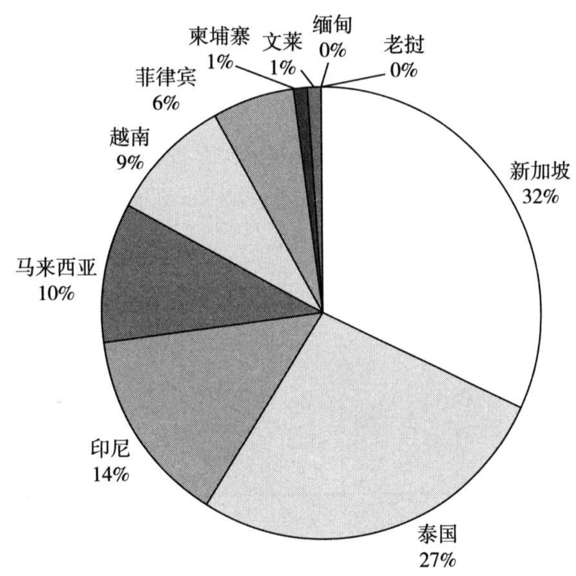

图2　中国与东盟国家服务贸易国别构成（中国出口）

资料来源：世界银行 Trade in Services Database。

3. 双边服务贸易的行业结构

中国与东盟国家双边服务贸易中，运输、建筑等传统服务行业占有较大比重。进口方面，运输和其他商业服务是中国自东盟国家进口的主要服务项目，其比重分别为28%，另外，建筑服务的进口也相对较高，占比23%。通信，保险，金融，版税及许可，计算机与信息服务，个人、文化和休闲领域的服务

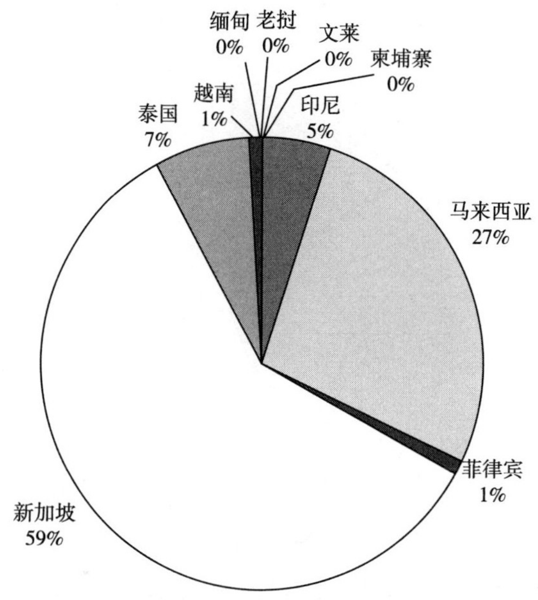

图 3　中国与东盟国家服务贸易国别构成（中国进口）

资料来源：世界银行 Trade in Services Database。

贸易合计占比大约 21%（见图 4）。其他商业服务进口中，从新加坡进口的杂项商业、专业和技术服务占一半以上，从外国进口的商业和贸易相关服务占 27%。可见，由于东盟国家除新加坡以外大多服务业发展水平相对较低，向中国出口的服务以劳动和资本密集型的传统服务为主。中国进口自东盟国家的专业和技术服务则主要来自新加坡。出口方面，中国向东盟国家出口的服务中，其他商业服务占据主导地位，比重超过 70%，其次是运输服务，占比为 13%（见图 5）。在其他商业服务出口中，中国向泰国出口的商业和贸易相关服务份额最大，约占其他商业服务出口总量的 36.7%。除此之外，中国向印尼和新加坡出口的商业、专业和技术服务的比重也相对较大，分别占 16.7% 和 17%。

（三）中国与东盟服务贸易发展的特征

1. 中国和东盟各国服务贸易呈梯度发展

从中国与东盟各国服务贸易的总体比较来看，该地区发展水平不平衡，东

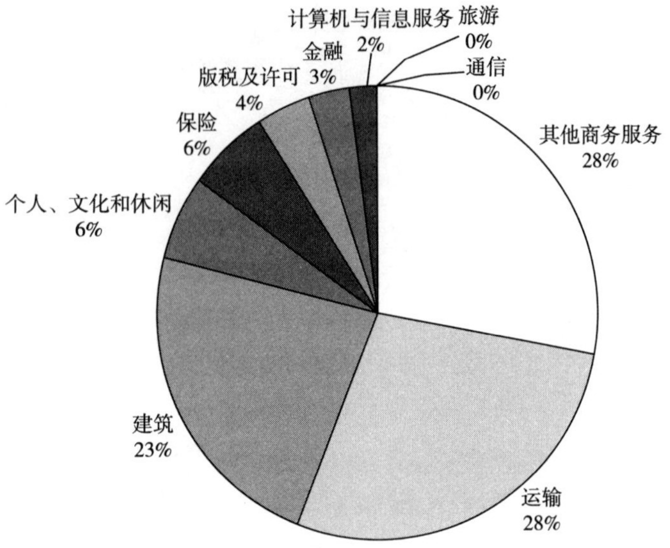

图 4　中国与东盟国家双边服务贸易的行业结构（中国进口）

资料来源：世界银行 Trade in Services Database。

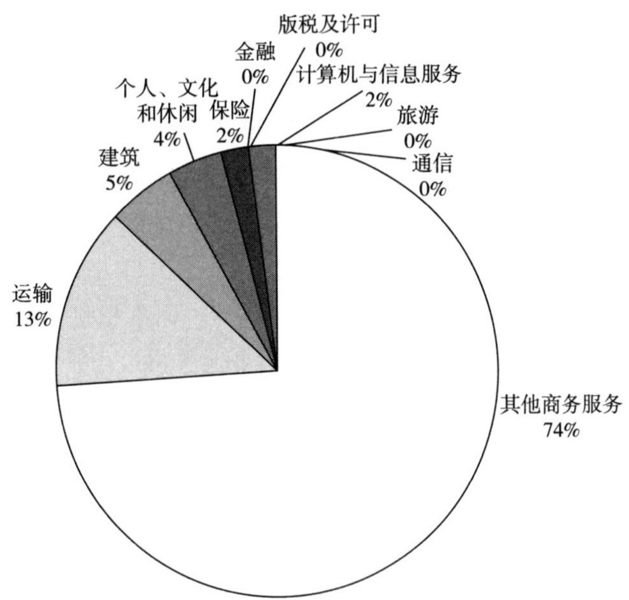

图 5　中国与东盟国家双边服务贸易的行业结构（中国出口）

资料来源：世界银行 Trade in Services Database。

盟各成员国由于经济实力差距较大，经济发展水平高低不均，导致各国各个服务行业的发展情况差异性显著。可以大致分为四个层次：第一层是新加坡，服务业发展水平较高，服务产业较为成熟，具有高科技和知识密集型产业的比较优势，金融业和交通运输业的发展尤为突出；第二层是马来西亚、泰国和中国，服务业进出口增长迅速，拥有尚可的技术，并且资金密集型产业具有一定的竞争力，在建筑业、电信业、其他商业领域占有一席之地；第三层是菲律宾、印度尼西亚和越南，服务业水平相对较弱，具有丰富的自然资源和劳动密集型产业优势，主要以旅游服务业为主；第四层是老挝、缅甸、柬埔寨和文莱，服务业基础设施较差，进出口基本处于停滞状态，市场具有开发潜力。

2. 双边服务贸易快速增长

伴随中国和东盟在旅游、运输、建筑、通信等各个服务领域的合作不断深化，中国与东盟之间的服务贸易规模快速增长，双边贸易往来日益增加。2006 年，中国-东盟双边服务贸易总额突破 126 亿美元，占中国服务贸易总额的 6.54%，占东盟服务贸易总额的 4.26%。而到了 2011 年，双边的服务贸易总额上升到 369 亿美元，相比 2006 年增幅达 193%，占中国服务贸易总额的 8.71%，占东盟服务贸易总额的 7.11%。双边的服务贸易总额始终处于稳定的增长态势，占中国与东盟服务贸易总额的比重也在不断加大。由此可见，自贸区的建设促进了中国与东盟间服务贸易的合作，使双边的经贸关系得到了更好的发展。另外，自贸区的形成也在不断促进双方货物贸易和相互投资的积极性，从而也在潜移默化中促进服务贸易的提升。

3. 传统服务贸易居于主导地位

由于中国和东盟国家大多属于发展中国家，除新加坡以外服务业发展水平普遍不高，劳动和资本密集型传统服务业在双边贸易中占据主导地位。运输、建筑和其他商业服务在双边服务贸易中的地位最为重要。运输是双边经贸往来的重要基础。在中国和东盟各国不断加大交通运输基础设施建设投入力度，相互开放公路、海运和空运等运输领域市场，增进相互合作的背景下，运输服务蓬勃发展，多年来一直在双边服务贸易中占有较为重要的位置。东盟国家经济在过去十几年间保持了快速稳步增长，陈旧的基础设施显得与之不相适应：电力供应不足，公路总里程有限，车站、机场、港口设施陈旧，互联网和信息基础设施不能满足经济发展的需求，基础设施改造和建设的需求催生了巨大的建筑市场，也使得建筑服务成为当前乃至今后一段时间内中国与东盟国家服务贸易的主要领域。此外，在中国与东盟国家蓬勃发展的货物贸易的带动下，商业与贸易相关服务在双边服务贸易中长期居于主导地位。上述三大类服务在双边服务进出口中的比重合计超过80%，构成了中国与东盟服务贸易的主体。而通信、版税和许可、保险金融等现代服务贸易的发展则显得相对滞后，其规模和比重都远小于前述三类传统服务贸易。可见，中国与东盟国家的现代服务贸易还有巨大的提升空间。要促进双边服务贸易的规模提升和结构优化，合理有序地推进现代服务领域的市场开放，降低准入门槛，促进相关制度的规范与完善显得尤为重要。

4. 双边贸易规模存在巨大的国别差异

受到东盟国家服务业发展水平的制约，中国与东盟国家服务贸易同样存在显著的国别差异。新加坡是东盟国家中服务业发展水平最高的国家，其同中国之间的服务贸易往来也最为频繁。新加坡不仅是中国在东盟内部购买服务的第一大来源国，也是中国服务出口的主要目的国。双边服务贸易往来的领域既包括运输、建筑、旅游等传统服务贸易领域，也涉及通信、计算机服务、版税和许可、保险金融等现代服务领域。其次，泰国也是中国在东盟的重要服务贸易伙伴。泰国与中国在商业与贸易相关服务、旅游和建筑领域的贸易往来频繁。此外，印尼、马来西亚、越南和菲律宾同中国在旅游、通信、建筑等领域的服务贸易往来也相对较多。除此之外，文莱、柬埔寨、缅甸、老挝四国的服务贸易发展水平较低，与中国之间的服务贸易往来也十分有限。双方仅在运输、旅游等个别领域存在服务贸易往来，在版税和许可、金融保险、个人文化和休闲服务等领域的服务往来仍是空白。

总体而言，中国和东盟各国之间的服务贸易发展尚处在初级阶段。除新加坡外，各国的服务贸易发展水平普遍不高，服务贸易规模有限，贸易结构偏重运输，建筑和商贸相关服务等传统服务贸易领域，现代服务领域贸易发展相对滞后，双边服务贸易的规模和结构均存在着较大的提升空间。通过开展区域内部合作，合理有序地推进各国服务领域的市场开放和相关制度的规范与完善，理论上将会对中国与东盟各国之间的服务贸易发展起到促进作用。

三　中国与东盟十国服务贸易比较优势分析

长期以来，比较优势理论被视为自由贸易理论的核心和基石。每个国家在各自比较优势的基础上进行国际分工和贸易，则可以获得利益。在区域经济一体化合作中，若根据比较优势选择一体化合作伙伴，并实施相应的一体化制度安排，能够有力地推动区域一体化成员国之间的贸易发展。对中国与东盟十国服务贸易比较优势的分析，能够帮助我们更加清晰地认识《协议》对中国与东盟国家之间服务贸易发展的影响。本文采用区域显示性比较优势指数（Regional Revealed Comparative Advantage Index，RRCA）对各国服务贸易的比较优势进行测算和分析。

（一）区域显示性比较优势指数（RRCA）简介

区域显示性比较优势指数（RRCA）是传统比较优势指数（RCA）的引申，与RCA相比，RRCA能够更有针对性地考察某商品（服务）在区域市场内的比较优势，因而更适合测算区域一体化市场内部成员国之间的贸易比较优势。

产品（服务）i 的区域显示性比较优势指数RRCA被定义为产品（服务）i 占国家 j 的出口比重与区域 R 内产品（服务）i 占区域 R 的出口比重之比，其表达式为：

$$RRCA_{ij} = (X_{ij}/X_j)/(X_{iR}/X_R) \tag{1}$$

其中 X_{ij} 表示国家 j 出口产品（服务）i 的出口额，X_j 表示国家 j 的总出口额，X_{iR} 表示产品（服务）i 在区域 R 内的出口总额，X_R 表示区域 R 内的总出口额。一般认为，如果它大于1，表明一国的某种产品（服务）在区域市场上具有比较优势，小于1则表明具有比较劣势。根据日本贸易振兴协会（JETRO）设定的判断产品显示性比较优势强弱的分界标准：当 $RRCA \geq 2.5$ 时，表示该产品（服务）在区域市场上有强的比较优势；但 $1.25 \leq RRCA \leq 2.5$ 时，表示具有较强的比较优势；但 0.8 ≤ RRCA ≤ 1.25 时，表示具有平均的比较优势；当 RRCA < 0.8 时，表示具有比较劣势。

根据公式（1），本文对《协议》成员国的区域显示性比较优势指数进行测算。数据来源于联合国 UN Comtrade 数据库，选取的年份为 2005 ~ 2013 年。本文分别计算了自 2005 ~ 2013 年各国十个细分行业的区域显示性比较优势指数。

（二）中国与东盟各国服务贸易比较优势分析

1. 各国区域显示性比较优势测算与分析

表 4 汇报了 2013 年《协议》成员国主要十大服务类别的区域显示性比较优势指数①。从中可以发现，各国的比较优势在不同类别的服务上存在较大差异。在区域内部，中国在建筑、计算机和信息服务方面的比较优势强，其他商务服务领域的比较优势较强，在保险领域仅拥有平均的比较优势，而在运输，旅游，通信，金融，版税和许可以及个人、文化和休闲服务领域具有比较劣势。新加坡的比较优势集中在运输、保险、金融、版税和许可四个领域。泰国和越南在旅游方面显示出较强的比较优势。马来西亚和印尼的比较优势较为类似，主要集中于旅游，通信，建筑，个人、文化和休闲服务方面。此外，马来西亚的计算机和信息服务也拥有较强的比较优势。菲律宾在计算机和信息服务方面的比较优势尤为突出，并在通信，其他商务服务以及个人、文化和休闲服务领域具有较强的比较优势。柬埔寨在旅游和通信领域拥有较强的比较优势。缅甸和老挝的比较优势则集中在建筑和通信等领域。

从服务类别来看，东盟国家的区域显示性比较优势主要集中在旅游、通信、建筑等领域。此外，在保险、金融、版税和许可等现代服务领域，新加坡具有较强的比较优势，而在个人、文化和休闲服务方面，马来西亚、印尼和菲律宾三个国家的比较优势较强。

---

① 此外，本文还测算了 2005 ~ 2013 年各成员国基于 EBPOS 贸易统计的十大类服务贸易的全部 RRCA 指数，详见表 5 至表 14。

表4　2013年中国－东盟自由贸易区成员国主要服务的区域显示性比较优势指数

部门/国别	中国	新加坡	泰国	马来西亚	印尼	菲律宾	越南	柬埔寨	文莱	缅甸	老挝
运输	0.81	1.60	0.46	0.52	0.72	0.32	0.92	0.55	—	1.12**	0.36*
旅游	0.66	0.41	1.87	1.41	1.07	0.57	1.88	1.83	—	1.3**	2.16*
通信	0.47	—	0.49	1.20	2.15	1.33	0.82	1.60	—	—	3.19*
建筑	3.19	0.86	0.86	1.63	2.34	0.25	—	0.34	—	1.58**	1.24*
保险	1.09	1.82	0.22	0.86	0.06	0.24	0.36	0.01	—	—	0.4*
金融	0.22	2.16	0.11	0.08	0.14	0.03	0.22	0.32	—	—	0.04*
计算机和信息服务	2.79	—	0.02	1.88	0.34	4.79	—	0.00	—	—	—
版税和许可	0.50	1.93	0.44	0.30	0.26	0.02	—	0.10	—	—	—
其他商务服务	1.70	1.00	0.60	0.95	1.31	2.40	—	0.40	—	0.81**	—
个人、文化和休闲服务	0.22	0.95	0.37	1.43	2.39	1.40	—	0.34	—	—	—

注：*为2012年数据，**为2011年数据，—表示数据缺失。

资料来源：笔者根据UNComtrade数据库计算整理而得。

表5　中国－东盟自由贸易区成员国运输服务的RRCA：2005～2013年

年份	中国	新加坡	泰国	马来西亚	印尼	菲律宾	越南	柬埔寨	文莱	缅甸	老挝
2005	0.73	1.24	0.82	0.73	0.77	0.75	0.96	0.40	1.79	1.63	0.56
2006	0.84	1.25	0.80	0.70	0.67	0.66	1.11	0.47	1.88	1.71	0.52
2007	0.93	1.23	0.77	0.88	0.64	0.49	1.05	0.49	1.81	1.33	0.39
2008	0.91	1.24	0.77	0.78	0.64	0.47	1.18	0.51	1.73	1.41	0.38
2009	0.67	1.46	0.69	0.56	0.68	0.26	1.32	0.46	1.82	1.63	0.33
2010	0.77	1.49	0.63	0.56	0.58	0.28	1.12	0.49	—	1.48	0.36
2011	0.79	1.50	0.55	0.55	0.66	0.30	1.01	0.49	—	1.12	0.33
2012	0.86	1.56	0.50	0.50	0.70	0.33	0.91	0.52	—	—	0.36
2013	0.81	1.60	0.46	0.52	0.72	0.32	0.92	0.55	—	—	—

资料来源：笔者根据UNComtrade数据库计算整理而得。

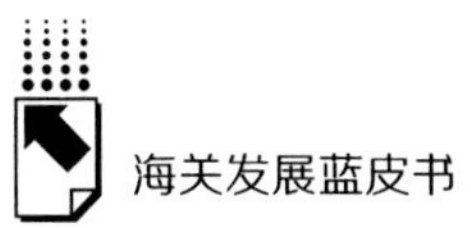

表 6　中国 - 东盟自由贸易区成员国旅游服务的 RRCA：2005 ~ 2013 年

年份	中国	新加坡	泰国	马来西亚	印尼	菲律宾	越南	柬埔寨	文莱	缅甸	老挝
2005	1.34	0.38	1.64	1.54	1.19	1.70	1.84	2.56	1.06	0.89	2.32
2006	1.17	0.36	1.73	1.53	1.22	1.72	1.77	2.36	0.95	0.53	2.24
2007	0.97	0.34	1.76	1.52	1.36	1.61	1.85	2.33	0.91	0.89	2.16
2008	0.92	0.36	1.82	1.67	1.60	0.85	1.86	2.45	0.92	0.75	2.27
2009	0.97	0.39	1.69	1.74	1.35	0.54	1.68	2.25	0.88	0.56	2.14
2010	0.85	0.45	1.76	1.72	1.25	0.45	1.80	2.13	—	0.60	2.25
2011	0.78	0.47	1.85	1.55	1.10	0.48	1.86	2.07	—	1.30	2.10
2012	0.72	0.45	1.88	1.49	0.99	0.55	1.97	1.95	—	—	2.16
2013	0.66	0.41	1.87	1.41	1.07	0.57	1.88	1.83	—	—	—

资料来源：笔者根据 UNComtrade 数据库计算整理而得。

表 7　中国 - 东盟自由贸易区成员国通信服务的 RRCA：2005 ~ 2013 年

年份	中国	新加坡	泰国	马来西亚	印尼	菲律宾	越南	柬埔寨	文莱	缅甸	老挝
2005	0.25	0.38	0.49	1.20	2.95	4.40	0.89	1.46	0.59	—	1.82
2006	0.33	0.45	0.40	1.03	3.89	3.63	0.96	1.26	0.71	—	1.86
2007	0.44	0.51	0.35	0.95	4.91	2.42	0.78	1.35	1.03	—	4.71
2008	0.54	0.62	0.64	1.00	3.64	2.10	0.58	1.40	1.22	—	4.05
2009	0.42	—	0.62	0.87	3.52	1.14	0.96	3.20	1.06	—	3.76
2010	0.35	—	0.62	1.01	3.12	0.81	0.85	2.82	—	—	2.91
2011	0.47	—	0.59	0.87	3.36	1.00	0.80	1.64	—	—	3.13
2012	0.49	—	0.48	1.19	2.46	1.30	0.75	1.83	—	—	3.19
2013	0.47	—	0.49	1.20	2.15	1.33	0.82	1.60	—	—	—

资料来源：笔者根据 UNComtrade 数据库计算整理而得。

表 8　中国 - 东盟自由贸易区成员国建筑服务的 RRCA：2005 ~ 2013 年

年份	中国	新加坡	泰国	马来西亚	印尼	菲律宾	越南	柬埔寨	文莱	缅甸	老挝
2005	1.92	0.54	0.71	2.28	2.06	0.80	—	0.10	—	—	—
2006	1.71	0.48	0.78	2.61	2.26	0.61	—	0.11	—	—	—
2007	2.42	0.49	0.95	2.53	2.02	0.64	—	0.12	—	—	—
2008	3.95	0.52	1.04	2.25	2.46	0.52	—	0.26	—	—	—
2009	3.94	0.76	0.85	1.70	2.40	0.35	—	0.25	—	—	3.66
2010	5.72	0.70	0.88	2.09	1.98	0.44	—	0.40	—	—	1.64
2011	5.37	0.91	0.68	1.98	1.72	0.16	—	0.24	—	1.58	1.41
2012	3.98	0.85	0.55	1.95	2.32	0.31	—	0.40	—	—	1.24
2013	3.19	0.86	0.86	1.63	2.34	0.25	—	0.34	—	—	—

资料来源：笔者根据 UNComtrade 数据库计算整理而得。

表 9　中国－东盟自由贸易区成员国保险服务的 RRCA：2005～2013 年

年份	中国	新加坡	泰国	马来西亚	印尼	菲律宾	越南	柬埔寨	文莱	缅甸	老挝
2005	0.53	1.66	0.03	1.01	0.08	0.27	0.75	0.05	0.84	—	1.03
2006	0.45	1.62	0.00	1.00	0.21	0.24	0.73	0.05	1.02	—	1.08
2007	0.64	1.54	0.10	1.04	0.13	0.19	0.87	0.21	1.42	—	2.21
2008	0.77	1.52	0.20	1.00	0.11	0.16	0.70	0.02	1.20	—	1.70
2009	0.65	1.82	0.13	0.69	0.08	0.23	0.59	0.23	0.75	—	1.31
2010	0.53	1.87	0.10	0.52	0.07	0.19	0.47	0.03	—	—	1.07
2011	1.09	1.71	0.24	0.78	0.07	0.25	0.60	0.15	—	—	2.84
2012	1.05	1.67	0.46	0.86	0.06	0.22	0.40	0.03	—	—	0.40
2013	1.09	1.82	0.22	0.86	0.06	0.24	0.36	0.01	—	—	—

资料来源：笔者根据 UNComtrade 数据库计算整理而得。

表 10　中国－东盟自由贸易区成员国金融服务的 RRCA：2005～2013 年

年份	中国	新加坡	泰国	马来西亚	印尼	菲律宾	越南	柬埔寨	文莱	缅甸	老挝
2005	0.04	1.82	0.08	0.07	0.64	0.26	1.16	0.21	—	—	—
2006	0.03	1.87	0.06	0.06	0.31	0.30	1.02	0.20	—	—	—
2007	0.03	1.89	0.04	0.05	0.39	0.15	0.86	0.10	—	—	—
2008	0.04	1.85	0.05	0.05	0.37	0.11	0.60	0.07	—	—	—
2009	0.04	2.13	0.05	0.05	0.20	0.08	0.46	0.00	—	—	—
2010	0.13	2.04	0.09	0.05	0.31	0.03	0.41	0.03	—	—	—
2011	0.07	2.02	0.09	0.12	0.29	0.03	0.35	0.17	—	—	0.02
2012	0.15	2.11	0.11	0.09	0.12	0.03	0.23	0.36	—	—	0.04
2013	0.22	2.16	0.11	0.08	0.14	0.03	0.22	0.32	—	—	—

资料来源：笔者根据 UNComtrade 数据库计算整理而得。

表 11　中国－东盟自由贸易区成员国计算机和信息服务的 RRCA：2005～2013 年

年份	中国	新加坡	泰国	马来西亚	印尼	菲律宾	越南	柬埔寨	文莱	缅甸	老挝
2005	2.39	0.89	0.13	2.15	1.10	1.90	—	0.01	—	—	—
2006	2.61	1.08	0.04	2.15	0.83	1.20	—	—	—	—	—
2007	2.68	0.89	0.03	2.17	0.85	2.35	—	0.08	—	—	—
2008	2.12	0.78	0.03	1.69	0.58	5.90	—	0.03	—	—	—
2009	1.85	—	0.02	1.86	0.35	4.10	—	0.00	—	—	—
2010	2.14	—	0.02	1.70	0.26	4.11	—	0.01	—	—	—
2011	2.50	—	0.04	1.79	0.36	4.61	—	0.00	—	—	—
2012	2.77	—	0.02	2.02	0.32	4.51	—	0.00	—	—	—
2013	2.79	—	0.02	1.88	0.34	4.79	—	0.00	—	—	—

资料来源：笔者根据 UNComtrade 数据库计算整理而得。

表 12 中国－东盟自由贸易区成员国版税和许可服务的 RRCA：2005～2013 年

年份	中国	新加坡	泰国	马来西亚	印尼	菲律宾	越南	柬埔寨	文莱	缅甸	老挝
2005	0. 21	1. 59	0. 08	0. 13	1. 99	0. 13	—	0. 04	—	—	—
2006	0. 28	1. 90	0. 24	0. 15	0. 15	0. 12	—	0. 01	—	—	—
2007	0. 37	1. 88	0. 24	0. 16	0. 32	0. 07	—	0. 01	—	—	—
2008	0. 45	1. 60	0. 36	0. 77	0. 21	0. 00	—	0. 04	—	—	—
2009	0. 44	1. 46	0. 63	1. 21	0. 38	0. 01	—	0. 00	—	—	—
2010	0. 81	1. 64	0. 71	0. 50	0. 56	0. 04	—	0. 03	—	—	—
2011	0. 49	1. 75	0. 50	0. 49	0. 44	0. 03	—	0. 05	—	—	—
2012	0. 58	1. 83	0. 52	0. 38	0. 27	0. 04	—	0. 16	—	—	—
2013	0. 50	1. 93	0. 44	0. 30	0. 26	0. 02	—	0. 10	—	—	—

资料来源：笔者根据 UNComtrade 数据库计算整理而得。

表 13 中国－东盟自由贸易区成员国其他商务服务的 RRCA：2005～2013 年

年份	中国	新加坡	泰国	马来西亚	印尼	菲律宾	越南	柬埔寨	文莱	缅甸	老挝
2005	1. 14	1. 38	0. 88	0. 51	0. 81	0. 42	—	0. 13	0. 56	0. 70	—
2006	1. 17	1. 39	0. 73	0. 62	0. 83	0. 52	—	0. 16	0. 58	1. 07	—
2007	1. 25	1. 40	0. 73	0. 52	0. 66	0. 95	—	0. 25	0. 66	1. 06	—
2008	1. 18	1. 36	0. 66	0. 48	0. 54	1. 62	—	0. 21	0. 70	1. 04	—
2009	1. 49	1. 00	0. 96	0. 62	0. 81	2. 55	—	0. 26	0. 80	1. 15	—
2010	1. 41	0. 91	0. 84	0. 67	1. 13	2. 77	—	0. 19	—	1. 34	—
2011	1. 47	0. 95	0. 70	0. 80	1. 24	2. 63	—	0. 26	—	0. 81	—
2012	1. 48	0. 97	0. 65	0. 86	1. 42	2. 37	—	0. 28	—	—	—
2013	1. 70	1. 00	0. 60	0. 95	1. 31	2. 40	—	0. 40	—	—	—

资料来源：笔者根据 UNComtrade 数据库计算整理而得。

表 14 中国－东盟自由贸易区成员国个人、文化和休闲服务的 RRCA：2005～2013 年

年份	中国	新加坡	泰国	马来西亚	印尼	菲律宾	越南	柬埔寨	文莱	缅甸	老挝
2005	0. 11	0. 20	0. 19	5. 05	0. 28	0. 28	—	0. 08	—	—	—
2006	0. 17	0. 34	0. 33	4. 43	0. 71	0. 47	—	0. 14	—	—	—
2007	0. 37	0. 40	0. 40	4. 05	0. 63	0. 32	—	0. 17	—	—	—
2008	0. 43	0. 31	0. 56	4. 37	0. 77	0. 33	—	0. 18	—	—	—
2009	0. 10	0. 78	0. 35	2. 99	0. 76	0. 33	—	0. 17	—	—	—
2010	0. 18	1. 24	0. 82	0. 81	1. 44	0. 54	—	0. 21	—	—	—
2011	0. 17	1. 14	0. 55	1. 09	1. 89	0. 76	—	0. 22	—	—	—
2012	0. 18	0. 95	0. 46	1. 24	2. 51	1. 15	—	0. 27	—	—	—
2013	0. 22	0. 95	0. 37	1. 43	2. 39	1. 40	—	0. 34	—	—	—

资料来源：笔者根据 UNComtrade 数据库计算整理而得。

2. 中国的区域显示性比较优势及变化趋势

表 15 汇报了 2005～2013 年中国在十大类服务方面的区域显示性比较优势指数。从中可以看出，中国的比较优势在测算期间总体保持稳定，但在个别行业发生了较为明显的变化。首先，样本期间中国在建筑、计算机和信息服务领域始终保有强比较优势，在其他商务服务领域拥有较强的比较优势。其次，在旅游和保险两大领域，中国的比较优势发生了逆转。旅游服务的 RRCA 指数由 2005 年的 1.34 一路下滑到 2013 年的 0.66，从较强的比较优势转变为比较劣势。保险服务的比较优势则呈现了截然相反的变化趋势。2005 年中国在保险服务领域具有比较劣势（RRCA 指数为 0.53），但样本期该领域的劣势在逐步收窄，2013 年中国在保险领域的 RRCA 指数已经达到了 1.09，在区域内部拥有平均比较优势。再次，尽管建筑服务领域中国的比较优势最为突出，但是在《协议》签订以后其比较优势呈先升后降的抛物线走势，目前仍处于下降区间。

表 15　中国主要服务的区域显示性比较优势指数（2005～2013 年）

年份	运输	旅游	通信	建筑	保险	金融	计算机和信息服务	版税和许可	其他商务服务	个人、文化和休闲服务
2005	0.73	1.34	0.25	1.92	0.53	0.04	2.39	0.21	1.14	0.11
2006	0.84	1.17	0.33	1.71	0.45	0.03	2.61	0.28	1.17	0.17
2007	0.93	0.97	0.44	2.42	0.64	0.03	2.68	0.37	1.25	0.37
2008	0.91	0.92	0.54	3.95	0.77	0.04	2.12	0.45	1.18	0.43
2009	0.67	0.97	0.42	3.94	0.65	0.04	1.85	0.44	1.49	0.10
2010	0.77	0.85	0.35	5.72	0.53	0.13	2.14	0.81	1.41	0.18
2011	0.79	0.78	0.47	5.37	1.09	0.07	2.50	0.49	1.47	0.17
2012	0.86	0.72	0.49	3.98	1.05	0.15	2.77	0.58	1.48	0.18
2013	0.81	0.66	0.47	3.19	1.09	0.22	2.79	0.50	1.70	0.22

资料来源：笔者根据 UNComtrade 数据库计算整理而得。

四　模型构建和数据说明

（一）模型的构建与变量选取

本文采用双重倍差法（DID）构建计量模型，首先构造二元虚拟变量

$ASEAN_i = \{0,1\}$，当该国为《协议》成员国时取值为1，否则取值为0；其次构造二元虚拟变量 $Time_t = \{0,1\}$，其中 $Time_t = 0$ 和 $Time_t = 1$ 分别表示《协议》签订前和签订后。同时，令 ΔY_{it} 代表本文关注的结果变量，即中国与贸易伙伴国的双边服务贸易规模。由此，《协议》的实际影响可以用下式表示：

$$\lambda = E(\lambda_i \mid ASEAN_i = 1) = E(\Delta Y_{it}^1 \mid ASEAN_i = 1) - E(\Delta Y_{it}^0 \mid ASEAN_i = 1) \qquad (2)$$

但是（2）式中 $E(\Delta Y_{it}^0 \mid ASEAN_i = 1)$ 表示已经签订了《协议》的成员国在未签订《协议》的情况下，其与中国之间的双边服务贸易规模的变化。显然，这是一种“反事实”。为了实现对（1）式的估计，本文采用倾向得分匹配法（Propensity Scores with Matching，PSM）根据最邻近匹配（Nearest Neighbor Matching）原则为处理组（即《协议》成员国）寻找相近的控制组（即《协议》非成员国）。本文选取如下变量作为匹配准则：①地理距离，用两国首都间的距离衡量；②两国的文化差异，本文采用了 Kogut 和 Singh（1988）[①] 的方法，选取 Hofstede 指数中的权利距离、不确定性规避、个人主义与集体主义、男性化与女性化四个国家文化维度的数据计算而得；③边境接壤，该变量为虚拟二分变量，两国接壤则取值为1，否则为0。由此，采用 probit 方法对如下模型进行估计：

$$p(ASEAN_{it} = 1) = \Phi(GDPPTN_{i,t}, SERPTN_{i,t}, POPPTN_{i,t}) \qquad (3)$$

对（3）式估计后，得到概率预测值 $\hat{p}$，简便起见，用 $\hat{p}_i$ 和 $\hat{p}_j$ 分别表示处理组和控制组的概率预测值（即倾向得分），最邻近匹配原则可以表示为：

$$\Theta(i) = \min_j \| \hat{p}_i - \hat{p}_j \|, \ j \in (ASEAN = 0) \qquad (4)$$

其中，$\Theta(i)$ 表示与处理组国家相对应的来自于控制组国家的匹配集合，并且对于每个处理组国家 i，仅有唯一的与其倾向得分最接近的控制组国家 j 落入集合 $\Theta(i)$。

经过上述最邻近匹配后，可以得到与处理组国家相配对的控制组国家集合 $\Theta(i)$，他们与中国之间的双边服务贸易规模平均值变化量

① Kogut B. and Singh H.，“The effect of national culture on the choice of entry mode”. *Journal of International Business Studies*, Autumn 1988, pp. 411 – 432.

$E(\Delta Y_{it}^{0} \mid ASEAN_{i} = 0, i \in \Theta(i))$ 可以作为 $E(\Delta Y_{it}^{0} \mid ASEAN_{i} = 1)$ 的较好替代。因此，（2）式转化为：

$$\lambda = E(\lambda_{i} \mid ASEAN_{i} = 1) = E(\Delta Y_{it}^{1} \mid ASEAN_{i} = 1) - E(\Delta Y_{it}^{0} \mid ASEAN_{i} = 0, i \in \Theta(i)) \quad (5)$$

进一步地，（5）式可以用另一个等价的用于实证检验的模型来表述：

$$Y_{it} = \alpha_{0} + \alpha_{1} \cdot ASEAN_{it} + \alpha_{2} \cdot Time_{it} + \delta \cdot ASEAN_{it} \cdot Time_{it} + \varepsilon_{it} \quad (6)$$

交叉项 $ASEAN_{it} \cdot Time_{it}$ 的估计系数 δ 刻画了《协议》对中国与东盟成员国之间的双边服务贸易的影响。如果 $\hat{\delta} > 0$，则意味着《协议》签订前后，处理组国家与中国的双边贸易规模增长幅度大于控制组国家，即《协议》的签订促进了中国与东盟国家之间的服务贸易。同时，为了确保估计结果的稳健性，本文还在（6）式基础上进一步引入影响双边服务贸易规模的其他控制变量，具体包括中国和贸易伙伴国的经济总量（分别以 GDPCN 和 GDPPTN 来表示）、两国之间的距离（DIS）、共同语言（LANG）和共同边界（ADJ）。此外，α_{1} 衡量了除《协议》以外的其他因素对中国与东盟国家之间双边服务贸易的影响，α_{2} 反映了 2007 年及以后中国与贸易伙伴国家（包含处理组和控制组）之间双边贸易的变化。

（二）数据说明

本文的因结果变量 Y_{it} 为中国与贸易伙伴国的双边服务贸易数据，来源于联合国服务贸易数据库（Trade in Services Database，TDS）。该数据库提供了 1985 ~ 2011 年全球 199 个国家的双边服务贸易数据和众多行业的双边服务贸易数据。贸易统计行业分类采用了 IMF 的《扩大的国际收支服务分类》（Extended Balance of Payments Services Classification，EBOPS），数据主要涵盖了跨境交易（Cross-border Trade）和境外消费（consumption abroad）两种模式。

自变量的数据来源主要有三个：中国和贸易伙伴国的 GDP 规模数据来源于世界银行发展指标数据库（World Development Indicators Database，WDI）；距离、共同语言的数据信息来源于法国国际经济研究中心（CEPII）网站的 Gravity Database 数据库，其中距离采用的是中国与贸易伙伴国首都间的距离，共同语言为虚拟变量，若伙伴国与中国之间存在共同语言取值为 1，否则为 0；

共同边界同样为虚拟变量，数据信息来自美国中央情报局 CIA the World Factbook。若中国与该贸易伙伴国接壤则取值为 1，否则为 0。

五　估计结果与分析

（一）《协议》对双边服务进出口总额的影响

表 16 报告了《协议》对于中国与东盟国家之间双边服务贸易影响的估计结果。其中，第（1）、（2）、（3）、（4）列汇报了以 PSM 最邻近匹配法为处理组国家匹配控制组的 DID 估计结果。为了考查估计结果的稳健性，本文还采用马氏距离匹配法（Mahalanobis Matching）为处理组国家匹配合适的控制组国家。相应的估计结果在（5）、（6）、（7）、（8）列出。本文对于进口和出口进行的分别估计，奇数列汇报了不含控制变量的基准回归，偶数列汇报了含控制变量的估计结果。从表中可以看出，在 5% 的显著性水平下，ASEAN · Time 交叉项的系数显著为负，表明《协议》的签订并未促进双边服务贸易的增长。相反，与未签订《协议》的情况相比，《协议》使得中国与东盟国家间的服务贸易进口和出口分别下降了 1.46% 和 1.35%。ASEAN 的估计系数显著为正说明与《协议》签订无关的因素促进了中国与东盟国家之间的双边服务贸易。Time 的系数不显著，表明在《协议》签订前后，中国与其贸易伙伴国之间的双边服务贸易规模并没有显著差异。马氏距离匹配样本的估计结果呈现出相似的特征，这意味着《协议》的影响是稳健的。

（二）《协议》对分类服务进出口的影响

表 17 和表 18 分别汇报了《协议》对于不同行业服务进口和出口的影响①。从中可以发现，《协议》对于不同行业服务贸易影响的巨大差异。进口

① 行业分类依据 IMF 的《扩大的国际收支服务分类》（Extended Balance of Payments Services Classification，EBOPS）。依据 EBOPS，服务行业分为 10 大类：运输，旅游，通信，建筑，保险，金融，计算机和信息服务，版税和许可，其他商业服务，个人、文化和休闲服务。由于旅游、通信两类的服务贸易数据缺失，本文仅对其他 8 个细分行业进行了估计。

表 16 《协议》对双边服务贸易总体影响的估计结果

	基于 PSM 最邻近匹配				基于马氏距离匹配			
	进口		出口		进口		出口	
	(1)	(2)	(3)	(4)	(5)	(6)	(7)	(8)
ASEAN	2.687 ***	4.083 ***	3.223 ***	1.896 **	2.327 ***	3.527 ***	3.268 ***	3.585 ***
	(0.713)	(0.941)	(0.450)	(0.796)	(0.869)	(1.088)	(0.927)	(0.815)
Time	1.370 ***	0.204	1.920 ***	0.414	0.412	0.620	1.744	0.513
	(0.468)	(0.816)	(0.401)	(0.599)	(0.794)	(0.827)	(1.138)	(0.581)
ASEAN · Time	-1.346	-1.466 **	-1.253 *	-1.345 ***	-0.387	-0.0184	-1.077	-0.0451
	(0.989)	(0.646)	(0.634)	(0.506)	(1.188)	(0.736)	(1.242)	(0.496)
lngdpcn		0.880		1.425 **		-1.108		-0.300
		(0.747)		(0.573)		(0.787)		(0.570)
lngdpptn		1.047 ***		0.759 ***		0.780 ***		1.111 ***
		(0.143)		(0.111)		(0.169)		(0.101)
lndis		2.957 **		-1.752		3.075 **		-0.994
		(1.164)		(1.281)		(1.303)		(1.059)
lang		1.098 *		-0.128		0.875		-0.386
		(0.557)		(0.420)		(0.615)		(0.444)
adj		-0.120		-0.231		1.909 **		2.378 ***
		(0.856)		(0.906)		(0.765)		(0.547)
Constant	2.821 ***	-74.51 ***	2.861 ***	-40.63 **	3.181 ***	-12.05	2.817 ***	-8.704
	(0.292)	(23.40)	(0.269)	(17.41)	(0.565)	(27.03)	(0.852)	(20.83)
Observations	101	101	104	104	61	61	63	63
R - squared	0.218	0.568	0.468	0.668	0.189	0.730	0.299	0.905

注：括号内数值为纠正了异方差后的 t 统计量；*** 、** 和 * 分别表示 1%、5% 和 10% 的显著性水平。

方面，在 5% 的显著水平下，《协议》的签订对于建筑服务进口有显著的负面影响，却显著促进了版税和许可，个人、文化和休闲服务两个行业的服务贸易的进口。与未签订《协议》的情况相比，中国自东盟国家进口的建筑服务下降了 2.54%，版税和许可以及个人、文化和休闲服务进口增加了 0.7% 和 1.63%。此外，《协议》对于运输、保险、金融、计算机和信息服务、其他商务服务五个领域的服务进口没有明显的影响。出口方面，《协议》显著促进了中国对东盟国家金融服务的出口，但是对建筑和保险服务的出口产生了抑制作用。《协议》的签订使得中国对东盟国家的建筑和保险服务出口分别下降了 2.58% 和 1.25%，金融服务出口增加了 0.93%。

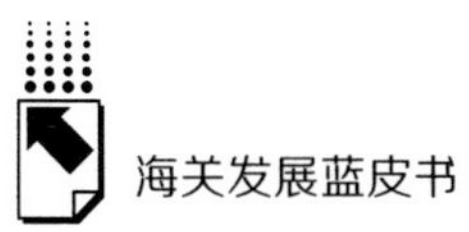

表 17　《协议》对细分行业服务贸易的影响（中国进口）

	运输	建筑	保险	金融	计算机和信息服务	版税和许可	其他商业服务	个人、文化和休闲服务
ASEAN	7.987 ***	1.218	8.072 ***	6.799 ***	6.500 ***	7.202 ***	6.363 ***	3.909 ***
	(0.673)	(2.001)	(0.611)	(0.570)	(0.430)	(0.352)	(0.947)	(1.140)
Time	0.307	2.734	−0.858	−0.373	−0.936 *	−0.627	−0.531	−0.999
	(0.736)	(2.494)	(0.839)	(0.609)	(0.464)	(0.393)	(0.900)	(1.175)
ASEAN · Time	0.316	−2.544 **	0.850	0.166	0.610	0.704 **	−1.291	1.634 **
	(0.544)	(1.153)	(0.537)	(0.478)	(0.579)	(0.273)	(0.976)	(0.806)
lngdpcn	−0.858	−1.185	1.733 *	1.143 *	1.539 ***	0.627	0.871	0.324
	(0.864)	(2.797)	(0.893)	(0.610)	(0.523)	(0.498)	(0.846)	(1.460)
lngdpptn	1.223 ***	1.555 ***	0.798 **	1.995 ***	1.220 ***	0.776 ***	0.668 ***	0.252 *
	(0.162)	(0.300)	(0.346)	(0.293)	(0.173)	(0.175)	(0.225)	(0.148)
lndis	6.294 ***	−1.668	5.415 ***	2.726 **	2.583 ***	6.042 ***	4.205 ***	6.563 ***
	(1.515)	(2.333)	(1.090)	(1.123)	(0.575)	(0.555)	(0.974)	(1.133)
lang	0.664	1.416	−0.0777	−0.440	−0.0400	1.573 ***	−1.018	−0.238
	(0.488)	(1.219)	(0.471)	(0.395)	(0.521)	(0.262)	(1.203)	(0.564)
adj	0	0	0	0	0	0	3.263 **	3.005 ***
	(0)	(0)	(0)	(0)	(0)	(0)	(1.363)	(0.823)
Constant	−61.31 ***	9.741	−119.5 ***	−109.4 ***	−99.65 ***	−92.98 ***	−77.88 ***	−72.71
	(22.10)	(87.47)	(25.53)	(19.40)	(17.11)	(12.43)	(24.27)	(45.09)
Observations	48	53	24	23	31	29	91	69
R-squared	0.850	0.447	0.955	0.972	0.954	0.970	0.434	0.300

注：括号内数值为纠正了异方差后的 t 统计量；*** 、** 和 * 分别表示 1%、5% 和 10% 的显著性水平。

表 18　《协议》对细分行业服务贸易的影响（中国出口）

	运输	建筑	保险	金融	计算机和信息服务	版税和许可	其他商业服务	个人、文化和休闲服务
ASEAN	2.492 ***	3.664 ***	1.994 **	4.342 ***	3.672 ***	2.249 ***	5.180 ***	5.180 ***
	(0.619)	(1.161)	(0.798)	(0.801)	(0.679)	(0.720)	(0.909)	(0.909)
Time	0.261	2.156 *	0.475	−0.564	−0.741	−0.0375	0.989	0.989
	(0.680)	(1.246)	(0.597)	(0.818)	(0.629)	(0.546)	(0.733)	(0.733)
ASEAN · Time	−0.793	−2.582 ***	−1.246 **	0.932 *	1.448	−0.577	−0.757	−0.757
	(0.532)	(0.841)	(0.512)	(0.539)	(1.263)	(0.452)	(0.601)	(0.601)
lngdpcn	1.147 *	−1.726	1.266 **	0.262	0.839	0.352	0.780	0.780
	(0.604)	(1.465)	(0.576)	(1.132)	(0.760)	(0.775)	(0.597)	(0.597)

续表

	运输	建筑	保险	金融	计算机和信息服务	版税和许可	其他商业服务	个人、文化和休闲服务
lngdpptn	1.041***	0.881***	0.724***	1.288***	0.501***	0.341*	0.629***	0.629***
	(0.175)	(0.243)	(0.115)	(0.248)	(0.159)	(0.168)	(0.167)	(0.167)
lndis	-2.341*	1.920	-1.611	5.256***	1.457*	1.696	1.297	1.297
	(1.300)	(1.192)	(1.285)	(1.609)	(0.836)	(1.403)	(1.228)	(1.228)
lang	-0.0998	3.104***	-0.136	0.443	1.014	0.603	-0.959*	-0.959*
	(0.353)	(0.764)	(0.424)	(0.701)	(1.150)	(0.475)	(0.491)	(0.491)
adj	0	0	-0.149	0	0	0	2.411***	2.411***
	(0)	(0)	(0.910)	(0)	(0)	(0)	(0.898)	(0.898)
Constant	-35.49*	8.504	-36.55**	-87.78***	-50.78**	-35.39	-48.24**	-48.24**
	(19.28)	(40.00)	(17.60)	(28.74)	(22.79)	(22.16)	(21.25)	(21.25)
Observations	48	55	105	27	36	30	93	93
R-squared	0.816	0.675	0.649	0.823	0.853	0.577	0.672	0.672

注：括号内数值为纠正了异方差后的t统计量；***、**和*分别表示1%、5%和10%的显著性水平。

（三）对回归结果的解释

对《协议》影响的DID估计结果显示：在总量层面上，《协议》不仅没有促进中国与东盟国家之间的服务贸易往来，相反起到了负面作用。在分类服务层面上，《协议》促进了中国自东盟国家在版税和许可服务，个人、文化和休闲服务领域的进口，但是对建筑服务的进出口以及保险服务的出口却产生了负面作用。此外，《协议》对其他类别的服务贸易没有显著影响。对上述结果的解读需要结合中国与东盟各国的区域显示性比较优势、《协议》的开放程度以及开放内容综合分析。囿于数据可获得性，本文回归所采用的数据跨度在2000～2010年，因此仅能够反映2007年以来《协议》第一批开放承诺的贸易效应。以下的分析主要结合第一批开放承诺的状况。

从建筑服务看，尽管中国在建筑领域存在比较优势，但是《协议》并未作出与之相应的市场开放措施。根据黄建忠、蒙英华关于《协议》承诺的评估以及与中国加入世界贸易组织的承诺对比研究，在建筑领域，无论是市场准入还是国民待遇方面，《协议》的开放程度都没有超越中国加入WTO时所作的承诺。特别是，从承诺深度加以考虑，中国在建筑领域的市场准入的平均覆盖率仅有43.8%，没有限制的活动占比仅为1/4。另外，《协议》对于建筑业开放承诺的模式与建筑服务自身特征不匹配也对估计结果产生了一定影响。乌拉圭回合谈判的《服务贸易总协定》中，对“服务贸易”的定义包含四个部分：跨境交付、境外消费、商业存在和自然人移动。中国在《协议》中对境外消费模式做出了无限制的开放承诺，并对跨境交付模式不做任何承诺。但事实上，鉴于建筑服务提供模式的特点，商业存在和自然人流动两种模式才是重要的。而在这两种模式下，中国做出的承诺仅为中低水平。特别是在自然人流动领域，中国在市场准入和国民待遇方面的开放程度仅为25%。

版税和许可服务，个人、文化和休闲服务进口的增长，可能受到了《协议》关于娱乐文化体育服务领域开放承诺的正向作用。在入世承诺中，中国的娱乐文化体育服务市场未向外国开放。而在《协议》中，该领域开始对东盟成员国实施一定程度的开放。尽管开放程度并不高，但这一从无到有的巨大转变仍然对相关服务的进口产生了较为明显的促进作用。这一点从服务贸易规模的增长上也有所体现。以中国在区域内这两个服务领域的主要进口来源国新加坡和印尼为例，2006年在版税和许可服务领域中国自新加坡进口贸易额为9143万美元，而《协议》签订后进口规模以年均75%的速度增长。到2010年，中国从新加坡进口的版税和许可服务总金额已经高达2.52亿美元。在个人、文化和休闲服务领域，印尼是中国的主要进口来源国。《协议》实施以前，中国自印尼的进口额未有数据记载，而在《协议》实施后的2008年和2009年，中国自印尼进口的个人、文化和休闲服务分别达到2.47亿美元和2.73亿美元。

保险出口受到《协议》的负面影响，可能同样是由于开放程度和保险服务提供模式双方面原因的作用。一方面，中国在东盟国家中保险服务最大的出口国泰国在《协议》第一批承诺中未对保险作出任何开放承诺，保险业的大门一直紧闭，到2011年第二批承诺时才开放了少部分领域。另一方面，在服务贸易的四种模式中，保险服务的提供更多有赖于商业存在，而跨境交付和境外消费模式完成的交易十分有限。而《协议》成员国关于保险服务的开放承诺多集中于跨境交付和境外消费，而对于商业存在和自然人流动则大多予以严格限制。

此外，需要特别指出的是，本文实证所采用的贸易数据是仅适用于 IMF 的《扩大的国际收支服务分类》（Extended Balance of Payments Services Classification，EBOPS）范围内的服务贸易。由于该数据主要涵盖了跨境交易和境外消费两种模式，因此对于另外两种模式（即商业存在和自然人流动）下的贸易效应难以体现。囿于数据的可获得性，难以完全展现《协议》对于中国与东盟国家之间服务贸易的影响。

六　结论及建议

基于 2000～2010 年中国与东盟各成员国之间的双边服务贸易总量和分类数据，本文采用 PSM-DID 方法对中国－东盟自贸区《服务贸易协议》的贸易效应进行了实证分析。研究发现，《协议》对于中国与东盟各成员国之间的服务贸易并未产生明显的促进作用。相反，在现有统计数据下显示出了一定的负效应。从总量上看，《协议》对于中国与东盟各成员国之间的贸易进口和出口都呈现一定程度的负面影响。从分类服务的估计结果来看，《协议》促进了中国自东盟国家在版税和许可服务，个人、文化和休闲服务领域的进口。但对建筑服务的进出口以及保险服务的出口却产生了负面作用。此外，《协议》对其他类别的服务贸易未产生显著影响。笔者认为，该估计结果的出现可能受到以下因素的影响：第一，《协议》中的开放措施和开放内容与中国在区域内部的显示性比较优势存在不匹配的情况。以建筑服务为例，中国尽管拥有强比较优势，但《协议》中建筑行业的开放措施比例却并不高。第二，《协议》中关于四大类服务贸易模式的开放承诺与相应服务贸易特征不相吻合。例如，建筑服务的提供模式以商业存在和自然人流动为主，而《协议》中对于这两类模式的开放承诺仍处于中低水平。保险服务领域也存在同样的问题。此外，需要指出的是，囿于数据限制，本文的实证结果仅能够反映跨境交付和境外消费两种模式下的服务贸易效应，可能会低估《协议》的效果。

基于上述分析，本文认为进一步深化和完善《协议》，推动中国－东盟自贸区的服务贸易发展，需要从以下角度完善有关措施：①争取与自身比较优势相适应的开放措施和开放内容。目前在中国－东盟自贸区内部，中国的服务贸易比较优势主要集中于建筑、计算机和信息服务领域，同时保险服务的优势正

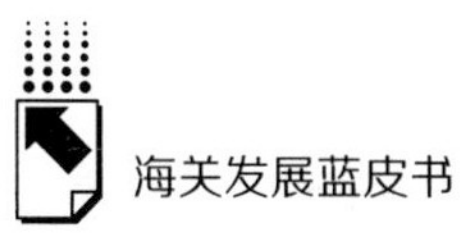

在增强。由此，今后在自贸区服务贸易自由化谈判中，应着力争取获得在上述领域更为开放的市场准入和国民待遇条件。特别是对于相关领域内中国的主要贸易伙伴国，如在保险领域泰国服务贸易的开放，应着力推进。②制定与相关服务贸易提供模式相适应的开放承诺。不同的服务贸易在提供方式上存在明显差异。如旅游、运输服务的提供更多通过跨境交付和境外消费模式，而建筑、保险等服务的提供则主要通过商业存在和自然人流动模式。在今后的服务贸易自由化谈判中，应考虑与特定服务提供模式相适应的开放承诺。否则尽管获得了较高的开放程度，但仅仅是表面功夫，对服务贸易难有实质性的促进作用。

B.10

海关服务贸易统计的现状、问题与完善对策研究

姚海华*

摘 要： 服务贸易是实体加工贸易向全球价值链高端延伸的一个重要方向。文章按照世界贸易组织和国际货币基金组织对服务贸易所作的定义，重点分析了当前海关在贸易统计中针对新型服务贸易业态的统计缺位现象。文章同时指出今后海关应当从转换统计单元、明确企业主动申报义务、采取“企业直报+重点调查”的稽核手段等方面不断完善服务贸易统计。

关键词： 海关 服务贸易 统计缺位 完善路径

伴随着移动互联网、大数据和云计算等高新技术的发展以及跨境电子商务、远程服务等贸易新兴业态的出现，服务贸易在全球贸易中所占的比重越来越大，世界贸易的重心出现了逐渐向服务业态和服务贸易倾斜的发展趋势，服务贸易成为影响各主要经济体经济增长的重要力量。与此同时，服务贸易的发展水平也成了衡量一个国家或地区经济竞争力的关键指标。

中国经济随着产业结构调整与贸易结构升级，服务贸易的地位日益突出。2015 年中国货物贸易出口金额和进口金额分别为 2. 28 万亿美元和 1. 68 万亿美元，与 2014 年同期相比分别下降了 2. 8% 和 14. 1%；2015 年中国货物贸易进出口总额为 3. 96 万亿美元，比 2014 年同比下降了 8%。与货物贸易进出口普遍下降形成反差的是，2015 年中国服务贸易的出口额和进口额分别为 4248. 1

---

* 姚海华，上海海关学院经济与工商管理系副教授。

亿美元和2881.9亿美元，与2014年相比分别增长了18.6%和9.2%，服务进出口总额为7130亿美元，比2014年增长了14.6%。在服务贸易的一些细分领域，2015年我国电信、计算机和信息，专业管理和咨询等高附加值服务业态的出口规模进一步扩大，服务出口结构也呈现继续优化的态势。在这种服务贸易日益繁荣的大背景下，无论是国际还是国内，对于服务贸易无论是分类方法还是数据统计上都提出了新的要求。

一　与服务贸易相关的几个概念

近年来，我国把第一产业、第二产业和第三产业的协调发展作为经济结构优化的着力点，把服务贸易领域作为进一步扩大经济开放、拓展经济增长空间的重要突破口，形成了点面结合、内外统筹的政策指导意见体系。2015年1月国务院就服务贸易专门出台了《国务院关于加快发展服务贸易的若干意见》（国发〔2015〕8号），提出了到2020年我国要实现服务进出口值实现超过1万亿美元的目标，同时要求服务贸易的结构要不断优化、布局要不断平衡、在贸易总额中的占比要不断提升，在此基础上还明确了五项政策措施和五方面的保障体系作为扶持服务贸易发展的配套。服务贸易的国际合作方面，我国在1994年WTO《服务贸易总协定》这一框架的基础上，与韩国、澳大利亚签订的《中韩自由贸易协定》、《中澳自由贸易协定》以及与“一带一路”沿线国家的双边或多边协议中，都进一步把服务贸易列为我国实现对外合作扩大开放的重要内容。国内相关省份及部分地级市也纷纷就辖区内服务贸易发展的规划出台了实施意见或细则，比如江苏省出台了《江苏省人民政府关于加快发展服务贸易的实施意见》（苏政发〔2015〕104号）等。除此之外，国务院就各地开展服务贸易创新专门作了《国务院关于同意开展服务贸易创新发展试点的批复》（国函〔2016〕40号）。从政策的导向来说，发展服务贸易已经被明确是当前中国经济转型和贸易结构升级过程中的一个重要方向。

在当前以经济转型与结构升级为主旋律的经济形势下，海关作为国家一个主要的进出境监督管理机构，面临着如何适应和引领开放型经济新常态、发挥好管理职能促进服务贸易发展的重大课题。2016年2月，海关总署署长于广洲陪同汪洋副总理调研期间，曾指出海关在服务贸易发展中发挥的作用尚不突出，在规范服务贸易管理方面依旧存在空白。因此，厘清海关监管过程中服务贸易的内涵与外延，对海关加强服务贸易管理与统计有着重要的意义。

（一）WTO 对服务贸易的概念界定

与有形的货物贸易流入流出国境相对应的，服务贸易从通俗的意义上讲，可以理解为是国家与国家之间无形服务的一种跨境交换活动。它既包括有形劳动力的跨境直接输入和输出，也涵盖提供者与使用者在没有实际载体接触的情况下所进行的跨境交易活动。1994 年世界贸易组织的成员国签署的《服务贸易总协定》，是世界贸易组织多边层面上在国际服务贸易领域制定的一个总纲。然而，在《服务贸易总协定》中针对国际服务贸易并没有给出一个明确的概念解释，而是采用范围列举的形式对服务贸易作了诠释，认为属于以下四个方面的无形交易范畴的即可被认定为服务贸易，具体包括：①从一参加方境内向任何其他参加方境内提供服务；②在一参加方境内向任何其他参加方的服务消费者提供服务；③一参加方在其他任何参加方境内通过提供服务的实体的介入而提供服务；④一参加方的自然人在其他任何参加方境内提供服务。[①]

这种范围列举式的定义实际上为服务贸易的实现形式确定了提供方式的标准，与上述四个服务贸易的界定范畴相对应的，即为服务贸易的四种提供方式，即：第一，跨境交付，这种方式是指一国境内的服务提供者在本国境内向他国被提供者提供服务，比如在我国境内通过邮政、电信、计算机网络等远程通信手段实现对国外消费者的服务，这种提供方式往往不会移动过境，而只是在本国通过远程方式或者凭借远程服务本身对境外消费者提供服务；第二，境外消费，这种方式是指一国境内的自然人居民充当服务的被提供者，去他国境内接受由他国提供的服务，比如，我国公民去其他国家旅游、去其他国家留学或者享受其他国家的医疗服务等，都是属于服务贸易的境外消费模式；第三，商业存在，这种方式是指一国境内的服务提供者前往另一国境内通过设立商业机构的形式，为他国境内的消费者提供服务的方式，其本质实际上就是通过投资的形式设立外商投资企业，所设立的外商投资企业的形式可以是独立的法人形式，也可以是具有非法人资质的分支机构或者驻外代表处，比如，我国目前

① 参见中国服务贸易指南网对服务贸易的定义解释（http：//tradeinservices. mofcom. gov. cn）。

大量引进的外资银行，就是通过商业存在的形式接受了国外的服务；第四，自然人流动，这种方式是指一国境内的自然人居民作为服务的提供者前往另一国为其提供个人服务。与商业存在有所区别的是，这种形式不涉及投资行为，比如邀请一个国外知名律师事务所的律师来我国作法律咨询或者讲学，那么就可以视为自然人流动，如果该律师事务所来华设立一个分支机构而不是派某一位律师来华，那么就被视为商业存在了。

由于以上四种提供方式标准在有些服务贸易的具体领域会同时采用若干标准，因此，WTO在《服务贸易总协定》中采用部门清单的形式把服务贸易的领域划分为商业服务、通信服务、建筑及相关的工程服务、分销服务、教育服务、环境服务、金融服务、与医疗有关的服务与社会服务、旅游及与旅行有关的服务、娱乐文化和体育服务、运输服务、其他服务等12个类别，对每一个类别又作了若干细分，累计细分为155个分部门①。

细分的贸易服务部门往往与生产过程之间存在这样那样的内在联系，因此WTO根据其生产过程标准（Processing & Product Method，PPM②）把服务贸易划分成生产前服务、生产服务和生产后服务三种类型。生产前服务是指企业在生产过程开始之前完成的服务，比如产品市场开拓过程中的市场调研、产品研发、产品设计等；生产服务是指为了确保生产过程的顺利开展而进行的质量控制、检测维修、设备租赁、软件开发等与有形货物融于一体的服务形态；生产后服务是指为了连接生产者与消费者而发生的广告、营销、包装、运输、退货、索赔等一系列的售后服务活动。

从人们习以为常的观点来看，海关的监管对象是有形的进出口货物，与无形的服务之间似乎关系并不是特别大。这就导致了一个很大的认识误区，尤其是在针对海关促进与完善服务贸易发展这个问题上，容易割裂海关监管与服务贸易之间的联系。如果从WTO生产过程标准的角度重新审视服务贸易的细分业态，不难发现，凡是与进出口货物相关的生产性服务业，都属于海关需要规范管理的范畴。因此，可以这么理解，WTO对服务贸易

① 详见WTO对服务贸易的行业细分（https：//www. wto. org）和《中国服务贸易指南网》（http：//tradeinservices. mofcom. gov. cn）对其所作的相关释义。

② 有关服务贸易中引入生产过程标准最早是从WTO的《贸易技术壁垒协议》（WTO/TBT）开始的（https：//www. wto. org/english/docs_ e/legal_ e/17 – tbt_ e. htm）。

的定义范式为海关如何更好地促进与完善服务贸易的监管和统计职能提供了借鉴依据。

（二）IMF 对服务贸易的概念界定

在几大权威的国际经济组织中，国际货币基金组织（IMF）是负责协调世界主要经济体国际收支状况调整及其相关统计工作的跨国专业机构。在国际收支统计中，经常账户包括货物贸易、服务贸易、收入与经常性转移四个部分。所以，从服务贸易统计的角度来说，国际货币基金组织也是服务贸易统计的权威国际机构。

伴随着过去十多年全球性国际收支失衡格局的出现，尤其是 2007 年之后，以美国持续出现经常账户巨额逆差和中国持续出现经常账户巨额顺差为两个极端的全球性国际收支失衡问题的出现，国际货币基金组织结合全球价值链上生产跨国转移的本质特征对国际收支统计问题开始了深入的探索。结果发现，与传统的贸易方式有所不同，以加工贸易为载体的跨国公司的全球化生产，通过在世界各国设立子公司的形式使得其生产环节被分布在世界各国。生产的跨国空间分割，带来了贸易形式上的跨国流转，以原材料、零部件和半成品的中间产品贸易在全球贸易中的份额不断攀升。这种新的生产与贸易模式，给贸易统计带来了颠覆性的挑战。在传统的贸易方式下，出口商品的所有权是出口国所在企业的，进口商品的所有权归进口来源国的企业所有，贸易商品的所有权与其属地原则相一致。而在以跨国公司为主导的全球价值链生产模式下，原材料、零部件和半成品的跨国流转在来料加工和出料加工的贸易方式下，并没有发生所有权的转移，因此，贸易商品的所有权与其按原产地标准的属地原则发生了背离。对于来料加工和出料加工等所有权未发生转移的贸易方式，生产企业赚取的只是微薄的生产加工费用，并不是流转贸易商品本身的价值。

2009 年，国际货币基金组织针对上述新型的生产与贸易模式做了全新的统计调整，颁布了第六版的《国际收支和国际投资头寸手册》（简称 BMP6）。在统计意义上，具有巨大创新价值的就是把原来以原产地规则为主要判定依据的“属地原则”改成了进出口企业在进出口环节是否发生进出口商品产权变化的“属权原则”。这样一来，其最大的调整就落在了加工贸易的统计归属上。根据第六版的《国际收支和国际投资头寸手册》，进出口环节没有发生所

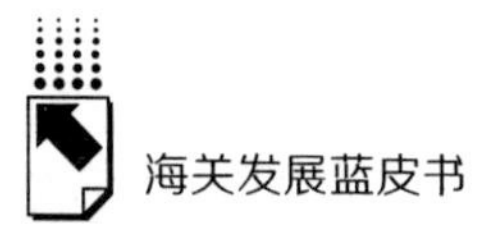

有权变更的进料加工，记在经常账户的货物贸易项下；进出口环节发生了所有权变更的来料加工和出料加工，按照其净出口值作为加工服务费记在经常账户的服务贸易项下。

第六版的《国际收支和国际投资头寸手册》第十条第22款作了这样的规定，由不拥有相关货物的实体组装、包装、贴标签或加工的货物［BOPMAN6，10.22（f）］，由于未发生国际交易而不计入一般商品的项目。第十条第59款把加工之后送往国外或退回且不变更所有权的货物列入了服务贸易的范畴（BOPMAN6，10.59）①。

由于加工贸易的保税监管主要由中国海关负责实施，因此，从海关监管服务贸易的角度来说，第六版的《国际收支和国际投资头寸手册》所作的统计调项为海关规范服务贸易管理和完善服务贸易统计提供了直接的依据。同时，该项调整的内涵与世界贸易组织生产性服务的口径标准也比较接近与吻合。所以，海关完善服务贸易管理与统计，重要的突破口在于结合由实体加工贸易向全球价值链两端延伸拓展服务链的实际，在管理体制、促进机制、政策体系、监管模式和统计制度方面先行先试，从而做出有益的路径探索。

二　我国当前服务贸易统计规范

（一）我国服务贸易统计的法律依据

我国对外贸易发展过程中一直存在货物贸易先行、服务贸易发展相对滞后的贸易发展趋势。直到“十一五”期间，我国在“十一五”规划中才明确了服务贸易发展的战略目标。与此相对应的，我国服务贸易相关统计规范的起步也比较晚。

从服务贸易发展较早的国家或地区的经验来看，他们都有相对比较完善的法律、制度和机构确保服务贸易统计工作有序推进。比如美国，他们从20世纪80年代中期就颁布了《国际投资和服务贸易调查法》，美国国会通过授权

① 参见国际货币基金组织的Sixth Edition of the IMF's Balance of Payments and International Investment Position Manual（BPM6）（http：//www.imf.org/external/pubs/ft/bop/2007/bopman6.htm）。

商务部经济分析局（Bureau of Economic Analysis，BEA）开展各个行业的服务交易强制性调查和国际直接投资强制性调查，完成美国服务贸易的统计工作。还比如我国的香港地区，从1997年回归内地之日起就颁布了《普查及统计条例》（第316章），为服务贸易统计工作的顺利开展提供了重要的法律保障。

长期以来由于我国大陆地区服务贸易本身的发展相对比较落后，又加上服务贸易统计制度和统计机构的管理缺位，在国家各项统计中服务贸易统计一直是个短板。近年来，伴随着国家产业转型升级的要求日益强烈，对于战略性新兴产业等新型业态的扶持力度越来越大，服务领域的细分部门也越来越多，这些实际问题对服务贸易的统计工作也提出了较多的迫切需求。在这种经济背景下，2006年商务部专门成立了服务贸易司，2007年11月出台了《国际服务贸易统计制度》并于2008年1月1日正式实施。

我国的《国际服务贸易统计制度》是由商务部和国家统计局在遵循联合国等国际机构颁布的《国际服务贸易统计手册》（Manual on Statistics of International Trade in Services，MSITS）和世界贸易组织《服务贸易总协定》有关标准的基础上联合出台的，它以《中华人民共和国对外贸易法》和《中华人民共和国统计法》作为法律依据，并且与联合国《国民经济核算体系》（SNA）的有关标准做到了有效衔接。该制度的出台，弥补了我国当前服务贸易领域统计制度上的空白，为我国今后有效开展服务贸易统计提供了制度条件。

为了适应过去几年经济转型升级过程中服务领域发展的新情况与新特点，商务部与国家统计局结合服务贸易统计工作的实践，已于2010年、2012年和2014年三次联合修订了《国际服务贸易统计制度》。第四次修订已于2016年12月完成，《国际服务贸易统计制度》被改为《国际服务贸易统计监测制度》，最近一次的修订，不仅完善了服务贸易统计制度本身，还扩充了服务贸易运行与分析体系。

（二）服务贸易的统计内容

国际货币基金组织的成员国都会定期向国际货币基金组织报送其国际收支平衡表，服务贸易作为国际收支平衡表的一个重要组成部分，成为国际货币基金组织成员国向国际货币基金组织必报的内容之一。在各国服务贸易的统计实践中，普遍都遵循《国际服务贸易统计手册》（MSITS）的基本统计原则，即国际服务贸易统计须在WTO《服务贸易总协定》的约束下把跨境交付、境外消费、商业存在和自然人流动四种服务提供方式作为服务贸易的统计范围。居民与非居民之间开展的服务贸易以及通过境外附属机构实现的服务贸易是服务贸易统计的核心对象，自然人流动由于其范围相对较难确定，在很多国家的服务贸易统计实践中往往被视为一个次要的组成部分。

我国《服务贸易统计制度》在紧跟服务贸易国际规范与标准前沿方向的前提下，结合我国服务贸易发展的实际情况，设定了我国服务贸易统计的具体范围和内容，尤其是细化了服务贸易的国别（地区）分类和省市分类，类似于货物贸易，提供了交易属性、国别（地区）、省市等多个维度的国际收支服务贸易和外国附属机构服务贸易统计数据框架，以适应国际谈判与我国各地方政府管理和决策的需要。

从确切上报的内容来讲，根据《国际服务贸易统计制度》规定，当前我国服务贸易统计主要包括服务进出口统计、外国附属机构服务贸易统计以及自然人移动统计三个大的方面。

服务进出口统计报表为按季度递交的季报。这中间涉及的建筑及相关工程服务、教育服务、环境服务、医疗保健和社会服务、娱乐文化体育服务、分销服务和其他商业服务等细分门类的进出口数据来源于服务贸易统计调查系统；计算机和信息服务、进出口环节的特许使用费和许可费，以及非金融类境外附属机构服务贸易数据来自商务部目前的软件出口和服务外包统计系统以及技术进出口信息管理系统；除此之外的运输、旅游、通信服务、金融服务、保险服务等进出口数据是综合运用现有统计资料、其他相关部门的行政记录以及其他信息来源推断测算而成。

外国附属机构服务贸易统计报表是年报。该报表中非金融类外国附属机构服务贸易（内向和外向）报表数据来自商务部，金融类外国附属机构服务贸易（内向和外向）报表由相关金融部门填报统计而得。

自然人移动统计报表也是年报。该报表中的相关信息由各省、自治区、直辖市和计划单列市以及新疆生产建设兵团商务主管部门收集数据并上报到商务部之后由商务部汇总而成。

最终商务部公布的服务贸易统计数据是在上述三张分项报表的基础上综合

汇总而成的。就数据采集方法而言，服务贸易统计信息采集时会综合运用抽样调查、全数调查、重点调查、典型调查和科学推算，同时，还会在此基础上全面利用行政记录等资料进行辅助采集相关信息。

（三）服务贸易统计的组织实施

最新颁布的《国际服务贸易统计监测制度》明确规定，商务部会同国家统计局负责我国服务贸易统计调查工作的组织与实施，我国服务贸易统计工作实行统一领导，分级管理，逐级报送。

商务部和国家统计局是我国目前服务贸易统计的主管部门，负责落实全国的服务贸易统计工作。海关、交通运输部、中国人民银行、国家旅游总局等部委以及地方各级商务主管部门承担本条线或本行政区域内的服务贸易统计工作。

从实际数据资料的传递路径来看，主要分为两个渠道，一是海关、交通运输部、中国人民银行、国家旅游总局等服务贸易相关部门依照本部门职能分工向商务部和国家统计局提供相关数据，二是由各省（区、市）商务部门向商务部和国家统计局核转上报部分数据。此外，商务部和国家统计局还负责全国服务贸易统计调查的组织、实施以及全国服务贸易统计数据的汇总和管理，定期通过《中国服务贸易发展报告》和《中国服务贸易统计》一个专题报告一份统计资料的形式对外发布年度服务贸易运行态势。

三　海关在服务贸易新型业态中的统计缺位现状

（一）新型贸易业态对海关统计的冲击

《中华人民共和国海关法》第二条规定："中华人民共和国海关是国家的进出境监督管理机关。海关依照本法和其他有关法律、行政法规，监督进出境的运输工具、货物、行李物品、邮递物品和其他物品，征收关税和其他税费，查缉走私，编制海关统计和办理其他海关业务。"所以，编制海关统计被约定俗成地视为《海关法》赋予海关的四大传统职能之一。

我国自 20 世纪 80 年代初恢复国际收支平衡表编制开始，就在国际收支平衡表的货物贸易这一二级账户中采用了海关统计数据，从而奠定了海关统计是我国对外贸易官方统计的地位。目前，海关的统计主要是针对进出口有形货物搜集其商品类型、数量、金额、贸易方式、进出口国别等细分信息，本质上属于货物贸易统计。总的来讲，我国的海关统计在制度设计上主要采用了联合国国际贸易统计标准，具有国际可比性和前沿性。但不可否认的是，海关统计仅限于有形的货物贸易的统计，海关监管中服务贸易新型业态的出现对传统的海关货物统计造成了一定的冲击，具体表现在以下几个方面。

1. 贸易业态与贸易方式不匹配

我国在20世纪90年代中期以前，海关与当时的外经贸部都具有贸易统计权，在贸易统计中一度出现过海关贸易统计与商务部贸易统计两套系统并存的格局。在那个贸易统计在两个部委分头开展的年代，贸易统计中的国际贸易方式代码却是统一的，当初海关与外经贸部都使用1993年由中国标准化研究院组织当时的外经贸部、经贸委、海关总署、外经贸大学的专家起草的《国际贸易方式代码》国家标准（GB/T 15421－1994）。90年代末期外经贸部取消贸易统计权之后，海关成为国家唯一的货物贸易统计机关，海关在贸易统计实践中逐渐摸索出了一套自己的贸易方式统计代码。2006年商务部设立了服务贸易司之后，《国际贸易方式代码》国家标准（GB/T 15421－1994）被进一步修正，修正之后的《国际贸易方式代码》国家标准（GB/T 15421－2008）被商务部一直沿用至今。

由于海关仅统计进出境的有形实物贸易，因而，与包含无形贸易在内的《国际贸易方式代码》国家标准（GB/T 15421－2008）出现了一些统计口径不一致和统计代码不一致的问题。比如，在《国际贸易方式代码》国家标准（GB/T 15421－2008）中与如商标、专利技术、专有技术、版权等相关的“国际许可贸易”（统计代码为“50”）、企业间根据国家规定开展的国际服务贸易（统计代码为“60”）在目前海关两位数的贸易方式代码中是空缺的，而这些相关的业务伴随着海关监管业态的不断增加，在海关实际监管业务中却是存在的。再比如，在《国际贸易方式代码》国家标准（GB/T 15421－2008）中与企业间按照维修协定对货物进行维修、维修完毕后复运出/进境、维修方收取一定的维修费用的“维修贸易”，其统计代码为“61”，但海关统计贸易方式代码为“61”的却代表“退运货物”，与维修贸易相关的分别用“1300”（修理物品）和“1371”（保税维修）这两组代码表示，《国际贸易方式代码》与海关贸易方式代码这两套编码存在代码不一致的情况。

除此之外，海关目前实际统计过程中采用的贸易方式与商务部沿用至今的《国际贸易方式代码》国家标准（GB/T 15421－2008）存在条目描述相同但统计口径有差异的问题。国际援助、捐赠、补偿贸易、来料加工、进料加工、寄售贸易、出料加工、易货贸易、暂时进出口货物和免税外汇商品等海关统计中的贸易方式与国家标准（GB/T 15421－2008）的贸易方式基本一致，但海关统计的一般贸易适用范围要大于国家标准（GB/T 15421－2008）的一般贸易。比如“国际招标”货物是《国际贸易方式代码》国家标准（GB/T 15421－2008）下的一种贸易方式，但企业在向海关申报时通常按一般贸易向海关申报进口，列入海关统计中的一般贸易。

2. 贸易权属与实际货值不匹配

根据我国《海关统计条例》，海关统计的对象是实际进出境并改变我国物质资料存量的进出口货物。然而，服务贸易在发生过程中虽然伴随着大量的有形实物进出口，如果这部分货物随着服务的提供或消费在进口（出口）后将复出口（复进口）的话，对我国物质资料的存量并没有造成实质性的改变。按现行海关的统计口径，这部分对国内物质资料存量并没有造成实质性改变的进出境货物，也会被列入海关的统计当中，进而会造成我国货物贸易统计值的人为虚增，并且连锁地造成国际收支平衡表货物项下的金额的虚增与重复统计，严重影响我国对货物贸易规模的准确客观评价。当我国货物净出口虚增值累积到一定的规模，还容易招致贸易伙伴国的贸易报复，也容易造成贸易伙伴国对人民币汇率施加升值压力。

（二）有实物承载的服务贸易统计缺位现状

1. 仓储货物统计

随着我国物流业的快速发展和物流基础设施的不断完善，越来越多的国外货主将其货物暂存在我国以享受相对低廉的仓储等物流成本，这也是我国海关特殊监管区域和保税监管场所近年来大力倡导的新型业务之一。按照世界贸易组织和国际货币基金组织的定义，如果仓储货物的所有权没有发生转移，在一国为其他国家货物提供的仓储服务就属于服务贸易的范畴，其仓储费应列入服务贸易统计。但在我国海关监管与统计实践中，保税区、保税仓库等特殊监管

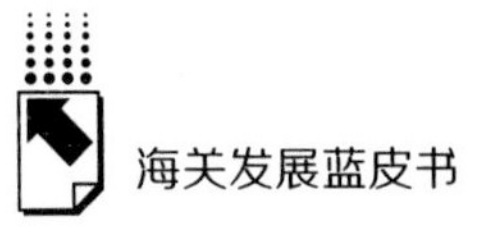

区域和保税监管场所仓储转口货物不区分所有权是否发生转移，均列入我国货物贸易统计，既虚增了我国货物进出口规模，也无法反映我国仓储服务贸易的规模。

根据笔者调研的结果发现，仓储费无法根据每一笔进出口的货物来进行分摊，实践中更可行的是企业按年度结算。所以从服务贸易统计的角度来说，仓储费的统计建议采用仓储企业直报方式来采集相关的原始数据。

2. 修理、检测物品统计

修理物品是指运进或运出境①维护、检测、修理的货物或物品，包括进境维修、检测并出境和出境维修、检测并进境的物品。目前，海关统计中修理、检测物品的统计监管方式为“1300”，名称为“修理物品”。

保税维修是指运进或运出海关特殊监管区域维护、检测、修理的货物或物品，包括进区维修、检测并出境和出境维修、检测并进区的物品。目前海关统计中针对海关特殊监管区域内修理、检测物品的统计监管方式为“1371”，名称为“保税维修”。

修理、检测物品是较早增列的监管方式，目前虽然已有明确的监管方式，但在实际操作中，修理、检测的实物与费用，采用同一监管方式和商品编码申报，在统计中难以区分哪些是修理实物哪些是修理费用。针对海关特殊监管区外的普通修理、检测费用，由于区外企业往往具有一般纳税人资格，可以通过表体征减免方式“1”予以识别，也就是说可以依靠减免方式区分出修理、检测的实物与修理费用。然而，针对海关特殊监管区域内保税维修的修理、检测费用，在统计上则无法据此与实物分开。此外，进境修理与出境修理的货物均使用同一监管方式，无法区别是外国货物在我国修理检测，还是我国货物在外国修理检测，从进出口流向的统计来看，目前的统计无法区分到底是属于服务出口还是属于服务进口。

从改进路径来看，针对现行的监管方式修理物品“1300”，可以从两个层面加以改进：第一个方案是通过表体征减免方式不等于“3”、“6”、“7”来调取数据，或者通过商品名称或者备注栏含“费”来提取数据加以统计识别；第二个方案是通过发布统计公告，要求企业维修费用数量申报0或者1，以此

① 这里的进境或者出境是指进入或者离开关境，即除了本国海关特殊监管区域之外的国境。

来区分出境维修检测还是入境检测维修，根据报关单进出口标识号采集接受境外维修还是对境外提供维修。

同样的道理，针对海关特殊监管区域内的保税维修“1371”，可以通过商品名称或者备注栏含“费”来提取数据，到底是入境保税维修还是出境保税维修，可根据报关单进出口标识号采集。

3. 技术进出口统计

与货物相关的专利、专有技术转让等费用在海关监管中被称为特许权使用费。《中华人民共和国海关审定进出口货物完税价格办法》规定，与进口货物有关且构成该货物向中华人民共和国境内销售的条件的特许权使用费应当计入货物的完税价格。

《中华人民共和国海关关于进口货物特许权使用费估价办法》第二条对特许权使用费作了明确界定，凡是进口货物的买方为获得使用专利、商标、专有技术、享有著作权的作品和其他权利的许可而支付的费用，都属于特许权使用费，包括专利权使用费、商标权使用费、著作权使用费、专有技术使用费、分销或转售权费和其他类似费用①。

《进口货物特许权使用费估价办法》进一步规定，属于以下三种用于支付专利权或专有技术使用权的进口货物，其特许权使用费应当计入完税价格：一是含有专利或专有技术的货物；二是使用专利方法或专有技术生产的货物；三是为实施专利或专有技术而专门设计或制造的机器、设备。此外，该文件还规定专利、专有技术以磁带、磁盘、光盘或其他类似介质形式进口的，或通过网络、卫星等方式下载或传输的，应当认定与前款进口货物有关②。

在海关监管实践中，特许权使用费如果与货物同时进口，则与货物一并归类并征税；如果与货物不同时进口，则按照报验状态，按照所处介质归类并征税。海关统计实践中的这种处理方式明显增大了我国货物贸易的数值。同时，由于目前的海关统计制度方法从商品编码、贸易方式等统计指标均无法界定特许权使用费，因此海关无法对上述费用进行单独统计。此外，有些费用不通过

① 参见中华人民共和国海关总署令第 102 号《中华人民共和国海关关于进口货物特许权使用费估价办法》第二条。

② 参见中华人民共和国海关总署令第 102 号《中华人民共和国海关关于进口货物特许权使用费估价办法》第五条。

海关报关进出口，以非贸渠道对外结付汇，海关对此类统计更是束手无策。

在商务部、国家统计局印发的《国际服务贸易统计报表填报指南》中，《服贸统计7表：分销服务进出口情况》专门设置了“特许权授予”一栏，从事分销服务[①]进出口的企事业单位、其他组织、个体工商户和个人按照“进口”、“出口”填报国别（地区）和特许权金额，按季度申报。从海关统计来讲，在最新的《海关报关单结构修订办法》中，海关报关单增列了“其他费用”一栏，用于进出口企业在向海关报关时如实申报是否有特许权使用费。但是，最新的报关单改革时只要求企业在报关时申报是否具有特许权使用费，至于特许权使用费的金额有多大，海关至今并没有要求企业进行申报，所以针对技术进出口过程中的特许权使用费的统计还是没法按报关单逐笔进行统计。

考虑到特许权使用费涉及征税、减免税等问题，笔者建议作为服务贸易的特许权使用费同其承载的货物一并归类，同时增列特许权使用费监管方式代码，列入海关单项统计。这样需要做相应的统计排摸时，可以单独调取数据。

4. 定制型软件进出口统计

软件按照其功能可以分为嵌入式软件和定制型软件。关于嵌入式软件统计问题与特许权使用费类似，海关无法单独统计嵌入式软件进出口额。为特定用户定制开发的软件，比如音像制品、蓝图及类似品，根据联合国的统计标准，不应列入货物贸易统计，而应列入服务贸易统计。在第六版的《国际收支与国际投资头寸手册》中，对具有暂时使用权的商用或通用软件的统计也提出了严格的要求，其进出口也应列入服务贸易统计。

软件统计是各国货物贸易统计的难点，在最新修订的联合国《货物贸易统计制度》（IMTS，REV. 3）中，各国贸易统计专家从操作实际考虑，仍然坚持通过海关报关以有形实物方式进出口的软件列入货物贸易统计，但明确为定制软件的除外，后者列入服务贸易统计。目前我国的软件进出口统计存在部分重叠，且软件进口与出口按照不同方法归类也存在一定的不合理性。比如，根据海关税则HS编码，软件按照材质归类，进口按照HS编码8523归类，出口既有按HS编码8523归类，也有按HS编码9803归类，后者为本国自定目录，

① 分销服务指一经济体成员通过跨境提供为另一经济体成员提供的佣金代理服务、批发销售服务、零售服务、特许经营服务以及其他服务。

仅为统计之用。

针对目前的这种归类与统计现状，笔者建议由税则委员会牵头，厘清软件税收和统计的相关操作，HS 编码 8523 子目下的 9 位、10 位增设软件税号，将光盘与软件分开，软件列入海关单项统计。

5. 租赁贸易统计

目前统计中与租赁贸易统计相关的监管代码主要有“1500”（租赁期不满一年的租赁贸易货物）、“1523”（租期在一年及以上的租赁贸易货物）和“9800”（租赁期一年及以上的租赁贸易货物的租金）三个。

租赁期不满一年的进出口货物，监管方式为“1500”，目前租赁期不满一年的进出口货物货值与租金均报“1500”，这样针对不满一年租期的货物没法区分货值和租金的多少。此外，从税收政策上来说，由于针对租赁实物是免税的，而租赁实物对应的租金却是要征税的，这两者混在一起，往往还会影响与此相关的税收征管。

租赁期在一年及以上的进出口货物，监管方式为“1523”（租期在一年及以上的租赁贸易货物）和“9800”（租赁期一年及以上的租赁贸易货物的租金）。从服务统计的角度来看，可以通过贸易方式“9800”直接采集租赁期一年及以上的租赁贸易货物的租金，列入服务贸易。

从完善路径来看，笔者建议针对租赁期不满一年的租赁货物，按照《海关业务标准化规范》，修改《统计实务手册》“9800”的定义，把不满一年的租赁贸易租金和租赁期一年及以上的租赁贸易货物的租金，都通过监管方式“9800”采集，列入服务贸易统计。当然，至于如何区分租金是一年以上还是一年以下，可以通过关联报关单实现，调取监管方式“1500”，税款大于 0 的数据，列入服务贸易统计。

6. 暂时进出货物统计

暂时进出口货物（监管方式代码为“2600”）是指国际组织、外国政府或外国和我国香港、澳门及台湾地区的企业，群众团体以及个人为开展经济、技术、科学、文化合作交流而暂时运入或运出我国关境及复运出入境的货物。

保税港区、综合保税区、出口加工区、珠澳跨境工业园区（珠海园区）、中哈霍尔果斯边境国际合作中心（中方配套区）内企业产品，设备运往境内（区外）测试、检验或委托加工产品，以及复运回区内的情况，也用“暂时进出货物”申报。

由于暂时进出货物可能在入境之后会发生所有权转移，也可能不发生所有权转移。针对不发生物权转移的暂时进出口货物可以增设监管方式，分成实物部分，不作统计，其相应的仓储费用可以列为单项统计，仓储费用的商品归类同实物一致。

（三）无实物承载的服务贸易统计缺位现状

1. 来料加工、出料加工工缴费统计

根据联合国与国际货币基金组织关于服务贸易最新的统计思想，认为来料加工、出料加工进出口货物的所有权没有发生转移，其加工工缴费应作为加工服务的报酬列入服务贸易统计。但在海关监管实践中，来料加工工缴费、进口料件、国内购料一并计入成品价值出口申报，无法区分统计，出料加工也存在类似的情况。比如，在出口加工区加工的进出口货物也都按照“来料加工”方式申报与统计，在统计上没有区分进口的进料实物价值和加工的工缴费，这导致在加工贸易的分析中无法具体掌握来料加工工缴费的规模。

目前外汇管理局在编制国际收支平衡表时，通过估算方法获得来料加工工缴费率后再行调整数据。在现有的海关监管模式中，海关主要根据进出口货物收发货人的申报对服务贸易的进出境实行监管，笔者建议今后可以明确进出口货物收发货人在进行服务贸易进出口时负有向海关主动申报工缴费的义务，与此相适应的，海关也应当通过建立加工贸易工缴费统计调查制度获得相关数据信息。这样的统计改进将有助于当前我国企业不断向海外投资之后中间产品出境经加工复进口之后的征税监管。

2. 进出境展览品统计

进出境展览品（监管方式代码为“2700”）是指外国来华或我国为到国外举办经济、文化、科技等展览或参加博览会及展览品有关的宣传品、布置品、招待品、小卖品和其他物品。目前，海关在进出境展览品“2700”这一监管代码下，主要监管、统计的是展览品实物及其价值，对于在展览过程中发生的服务性增值尚未作统计。

要完善这方面的统计，最简单的一个方案就是通过部门之间的数据互换，

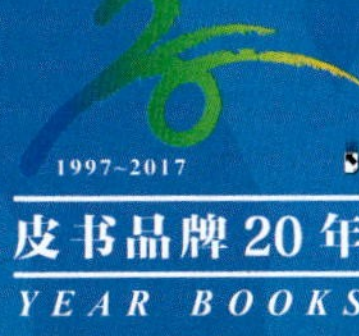

皮书系列

2017年

智 库 成 果 出 版 与 传 播 平 台

社长致辞

2017年正值皮书品牌专业化二十周年之际，世界每天都在发生着让人眼花缭乱的变化，而唯一不变的，是面向未来无数的可能性。作为个体，如何获取专业信息以备不时之需？作为行政主体或企事业主体，如何提高决策的科学性让这个世界变得更好而不是更糟？原创、实证、专业、前沿、及时、持续，这是1997年“皮书系列”品牌创立的初衷。

1997～2017，从最初一个出版社的学术产品名称到媒体和公众使用频率极高的热点词语，从专业术语到大众话语，从官方文件到独特的出版型态，作为重要的智库成果，“皮书”始终致力于成为海量信息时代的信息过滤器，成为经济社会发展的记录仪，成为政策制定、评估、调整的智力源，社会科学研究的资料集成库。“皮书”的概念不断延展，“皮书”的种类更加丰富，“皮书”的功能日渐完善。

1997～2017，皮书及皮书数据库已成为中国新型智库建设不可或缺的抓手与平台，成为政府、企业和各类社会组织决策的利器，成为人文社科研究最基本的资料库，成为世界系统完整及时认知当代中国的窗口和通道！“皮书”所具有的凝聚力正在形成一种无形的力量，吸引着社会各界关注中国的发展，参与中国的发展。

二十年的“皮书”正值青春，愿每一位皮书人付出的年华与智慧不辜负这个时代！

社会科学文献出版社社长
中国社会学会秘书长

谢寿光

2016年11月

社会科学文献出版社简介

社会科学文献出版社成立于1985年，是直属于中国社会科学院的人文社会科学学术出版机构。成立以来，社科文献出版社依托于中国社会科学院和国内外人文社会科学界丰厚的学术出版和专家学者资源，始终坚持“创社科经典，出传世文献”的出版理念、“权威、前沿、原创”的产品定位以及学术成果和智库成果出版的专业化、数字化、国际化、市场化的经营道路。

社科文献出版社是中国新闻出版业转型与文化体制改革的先行者。积极探索文化体制改革的先进方向和现代企业经营决策机制，社科文献出版社先后荣获“全国文化体制改革工作先进单位”、中国出版政府奖·先进出版单位奖，中国社会科学院先进集体、全国科普工作先进集体等荣誉称号。多人次荣获“第十届韬奋出版奖”“全国新闻出版行业领军人才”“数字出版先进人物”“北京市新闻出版广电行业领军人才”等称号。

社科文献出版社是中国人文社会科学学术出版的大社名社，也是以皮书为代表的智库成果出版的专业强社。年出版图书2000余种，其中皮书350余种，出版新书字数5.5亿字，承印与发行中国社科院院属期刊72种，先后创立了皮书系列、列国志、中国史话、社科文献学术译库、社科文献学术文库、甲骨文书系等一大批既有学术影响又有市场价值的品牌，确立了在社会学、近代史、苏东问题研究等专业学科及领域出版的领先地位。图书多次荣获中国出版政府奖、“三个一百”原创图书出版工程、“五个‘一’工程奖”、“大众喜爱的50种图书”等奖项，在中央国家机关“强素质·做表率”读书活动中，入选图书品种数位居各大出版社之首。

社科文献出版社是中国学术出版规范与标准的倡议者与制定者，代表全国50多家出版社发起实施学术著作出版规范的倡议，承担学术著作规范国家标准的起草工作，率先编撰完成《皮书手册》对皮书品牌进行规范化管理，并在此基础上推出中国版芝加哥手册——《SSAP学术出版手册》。

社科文献出版社是中国数字出版的引领者，拥有皮书数据库、列国志数据库、“一带一路”数据库、减贫数据库、集刊数据库等4大产品线11个数据库产品，机构用户达1300余家，海外用户百余家，荣获“数字出版转型示范单位”“新闻出版标准化先进单位”“专业数字内容资源知识服务模式试点企业标准化示范单位”等称号。

社科文献出版社是中国学术出版走出去的践行者。社科文献出版社海外图书出版与学术合作业务遍及全球40余个国家和地区并于2016年成立俄罗斯分社，累计输出图书500余种，涉及近20个语种，累计获得国家社科基金中华学术外译项目资助76种、“丝路书香工程”项目资助60种、中国图书对外推广计划项目资助71种以及经典中国国际出版工程资助28种，被商务部认定为“2015-2016年度国家文化出口重点企业”。

如今，社科文献出版社拥有固定资产3.6亿元，年收入近3亿元，设置了七大出版分社、六大专业部门，成立了皮书研究院和博士后科研工作站，培养了一支近400人的高素质与高效率的编辑、出版、营销和国际推广队伍，为未来成为学术出版的大社、名社、强社，成为文化体制改革与文化企业转型发展的排头兵奠定了坚实的基础。

经 济 类

经济类皮书涵盖宏观经济、城市经济、大区域经济，
提供权威、前沿的分析与预测

经济蓝皮书

2017年中国经济形势分析与预测

李扬/主编　2017年1月出版　定价：89.00元

◆　本书为总理基金项目，由著名经济学家李扬领衔，联合中国社会科学院等数十家科研机构、国家部委和高等院校的专家共同撰写，系统分析了2016年的中国经济形势并预测2017年中国经济运行情况。

中国省域竞争力蓝皮书

中国省域经济综合竞争力发展报告（2015～2016）

李建平　李闽榕　高燕京/主编　2017年5月出版　定价：198.00元

◆　本书融多学科的理论为一体，深入追踪研究了省域经济发展与中国国家竞争力的内在关系，为提升中国省域经济综合竞争力提供有价值的决策依据。

城市蓝皮书

中国城市发展报告No.10

潘家华　单菁菁/主编　2017年9月出版　估价：89.00元

◆　本书是由中国社会科学院城市发展与环境研究中心编著的，多角度、全方位地立体展示了中国城市的发展状况，并对中国城市的未来发展提出了许多建议。该书有强烈的时代感，对中国城市发展实践有重要的参考价值。

人口与劳动绿皮书

中国人口与劳动问题报告 No.18

蔡昉　张车伟 / 主编　2017 年 10 月出版　估价：89.00 元

◆　本书为中国社会科学院人口与劳动经济研究所主编的年度报告，对当前中国人口与劳动形势做了比较全面和系统的深入讨论，为研究中国人口与劳动问题提供了一个专业性的视角。

世界经济黄皮书

2017 年世界经济形势分析与预测

张宇燕 / 主编　2017 年 1 月出版　定价：89.00 元

◆　本书由中国社会科学院世界经济与政治研究所的研究团队撰写，2016 年世界经济增速进一步放缓，就业增长放慢。世界经济面临许多重大挑战同时，地缘政治风险、难民危机、大国政治周期、恐怖主义等问题也仍然在影响世界经济的稳定与发展。预计 2017 年按 PPP 计算的世界 GDP 增长率约为 3.0%。

国际城市蓝皮书

国际城市发展报告（2017）

屠启宇 / 主编　2017 年 2 月出版　定价：79.00 元

◆　本书作者以上海社会科学院从事国际城市研究的学者团队为核心，汇集同济大学、华东师范大学、复旦大学、上海交通大学、南京大学、浙江大学相关城市研究专业学者。立足动态跟踪介绍国际城市发展时间中，最新出现的重大战略、重大理念、重大项目、重大报告和最佳案例。

金融蓝皮书

中国金融发展报告（2017）

王国刚 / 主编　2017 年 2 月出版　定价：79.00 元

◆　本书由中国社会科学院金融研究所组织编写，概括和分析了 2016 年中国金融发展和运行中的各方面情况，研讨和评论了 2016 年发生的主要金融事件，有利于读者了解掌握 2016 年中国的金融状况，把握 2017 年中国金融的走势。

农村绿皮书

中国农村经济形势分析与预测（2016 ~ 2017）

魏后凯　杜志雄　黄秉信 / 主编　2017 年 4 月出版　估价：89.00 元

◆　本书描述了 2016 年中国农业农村经济发展的一些主要指标和变化，并对 2017 年中国农业农村经济形势的一些展望和预测，提出相应的政策建议。

西部蓝皮书

中国西部发展报告（2017）

徐璋勇 / 主编　2017 年 7 月出版　估价：89.00 元

◆　本书由西北大学中国西部经济发展研究中心主编，汇集了源自西部本土以及国内研究西部问题的权威专家的第一手资料，对国家实施西部大开发战略进行年度动态跟踪，并对 2017 年西部经济、社会发展态势进行预测和展望。

经济蓝皮书·夏季号

中国经济增长报告（2016 ~ 2017）

李扬 / 主编　2017 年 9 月出版　估价：98.00 元

◆　中国经济增长报告主要探讨 2016~2017 年中国经济增长问题，以专业视角解读中国经济增长，力求将其打造成一个研究中国经济增长、服务宏微观各级决策的周期性、权威性读物。

就业蓝皮书

2017 年中国本科生就业报告

麦可思研究院 / 编著　2017 年 6 月出版　估价：98.00 元

◆　本书基于大量的数据和调研，内容翔实，调查独到，分析到位，用数据说话，对中国大学生就业及学校专业设置起到了很好的建言献策作用。

社会政法类

社会政法类皮书聚焦社会发展领域的热点、难点问题，提供权威、原创的资讯与视点

社会蓝皮书

2017年中国社会形势分析与预测

李培林　陈光金　张翼 / 主编　2016年12月出版　定价：89.00元

◆　本书由中国社会科学院社会学研究所组织研究机构专家、高校学者和政府研究人员撰写，聚焦当下社会热点，对2016年中国社会发展的各个方面内容进行了权威解读，同时对2017年社会形势发展趋势进行了预测。

法治蓝皮书

中国法治发展报告 No.15（2017）

李林　田禾 / 主编　2017年3月出版　定价：118.00元

◆　本年度法治蓝皮书回顾总结了2016年度中国法治发展取得的成就和存在的不足，对中国政府、司法、检务透明度进行了跟踪调研，并对2017年中国法治发展形势进行了预测和展望。

社会体制蓝皮书

中国社会体制改革报告 No.5（2017）

龚维斌 / 主编　2017年3月出版　定价：89.00元

◆　本书由国家行政学院社会治理研究中心和北京师范大学中国社会管理研究院共同组织编写，主要对2016年社会体制改革情况进行回顾和总结，对2017年的改革走向进行分析，提出相关政策建议。

社会心态蓝皮书

中国社会心态研究报告（2017）

王俊秀　杨宜音 / 主编　2017 年 12 月出版　估价：89.00 元

◆　本书是中国社会科学院社会学研究所社会心理研究中心“社会心态蓝皮书课题组”的年度研究成果，运用社会心理学、社会学、经济学、传播学等多种学科的方法进行了调查和研究，对于目前中国社会心态状况有较广泛和深入的揭示。

生态城市绿皮书

中国生态城市建设发展报告（2017）

刘举科　孙伟平　胡文臻 / 主编　2017 年 7 月出版　估价：118.00 元

◆　报告以绿色发展、循环经济、低碳生活、民生宜居为理念，以更新民众观念、提供决策咨询、指导工程实践、引领绿色发展为宗旨，试图探索一条具有中国特色的城市生态文明建设新路。

城市生活质量蓝皮书

中国城市生活质量报告（2017）

中国经济实验研究院 / 主编　2017 年 7 月出版　估价：89.00 元

◆　本书对全国 35 个城市居民的生活质量主观满意度进行了电话调查，同时对 35 个城市居民的客观生活质量指数进行了计算，为中国城市居民生活质量的提升，提出了针对性的政策建议。

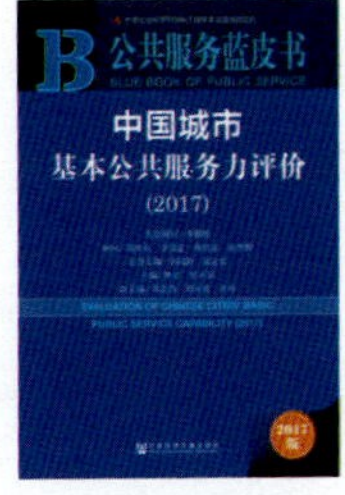

公共服务蓝皮书

中国城市基本公共服务力评价（2017）

钟君　刘志昌　吴正杲 / 主编　2017 年 12 月出版　估价：89.00 元

◆　中国社会科学院经济与社会建设研究室与华图政信调查组成联合课题组，从 2010 年开始对基本公共服务力进行研究，研创了基本公共服务力评价指标体系，为政府考核公共服务与社会管理工作提供了理论工具。

行业报告类

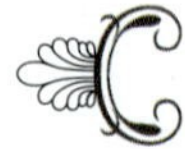
行业报告类皮书立足重点行业、新兴行业领域，
提供及时、前瞻的数据与信息

企业社会责任蓝皮书

中国企业社会责任研究报告（2017）

黄群慧　钟宏武　张蒽　翟利峰 / 著　2017 年 10 月出版　估价：89.00 元

◆　本书剖析了中国企业社会责任在 2016 ~ 2017 年度的最新发展特征，详细解读了省域国有企业在社会责任方面的阶段性特征，生动呈现了国内外优秀企业的社会责任实践。对了解中国企业社会责任履行现状、未来发展，以及推动社会责任建设有重要的参考价值。

新能源汽车蓝皮书

中国新能源汽车产业发展报告（2017）

中国汽车技术研究中心　日产（中国）投资有限公司
东风汽车有限公司 / 编著　2017 年 7 月出版　估价：98.00 元

◆　本书对中国 2016 年新能源汽车产业发展进行了全面系统的分析，并介绍了国外的发展经验。有助于相关机构、行业和社会公众等了解中国新能源汽车产业发展的最新动态，为政府部门出台新能源汽车产业相关政策法规、企业制定相关战略规划，提供必要的借鉴和参考。

杜仲产业绿皮书

中国杜仲橡胶资源与产业发展报告（2016 ~ 2017）

杜红岩　胡文臻　俞锐 / 主编　2017 年 4 月出版　估价：85.00 元

◆　本书对 2016 年杜仲产业的发展情况、研究团队在杜仲研究方面取得的重要成果、部分地区杜仲产业发展的具体情况、杜仲新标准的制定情况等进行了较为详细的分析与介绍，使广大关心杜仲产业发展的读者能够及时跟踪产业最新进展。

企业蓝皮书

中国企业绿色发展报告 No.2（2017）

李红玉　朱光辉 / 主编　　2017 年 8 月出版　　估价：89.00 元

◆　本书深入分析中国企业能源消费、资源利用、绿色金融、绿色产品、绿色管理、信息化、绿色发展政策及绿色文化方面的现状，并对目前存在的问题进行研究，剖析因果，谋划对策，为企业绿色发展提供借鉴，为中国生态文明建设提供支撑。

中国上市公司蓝皮书

中国上市公司发展报告（2017）

张平　王宏淼 / 主编　　2017 年 10 月出版　　估价：98.00 元

◆　本书由中国社会科学院上市公司研究中心组织编写的，着力于全面、真实、客观反映当前中国上市公司财务状况和价值评估的综合性年度报告。本书详尽分析了 2016 年中国上市公司情况，特别是现实中暴露出的制度性、基础性问题，并对资本市场改革进行了探讨。

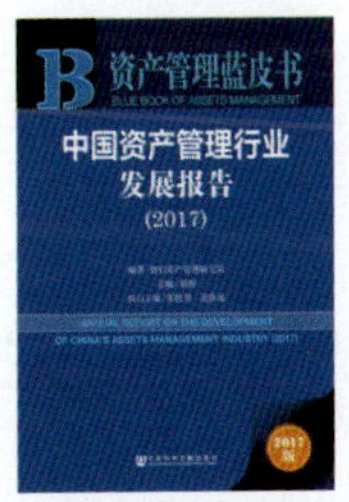

资产管理蓝皮书

中国资产管理行业发展报告（2017）

智信资产管理研究院 / 编著　　2017 年 6 月出版　　估价：89.00 元

◆　中国资产管理行业刚刚兴起，未来将成为中国金融市场最有看点的行业。本书主要分析了 2016 年度资产管理行业的发展情况，同时对资产管理行业的未来发展做出科学的预测。

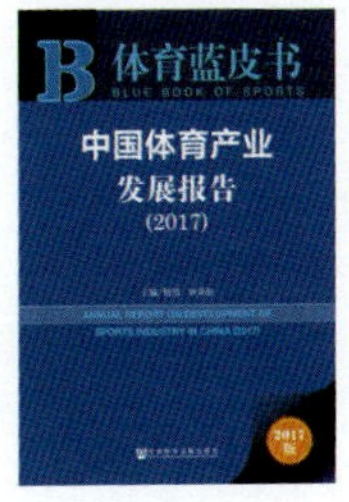

体育蓝皮书

中国体育产业发展报告（2017）

阮伟　钟秉枢 / 主编　　2017 年 12 月出版　　估价：89.00 元

◆　本书运用多种研究方法，在体育竞赛业、体育用品业、体育场馆业、体育传媒业等传统产业研究的基础上，并对 2016 年体育领域内的各种热点事件进行研究和梳理，进一步拓宽了研究的广度、提升了研究的高度、挖掘了研究的深度。

国际问题类

国际问题类皮书关注全球重点国家与地区，
提供全面、独特的解读与研究

美国蓝皮书

美国研究报告（2017）

郑秉文　黄平 / 主编　2017 年 6 月出版　估价：89.00 元

◆　本书是由中国社会科学院美国研究所主持完成的研究成果，它回顾了美国 2016 年的经济、政治形势与外交战略，对 2017 年以来美国内政外交发生的重大事件及重要政策进行了较为全面的回顾和梳理。

日本蓝皮书

日本研究报告（2017）

杨伯江 / 主编　2017 年 5 月出版　估价：89.00 元

◆　本书对 2016 年日本的政治、经济、社会、外交等方面的发展情况做了系统介绍，对日本的热点及焦点问题进行了总结和分析，并在此基础上对该国 2017 年的发展前景做出预测。

亚太蓝皮书

亚太地区发展报告（2017）

李向阳 / 主编　2017 年 4 月出版　估价：89.00 元

◆　本书是中国社会科学院亚太与全球战略研究院的集体研究成果。2017 年的“亚太蓝皮书”继续关注中国周边环境的变化。该书盘点了 2016 年亚太地区的焦点和热点问题，为深入了解 2016 年及未来中国与周边环境的复杂形势提供了重要参考。

德国蓝皮书

德国发展报告（2017）

郑春荣 / 主编　2017 年 6 月出版　估价：89.00 元

◆　本报告由同济大学德国研究所组织编撰，由该领域的专家学者对德国的政治、经济、社会文化、外交等方面的形势发展情况，进行全面的阐述与分析。

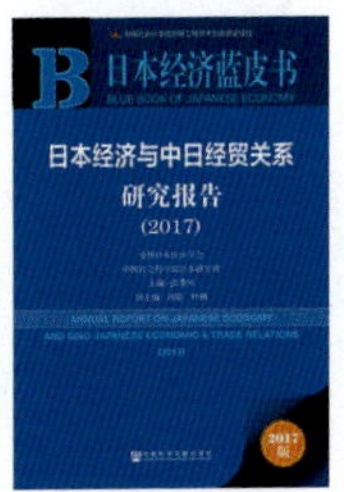

日本经济蓝皮书

日本经济与中日经贸关系研究报告（2017）

张季风 / 编著　2017 年 5 月出版　估价：89.00 元

◆　本书系统、详细地介绍了 2016 年日本经济以及中日经贸关系发展情况，在进行了大量数据分析的基础上，对 2017 年日本经济以及中日经贸关系的大致发展趋势进行了分析与预测。

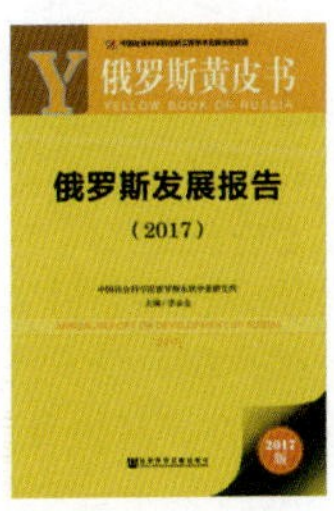

俄罗斯黄皮书

俄罗斯发展报告（2017）

李永全 / 编著　2017 年 7 月出版　估价：89.00 元

◆　本书系统介绍了 2016 年俄罗斯经济政治情况，并对 2016 年该地区发生的焦点、热点问题进行了分析与回顾；在此基础上，对该地区 2017 年的发展前景进行了预测。

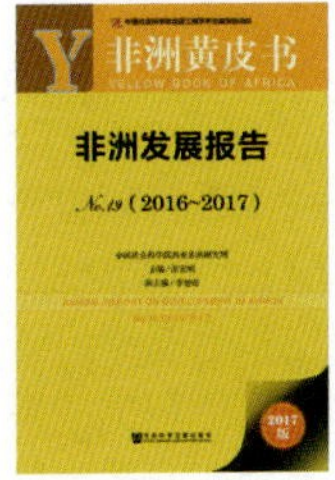

非洲黄皮书

非洲发展报告 No.19（2016 ~ 2017）

张宏明 / 主编　2017 年 8 月出版　估价：89.00 元

◆　本书是由中国社会科学院西亚非洲研究所组织编撰的非洲形势年度报告，比较全面、系统地分析了 2016 年非洲政治形势和热点问题，探讨了非洲经济形势和市场走向，剖析了大国对非洲关系的新动向；此外，还介绍了国内非洲研究的新成果。

地方发展类

地方发展类皮书关注中国各省份、经济区域，
提供科学、多元的预判与资政信息

北京蓝皮书

北京公共服务发展报告（2016~2017）

施昌奎 / 主编　2017 年 3 月出版　定价：79.00 元

◆　本书是由北京市政府职能部门的领导、首都著名高校的教授、知名研究机构的专家共同完成的关于北京市公共服务发展与创新的研究成果。

河南蓝皮书

河南经济发展报告（2017）

张占仓　完世伟 / 主编　2017 年 4 月出版　估价：89.00 元

◆　本书以国内外经济发展环境和走向为背景，主要分析当前河南经济形势，预测未来发展趋势，全面反映河南经济发展的最新动态、热点和问题，为地方经济发展和领导决策提供参考。

广州蓝皮书

2017 年中国广州经济形势分析与预测

庾建设　陈浩钿　谢博能 / 主编　2017 年 7 月出版　估价：85.00 元

◆　本书由广州大学与广州市委政策研究室、广州市统计局联合主编，汇集了广州科研团体、高等院校和政府部门诸多经济问题研究专家、学者和实际部门工作者的最新研究成果，是关于广州经济运行情况和相关专题分析、预测的重要参考资料。

文化传媒类

文化传媒类皮书透视文化领域、文化产业，
探索文化大繁荣、大发展的路径

新媒体蓝皮书

中国新媒体发展报告 No.8（2017）

唐绪军 / 主编　2017 年 6 月出版　估价：89.00 元

◆　本书是由中国社会科学院新闻与传播研究所组织编写的关于新媒体发展的最新年度报告，旨在全面分析中国新媒体的发展现状，解读新媒体的发展趋势，探析新媒体的深刻影响。

移动互联网蓝皮书

中国移动互联网发展报告（2017）

官建文 / 主编　2017 年 6 月出版　估价：89.00 元

◆　本书着眼于对 2016 年度中国移动互联网的发展情况做深入解析，对未来发展趋势进行预测，力求从不同视角、不同层面全面剖析中国移动互联网发展的现状、年度突破及热点趋势等。

传媒蓝皮书

中国传媒产业发展报告（2017）

崔保国 / 主编　2017 年 5 月出版　估价：98.00 元

◆　“传媒蓝皮书”连续十多年跟踪观察和系统研究中国传媒产业发展。本报告在对传媒产业总体以及各细分行业发展状况与趋势进行深入分析基础上，对年度发展热点进行跟踪，剖析新技术引领下的商业模式，对传媒各领域发展趋势、内体经营、传媒投资进行解析，为中国传媒产业正在发生的变革提供前瞻行参考。

经济类

“三农”互联网金融蓝皮书
中国“三农”互联网金融发展报告（2017）
著(编)者：李勇坚 王弢　2017年8月出版 / 估价：98.00元
PSN B-2016-561-1/1

G20国家创新竞争力黄皮书
二十国集团（G20）国家创新竞争力发展报告（2016~2017）
著(编)者：李建平 李闽榕 赵新力 周天勇
2017年8月出版 / 估价：158.00元
PSN Y-2011-229-1/1

产业蓝皮书
中国产业竞争力报告（2017）No.7
著(编)者：张其仔　2017年12月出版 / 估价：98.00元
PSN B-2010-175-1/1

城市创新蓝皮书
中国城市创新报告（2017）
著(编)者：周天勇 旷建伟　2017年11月出版 / 估价：89.00元
PSN B-2013-340-1/1

城市蓝皮书
中国城市发展报告 No.10
著(编)者：潘家华 单菁菁　2017年9月出版 / 估价：89.00元
PSN B-2007-091-1/1

城乡一体化蓝皮书
中国城乡一体化发展报告（2016～2017）
著(编)者：汝信 付崇兰　2017年7月出版 / 估价：85.00元
PSN B-2011-226-1/2

城镇化蓝皮书
中国新型城镇化健康发展报告（2017）
著(编)者：张占斌　2017年8月出版 / 估价：89.00元
PSN B-2014-396-1/1

创新蓝皮书
创新型国家建设报告（2016～2017）
著(编)者：詹正茂　2017年12月出版 / 估价：89.00元
PSN B-2009-140-1/1

创业蓝皮书
中国创业发展报告（2016～2017）
著(编)者：黄群慧 赵卫星 钟宏武等
2017年11月出版 / 估价：89.00元
PSN B-2016-578-1/1

低碳发展蓝皮书
中国低碳发展报告（2016~2017）
著(编)者：齐晔 张希良　2017年3月出版 / 估价：98.00元
PSN B-2011-223-1/1

低碳经济蓝皮书
中国低碳经济发展报告（2017）
著(编)者：薛进军 赵忠秀　2017年6月出版 / 估价：85.00元
PSN B-2011-194-1/1

东北蓝皮书
中国东北地区发展报告（2017）
著(编)者：姜晓秋　2017年2月出版 / 定价：79.00元
PSN B-2006-067-1/1

发展与改革蓝皮书
中国经济发展和体制改革报告No.8
著(编)者：邹东涛 王再文　2017年4月出版 / 估价：98.00元
PSN B-2008-122-1/1

工业化蓝皮书
中国工业化进程报告（2017）
著(编)者：黄群慧　2017年12月出版 / 估价：158.00元
PSN B-2007-095-1/1

管理蓝皮书
中国管理发展报告（2017）
著(编)者：张晓东　2017年10月出版 / 估价：98.00元
PSN B-2014-416-1/1

国际城市蓝皮书
国际城市发展报告（2017）
著(编)者：屠启宇　2017年2月出版 / 定价：79.00元
PSN B-2012-260-1/1

国家创新蓝皮书
中国创新发展报告（2017）
著(编)者：陈劲　2017年12月出版 / 估价：89.00元
PSN B-2014-370-1/1

金融蓝皮书
中国金融发展报告（2017）
著(编)者：王国刚　2017年2月出版 / 定价：79.00元
PSN B-2004-031-1/6

京津冀金融蓝皮书
京津冀金融发展报告（2017）
著(编)者：王爱俭 李向前
2017年4月出版 / 估价：89.00元
PSN B-2016-528-1/1

京津冀蓝皮书
京津冀发展报告（2017）
著(编)者：文魁 祝尔娟　2017年4月出版 / 估价：89.00元
PSN B-2012-262-1/1

经济蓝皮书
2017年中国经济形势分析与预测
著(编)者：李扬　2017年1月出版 / 定价：89.00元
PSN B-1996-001-1/1

经济蓝皮书·春季号
2017年中国经济前景分析
著(编)者：李扬　2017年6月出版 / 估价：89.00元
PSN B-1999-008-1/1

经济蓝皮书·夏季号
中国经济增长报告（2016～2017）
著(编)者：李扬　2017年9月出版 / 估价：98.00元
PSN B-2010-176-1/1

经济信息绿皮书
中国与世界经济发展报告（2017）
著(编)者：杜平　2017年12月出版 / 定价：89.00元
PSN G-2003-023-1/1

就业蓝皮书
2017年中国本科生就业报告
著(编)者：麦可思研究院　2017年6月出版 / 估价：98.00元
PSN B-2009-146-1/2

就业蓝皮书
2017年中国高职高专生就业报告
著(编)者：麦可思研究院　2017年6月出版 / 估价：98.00元
PSN B-2015-472-2/2

科普能力蓝皮书
中国科普能力评价报告（2017）
著(编)者：李富 强李群　2017年8月出版 / 估价：89.00元
PSN B-2016-556-1/1

临空经济蓝皮书
中国临空经济发展报告（2017）
著(编)者：连玉明　2017年9月出版 / 估价：89.00元
PSN B-2014-421-1/1

农村绿皮书
中国农村经济形势分析与预测（2016～2017）
著(编)者：魏后凯 杜志雄 黄秉信
2017年4月出版 / 估价：89.00元
PSN G-1998-003-1/1

农业应对气候变化蓝皮书
气候变化对中国农业影响评估报告 No.3
著(编)者：矫梅燕　2017年8月出版 / 估价：98.00元
PSN B-2014-413-1/1

气候变化绿皮书
应对气候变化报告（2017）
著(编)者：王伟光 郑国光　2017年6月出版 / 估价：89.00元
PSN G-2009-144-1/1

区域蓝皮书
中国区域经济发展报告（2016～2017）
著(编)者：赵弘　2017年6月出版 / 估价：89.00元
PSN B-2004-034-1/1

全球环境竞争力绿皮书
全球环境竞争力报告（2017）
著(编)者：李建平 李闽榕 王金南
2017年12月出版 / 估价：198.00元
PSN G-2013-363-1/1

人口与劳动绿皮书
中国人口与劳动问题报告 No.18
著(编)者：蔡昉 张车伟　2017年11月出版 / 估价：89.00元
PSN G-2000-012-1/1

商务中心区蓝皮书
中国商务中心区发展报告 No.3（2016）
著(编)者：李国红 单菁菁　2017年4月出版 / 估价：89.00元
PSN B-2015-444-1/1

世界经济黄皮书
2017年世界经济形势分析与预测
著(编)者：张宇燕　2017年1月出版 / 定价：89.00元
PSN Y-1999-006-1/1

世界旅游城市绿皮书
世界旅游城市发展报告（2017）
著(编)者：宋宇　2017年4月出版 / 估价：128.00元
PSN G-2014-400-1/1

土地市场蓝皮书
中国农村土地市场发展报告（2016～2017）
著(编)者：李光荣　2017年4月出版 / 估价：89.00元
PSN B-2016-527-1/1

西北蓝皮书
中国西北发展报告（2017）
著(编)者：高建龙　2017年4月出版 / 估价：89.00元
PSN B-2012-261-1/1

西部蓝皮书
中国西部发展报告（2017）
著(编)者：徐璋勇　2017年7月出版 / 估价：89.00元
PSN B-2005-039-1/1

新型城镇化蓝皮书
新型城镇化发展报告（2017）
著(编)者：李伟 宋敏 沈体雁　2017年4月出版 / 估价：98.00元
PSN B-2014-431-1/1

新兴经济体蓝皮书
金砖国家发展报告（2017）
著(编)者：林跃勤 周文　2017年12月出版 / 估价：89.00元
PSN B-2011-195-1/1

长三角蓝皮书
2017年新常态下深化一体化的长三角
著(编)者：王庆五　2017年12月出版 / 估价：88.00元
PSN B-2005-038-1/1

中部竞争力蓝皮书
中国中部经济社会竞争力报告（2017）
著(编)者：教育部人文社会科学重点研究基地
南昌大学中国中部经济社会发展研究中心
2017年12月出版 / 估价：89.00元
PSN B-2012-276-1/1

中部蓝皮书
中国中部地区发展报告（2017）
著(编)者：宋亚平　2017年12月出版 / 估价：88.00元
PSN B-2007-089-1/1

中国省域竞争力蓝皮书
中国省域经济综合竞争力发展报告（2017）
著(编)者：李建平 李闽榕 高燕京
2017年2月出版 / 定价：198.00元
PSN B-2007-088-1/1

中三角蓝皮书
长江中游城市群发展报告（2017）
著(编)者：秦尊文　2017年9月出版 / 估价：89.00元
PSN B-2014-417-1/1

中小城市绿皮书
中国中小城市发展报告（2017）
著(编)者：中国城市经济学会中小城市经济发展委员会
中国城镇化促进会中小城市发展委员会
《中国中小城市发展报告》编纂委员会
中小城市发展战略研究院
2017年11月出版 / 估价：128.00元
PSN G-2010-161-1/1

中原蓝皮书
中原经济区发展报告（2017）
著(编)者：李英杰　2017年6月出版 / 估价：88.00元
PSN B-2011-192-1/1

自贸区蓝皮书
中国自贸区发展报告（2017）
著(编)者：王力　2017年7月出版 / 估价：89.00元
PSN B-2016-559-1/1

社会政法类

北京蓝皮书
中国社区发展报告（2017）
著(编)者：于燕燕　2017年4月出版 / 估价：89.00元
PSN B-2007-083-5/8

殡葬绿皮书
中国殡葬事业发展报告（2017）
著(编)者：李伯森　2017年4月出版 / 估价：158.00元
PSN G-2010-180-1/1

城市管理蓝皮书
中国城市管理报告（2016~2017）
著(编)者：刘林　刘承水　2017年5月出版 / 估价：158.00元
PSN B-2013-336-1/1

城市生活质量蓝皮书
中国城市生活质量报告（2017）
著(编)者：中国经济实验研究院
2018年7月出版 / 估价：89.00元
PSN B-2013-326-1/1

城市政府能力蓝皮书
中国城市政府公共服务能力评估报告（2017）
著(编)者：何艳玲　2017年4月出版 / 估价：89.00元
PSN B-2013-338-1/1

慈善蓝皮书
中国慈善发展报告（2017）
著(编)者：杨团　2017年6月出版 / 估价：89.00元
PSN B-2009-142-1/1

党建蓝皮书
党的建设研究报告 No.2（2017）
著(编)者：崔建民　陈东平　2017年4月出版 / 估价：89.00元
PSN B-2016-524-1/1

地方法治蓝皮书
中国地方法治发展报告 No.3（2017）
著(编)者：李林　田禾　2017年4出版 / 估价：108.00元
PSN B-2015-442-1/1

法治蓝皮书
中国法治发展报告 No.15（2017）
著(编)者：李林 田禾　2017年3月出版 / 定价：118.00元
PSN B-2004-027-1/1

法治政府蓝皮书
中国法治政府发展报告（2017）
著(编)者：中国政法大学法治政府研究院
2017年4月出版 / 估价：98.00元
PSN B-2015-502-1/2

法治政府蓝皮书
中国法治政府评估报告（2017）
著(编)者：中国政法大学法治政府研究院
2017年11月出版 / 估价：98.00元
PSN B-2016-577-2/2

法治蓝皮书
中国法院信息化发展报告 No.1（2017）
著(编)者：李林 田禾　2017年2月出版 / 定价：108.00元
PSN B-2017-604-3/3

反腐倡廉蓝皮书
中国反腐倡廉建设报告 No.7
著(编)者：张英伟　2017年12月出版 / 估价：89.00元
PSN B-2012-259-1/1

非传统安全蓝皮书
中国非传统安全研究报告（2016～2017）
著(编)者：余潇枫 魏志江　2017年6月出版 / 估价：89.00元
PSN B-2012-273-1/1

妇女发展蓝皮书
中国妇女发展报告 No.7
著(编)者：王金玲　2017年9月出版 / 估价：148.00元
PSN B-2006-069-1/1

妇女教育蓝皮书
中国妇女教育发展报告 No.4
著(编)者：张李玺　2017年10月出版 / 估价：78.00元
PSN B-2008-121-1/1

妇女绿皮书
中国性别平等与妇女发展报告（2017）
著(编)者：谭琳　2017年12月出版 / 估价：99.00元
PSN G-2006-073-1/1

公共服务蓝皮书
中国城市基本公共服务力评价（2017）
著(编)者：钟君 刘志昌 吴正杲　2017年12月出版 / 估价：89.0(
PSN B-2011-214-1/1

公民科学素质蓝皮书
中国公民科学素质报告（2016～2017）
著(编)者：李群　陈雄　马宗文
2017年4月出版 / 估价：89.00元
PSN B-2014-379-1/1

公共关系蓝皮书
中国公共关系发展报告（2017）
著(编)者：柳斌杰　2017年11月出版 / 估价：89.00元
PSN B-2016-580-1/1

公益蓝皮书
中国公益慈善发展报告（2017）
著(编)者：朱健刚　2018年4月出版 / 估价：118.00元
PSN B-2012-283-1/1

国际人才蓝皮书
中国国际移民报告（2017）
著(编)者：王辉耀　2017年4月出版 / 估价：89.00元
PSN B-2012-304-3/4

国际人才蓝皮书
中国留学发展报告（2017）No.5
著(编)者：王辉耀 苗绿　2017年10月出版 / 估价：89.00元
PSN B-2012-244-2/4

海洋社会蓝皮书
中国海洋社会发展报告（2017）
著(编)者：崔凤 宋宁而　2017年7月出版 / 估价：89.00元
PSN B-2015-478-1/1

行政改革蓝皮书
中国行政体制改革报告（2017）No.6
著(编)者：魏礼群　2017年5月出版 / 估价：98.00元
PSN B-2011-231-1/1

华侨华人蓝皮书
华侨华人研究报告（2017）
著(编)者：贾益民　2017年12月出版 / 估价：128.00元
PSN B-2011-204-1/1

环境竞争力绿皮书
中国省域环境竞争力发展报告（2017）
著(编)者：李建平 李闽榕 王金南
2017年11月出版 / 估价：198.00元
PSN G-2010-165-1/1

环境绿皮书
中国环境发展报告（2017）
著(编)者：刘鉴强　2017年4月出版 / 估价：89.00元
PSN G-2006-048-1/1

基金会蓝皮书
中国基金会发展报告（2016~2017）
著(编)者：中国基金会发展报告课题组
2017年4月出版 / 估价：85.00元
PSN B-2013-368-1/1

基金会绿皮书
中国基金会发展独立研究报告（2017）
著(编)者：基金会中心网 中央民族大学基金会研究中心
2017年6月出版 / 估价：88.00元
PSN G-2011-213-1/1

基金会透明度蓝皮书
中国基金会透明度发展研究报告（2017）
著(编)者：基金会中心网 清华大学廉政与治理研究中心
2017年12月出版 / 估价：89.00元
PSN B-2015-509-1/1

家庭蓝皮书
中国“创建幸福家庭活动”评估报告（2017）
国务院发展研究中心“创建幸福家庭活动评估”课题组著
2017年8月出版 / 估价：89.00元
PSN B-2015-508-1/1

健康城市蓝皮书
中国健康城市建设研究报告（2017）
著(编)者：王鸿春 解树江 盛继洪
2017年9月出版 / 估价：89.00元
PSN B-2016-565-2/2

教师蓝皮书
中国中小学教师发展报告（2017）
著(编)者：曾晓东 鱼霞　2017年6月出版 / 估价：89.00元
PSN B-2012-289-1/1

教育蓝皮书
中国教育发展报告（2017）
著(编)者：杨东平　2017年4月出版 / 估价：89.00元
PSN B-2006-047-1/1

科普蓝皮书
中国基层科普发展报告（2016~2017）
著(编)者：赵立 新陈玲　2017年9月出版 / 估价：89.00元
PSN B-2016-569-3/3

科普蓝皮书
中国科普基础设施发展报告（2017）
著(编)者：任福君　2017年6月出版 / 估价：89.00元
PSN B-2010-174-1/3

科普蓝皮书
中国科普人才发展报告（2017）
著(编)者：郑念 任嵘嵘　2017年4月出版 / 估价：98.00元
PSN B-2015-512-2/3

科学教育蓝皮书
中国科学教育发展报告（2017）
著(编)者：罗晖 王康友　2017年10月出版 / 估价：89.00元
PSN B-2015-487-1/1

劳动保障蓝皮书
中国劳动保障发展报告（2017）
著(编)者：刘燕斌　2017年9月出版 / 估价：188.00元
PSN B-2014-415-1/1

老龄蓝皮书
中国老年宜居环境发展报告（2017）
著(编)者：党俊武 周燕珉　2017年4月出版 / 估价：89.00元
PSN B-2013-320-1/1

连片特困区蓝皮书
中国连片特困区发展报告（2017）
著(编)者：游俊 冷志明 丁建军
2017年4月出版 / 估价：98.00元
PSN B-2013-321-1/1

流动儿童蓝皮书
中国流动儿童教育发展报告（2016）
著(编)者：杨东平　2017年1月出版 / 定价：79.00元
PSN B-2017-600-1/1

民调蓝皮书
中国民生调查报告（2017）
著(编)者：谢耘耕　2017年12月出版 / 估价：98.00元
PSN B-2014-398-1/1

民族发展蓝皮书
中国民族发展报告（2017）
著(编)者：郝时远 王延中 王希恩
2017年4月出版 / 估价：98.00元
PSN B-2006-070-1/1

女性生活蓝皮书
中国女性生活状况报告 No.11（2017）
著(编)者：韩湘景　2017年10月出版 / 估价：98.00元
PSN B-2006-071-1/1

汽车社会蓝皮书
中国汽车社会发展报告（2017）
著(编)者：王俊秀　2017年12月出版 / 估价：89.00元
PSN B-2011-224-1/1

青年蓝皮书
中国青年发展报告（2017）No.3
著(编)者：廉思 等　2017年4月出版 / 估价：89.00元
PSN B-2013-333-1/1

青少年蓝皮书
中国未成年人互联网运用报告（2017）
著(编)者：李文革 沈洁 季为民
2017年11月出版 / 估价：89.00元
PSN B-2010-165-1/1

青少年体育蓝皮书
中国青少年体育发展报告（2017）
著(编)者：郭建军 杨桦　2017年9月出版 / 估价：89.00元
PSN B-2015-482-1/1

群众体育蓝皮书
中国群众体育发展报告（2017）
著(编)者：刘国永 杨桦　2017年12月出版 / 估价：89.00元
PSN B-2016-519-2/3

人权蓝皮书
中国人权事业发展报告 No.7（2017）
著(编)者：李君如　2017年9月出版 / 估价：98.00元
PSN B-2011-215-1/1

社会保障绿皮书
中国社会保障发展报告（2017）No.8
著(编)者：王延中　2017年1月出版 / 估价：98.00元
PSN G-2001-014-1/1

社会风险评估蓝皮书
风险评估与危机预警评估报告（2017）
著(编)者：唐钧　2017年8月出版 / 估价：85.00元
PSN B-2016-521-1/1

社会管理蓝皮书
中国社会管理创新报告 No.5
著(编)者：连玉明　2017年11月出版 / 估价：89.00元
PSN B-2012-300-1/1

社会蓝皮书
2017年中国社会形势分析与预测
著(编)者：李培林　陈光金　张翼
2016年12月出版 / 定价：89.00元
PSN B-1998-002-1/1

社会体制蓝皮书
中国社会体制改革报告No.5（2017）
著(编)者：龚维斌　2017年3月出版 / 定价：89.00元
PSN B-2013-330-1/1

社会心态蓝皮书
中国社会心态研究报告（2017）
著(编)者：王俊秀 杨宜音　2017年12月出版 / 估价：89.00元
PSN B-2011-199-1/1

社会组织蓝皮书
中国社会组织发展报告（2016~2017）
著(编)者：黄晓勇　2017年1月出版 / 定价：89.00元
PSN B-2008-118-1/2

社会组织蓝皮书
中国社会组织评估发展报告（2017）
著(编)者：徐家良 廖鸿　2017年12月出版 / 估价：89.00元
PSN B-2013-366-1/1

生态城市绿皮书
中国生态城市建设发展报告（2017）
著(编)者：刘举科 孙伟平 胡文臻
2017年9月出版 / 估价：118.00元
PSN G-2012-269-1/1

生态文明绿皮书
中国省域生态文明建设评价报告（ECI 2017）
著(编)者：严耕　2017年12月出版 / 估价：98.00元
PSN G-2010-170-1/1

土地整治蓝皮书
中国土地整治发展研究报告 No.4
著(编)者：国土资源部土地整治中心
2017年7月出版 / 估价：89.00元
PSN B-2014-401-1/1

土地政策蓝皮书
中国土地政策研究报告（2017）
著(编)者：高延利 李宪文
2017年12月出版 / 定价：89.00元
PSN B-2015-506-1/1

医改蓝皮书
中国医药卫生体制改革报告（2017）
著(编)者：文学国　房志武　2017年11月出版 / 估价：98.00元
PSN B-2014-432-1/1

医疗卫生绿皮书
中国医疗卫生发展报告 No.7（2017）
著(编)者：申宝忠 韩玉珍　2017年4月出版 / 估价：85.00元
PSN G-2004-033-1/1

应急管理蓝皮书
中国应急管理报告（2017）
著(编)者：宋英华　2017年9月出版 / 估价：98.00元
PSN B-2016-563-1/1

政治参与蓝皮书
中国政治参与报告（2017）
著(编)者：房宁　2017年9月出版 / 估价：118.00元
PSN B-2011-200-1/1

宗教蓝皮书
中国宗教报告（2016）
著(编)者：邱永辉　2017年4月出版 / 估价：89.00元
PSN B-2008-117-1/1

行业报告类

SUV蓝皮书
中国SUV市场发展报告（2016~2017）
著(编)者：靳军 2017年9月出版 / 估价：89.00元
PSN B-2016-572-1/1

保健蓝皮书
中国保健服务产业发展报告 No.2
著(编)者：中国保健协会 中共中央党校
2017年7月出版 / 估价：198.00元
PSN B-2012-272-3/3

保健蓝皮书
中国保健食品产业发展报告 No.2
著(编)者：中国保健协会
中国社会科学院食品药品产业发展与监管研究中心
2017年7月出版 / 估价：198.00元
PSN B-2012-271-2/3

保健蓝皮书
中国保健用品产业发展报告 No.2
著(编)者：中国保健协会
国务院国有资产监督管理委员会研究中心
2017年4月出版 / 估价：198.00元
PSN B-2012-270-1/3

保险蓝皮书
中国保险业竞争力报告（2017）
著(编)者：项俊波 2017年12月出版 / 估价：99.00元
PSN B-2013-311-1/1

冰雪蓝皮书
中国滑雪产业发展报告（2017）
著(编)者：孙承华 伍斌 魏庆华 张鸿俊
2017年8月出版 / 估价：89.00元
PSN B-2016-560-1/1

彩票蓝皮书
中国彩票发展报告（2017）
著(编)者：益彩基金 2017年4月出版 / 估价：98.00元
PSN B-2015-462-1/1

餐饮产业蓝皮书
中国餐饮产业发展报告（2017）
著(编)者：邢颖 2017年6月出版 / 估价：98.00元
PSN B-2009-151-1/1

测绘地理信息蓝皮书
新常态下的测绘地理信息研究报告（2017）
著(编)者：库热西・买合苏提
2017年12月出版 / 估价：118.00元
PSN B-2009-145-1/1

茶业蓝皮书
中国茶产业发展报告（2017）
著(编)者：杨江帆 李闽榕 2017年10月出版 / 估价：88.00元
PSN B-2010-164-1/1

产权市场蓝皮书
中国产权市场发展报告（2016~2017）
著(编)者：曹和平 2017年5月出版 / 估价：89.00元
PSN B-2009-147-1/1

产业安全蓝皮书
中国出版传媒产业安全报告（2016~2017）
著(编)者：北京印刷学院文化产业安全研究院
2017年4月出版 / 估价：89.00元
PSN B-2014-384-13/14

产业安全蓝皮书
中国文化产业安全报告（2017）
著(编)者：北京印刷学院文化产业安全研究院
2017年12月出版 / 估价：89.00元
PSN B-2014-378-12/14

产业安全蓝皮书
中国新媒体产业安全报告（2017）
著(编)者：北京印刷学院文化产业安全研究院
2017年12月出版 / 估价：89.00元
PSN B-2015-500-14/14

城投蓝皮书
中国城投行业发展报告（2017）
著(编)者：王晨艳 丁伯康 2017年11月出版 / 估价：300.00元
PSN B-2016-514-1/1

电子政务蓝皮书
中国电子政务发展报告（2016~2017）
著(编)者：李季 杜平 2017年7月出版 / 估价：89.00元
PSN B-2003-022-1/1

杜仲产业绿皮书
中国杜仲橡胶资源与产业发展报告（2016~2017）
著(编)者：杜红岩 胡文臻 俞锐
2017年4月出版 / 估价：85.00元
PSN G-2013-350-1/1

房地产蓝皮书
中国房地产发展报告 No.14（2017）
著(编)者：李春华 王业强 2017年5月出版 / 估价：89.00元
PSN B-2004-028-1/1

服务外包蓝皮书
中国服务外包产业发展报告（2017）
著(编)者：王晓红 刘德军
2017年6月出版 / 估价：89.00元
PSN B-2013-331-2/2

服务外包蓝皮书
中国服务外包竞争力报告（2017）
著(编)者：王力 刘春生 黄育华
2017年11月出版 / 估价：85.00元
PSN B-2011-216-1/2

工业和信息化蓝皮书
世界网络安全发展报告（2016~2017）
著(编)者：洪京一 2017年4月出版 / 估价：89.00元
PSN B-2015-452-5/5

工业和信息化蓝皮书
世界信息化发展报告（2016~2017）
著(编)者：洪京一 2017年4月出版 / 估价：89.00元
PSN B-2015-451-4/5

工业和信息化蓝皮书
世界信息技术产业发展报告（2016~2017）
著(编)者：洪京一　2017年4月出版 / 估价：89.00元
PSN B-2015-449-2/5

工业和信息化蓝皮书
移动互联网产业发展报告（2016~2017）
著(编)者：洪京一　2017年4月出版 / 估价：89.00元
PSN B-2015-448-1/5

工业和信息化蓝皮书
战略性新兴产业发展报告（2016~2017）
著(编)者：洪京一　2017年4月出版 / 估价：89.00元
PSN B-2015-450-3/5

工业设计蓝皮书
中国工业设计发展报告（2017）
著(编)者：王晓红 于炜 张立群
2017年9月出版 / 估价：138.00元
PSN B-2014-420-1/1

黄金市场蓝皮书
中国商业银行黄金业务发展报告（2016~2017）
著(编)者：平安银行　2017年4月出版 / 估价：98.00元
PSN B-2016-525-1/1

互联网金融蓝皮书
中国互联网金融发展报告（2017）
著(编)者：李东荣　2017年9月出版 / 估价：128.00元
PSN B-2014-374-1/1

互联网医疗蓝皮书
中国互联网医疗发展报告（2017）
著(编)者：宫晓东　2017年9月出版 / 估价：89.00元
PSN B-2016-568-1/1

会展蓝皮书
中外会展业动态评估年度报告（2017）
著(编)者：张敏　2017年4月出版 / 估价：88.00元
PSN B-2013-327-1/1

金融监管蓝皮书
中国金融监管报告（2017）
著(编)者：胡滨　2017年6月出版 / 估价：89.00元
PSN B-2012-281-1/1

金融蓝皮书
中国金融中心发展报告（2017）
著(编)者：王力 黄育华　2017年11月出版 / 估价：85.00元
PSN B-2011-186-6/6

建筑装饰蓝皮书
中国建筑装饰行业发展报告（2017）
著(编)者：刘晓一 葛道顺　2017年7月出版 / 估价：198.00元
PSN B-2016-554-1/1

客车蓝皮书
中国客车产业发展报告（2016~2017）
著(编)者：姚蔚　2017年10月出版 / 估价：85.00元
PSN B-2013-361-1/1

旅游安全蓝皮书
中国旅游安全报告（2017）
著(编)者：郑向敏 谢朝武　2017年5月出版 / 估价：128.00元
PSN B-2012-280-1/1

旅游绿皮书
2016～2017年中国旅游发展分析与预测
著(编)者：宋瑞　2017年2月出版 / 定价：89.00元
PSN G-2002-018-1/1

煤炭蓝皮书
中国煤炭工业发展报告（2017）
著(编)者：岳福斌　2017年12月出版 / 估价：85.00元
PSN B-2008-123-1/1

民营企业社会责任蓝皮书
中国民营企业社会责任报告（2017）
著(编)者：中华全国工商业联合会
2017年12月出版 / 估价：89.00元
PSN B-2015-510-1/1

民营医院蓝皮书
中国民营医院发展报告（2017）
著(编)者：庄一强　2017年10月出版 / 估价：85.00元
PSN B-2012-299-1/1

闽商蓝皮书
闽商发展报告（2017）
著(编)者：李闽榕 王日根 林琛
2017年12月出版 / 估价：89.00元
PSN B-2012-298-1/1

能源蓝皮书
中国能源发展报告（2017）
著(编)者：崔民选 王军生 陈义和
2017年10月出版 / 估价：98.00元
PSN B-2006-049-1/1

农产品流通蓝皮书
中国农产品流通产业发展报告（2017）
著(编)者：贾敬敦 张东科 张玉玺 张鹏毅 周伟
2017年4月出版 / 估价：89.00元
PSN B-2012-288-1/1

企业公益蓝皮书
中国企业公益研究报告（2017）
著(编)者：钟宏武 汪杰 顾一 黄晓娟 等
2017年12月出版 / 估价：89.00元
PSN B-2015-501-1/1

企业国际化蓝皮书
中国企业国际化报告（2017）
著(编)者：王辉耀　2017年11月出版 / 估价：98.00元
PSN B-2014-427-1/1

企业蓝皮书
中国企业绿色发展报告 No.2（2017）
著(编)者：李红玉 朱光辉　2017年8月出版 / 估价：89.00元
PSN B-2015-481-2/2

企业社会责任蓝皮书
中国企业社会责任研究报告（2017）
著(编)者：黄群慧 钟宏武 张蒽 翟利峰
2017年11月出版 / 估价：89.00元
PSN B-2009-149-1/1

企业社会责任蓝皮书
中资企业海外社会责任研究报告（2016~2017）
著(编)者：钟宏武 叶柳红 张蒽
2017年1月出版 / 定价：79.00元
PSN B-2017-603-2/2

汽车安全蓝皮书
中国汽车安全发展报告（2017）
著(编)者：中国汽车技术研究中心
2017年7月出版 / 估价：89.00元
PSN B-2014-385-1/1

汽车电子商务蓝皮书
中国汽车电子商务发展报告（2017）
著(编)者：中华全国工商业联合会汽车经销商商会
北京易观智库网络科技有限公司
2017年10月出版 / 估价：128.00元
PSN B-2015-485-1/1

汽车工业蓝皮书
中国汽车工业发展年度报告（2017）
著(编)者：中国汽车工业协会 中国汽车技术研究中心
丰田汽车（中国）投资有限公司
2017年4月出版 / 估价：128.00元
PSN B-2015-463-1/2

汽车工业蓝皮书
中国汽车零部件产业发展报告（2017）
著(编)者：中国汽车工业协会 中国汽车工程研究院
2017年10月出版 / 估价：98.00元
PSN B-2016-515-2/2

汽车蓝皮书
中国汽车产业发展报告（2017）
著(编)者：国务院发展研究中心产业经济研究部
中国汽车工程学会 大众汽车集团（中国）
2017年8月出版 / 估价：98.00元
PSN B-2008-124-1/1

人力资源蓝皮书
中国人力资源发展报告（2017）
著(编)者：余兴安 2017年11月出版 / 估价：89.00元
PSN B-2012-287-1/1

融资租赁蓝皮书
中国融资租赁业发展报告（2016~2017）
著(编)者：李光荣 王力 2017年8月出版 / 估价：89.00元
PSN B-2015-443-1/1

商会蓝皮书
中国商会发展报告No.5（2017）
著(编)者：王钦敏 2017年7月出版 / 估价：89.00元
PSN B-2008-125-1/1

输血服务蓝皮书
中国输血行业发展报告（2017）
著(编)者：朱永明 耿鸿武 2016年8月出版 / 估价：89.00元
PSN B-2016-583-1/1

社会责任管理蓝皮书
中国上市公司社会责任能力成熟度报告（2017）No.2
著(编)者：肖红军 王晓光 李伟阳
2017年12月出版 / 估价：98.00元
PSN B-2015-507-2/2

社会责任管理蓝皮书
中国企业公众透明度报告(2017)No.3
著(编)者：黄速建 熊梦 王晓光 肖红军
2017年4月出版 / 估价：98.00元
PSN B-2015-440-1/2

食品药品蓝皮书
食品药品安全与监管政策研究报告（2016~2017）
著(编)者：唐民皓 2017年6月出版 / 估价：89.00元
PSN B-2009-129-1/1

世界能源蓝皮书
世界能源发展报告（2017）
著(编)者：黄晓勇 2017年6月出版 / 估价：99.00元
PSN B-2013-349-1/1

水利风景区蓝皮书
中国水利风景区发展报告（2017）
著(编)者：谢婵才 兰思仁 2017年5月出版 / 估价：89.00元
PSN B-2015-480-1/1

碳市场蓝皮书
中国碳市场报告（2017）
著(编)者：定金彪 2017年11月出版 / 估价：89.00元
PSN B-2014-430-1/1

体育蓝皮书
中国体育产业发展报告（2017）
著(编)者：阮伟 钟秉枢 2017年12月出版 / 估价：89.00元
PSN B-2010-179-1/4

网络空间安全蓝皮书
中国网络空间安全发展报告（2017）
著(编)者：惠志斌 唐涛 2017年4月出版 / 估价：89.00元
PSN B-2015-466-1/1

西部金融蓝皮书
中国西部金融发展报告（2017）
著(编)者：李忠民 2017年8月出版 / 估价：85.00元
PSN B-2010-160-1/1

协会商会蓝皮书
中国行业协会商会发展报告（2017）
著(编)者：景朝阳 李勇 2017年4月出版 / 估价：99.00元
PSN B-2015-461-1/1

新能源汽车蓝皮书
中国新能源汽车产业发展报告（2017）
著(编)者：中国汽车技术研究中心
日产（中国）投资有限公司 东风汽车有限公司
2017年7月出版 / 估价：98.00元
PSN B-2013-347-1/1

新三板蓝皮书
中国新三板市场发展报告（2017）
著(编)者：王力 2017年6月出版 / 估价：89.00元
PSN B-2016-534-1/1

信托市场蓝皮书
中国信托业市场报告（2016~2017）
著(编)者：用益信托研究院
2017年1月出版 / 定价：198.00元
PSN B-2014-371-1/1

信息化蓝皮书
中国信息化形势分析与预测（2016~2017）
著(编)者：周宏仁 2017年8月出版 / 估价：98.00元
PSN B-2010-168-1/1

信用蓝皮书
中国信用发展报告（2017）
著(编)者：章政 田侃 2017年4月出版 / 估价：99.00元
PSN B-2013-328-1/1

休闲绿皮书
2017年中国休闲发展报告
著(编)者：宋瑞 2017年10月出版 / 估价：89.00元
PSN G-2010-158-1/1

休闲体育蓝皮书
中国休闲体育发展报告（2016～2017）
著(编)者：李相如 钟炳枢 2017年10月出版 / 估价：89.00元
PSN G-2016-516-1/1

养老金融蓝皮书
中国养老金融发展报告（2017）
著(编)者：董克用 姚余栋
2017年8月出版 / 估价：89.00元
PSN B-2016-584-1/1

药品流通蓝皮书
中国药品流通行业发展报告（2017）
著(编)者：佘鲁林 温再兴 2017年8月出版 / 估价：158.00元
PSN B-2014-429-1/1

医院蓝皮书
中国医院竞争力报告（2017）
著(编)者：庄一强 曾益新 2017年3月出版 / 定价：108.00元
PSN B-2016-529-1/1

邮轮绿皮书
中国邮轮产业发展报告（2017）
著(编)者：汪泓 2017年10月出版 / 估价：89.00元
PSN G-2014-419-1/1

智能养老蓝皮书
中国智能养老产业发展报告（2017）
著(编)者：朱勇 2017年10月出版 / 估价：89.00元
PSN B-2015-488-1/1

债券市场蓝皮书
中国债券市场发展报告（2016～2017）
著(编)者：杨农 2017年10月出版 / 估价：89.00元
PSN B-2016-573-1/1

中国节能汽车蓝皮书
中国节能汽车发展报告（2016~2017）
著(编)者：中国汽车工程研究院股份有限公司
2017年9月出版 / 估价：98.00元
PSN B-2016-566-1/1

中国上市公司蓝皮书
中国上市公司发展报告（2017）
著(编)者：张平 王宏淼
2017年10月出版 / 估价：98.00元
PSN B-2014-414-1/1

中国陶瓷产业蓝皮书
中国陶瓷产业发展报告（2017）
著(编)者：左和平 黄速建 2017年10月出版 / 估价：98.00元
PSN B-2016-574-1/1

中国总部经济蓝皮书
中国总部经济发展报告（2016～2017）
著(编)者：赵弘 2017年9月出版 / 估价：89.00元
PSN B-2005-036-1/1

中医文化蓝皮书
中国中医药文化传播发展报告（2017）
著(编)者：毛嘉陵 2017年7月出版 / 估价：89.00元
PSN B-2015-468-1/1

装备制造业蓝皮书
中国装备制造业发展报告（2017）
著(编)者：徐东华 2017年12月出版 / 估价：148.00元
PSN B-2015-505-1/1

资本市场蓝皮书
中国场外交易市场发展报告（2016～2017）
著(编)者：高峦 2017年4月出版 / 估价：89.00元
PSN B-2009-153-1/1

资产管理蓝皮书
中国资产管理行业发展报告（2017）
著(编)者：智信资产管理研究院
2017年6月出版 / 估价：89.00元
PSN B-2014-407-2/2

文化传媒类

传媒竞争力蓝皮书
中国传媒国际竞争力研究报告（2017）
著(编)者：李本乾 刘强
2017年11月出版 / 估价：148.00元
PSN B-2013-356-1/1

传媒蓝皮书
中国传媒产业发展报告（2017）
著(编)者：崔保国　2017年5月出版 / 估价：98.00元
PSN B-2005-035-1/1

传媒投资蓝皮书
中国传媒投资发展报告（2017）
著(编)者：张向东 谭云明
2017年6月出版 / 估价：128.00元
PSN B-2015-474-1/1

动漫蓝皮书
中国动漫产业发展报告（2017）
著(编)者：卢斌 郑玉明 牛兴侦
2017年9月出版 / 估价：89.00元
PSN B-2011-198-1/1

非物质文化遗产蓝皮书
中国非物质文化遗产发展报告（2017）
著(编)者：陈平　2017年5月出版 / 估价：98.00元
PSN B-2015-469-1/1

广电蓝皮书
中国广播电影电视发展报告（2017）
著(编)者：国家新闻出版广电总局发展研究中心
2017年7月出版 / 估价：98.00元
PSN B-2006-072-1/1

广告主蓝皮书
中国广告主营销传播趋势报告 No.9
著(编)者：黄升民 杜国清 邵华冬 等
2017年10月出版 / 估价：148.00元
PSN B-2005-041-1/1

国际传播蓝皮书
中国国际传播发展报告（2017）
著(编)者：胡正荣 李继东 姬德强
2017年11月出版 / 估价：89.00元
PSN B-2014-408-1/1

国家形象蓝皮书
中国国家形象传播报告（2016）
著(编)者：张昆　2017年3月出版 / 定价：98.00元
PSN B-2017-605-1/1

纪录片蓝皮书
中国纪录片发展报告（2017）
著(编)者：何苏六　2017年9月出版 / 估价：89.00元
PSN B-2011-222-1/1

科学传播蓝皮书
中国科学传播报告（2017）
著(编)者：詹正茂　2017年7月出版 / 估价：89.00元
PSN B-2008-120-1/1

两岸创意经济蓝皮书
两岸创意经济研究报告（2017）
著(编)者：罗昌智 林咏能
2017年10月出版 / 估价：98.00元
PSN B-2014-437-1/1

媒介与女性蓝皮书
中国媒介与女性发展报告(2016~2017)
著(编)者：刘利群　2017年9月出版 / 估价：118.00元
PSN B-2013-345-1/1

媒体融合蓝皮书
中国媒体融合发展报告（2017）
著(编)者：梅宁华 宋建武　2017年7月出版 / 估价：89.00元
PSN B-2015-479-1/1

全球传媒蓝皮书
全球传媒发展报告（2017）
著(编)者：胡正荣 李继东 唐晓芬
2017年11月出版 / 估价：89.00元
PSN B-2012-237-1/1

少数民族非遗蓝皮书
中国少数民族非物质文化遗产发展报告（2017）
著(编)者：肖远平（彝） 柴立（满）
2017年8月出版 / 估价：98.00元
PSN B-2015-467-1/1

视听新媒体蓝皮书
中国视听新媒体发展报告（2017）
著(编)者：国家新闻出版广电总局发展研究中心
2017年7月出版 / 估价：98.00元
PSN B-2011-184-1/1

文化创新蓝皮书
中国文化创新报告（2017）No.7
著(编)者：于平 傅才武　2017年7月出版 / 估价：98.00元
PSN B-2009-143-1/1

文化建设蓝皮书
中国文化发展报告（2016~2017）
著(编)者：江畅 孙伟平 戴茂堂
2017年6月出版 / 估价：116.00元
PSN B-2014-392-1/1

文化科技蓝皮书
文化科技创新发展报告（2017）
著(编)者：于平 李凤亮　2017年11月出版 / 估价：89.00元
PSN B-2013-342-1/1

文化蓝皮书
中国公共文化服务发展报告（2017）
著(编)者：刘新成 张永新 张旭
2017年12月出版 / 估价：98.00元
PSN B-2007-093-2/10

文化蓝皮书
中国公共文化投入增长测评报告（2017）
著(编)者：王亚南　2017年2月出版 / 定价：79.00元
PSN B-2014-435-10/10

文化蓝皮书
中国少数民族文化发展报告（2016~2017）
著(编)者：武翠英 张晓明 任乌晶
2017年9月出版 / 估价：89.00元
PSN B-2013-369-9/10

文化蓝皮书
中国文化产业发展报告（2016~2017）
著(编)者：张晓明 王家新 章建刚
2017年4月出版 / 估价：89.00元
PSN B-2002-019-1/10

文化蓝皮书
中国文化产业供需协调检测报告（2017）
著(编)者：王亚南 2017年2月出版 / 定价：79.00元
PSN B-2013-323-8/10

文化蓝皮书
中国文化消费需求景气评价报告（2017）
著(编)者：王亚南 2017年2月出版 / 定价：79.00元
PSN B-2011-236-4/10

文化品牌蓝皮书
中国文化品牌发展报告（2017）
著(编)者：欧阳友权 2017年5月出版 / 估价：98.00元
PSN B-2012-277-1/1

文化遗产蓝皮书
中国文化遗产事业发展报告（2017）
著(编)者：苏杨 张颖岚 王宇飞
2017年8月出版 / 估价：98.00元
PSN B-2008-119-1/1

文学蓝皮书
中国文情报告（2016～2017）
著(编)者：白烨 2017年5月出版 / 估价：49.00元
PSN B-2011-221-1/1

新媒体蓝皮书
中国新媒体发展报告No.8（2017）
著(编)者：唐绪军 2017年6月出版 / 估价：89.00元
PSN B-2010-169-1/1

新媒体社会责任蓝皮书
中国新媒体社会责任研究报告（2017）
著(编)者：钟瑛 2017年11月出版 / 估价：89.00元
PSN B-2014-423-1/1

移动互联网蓝皮书
中国移动互联网发展报告（2017）
著(编)者：官建文 2017年6月出版 / 估价：89.00元
PSN B-2012-282-1/1

舆情蓝皮书
中国社会舆情与危机管理报告（2017）
著(编)者：谢耘耕 2017年9月出版 / 估价：128.00元
PSN B-2011-235-1/1

影视蓝皮书
中国影视产业发展报告（2017）
著(编)者：司若 2017年4月出版 / 估价：138.00元
PSN B-2016-530-1/1

地方发展类

安徽经济蓝皮书
合芜蚌国家自主创新综合示范区研究报告（2016～2017）
著(编)者：黄家海 王开玉 蔡宪
2017年7月出版 / 估价：89.00元
PSN B-2014-383-1/1

安徽蓝皮书
安徽社会发展报告（2017）
著(编)者：程桦 2017年4月出版 / 估价：89.00元
PSN B-2013-325-1/1

澳门蓝皮书
澳门经济社会发展报告（2016～2017）
著(编)者：吴志良 郝雨凡 2017年6月出版 / 估价：98.00元
PSN B-2009-138-1/1

北京蓝皮书
北京公共服务发展报告（2016～2017）
著(编)者：施昌奎 2017年3月出版 / 定价：79.00元
PSN B-2008-103-7/8

北京蓝皮书
北京经济发展报告（2016～2017）
著(编)者：杨松 2017年6月出版 / 估价：89.00元
PSN B-2006-054-2/8

北京蓝皮书
北京社会发展报告（2016～2017）
著(编)者：李伟东 2017年6月出版 / 估价：89.00元
PSN B-2006-055-3/8

北京蓝皮书
北京社会治理发展报告（2016～2017）
著(编)者：殷星辰 2017年5月出版 / 估价：89.00元
PSN B-2014-391-8/8

北京蓝皮书
北京文化发展报告（2016～2017）
著(编)者：李建盛 2017年4月出版 / 估价：89.00元
PSN B-2007-082-4/8

北京律师绿皮书
北京律师发展报告No.3（2017）
著(编)者：王隽 2017年7月出版 / 估价：88.00元
PSN G-2012-301-1/1

北京旅游蓝皮书
北京旅游发展报告（2017）
著(编)者：北京旅游学会 2017年4月出版 / 估价：88.00元
PSN B-2011-217-1/1

北京人才蓝皮书
北京人才发展报告（2017）
著(编)者：于淼　2017年12月出版 / 估价：128.00元
PSN B-2011-201-1/1

北京社会心态蓝皮书
北京社会心态分析报告（2016～2017）
著(编)者：北京社会心理研究所
2017年8月出版 / 估价：89.00元
PSN B-2014-422-1/1

北京社会组织管理蓝皮书
北京社会组织发展与管理（2016～2017）
著(编)者：黄江松　2017年4月出版 / 估价：88.00元
PSN B-2015-446-1/1

北京体育蓝皮书
北京体育产业发展报告（2016～2017）
著(编)者：钟秉枢 陈杰 杨铁黎
2017年9月出版 / 估价：89.00元
PSN B-2015-475-1/1

北京养老产业蓝皮书
北京养老产业发展报告（2017）
著(编)者：周明明 冯喜良　2017年8月出版 / 估价：89.00元
PSN B-2015-465-1/1

滨海金融蓝皮书
滨海新区金融发展报告（2017）
著(编)者：王爱俭 张锐钢　2017年12月出版 / 估价：89.00元
PSN B-2014-424-1/1

城乡一体化蓝皮书
中国城乡一体化发展报告•北京卷（2016～2017）
著(编)者：张宝秀 黄序　2017年5月出版 / 估价：89.00元
PSN B-2012-258-2/2

创意城市蓝皮书
北京文化创意产业发展报告（2017）
著(编)者：张京成 王国华　2017年10月出版 / 估价：89.00元
PSN B-2012-263-1/7

创意城市蓝皮书
天津文化创意产业发展报告（2016～2017）
著(编)者：谢思全　2017年6月出版 / 估价：89.00元
PSN B-2016-537-7/7

创意城市蓝皮书
武汉文化创意产业发展报告（2017）
著(编)者：黄永林 陈汉桥　2017年9月出版 / 估价：99.00元
PSN B-2013-354-4/7

创意上海蓝皮书
上海文化创意产业发展报告（2016～2017）
著(编)者：王慧敏 王兴全　2017年8月出版 / 估价：89.00元
PSN B-2016-562-1/1

福建妇女发展蓝皮书
福建省妇女发展报告（2017）
著(编)者：刘群英　2017年11月出版 / 估价：88.00元
PSN B-2011-220-1/1

福建自贸区蓝皮书
中国（福建）自由贸易实验区发展报告（2016～2017）
著(编)者：黄茂兴　2017年4月出版 / 估价：108.00元
PSN B-2017-532-1/1

甘肃蓝皮书
甘肃经济发展分析与预测（2017）
著(编)者：安文华 罗哲　2017年1月出版 / 定价：79.00元
PSN B-2013-312-1/6

甘肃蓝皮书
甘肃社会发展分析与预测（2017）
著(编)者：安文华 包晓霞 谢增虎
2017年1月出版 / 定价：79.00元
PSN B-2013-313-2/6

甘肃蓝皮书
甘肃文化发展分析与预测（2017）
著(编)者：王俊莲 周小华　2017年1月出版 / 定价：79.00元
PSN B-2013-314-3/6

甘肃蓝皮书
甘肃县域和农村发展报告（2017）
著(编)者：朱智文 包东红 王建兵
2017年1月出版 / 定价：79.00元
PSN B-2013-316-5/6

甘肃蓝皮书
甘肃舆情分析与预测（2017）
著(编)者：陈双梅 张谦元　2017年1月出版 / 定价：79.00元
PSN B-2013-315-4/6

甘肃蓝皮书
甘肃商贸流通发展报告（2017）
著(编)者：张应华 王福生 王晓芳
2017年1月出版 / 定价：79.00元
PSN B-2016-523-6/6

广东蓝皮书
广东全面深化改革发展报告（2017）
著(编)者：周林生 涂成林　2017年12月出版 / 估价：89.00元
PSN B-2015-504-3/3

广东蓝皮书
广东社会工作发展报告（2017）
著(编)者：罗观翠　2017年6月出版 / 估价：89.00元
PSN B-2014-402-2/3

广东外经贸蓝皮书
广东对外经济贸易发展研究报告（2016~2017）
著(编)者：陈万灵　2017年8月出版 / 估价：98.00元
PSN B-2012-286-1/1

广西北部湾经济区蓝皮书
广西北部湾经济区开放开发报告（2017）
著(编)者：广西北部湾经济区规划建设管理委员会办公室
广西社会科学院广西北部湾发展研究院
2017年4月出版 / 估价：89.00元
PSN B-2010-181-1/1

巩义蓝皮书
巩义经济社会发展报告（2017）
著(编)者：丁同民 朱军　2017年4月出版 / 估价：58.00元
PSN B-2016-533-1/1

广州蓝皮书
2017年中国广州经济形势分析与预测
著(编)者：庾建设 陈浩钿 谢博能
2017年7月出版 / 估价：85.00元
PSN B-2011-185-9/14

广州蓝皮书
2017年中国广州社会形势分析与预测
著(编)者：张强 陈怡霓 杨秦　2017年6月出版 / 估价：85.00元
PSN B-2008-110-5/14

广州蓝皮书
广州城市国际化发展报告（2017）
著(编)者：朱名宏　2017年8月出版 / 估价：79.00元
PSN B-2012-246-11/14

广州蓝皮书
广州创新型城市发展报告（2017）
著(编)者：尹涛　2017年7月出版 / 估价：79.00元
PSN B-2012-247-12/14

广州蓝皮书
广州经济发展报告（2017）
著(编)者：朱名宏　2017年7月出版 / 估价：79.00元
PSN B-2005-040-1/14

广州蓝皮书
广州农村发展报告（2017）
著(编)者：朱名宏　2017年8月出版 / 估价：79.00元
PSN B-2010-167-8/14

广州蓝皮书
广州汽车产业发展报告（2017）
著(编)者：杨再高 冯兴亚　2017年7月出版 / 估价：79.00元
PSN B-2006-066-3/14

广州蓝皮书
广州青年发展报告（2016~2017）
著(编)者：徐柳 张强　2017年9月出版 / 估价：79.00元
PSN B-2013-352-13/14

广州蓝皮书
广州商贸业发展报告（2017）
著(编)者：李江涛 肖振宇 荀振英
2017年7月出版 / 估价：79.00元
PSN B-2012-245-10/14

广州蓝皮书
广州社会保障发展报告（2017）
著(编)者：蔡国萱　2017年8月出版 / 估价：79.00元
PSN B-2014-425-14/14

广州蓝皮书
广州文化创意产业发展报告（2017）
著(编)者：徐咏虹　2017年7月出版 / 估价：79.00元
PSN B-2008-111-6/14

广州蓝皮书
中国广州城市建设与管理发展报告（2017）
著(编)者：董皞 陈小钢 李江涛
2017年7月出版 / 估价：85.00元
PSN B-2007-087-4/14

广州蓝皮书
中国广州科技创新发展报告（2017）
著(编)者：邹采荣 马正勇 陈爽
2017年7月出版 / 估价：79.00元
PSN B-2006-065-2/14

广州蓝皮书
中国广州文化发展报告（2017）
著(编)者：徐俊忠 陆志强 顾涧清
2017年7月出版 / 估价：79.00元
PSN B-2009-134-7/14

贵阳蓝皮书
贵阳城市创新发展报告No.2（白云篇）
著(编)者：连玉明　2017年10月出版 / 估价：89.00元
PSN B-2015-491-3/10

贵阳蓝皮书
贵阳城市创新发展报告No.2（观山湖篇）
著(编)者：连玉明　2017年10月出版 / 估价：89.00元
PSN B-2011-235-1/1

贵阳蓝皮书
贵阳城市创新发展报告No.2（花溪篇）
著(编)者：连玉明　2017年10月出版 / 估价：89.00元
PSN B-2015-490-2/10

贵阳蓝皮书
贵阳城市创新发展报告No.2（开阳篇）
著(编)者：连玉明　2017年10月出版 / 估价：89.00元
PSN B-2015-492-4/10

贵阳蓝皮书
贵阳城市创新发展报告No.2（南明篇）
著(编)者：连玉明　2017年10月出版 / 估价：89.00元
PSN B-2015-496-8/10

贵阳蓝皮书
贵阳城市创新发展报告No.2（清镇篇）
著(编)者：连玉明　2017年10月出版 / 估价：89.00元
PSN B-2015-489-1/10

贵阳蓝皮书
贵阳城市创新发展报告No.2（乌当篇）
著(编)者：连玉明　2017年10月出版 / 估价：89.00元
PSN B-2015-495-7/10

贵阳蓝皮书
贵阳城市创新发展报告No.2（息烽篇）
著(编)者：连玉明　2017年10月出版 / 估价：89.00元
PSN B-2015-493-5/10

贵阳蓝皮书
贵阳城市创新发展报告No.2（修文篇）
著(编)者：连玉明　2017年10月出版 / 估价：89.00元
PSN B-2015-494-6/10

贵阳蓝皮书
贵阳城市创新发展报告No.2（云岩篇）
著(编)者：连玉明　2017年10月出版 / 估价：89.00元
PSN B-2015-498-10/10

贵州房地产蓝皮书
贵州房地产发展报告No.4（2017）
著(编)者：武廷方　2017年7月出版 / 估价：89.00元
PSN B-2014-426-1/1

贵州蓝皮书
贵州册亨经济社会发展报告 (2017)
著(编)者：黄德林　2017年3月出版 / 估价：89.00元
PSN B-2016-526-8/9

贵州蓝皮书
贵安新区发展报告（2016~2017）
著(编)者：马长青 吴大华　2017年6月出版 / 估价：89.00元
PSN B-2015-459-4/9

贵州蓝皮书
贵州法治发展报告（2017）
著(编)者：吴大华　2017年5月出版 / 估价：89.00元
PSN B-2012-254-2/9

贵州蓝皮书
贵州国有企业社会责任发展报告（2016~2017）
著(编)者：郭丽 周航 万强
2017年12月出版 / 估价：89.00元
PSN B-2015-511-6/9

贵州蓝皮书
贵州民航业发展报告（2017）
著(编)者：申振东 吴大华　2017年10月出版 / 估价：89.00元
PSN B-2015-471-5/9

贵州蓝皮书
贵州民营经济发展报告（2017）
著(编)者：杨静 吴大华　2017年4月出版 / 估价：89.00元
PSN B-2016-531-9/9

贵州蓝皮书
贵州人才发展报告（2017）
著(编)者：于杰 吴大华　2017年9月出版 / 估价：89.00元
PSN B-2014-382-3/9

贵州蓝皮书
贵州社会发展报告（2017）
著(编)者：王兴骥　2017年6月出版 / 估价：89.00元
PSN B-2010-166-1/9

贵州蓝皮书
贵州国家级开放创新平台发展报告（2017）
著(编)者：申晓庆　吴大华　李泓
2017年6月出版 / 估价：89.00元
PSN B-2016-518-1/9

海淀蓝皮书
海淀区文化和科技融合发展报告（2017）
著(编)者：陈名杰 孟景伟　2017年5月出版 / 估价：85.00元
PSN B-2013-329-1/1

杭州都市圈蓝皮书
杭州都市圈发展报告（2017）
著(编)者：沈翔 戚建国　2017年5月出版 / 估价：128.00元
PSN B-2012-302-1/1

杭州蓝皮书
杭州妇女发展报告（2017）
著(编)者：魏颖　2017年6月出版 / 估价：89.00元
PSN B-2014-403-1/1

河北经济蓝皮书
河北省经济发展报告（2017）
著(编)者：马树强 金浩 张贵
2017年4月出版 / 估价：89.00元
PSN B-2014-380-1/1

河北蓝皮书
河北经济社会发展报告（2017）
著(编)者：郭金平　2017年1月出版 / 定价：79.00元
PSN B-2014-372-1/2

河北蓝皮书
京津冀协同发展报告（2017）
著(编)者：陈路　2017年1月出版 / 定价：79.00元
PSN B-2017-601-2/2

河北食品药品安全蓝皮书
河北食品药品安全研究报告（2017）
著(编)者：丁锦霞　2017年6月出版 / 估价：89.00元
PSN B-2015-473-1/1

河南经济蓝皮书
2017年河南经济形势分析与预测
著(编)者：王世炎　2017年3月出版 / 定价：79.00元
PSN B-2007-086-1/1

河南蓝皮书
2017年河南社会形势分析与预测
著(编)者：刘道兴 牛苏林　2017年4月出版 / 估价89.00元
PSN B-2005-043-1/8

河南蓝皮书
河南城市发展报告（2017）
著(编)者：张占仓 王建国　2017年5月出版 / 估价：89.00元
PSN B-2009-131-3/8

河南蓝皮书
河南法治发展报告（2017）
著(编)者：丁同民 张林海　2017年5月出版 / 估价：89.00元
PSN B-2014-376-6/8

河南蓝皮书
河南工业发展报告（2017）
著(编)者：张占仓 丁同民　2017年5月出版 / 估价：89.00元
PSN B-2013-317-5/8

河南蓝皮书
河南金融发展报告（2017）
著(编)者：河南省社会科学院
2017年6月出版 / 估价：89.00元
PSN B-2014-390-7/8

河南蓝皮书
河南经济发展报告（2017）
著(编)者：张占仓　完世伟　2017年4月出版 / 估价：89.00元
PSN B-2010-157-4/8

河南蓝皮书
河南农业农村发展报告（2017）
著(编)者：吴海峰　2017年4月出版 / 估价：89.00元
PSN B-2015-445-8/8

河南蓝皮书
河南文化发展报告（2017）
著(编)者：卫绍生　2017年4月出版 / 估价：88.00元
PSN B-2008-106-2/8

河南商务蓝皮书
河南商务发展报告（2017）
著(编)者：焦锦淼 穆荣国　2017年6月出版 / 估价：88.00元
PSN B-2014-399-1/1

黑龙江蓝皮书
黑龙江经济发展报告（2017）
著(编)者：朱宇　2017年1月出版 / 定价：79.00元
PSN B-2011-190-2/2

地方发展类

黑龙江蓝皮书
黑龙江社会发展报告（2017）
著(编)者：谢宝禄　2017年1月出版 / 定价：79.00元
PSN B-2011-189-1/2

湖北文化蓝皮书
湖北文化发展报告（2017）
著(编)者：吴成国　2017年10月出版 / 估价：95.00元
PSN B-2016-567-1/1

湖南城市蓝皮书
区域城市群整合
著(编)者：童中贤 韩未名
2017年12月出版 / 估价：89.00元
PSN B-2006-064-1/1

湖南蓝皮书
2017年湖南产业发展报告
著(编)者：梁志峰　2017年5月出版 / 估价：128.00元
PSN B-2011-207-2/8

湖南蓝皮书
2017年湖南电子政务发展报告
著(编)者：梁志峰　2017年5月出版 / 估价：128.00元
PSN B-2014-394-6/8

湖南蓝皮书
2017年湖南经济展望
著(编)者：梁志峰　2017年5月出版 / 估价：128.00元
PSN B-2011-206-1/8

湖南蓝皮书
2017年湖南两型社会与生态文明发展报告
著(编)者：梁志峰　2017年5月出版 / 估价：128.00元
PSN B-2011-208-3/8

湖南蓝皮书
2017年湖南社会发展报告
著(编)者：梁志峰　2017年5月出版 / 估价：128.00元
PSN B-2014-393-5/8

湖南蓝皮书
2017年湖南县域经济社会发展报告
著(编)者：梁志峰　2017年5月出版 / 估价：128.00元
PSN B-2014-395-7/8

湖南蓝皮书
湖南城乡一体化发展报告（2017）
著(编)者：陈文胜 王文强 陆福兴 邝奕轩
2017年6月出版 / 估价：89.00元
PSN B-2015-477-8/8

湖南县域绿皮书
湖南县域发展报告 No.3
著(编)者：袁准 周小毛 黎仁寅
2017年3月出版 / 定价：79.00元
PSN G-2012-274-1/1

沪港蓝皮书
沪港发展报告（2017）
著(编)者：尤安山　2017年9月出版 / 估价：89.00元
PSN B-2013-362-1/1

吉林蓝皮书
2017年吉林经济社会形势分析与预测
著(编)者：邵汉明　2016年12月出版 / 定价：79.00元
PSN B-2013-319-1/1

吉林省城市竞争力蓝皮书
吉林省城市竞争力报告（2016~2017）
著(编)者：崔岳春 张磊　2016年12月出版 / 定价：79.00元
PSN B-2015-513-1/1

济源蓝皮书
济源经济社会发展报告（2017）
著(编)者：喻新安　2017年4月出版 / 估价：89.00元
PSN B-2014-387-1/1

健康城市蓝皮书
北京健康城市建设研究报告（2017）
著(编)者：王鸿春　2017年8月出版 / 估价：89.00元
PSN B-2015-460-1/2

江苏法治蓝皮书
江苏法治发展报告 No.6（2017）
著(编)者：蔡道通 龚廷泰　2017年8月出版 / 估价：98.00元
PSN B-2012-290-1/1

江西蓝皮书
江西经济社会发展报告（2017）
著(编)者：张勇 姜玮 梁勇　2017年10月出版 / 估价：89.00元
PSN B-2015-484-1/2

江西蓝皮书
江西设区市发展报告（2017）
著(编)者：姜玮 梁勇　2017年10月出版 / 估价：79.00元
PSN B-2016-517-2/2

江西文化蓝皮书
江西文化产业发展报告（2017）
著(编)者：张圣才 汪春翔
2017年10月出版 / 估价：128.00元
PSN B-2015-499-1/1

街道蓝皮书
北京街道发展报告No.2（白纸坊篇）
著(编)者：连玉明　2017年8月出版 / 估价：98.00元
PSN B-2016-544-7/15

街道蓝皮书
北京街道发展报告No.2（椿树篇）
著(编)者：连玉明　2017年8月出版 / 估价：98.00元
PSN B-2016-548-11/15

街道蓝皮书
北京街道发展报告No.2（大栅栏篇）
著(编)者：连玉明　2017年8月出版 / 估价：98.00元
PSN B-2016-552-15/15

街道蓝皮书
北京街道发展报告No.2（德胜篇）
著(编)者：连玉明　2017年8月出版 / 估价：98.00元
PSN B-2016-551-14/15

街道蓝皮书
北京街道发展报告No.2（广安门内篇）
著(编)者：连玉明　2017年8月出版 / 估价：98.00元
PSN B-2016-540-3/15

街道蓝皮书
北京街道发展报告No.2（广安门外篇）
著(编)者：连玉明　2017年8月出版 / 估价：98.00元
PSN B-2016-547-10/15

街道蓝皮书
北京街道发展报告No.2（金融街篇）
著(编)者：连玉明　2017年8月出版 / 估价：98.00元
PSN B-2016-538-1/15

街道蓝皮书
北京街道发展报告No.2（牛街篇）
著(编)者：连玉明　2017年8月出版 / 估价：98.00元
PSN B-2016-545-8/15

街道蓝皮书
北京街道发展报告No.2（什刹海篇）
著(编)者：连玉明　2017年8月出版 / 估价：98.00元
PSN B-2016-546-9/15

街道蓝皮书
北京街道发展报告No.2（陶然亭篇）
著(编)者：连玉明　2017年8月出版 / 估价：98.00元
PSN B-2016-542-5/15

街道蓝皮书
北京街道发展报告No.2（天桥篇）
著(编)者：连玉明　2017年8月出版 / 估价：98.00元
PSN B-2016-549-12/15

街道蓝皮书
北京街道发展报告No.2（西长安街篇）
著(编)者：连玉明　2017年8月出版 / 估价：98.00元
PSN B-2016-543-6/15

街道蓝皮书
北京街道发展报告No.2（新街口篇）
著(编)者：连玉明　2017年8月出版 / 估价：98.00元
PSN B-2016-541-4/15

街道蓝皮书
北京街道发展报告No.2（月坛篇）
著(编)者：连玉明　2017年8月出版 / 估价：98.00元
PSN B-2016-539-2/15

街道蓝皮书
北京街道发展报告No.2（展览路篇）
著(编)者：连玉明　2017年8月出版 / 估价：98.00元
PSN B-2016-550-13/15

经济特区蓝皮书
中国经济特区发展报告（2017）
著(编)者：陶一桃　2017年12月出版 / 估价：98.00元
PSN B-2009-139-1/1

辽宁蓝皮书
2017年辽宁经济社会形势分析与预测
著(编)者：曹晓峰　梁启东
2017年4月出版 / 估价：79.00元
PSN B-2006-053-1/1

洛阳蓝皮书
洛阳文化发展报告（2017）
著(编)者：刘福兴 陈启明　2017年7月出版 / 估价：89.00元
PSN B-2015-476-1/1

南京蓝皮书
南京文化发展报告（2017）
著(编)者：徐宁　2017年10月出版 / 估价：89.00元
PSN B-2014-439-1/1

南宁蓝皮书
南宁法治发展报告（2017）
著(编)者：杨维超　2017年12月出版 / 估价：79.00元
PSN B-2015-509-1/3

南宁蓝皮书
南宁经济发展报告（2017）
著(编)者：胡建华　2017年9月出版 / 估价：79.00元
PSN B-2016-570-2/3

南宁蓝皮书
南宁社会发展报告（2017）
著(编)者：胡建华　2017年9月出版 / 估价：79.00元
PSN B-2016-571-3/3

内蒙古蓝皮书
内蒙古反腐倡廉建设报告 No.2
著(编)者：张志华 无极　2017年12月出版 / 估价：79.00元
PSN B-2013-365-1/1

浦东新区蓝皮书
上海浦东经济发展报告（2017）
著(编)者：沈开艳 周奇　2017年2月出版 / 定价：79.00元
PSN B-2011-225-1/1

青海蓝皮书
2017年青海经济社会形势分析与预测
著(编)者：陈玮　2016年12月出版 / 定价：79.00元
PSN B-2012-275-1/1

人口与健康蓝皮书
深圳人口与健康发展报告（2017）
著(编)者：陆杰华 罗乐宣 苏杨
2017年11月出版 / 估价：89.00元
PSN B-2011-228-1/1

山东蓝皮书
山东经济形势分析与预测（2017）
著(编)者：李广杰　2017年7月出版 / 估价：89.00元
PSN B-2014-404-1/4

山东蓝皮书
山东社会形势分析与预测（2017）
著(编)者：张华 唐洲雁　2017年6月出版 / 估价：89.00元
PSN B-2014-405-2/4

山东蓝皮书
山东文化发展报告（2017）
著(编)者：涂可国　2017年11月出版 / 估价：98.00元
PSN B-2014-406-3/4

山西蓝皮书
山西资源型经济转型发展报告（2017）
著(编)者：李志强　2017年7月出版 / 估价：89.00元
PSN B-2011-197-1/1

陕西蓝皮书
陕西经济发展报告（2017）
著(编)者：任宗哲 白宽犁 裴成荣
2017年1月出版 / 定价：69.00元
PSN B-2009-135-1/5

陕西蓝皮书
陕西社会发展报告（2017）
著(编)者：任宗哲 白宽犁 牛昉
2017年1月出版 / 定价：69.00元
PSN B-2009-136-2/5

陕西蓝皮书
陕西文化发展报告（2017）
著(编)者：任宗哲 白宽犁 王长寿
2017年1月出版 / 定价：69.00元
PSN B-2009-137-3/5

上海蓝皮书
上海传媒发展报告（2017）
著(编)者：强荧 焦雨虹 2017年2月出版 / 定价：79.00元
PSN B-2012-295-5/7

上海蓝皮书
上海法治发展报告（2017）
著(编)者：叶青 2017年6月出版 / 估价：89.00元
PSN B-2012-296-6/7

上海蓝皮书
上海经济发展报告（2017）
著(编)者：沈开艳 2017年2月出版 / 定价：79.00元
PSN B-2006-057-1/7

上海蓝皮书
上海社会发展报告（2017）
著(编)者：杨雄 周海旺 2017年2月出版 / 定价：79.00元
PSN B-2006-058-2/7

上海蓝皮书
上海文化发展报告（2017）
著(编)者：荣跃明 2017年2月出版 / 定价：79.00元
PSN B-2006-059-3/7

上海蓝皮书
上海文学发展报告（2017）
著(编)者：陈圣来 2017年6月出版 / 估价：89.00元
PSN B-2012-297-7/7

上海蓝皮书
上海资源环境发展报告（2017）
著(编)者：周冯琦 汤庆合
2017年2月出版 / 定价：79.00元
PSN B-2006-060-4/7

社会建设蓝皮书
2017年北京社会建设分析报告
著(编)者：宋贵伦 冯虹 2017年10月出版 / 估价：89.00元
PSN B-2010-173-1/1

深圳蓝皮书
深圳法治发展报告（2017）
著(编)者：张骁儒 2017年6月出版 / 估价：89.00元
PSN B-2015-470-6/7

深圳蓝皮书
深圳经济发展报告（2017）
著(编)者：张骁儒 2017年7月出版 / 估价：89.00元
PSN B-2008-112-3/7

深圳蓝皮书
深圳劳动关系发展报告（2017）
著(编)者：汤庭芬 2017年6月出版 / 估价：89.00元
PSN B-2007-097-2/7

深圳蓝皮书
深圳社会建设与发展报告（2017）
著(编)者：张骁儒 陈东平 2017年7月出版 / 估价：89.00元
PSN B-2008-113-4/7

深圳蓝皮书
深圳文化发展报告(2017)
著(编)者：张骁儒 2017年7月出版 / 估价：89.00元
PSN B-2016-555-7/7

丝绸之路蓝皮书
丝绸之路经济带发展报告（2017）
著(编)者：任宗哲 白宽犁 谷孟宾
2017年1月出版 / 定价：75.00元
PSN B-2014-410-1/1

法治蓝皮书
四川依法治省年度报告 No.3（2017）
著(编)者：李林 杨天宗 田禾
2017年3月出版 / 定价：118.00元
PSN B-2015-447-1/1

四川蓝皮书
2017年四川经济形势分析与预测
著(编)者：杨钢 2017年1月出版 / 定价：98.00元
PSN B-2007-098-2/7

四川蓝皮书
四川城镇化发展报告（2017）
著(编)者：侯水平 陈炜 2017年4月出版 / 估价：85.00元
PSN B-2015-456-7/7

四川蓝皮书
四川法治发展报告（2017）
著(编)者：郑泰安 2017年4月出版 / 估价：89.00元
PSN B-2015-441-5/7

四川蓝皮书
四川企业社会责任研究报告（2016～2017）
著(编)者：侯水平 盛毅 翟刚
2017年4月出版 / 估价：89.00元
PSN B-2014-386-4/7

四川蓝皮书
四川社会发展报告（2017）
著(编)者：李羚 2017年5月出版 / 估价：89.00元
PSN B-2008-127-3/7

四川蓝皮书
四川生态建设报告（2017）
著(编)者：李晟之 2017年4月出版 / 估价：85.00元
PSN B-2015-455-6/7

四川蓝皮书
四川文化产业发展报告（2017）
著(编)者：向宝云 张立伟
2017年4月出版 / 估价：89.00元
PSN B-2006-074-1/7

体育蓝皮书
上海体育产业发展报告（2016～2017）
著(编)者：张林 黄海燕
2017年10月出版 / 估价：89.00元
PSN B-2015-454-4/4

体育蓝皮书
长三角地区体育产业发展报告（2016～2017）
著(编)者：张林 2017年4月出版 / 估价：89.00元
PSN B-2015-453-3/4

天津金融蓝皮书
天津金融发展报告（2017）
著(编)者：王爱俭 孔德昌
2017年12月出版 / 估价：98.00元
PSN B-2014-418-1/1

图们江区域合作蓝皮书
图们江区域合作发展报告（2017）
著(编)者：李铁 2017年6月出版 / 估价：98.00元
PSN B-2015-464-1/1

温州蓝皮书
2017年温州经济社会形势分析与预测
著(编)者：潘忠强 王春光 金浩
2017年4月出版 / 估价：89.00元
PSN B-2008-105-1/1

西咸新区蓝皮书
西咸新区发展报告（2016~2017）
著(编)者：李扬 王军 2017年6月出版 / 估价：89.00元
PSN B-2016-535-1/1

扬州蓝皮书
扬州经济社会发展报告（2017）
著(编)者：丁纯 2017年12月出版 / 估价：98.00元
PSN B-2011-191-1/1

长株潭城市群蓝皮书
长株潭城市群发展报告（2017）
著(编)者：张萍 2017年12月出版 / 估价：89.00元
PSN B-2008-109-1/1

中医文化蓝皮书
北京中医文化传播发展报告（2017）
著(编)者：毛嘉陵 2017年5月出版 / 估价：79.00元
PSN B-2015-468-1/2

珠三角流通蓝皮书
珠三角商圈发展研究报告（2017）
著(编)者：王先庆 林至颖
2017年7月出版 / 估价：98.00元
PSN B-2012-292-1/1

遵义蓝皮书
遵义发展报告（2017）
著(编)者：曾征 龚永育 雍思强
2017年12月出版 / 估价：89.00元
PSN B-2014-433-1/1

国际问题类

“一带一路”跨境通道蓝皮书
“一带一路”跨境通道建设研究报告（2017）
著(编)者：郭业洲 2017年8月出版 / 估价：89.00元
PSN B-2016-558-1/1

“一带一路”蓝皮书
“一带一路”建设发展报告（2017）
著(编)者：孔丹 李永全 2017年7月出版 / 估价：89.00元
PSN B-2016-553-1/1

阿拉伯黄皮书
阿拉伯发展报告（2016～2017）
著(编)者：罗林 2017年11月出版 / 估价：89.00元
PSN Y-2014-381-1/1

北部湾蓝皮书
泛北部湾合作发展报告（2017）
著(编)者：吕余生 2017年12月出版 / 估价：85.00元
PSN B-2008-114-1/1

大湄公河次区域蓝皮书
大湄公河次区域合作发展报告（2017）
著(编)者：刘稚 2017年8月出版 / 估价：89.00元
PSN B-2011-196-1/1

大洋洲蓝皮书
大洋洲发展报告（2017）
著(编)者：喻常森 2017年10月出版 / 估价：89.00元
PSN B-2013-341-1/1

德国蓝皮书
德国发展报告（2017）
著(编)者：郑春荣　2017年6月出版 / 估价：89.00元
PSN B-2012-278-1/1

东盟黄皮书
东盟发展报告（2017）
著(编)者：杨晓强 庄国土
2017年4月出版 / 估价：89.00元
PSN Y-2012-303-1/1

东南亚蓝皮书
东南亚地区发展报告（2016～2017）
著(编)者：厦门大学东南亚研究中心　王勤
2017年12月出版 / 估价：89.00元
PSN B-2012-240-1/1

俄罗斯黄皮书
俄罗斯发展报告（2017）
著(编)者：李永全　2017年7月出版 / 估价：89.00元
PSN Y-2006-061-1/1

非洲黄皮书
非洲发展报告 No.19（2016～2017）
著(编)者：张宏明　2017年8月出版 / 估价：89.00元
PSN Y-2012-239-1/1

公共外交蓝皮书
中国公共外交发展报告（2017）
著(编)者：赵启正 雷蔚真
2017年4月出版 / 估价：89.00元
PSN B-2015-457-1/1

国际安全蓝皮书
中国国际安全研究报告(2017)
著(编)者：刘慧　2017年7月出版 / 估价：98.00元
PSN B-2016-522-1/1

国际形势黄皮书
全球政治与安全报告（2017）
著(编)者：张宇燕
2017年1月出版 / 定价：89.00元
PSN Y-2001-016-1/1

韩国蓝皮书
韩国发展报告（2017）
著(编)者：牛林杰 刘宝全
2017年11月出版 / 估价：89.00元
PSN B-2010-155-1/1

加拿大蓝皮书
加拿大发展报告（2017）
著(编)者：仲伟合　2017年9月出版 / 估价：89.00元
PSN B-2014-389-1/1

拉美黄皮书
拉丁美洲和加勒比发展报告（2016～2017）
著(编)者：吴白乙　2017年6月出版 / 估价：89.00元
PSN Y-1999-007-1/1

美国蓝皮书
美国研究报告（2017）
著(编)者：郑秉文 黄平　2017年6月出版 / 估价：89.00元
PSN B-2011-210-1/1

缅甸蓝皮书
缅甸国情报告（2017）
著(编)者：李晨阳　2017年12月出版 / 估价：86.00元
PSN B-2013-343-1/1

欧洲蓝皮书
欧洲发展报告（2016～2017）
著(编)者：黄平 周弘 江时学
2017年6月出版 / 估价：89.00元
PSN B-1999-009-1/1

葡语国家蓝皮书
葡语国家发展报告（2017）
著(编)者：王成安 张敏　2017年12月出版 / 估价：89.00元
PSN B-2015-503-1/2

葡语国家蓝皮书
中国与葡语国家关系发展报告·巴西（2017）
著(编)者：张曙光　2017年8月出版 / 估价：89.00元
PSN B-2016-564-2/2

日本经济蓝皮书
日本经济与中日经贸关系研究报告（2017）
著(编)者：张季风　2017年5月出版 / 估价：89.00元
PSN B-2008-102-1/1

日本蓝皮书
日本研究报告（2017）
著(编)者：杨伯江　2017年5月出版 / 估价：89.00元
PSN B-2002-020-1/1

上海合作组织黄皮书
上海合作组织发展报告（2017）
著(编)者：李进峰 吴宏伟 李少捷
2017年6月出版 / 估价：89.00元
PSN Y-2009-130-1/1

世界创新竞争力黄皮书
世界创新竞争力发展报告（2017）
著(编)者：李闽榕 李建平 赵新力
2017年4月出版 / 估价：148.00元
PSN Y-2013-318-1/1

泰国蓝皮书
泰国研究报告（2017）
著(编)者：庄国土 张禹东
2017年8月出版 / 估价：118.00元
PSN B-2016-557-1/1

土耳其蓝皮书
土耳其发展报告（2017）
著(编)者：郭长刚 刘义　2017年9月出版 / 估价：89.00元
PSN B-2014-412-1/1

亚太蓝皮书
亚太地区发展报告（2017）
著(编)者：李向阳　2017年4月出版 / 估价：89.00元
PSN B-2001-015-1/1

印度蓝皮书
印度国情报告（2017）
著(编)者：吕昭义　2017年12月出版 / 估价：89.00元
PSN B-2012-241-1/1

印度洋地区蓝皮书
印度洋地区发展报告（2017）
著(编)者：汪戎　　2017年6月出版 / 估价：89.00元
PSN B-2013-334-1/1

英国蓝皮书
英国发展报告（2016～2017）
著(编)者：王展鹏　　2017年11月出版 / 估价：89.00元
PSN B-2015-486-1/1

越南蓝皮书
越南国情报告（2017）
著(编)者：谢林城
2017年12月出版 / 估价：89.00元
PSN B-2006-056-1/1

以色列蓝皮书
以色列发展报告（2017）
著(编)者：张倩红　　2017年8月出版 / 估价：89.00元
PSN B-2015-483-1/1

伊朗蓝皮书
伊朗发展报告（2017）
著(编)者：冀开远　　2017年10月出版 / 估价：89.00元
PSN B-2016-575-1/1

中东黄皮书
中东发展报告 No.19（2016～2017）
著(编)者：杨光　　2017年10月出版 / 估价：89.00元
PSN Y-1998-004-1/1

中亚黄皮书
中亚国家发展报告（2017）
著(编)者：孙力 吴宏伟　　2017年7月出版 / 估价：98.00元
PSN Y-2012-238-1/1

皮书序列号是社会科学文献出版社专门为识别皮书、管理皮书而设计的编号。皮书序列号是出版皮书的许可证号，是区别皮书与其他图书的重要标志。

它由一个前缀和四部分构成。这四部分之间用连字符“-”连接。前缀和这四部分之间空半个汉字（见示例）。

《国际人才蓝皮书：中国留学发展报告》序列号示例

从示例中可以看出，《国际人才蓝皮书：中国留学发展报告》的首次出版年份是2012年，是社科文献出版社出版的第244个皮书品种，是“国际人才蓝皮书”系列的第2个品种（共4个品种）。

皮书起源

“皮书”起源于十七、十八世纪的英国，主要指官方或社会组织正式发表的重要文件或报告，多以“白皮书”命名。在中国，“皮书”这一概念被社会广泛接受，并被成功运作、发展成为一种全新的出版形态，则源于中国社会科学院社会科学文献出版社。

皮书定义

皮书是对中国与世界发展状况和热点问题进行年度监测，以专业的角度、专家的视野和实证研究方法，针对某一领域或区域现状与发展态势展开分析和预测，具备原创性、实证性、专业性、连续性、前沿性、时效性等特点的公开出版物，由一系列权威研究报告组成。

皮书作者

皮书系列的作者以中国社会科学院、著名高校、地方社会科学院的研究人员为主，多为国内一流研究机构的权威专家学者，他们的看法和观点代表了学界对中国与世界的现实和未来最高水平的解读与分析。

皮书荣誉

皮书系列已成为社会科学文献出版社的著名图书品牌和中国社会科学院的知名学术品牌。2016 年，皮书系列正式列入“十三五”国家重点出版规划项目；2012~2016 年，重点皮书列入中国社会科学院承担的国家哲学社会科学创新工程项目；2017 年，55 种院外皮书使用“中国社会科学院创新工程学术出版项目”标识。

中国皮书网

www.pishu.cn

发布皮书研创资讯，传播皮书精彩内容

引领皮书出版潮流，打造皮书服务平台

栏目设置

关于皮书：何谓皮书、皮书分类、皮书大事记、皮书荣誉、

皮书出版第一人、皮书编辑部

最新资讯：通知公告、新闻动态、媒体聚焦、网站专题、视频直播、下载专区

皮书研创：皮书规范、皮书选题、皮书出版、皮书研究、研创团队

皮书评奖评价：指标体系、皮书评价、皮书评奖

互动专区：皮书说、皮书智库、皮书微博、数据库微博

所获荣誉

2008 年、2011 年，中国皮书网均在全国新闻出版业网站荣誉评选中获得“最具商业价值网站”称号；

2012 年，获得“出版业网站百强”称号。

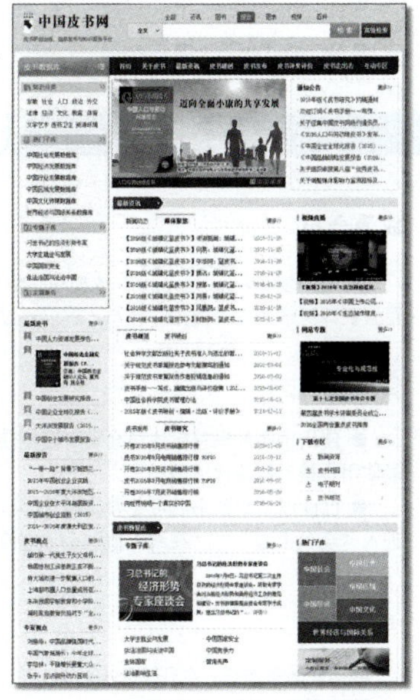

网库合一

2014 年，中国皮书网与皮书数据库端口合一，实现资源共享。更多详情请登录 www.pishu.cn。

直接利用该企业在外管局登记的结汇数据，以此推断该企业在展览品跨境展示过程中的服务增加值，但这涉及海关和外管局之间数据共享的可行性问题；另一个方案是间接调查或者推断，由于进出境展览目前的区域分布和行业分布相对比较集中，可以采用问卷调查的形式，对展览品进出口情况进行追踪调查，了解其与展览品进出境相关的会展服务费、展位租赁费支出和收益情况。海关总署统计司在2016年上半年针对2700家从事展览品进出口的企业进行了专项调查，结果发现，上海关区展览企业的进出口额占全国进出口总值的36%，北京关区占27.5%，成都关区占7.7%，西安关区占6.1%，杭州关区占4.4%，深圳关区占4.1%，宁波关区占2.2%，沈阳关区占2.1%，合计占90.1%。从既有数据可以看出，针对进出境展览品的服务增值，即便用调查的方式，由于这些参与进出境展览的企业区位相对比较集中，调查的工作量也不会太大，从统计的可行性上来讲相对比较具有可操作性。今后若在这一业态上进一步深入统计，可以一并调查展览企业的行业分布，从而使得相应的统计既能体现区域的服务增值特征同时也能体现行业的服务增值特征。

3. 运保费统计

运费和保险费是非常典型的服务贸易细分门类。在运价申报方面，根据目前的报关单填制规范，企业可以申报运费费率，或运费总价，或者是每吨运费单价，有的会与保险费合并申报。由于运费费率和保险费的费率是可获得的，因此运费和保费理论上都是可以计算的。但在实际统计过程中，海关不会专门对进出口企业的运费和保费作专门的统计，同时还由于进出口企业在计价结算时会选择不同的货币，所以，即便理论上可以按照FOB、CFR、CIF等不同的贸易术语对货物贸易的运费和保费进行推算，但实践中还是没法直接汇总得到运费和保费各自的金额。另外一个客观的难点在于，进出口企业在申报时，在报关单上不会直接披露运输和保险提供企业的国籍，这又会带来实际统计中运费和保费到底是属于进口还是属于出口的进出口统计流向难题。

笔者认为，由于运费和保费是只要进出口企业向海关报关的商品都会涉及的，若要进行推算的话，工作量过大，若运输和保险业采取重点企业直报，重点调查推算的方法则更加可行。

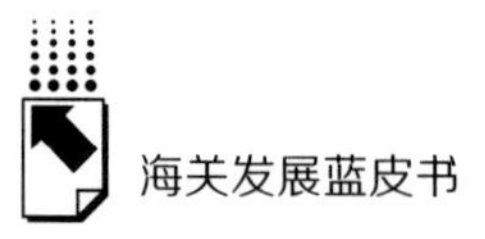

四　完善海关服务贸易统计的政策建议

从服务贸易统计的机构划分来看，目前以商务部和各地的商务主管机构为主，海关作为货物贸易进出口的统计部门，表面上看起来似乎与服务贸易的关系并不太大。事实上，伴随着以自贸区、海关特殊监管区域内贸易结构的优化升级，服务型新型业态的贸易份额逐年增加，海关作为自贸区、海关特殊监管区域的核心监管机构，探索海关服务贸易的新型统计体系，有助于完善当前我国贸易统计的整体架构。

通过对服务贸易相关概念的梳理、对海关当前在服务贸易新型业态统计上面临的瓶颈分析可以发现以下几点问题。

（一）完善服务贸易统计需要监管模式创新提供合力支撑

在当前国内经济转型升级的关键时期，在加工贸易与保税监管体系中的生产性服务业，既面临着自身从实体加工向全球价值链高端攀升拓展的壮大过程，也面临着其业务被规范统计的过程。这是一对相伴相生的共同体。没有不断涌现的各种服务业态，与海关相关的服务贸易也无从谈起。因此，完善海关服务贸易统计，其根本的落脚点要通过搭建扶持和培育生产性加工服务业的政策平台，不断提升服务贸易便利化的水平促进新型服务业态的发展壮大。

（二）完善服务贸易统计需要把统计单元从以货物为主逐渐向以企业为主转换

目前，海关对服务贸易的监管主要体现在附载于有形货物中的服务，尽管其表现形式还是有形的，但是其统计的对象却是无形的。特别是在当前海关监管的服务业态中，占比最大的比如说物流业、仓储业，由于其货物周转快，以货物为标的逐票核算其增加值显然不可行。所以，建立以企业为统计单元的服务贸易统计体系，有助于统计效率的提高。按照国际货币基金组织以所有权转移为原则的统计标准，结合海关目前在企业信息管理系统中对企业类型所作的生产型企业和非生产型企业的区分，把非生产型企业服务业态的净出口为正的金额记为服务出口、把非生产型企业服务业态的净出口为负的金额记为服务进口；把生产型企业按照其进出口的具体类别属于服务业态的金额记为服务贸易的进出口。

（三）在有条件的服务贸易领域或者企业中试行企业主动申报制度

对于无实物承载的服务贸易业态，比如来料加工费、进出境展览品的展出费，由于它们没有承载的实物，较难有一个相对统一的标准对其提供的服务价值进行估价。所以，通过法律、法规等形式明确相关企业向海关主动申报的义务，可以大大降低人为的统计成本，提高统计效率。

（四）推广“企业直报 + 重点调查”相结合的统计模式

在我国当前推行的《国际服务贸易统计监测制度》中，规定了全数调查、抽样调查、重点调查、典型调查和科学测算等多种服务贸易统计数据的采集方法。在试行推广企业自主申报制度的基础上，通过“重点调查”对其进行兜底操作，这样有助于防止企业瞒报。特别是对于一些涉税的服务业态，通过“企业直报 + 重点调查”相结合的模式，可以遏制一部分不法企业的偷税漏税行为。

B.11
出口深度和出口广度视角下我国电子信息产业价值链分解

段景辉*

摘　要：　电子信息产业是世界上最具生命力的新兴高科技产业，并逐步成为各国贸易竞争的核心制高点和国际竞争力的显著标志。本文基于出口深度和出口广度的视角，对我国电子信息产业的价值链进行分解，分析我国电子信息产业在国际上的地位。研究发现，我国电子信息产业目前正处于向上发展的关键时期，产品出口受外部冲击的影响非常明显，出口深度呈现持续缓慢增长，而出口广度呈现波动较大的倒V形增长。因此，我国电子信息产业亟须进行产业转型升级。

关键词：　出口深度　出口广度　价值链分解

一　引言

电子信息产业作为新兴的第四产业，正处在迅速发展的阶段。中国在全球电子信息产业价值链中已经成为重要的一环，出口商品贸易量迅速增加，然而在全球价值链中，中国始终占据中低端位置。迫于资本增长的压力，中国的电子信息产业中低端优势已经不再明显，急需向高端方向发展。目前，国内外的研究文献中鲜见实证研究其在价值链中的位置，导致我国电子信息产业发展没有可靠的数据支撑，方向并不十分清晰。因此，通过近十年的数据研究，中国

* 段景辉，上海海关学院海关管理系副教授。

目前在全球电子信息产业价值链中的具体位置，并从出口贸易的视角对价值链进行分解，以期能为中国电子信息产业发展指明方向，有利于促进电子信息产业快速发展，拉动中国经济增长。

国外关于价值链的研究除了偏重理论研究外，在构建框架和模型方面成就十分突出：Feenstra 着眼于产品层面，从时间维度构建出口产品变动指数①，以解释出口产品种类的变化对出口增长的影响作用；Feenstra② 为测度出口产品种类的差异性，从空间维度构建了出口种类差异指数；Hummels 和 Klenow③ 在 Feenstra 方法的基础上，构建了价格和数量指数进行衡量；Helpman 则引入引力贸易模型，与企业异质性模型相结合，运用参数法、半参数法和非参数法等多种方法计算出企业层面的集约边际和扩展边际。④ 以上研究成果明显未与我国现阶段实际国情和经济发展联系在一起，对我国的电子信息产业结构升级无法起到直接的指导作用。

在国内，学者们价值链的研究方向较为分散，涉及价值链的提法有产业链⑤、国际分工⑥、产业垂直化⑦等，遍及服装产业⑧、影视产业⑨、旅游产业⑩等众多领域。国内学者的研究多以价值链整体为对象，对产业价值链的分解研究稍显不足，尤其是电子信息产业下出口深度及出口广度视角的价值链分

---

① 李未无：《出口深度和出口广度研究评述》，《经济学动态》2010 年第 7 期，第 146 ~ 150 页。

② Feenstra and Kee，“On the measurement of product variety in trade”，*World Bank Working*，2003.

③ Hummels and Klenow，“The Variety and Quality of a Nation's Exports”，*The American Economic Review*，2005，p. 704.

④ 李未无：《出口深度和出口广度研究评述》，《经济学动态》2010 年第 7 期，第 146 ~ 150 页。

⑤ 张利庠、张喜才：《外部冲击对我国农产品价格波动的影响研究——基于农业产业链视角》，《管理世界》2011 年第 1 期，第 71 ~ 81 页。

⑥ 徐建炜、姚洋：《国际分工新形态、金融市场发展与全球失衡》，《世界经济》2010 年第 3 期，第 3 ~ 30 页。

⑦ 谢锐、肖皓、赖明勇：《ECFA 的建立与海峡两岸垂直分工模式》，《世界经济研究》2012 年第 6 期，第 75 ~ 80 页。

⑧ 谭力文、马海燕、刘林青：《服装产业国际竞争力——基于全球价值链的深层透视》，《中国工业经济》2008 年第 10 期，第 64 ~ 74 页。

⑨ 王国安、赵新泉：《中美两国影视产业国际竞争力的比较研究——基于全球价值链的视角》，《国际贸易问题》2013 年第 1 期，第 58 ~ 67 页。

⑩ 李容树：《以旅游目的地为核心的旅游产业价值链构建》，《沈阳大学学报》（社会科学版）2015 年第 1 期，第 62 ~ 65 页。

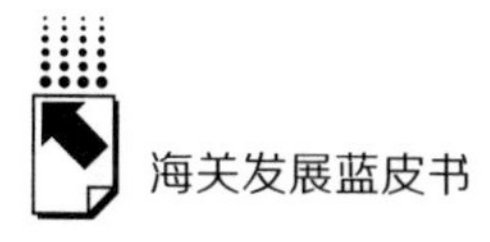

解研究更是明显欠缺。

近十年来，我国电子信息产业规模稳步扩大。以电子信息制造业为例，2003 年企业数量为 10506 家，到 2015 年为止电子信息制造企业已经达到 1.99 万家。产业结构升级势头也初步显露，2003 年全行业拥有软件和信息技术服务企业仅 7000 家，到 2015 年已经增加至 4.09 万家。电子信息产品的出口额从 2003 年的 1421 亿美元增长至 2015 年的 7811 亿美元。但是值得注意的是，我国的电子信息产品进出口贸易额在 2005 年时占进出口贸易总额的比重为 34.4%，到 2015 年则为 34.3%（见图 1）。相比较之下，1997 年我国电子信息产品占贸易总额的比重由 12.4% 攀升至 2004 年的 28.3%。一方面，进出口贸易额在近十年内始终保持占总贸易额的 1/3 说明了电子信息产业在我国的对外贸易中占据战略性的地位；另一方面，通过两个阶段占比的对比，在某些程度上说明我国电子信息产业目前正处于发展的瓶颈期，或者说我国的电子信息产业亟待产业结构调整，从而提升其在全球产业价值链中的地位。

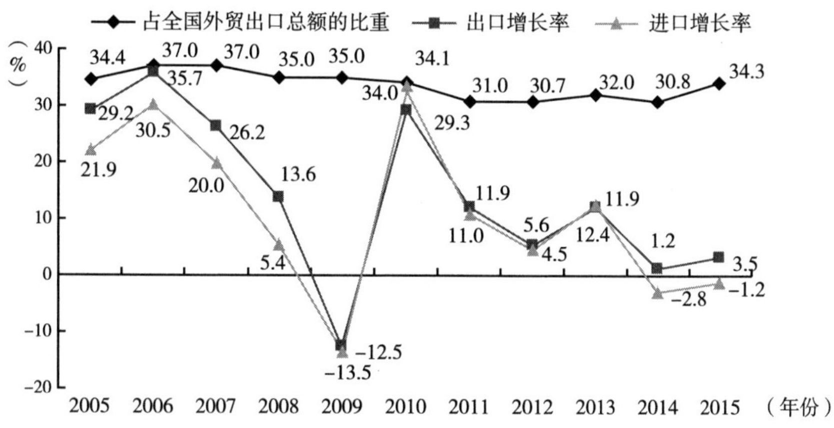

图 1　2005 ~ 2015 年电子信息产品进出口总额占全国进出口总额的比重及进出口增长率

资料来源：中国海关统计年鉴。

如图 1 所示，2005 ~ 2015 年，电子信息产品进出口增长率并不稳定。从 2007 年开始急剧下滑，到 2009 年甚至出现了负增长。其原因并不难分析，2008 年国际金融危机的冲击效应使得企业亏损面增大，规模以上制造业亏损面达到25%，集成电路、印制电路行业利润分别下降43.5%和10.8%，光电器件行业利润增速同比下降了54个百分点。[①] 到2009年，电子信息产品同比下降12.8%，首次出现了负增长。2010年在国内政府政策实施和外需市场逐步回暖的共同作用下，电子信息产品出口增长率出现了恢复性增长。增长率的变化充分暴露了我国电子信息产业出口贸易在面对政策变动和外部冲击时的脆弱性。那么为何我国的出口贸易增长受外部冲击的影响如此显著？如何改善这种贸易困境？要回答这两个问题需要我们深入了解和探究我国电子信息产业出口贸易增长的微观结构。本文尝试通过价值链分解来探讨这一问题。

二　出口广度和出口深度的定义和测度方法

（一）出口深度和出口广度的定义

传统贸易理论以国家为基本分析单位，从宏观视角进行贸易分析，把不同国家之间的技术差异和要素差异作为国际贸易产生的基础，忽略了企业的规模和生产率等影响因素。随着全球化进程不断加快，大量经验研究对古典贸易理论和新古典贸易理论提出质疑，从而提出了新贸易理论。该理论从以企业产品为单位微观角度分析国际贸易，提出在不考虑贸易壁垒的前提下企业产品的生产率是决定其竞争力的重要因素。该理论不但解释现实经济生活的一般贸易模式和生产率水平，还指出一国出口增长是通过出口广度和出口深度共同实现的。[②] 李未无指出出口深度和出口广度是对一国出口增长的实质性分解。这种研究视角对于研究出口增长的质量、平稳性和连续性有着重要的意义，从而可以作为理解一国出口贸易在全球价值链中地位的分析工具。

目前，学界对出口深度和出口广度并没有统一的定义，不同的学者基于不同的领域和数据给出了各自的定义。Hummels 和 Klenow 基于高度细分的产品数据，提出出口广度是指出口产品的多样化程度，而出口深度则是指现有产品

① 《2008年电子信息产业统计公报》。

② 李未无：《出口深度和出口广度研究评述》，《经济学动态》2010年第7期，第146～150页。

出口的贸易大小。[①] Besedes 同样着眼产品视角，认为出口广度是指两国间贸易关系的变动，包括出口新产品、与以往没有贸易关系的国家建立贸易关系；而出口深度是指两国间已有贸易关系的强度，并将贸易关系强度再细分为已有贸易关系的持续时间长度和已有贸易关系的发展能力。[②]

本文认为根据电子信息产业主要产品的出口数据研究其出口深度和出口广度，用具有普遍性的微观产品视角将更加直观。但是，由于我国电子信息产业起步较晚，企业层面的数据资料整理不甚完善和全面，因此，我们尝试依据产业产品出口特点，在厂商视角下借鉴 Bernard[③] 的观点对出口深度和出口广度进行定义：出口深度为现有单位企业的出口产品对非本国市场的出口贸易额增长；出口广度为现有单位企业对非本国市场出口商品的数量结构变化，由于短期内企业规模和生产率无法大幅度提升，所以商品数量结构的变化在一定程度上可以反映商品种类的变化。出口深度和出口广度表现全球价值链在横向贸易额和纵向贸易商品种类两个维度上的变化。

（二）出口广度和出口深度的测度方法

正如上文中提到的，出口深度和出口广度的定义众说纷纭，每位研究者都对其有着不同的理解，导致其测度方法也相差很多，不能一概而论。研究者们根据各自研究的领域特点、掌握数据的翔实程度以及测度结果的应用范围构建或选择适合的方法对出口深度和出口广度进行测度。根据李未无的观点，测度方法主要分为三类：一是直接计算法，利用细分的出口产品的数据直接计算出口深度和出口广度；二是参数推断法，这种方法首先基于理论模型推出计量模型，进而估计相关参数大致获得出口广度和出口深度之大小；三是出口增长分解法，该方法是将出口深度和出口广度再细分，既可按横截面数据和时间序列数据加以分解，也可按产品、企业和国家层面数据进行分解。[④]

---

① 李未无：《出口深度和出口广度研究评述》，《经济学动态》2010 年第 7 期，第 146 ~ 150 页。

② 李未无：《出口深度和出口广度研究评述》，《经济学动态》2010 年第 7 期，第 146 ~ 150 页。

③ Bernard, Jensen, Redding and Schott, "The margins of U. S. trade ", *NBER Working*, 2009.

④ 李未无：《出口深度和出口广度研究评述》，《经济学动态》2010 年第 7 期，第 146 ~ 150 页。

依据收集的行业数据，我们采用参数推断法来测度我国的电子信息产业出口深度和出口广度。Kancs 以企业异质性理论为基础①，构建出口深度函数和出口广度函数来对模型进行计量，再利用计量出的参数逐年计算出某行业的出口深度和出口广度。根据该理论模型，我们利用 2005 ~ 2013 年电子信息产业细分 HS 四位商品编码的数据进行出口数据相关计量分析，测度方法如下。

1. 前提假设

（1）企业贸易异质性

变量选取和计量方式均基于异质性企业贸易理论。该理论认为出口企业在生产规模、生产率及工资水平等方面都优于非出口企业，并且这一理论在 20 世纪 90 年代以后得到了证实，所以这一假设能准确分析我国出口增长对价值链提升的作用。

（2）影响因素有限性

Chaney 构建的异质性企业贸易模型②也将贸易总额分为出口深度及出口广度两个方面，我们可以从中推断出口深度及出口广度的影响因素：出口深度主要受经济规模、可变贸易成本、多边阻力、工人工资及企业生产率影响，出口广度主要受经济规模、固定贸易成本、可变贸易成本、多边阻力、工人工资及企业生产率影响；其他影响因素忽略不计。

（3）企业发展一般性

假设企业的发展都遵循客观经济规律，市场合法公正，不存在生产率迅速提高、生产规模迅速扩大的情况；不存在一国的企业对某产品具有绝对垄断优势或绝对劣势；不存在跨国贸易走私、偷逃税款等违法违规行为。

2. 构建模型

Kancs 基于异质性企业理论，认为出口深度和出口广度主要受经济规模、

---

① Kance d' A，“Trade Growth in a Heterogeneous Firm Model：Evidence From South Eastern Europe”，*The World Economy*，2007，pp. 1139 - 1169.

③ $X_{ij}^{h}(\varphi)=\begin{cases}\mu_h * \dfrac{Y_i Y_{xj}}{Y} * \left(\dfrac{w_i \tau_{ij}^{h}}{\theta_j^{h}}\right)^{-Yh} * (f_{ij}^{h})^{-\frac{Yh}{(\alpha-1)-1}}, & if \varphi \geqslant \varphi_{ij} \\ 0, & otherwise.\end{cases}$

Thomas Chaney，“Distorted Gravity：The Intensive and Extensive Margins of International Trade”，*American Economic Review*，2008，pp. 1707 - 1721.

固定贸易成本、可变贸易成本、多边阻力、工人工资及企业生产率等因素影响，将这些影响因素综合在一个理论框架下，构建了出口深度和出口广度的函数模型。出口深度 e_{ij} 被定义为：

$$e_{ij} = \lambda_3 * \left(\frac{Y_j}{Y}\right)^{\frac{\sigma_h - 1}{\gamma_h}} * \left(\frac{\theta_j}{\tau_{ij}}\right)^{\sigma_h - 1} * \varphi^{\sigma_h - 1}, \varphi \geq \varphi_{ij} \tag{1}$$

出口广度 N_{ij} 被定义为：

$$N_{ij} = \frac{Y_i Y_{xj}}{Y} * f_{ij}^{-\frac{\gamma_h}{\sigma_h - 1}} * \left(\frac{\theta_j}{\tau_{ij} w_i}\right)^{\gamma_h} * \left(\frac{\sigma_h}{\sigma_h - 1}\right)^{\sigma_h - 1} \tag{2}$$

以上公式中 Y_i 代表 i 国的经济规模，Y_{xj} 代表 j 国 x 产品的经济规模，Y 代表全球总产出，φ 表示企业的生产率，w_i 代表工人的生产率，τ_{ij} 和 f_{ij} 分别代表可变贸易成本和固定贸易成本，θ_j 代表除去 j 国外剩余国家产生的多边阻力，λ_3 为常参数，γ_h、σ_h 是外生参数，分别代表消费者对 h 产品的消费单位份额、企业异质性参数以及产品之间的替代弹性①。公式（1）中临界生产率 φ_{ij} 是指 i 国中具有最低生产率企业的生产率，该企业从 i 国出口商品到 j 国所得利润仅能填补其固定贸易成本，此时还存在可变贸易成本不能被抵消，那么企业就处于亏损状态，从长期来看，企业会放弃经营进而退出市场，即只有当产品 h 的企业生产率水平 φ 大于等于临界生产率 φ_{ij} 时，产品 h 向 j 国的出口量为正，其余情况则为零。

三　电子信息产业价值链分解解析

（一）数据来源和指标

1. 经济规模（Y_i）

各国的经济规模大小可以用 GDP 来衡量，为减小国别差异影响，我们选取各国 GDP 占全球 GDP 的比重带入计算（见表 1）。

① 钱学峰：《中国出口增长的二元边际及其因素决定》，《经济研究》2010 年第 1 期，第 65 ~79 页。

表 1　各国相对经济规模大小

年份	中国	美国	日本	韩国
2005	0. 048	0. 278	0. 097	0. 019
2006	0. 054	0. 272	0. 085	0. 020
2007	0. 062	0. 252	0. 076	0. 019
2008	0. 073	0. 234	0. 077	0. 016
2009	0. 085	0. 242	0. 085	0. 015
2010	0. 093	0. 229	0. 084	0. 017
2011	0. 104	0. 214	0. 081	0. 016
2012	0. 115	0. 220	0. 081	0. 017
2013	0. 126	0. 221	0. 065	0. 017
2014	0. 134	0. 225	0. 059	0. 018
2015	0. 155	0. 242	0. 072	0. 018

资料来源：我国 GDP 数据来源为中国国家统计局，其他国家 GDP 数据来源为世界银行。

2. 工人的生产率（w_i）

工人生产率用平均工人工资来代替①，选用各国相对工人工资代入模型进行计算。数据来源为国家统计年鉴。

3. 可变贸易成本（τ_{ij}）和固定贸易成本（f_{ij}）

在目前的国际贸易形式下，关税已经不能作为衡量可变贸易成本的主要依据，运输成本成为其主要组成部分，依据 Kancs、Amurgo-Pacheco 和 Pierola、Helpman② 的观点，我们采用中国与其贸易国家首都之间的相对距离作为衡量标准。

固定贸易成本没有统一的核算方法，经过多种替代指标对比分析，我们最终选取世界银行《营商运营报告》中的跨国贸易前言距离得分来衡量出口固定贸易成本。跨国贸易前言距离得分是依据货物进出口过程中的三组程序——单证合规、边界合规和国内运输相关的时间和成本为评分标准进行计

① 钱学锋、熊平：《中国出口增长的二元边际及其因素决定》，《经济研究》2010 年第 1 期，第 66 ~ 79 页。

② Elhanan Helpman and Marc Melitz, ed. , "Estimating Trade Flows: Trading Partners and Trading Volumes", 2008.

算。以出口固定成本得分占总分的百分比作为参数，两国之间的出口规模之比作为自变量，相对固定贸易成本可用得分参数和出口规模自变量之积来表示。

4. 多边阻力（θ_j）

通过汪波的研究实证来看，多边贸易阻力是用经济总量加权而成的平均贸易成本；保持其他决定因素不变，多边贸易阻力越大，那么国家就会越趋向于参与一个给定的双边贸易，双边贸易成本相对而言较低，那么来自双边关系国家的进出口量就越大，该结果与 Kancs 的研究结果是一致的，所以本文利用各国贸易中产生总成本的加权平均数，以经济规模电子信息产品出口额占总出口的比值为权重，来代替多边贸易阻力的值。此时 θ_j 可被定义为：

$$\theta_j = \sum_{r=1}^{R} \left(\frac{Y_r}{Y}\right) \Phi_{rj} \tag{3}$$

其中 r 代表其他国家，Φ_{rj}代表 r 国家的贸易自由度。Head and Mayer 推导出了贸易自由度的测度方法：假设两国间的贸易成本是对称的（$\Phi_{rj} = \Phi_{jr}$），且一国内部的贸易成本为零（$\Phi_{rr} = 0$），那么则有：

$$\Phi_{rj} = \sqrt{\frac{E_{rj}E_{jr}}{E_{rr}E_{jj}}} \tag{4}$$

其中 E_{rj}和 E_{jr}分别代表从 r 国出口到 j 国的总出口及从 j 国出口到 r 国的总出口，E_{rr}和 E_{jj}分别是 r 国和 j 国的国内销售，等于各自国内的总产出减去总出口。由于世界范围内多边贸易涉及国家数量过多，难以统计每个国家与我国之间的贸易阻力，我们采用等比放大的方式对数据进行处理，放大比例为$\frac{E_{rj}}{E_r}$。根据公式（3）（4）可以得到多边贸易阻力的值。

5. 企业异质性参数（γ）

企业异质性参数是描述企业在规模、建立年份、资本密集度、所有权、人力资本、组织方式、技术选择等方面特征的差异，为了计算这种差异，我们计算出该企业出口额与内销额在总值上的差距，将其与内销值相比，从而得到企业异质性参数。

6. 常参数（λ_3）

λ_3 为一个常参数，根据 Chaney 的推导，其计算方法为

$$\lambda_3 = \sigma\lambda_4^{1-\sigma}$$
$$\lambda_4 = \left[\frac{\sigma}{\mu} * \frac{\gamma}{\gamma-(\sigma-1)} * \frac{1}{1+\lambda_5}\right]^{\frac{1}{\gamma}} \tag{5}$$
$$\lambda_5 = \frac{\sum_{h=1}^{H}\left(\frac{\sigma_h-1}{\gamma_h}\right)\frac{\mu_h}{\sigma_h}}{1-\sum_{h=1}^{H}\left(\frac{\sigma_h-1}{\gamma_h}\right)\frac{\mu_h}{\sigma_h}}$$

其中 h 表示商品种类，在贸易中共有 h 种商品进行交易。由于商品种类过多，无法一一计算，我们采用电子信息产品的出口额与总出口的比值等比放大 $\left(\frac{\sigma_h-1}{\gamma_h}\right)\frac{\mu_h}{\sigma_h}$，代替 h 种商品的加总。

（二）出口深度和出口广度测度分析

本文基于 HS 四位编码统计了中、美、日、韩四个国家从 2013 年电子信息产业间相互贸易额、产业发展经济规模及其在世界贸易范围内所占的比重等数据来比较分析。日、韩两国作为东亚地区的经济大国和经济强国，在电子信息产业高技术层面处于全球价值链高端位置。我国在以区域贸易为突破口进行外贸转型升级的形势下，同日、韩两国的比较分析对我国电子信息产业的发展有战略性意义。美国是我国电子信息产品（不包含软件出口，下同）出口的贸易大国，以 2013 年为例，中国对美国电子信息产品的出口占中国电子信息产品总出口的 18.91%，占中国对美出口总额的 31.04%。所以和美国的比较分析对我国电子信息产品的出口导向有重要的提示作用。

从国家比较的数据层面来看，我国电子信息产品的出口额一直高于美、日、韩，如图 2 所示，截至 2013 年，中国电子信息产品的出口额是美国电子信息产品出口的 3.387 倍，是日本的 7.06 倍，是韩国的 4.896 倍，而且这个数字呈现出逐年上升的趋势。

1. 出口深度增长缓慢

从我们对我国电子信息产业出口深度的测度结果（见表 2）来看，虽然对

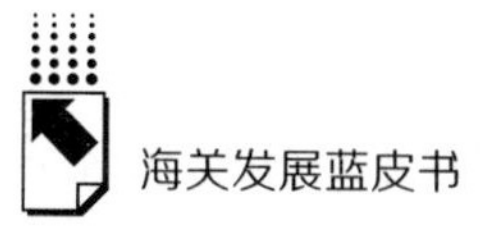

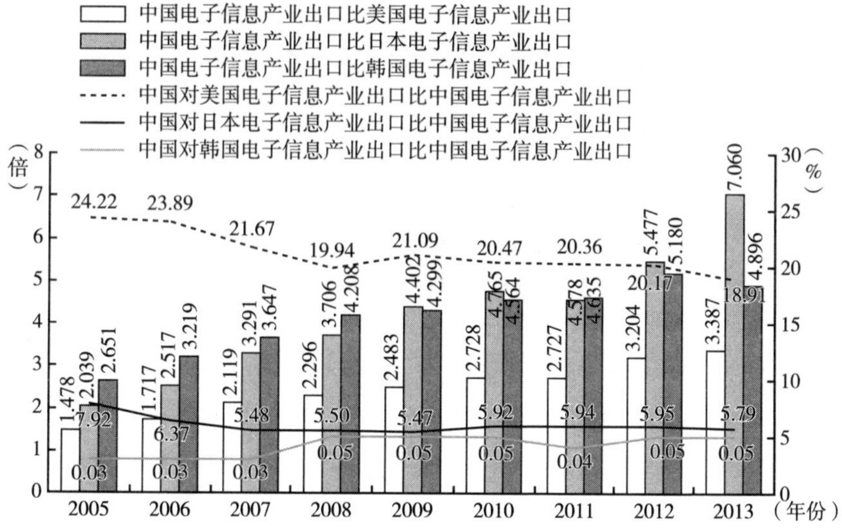

图2　中国与美、日、韩电子信息产品贸易比较

资料来源：海关统计资料，国家统计局及世界银行。

美国出口额占我国电子信息产品的总出口额达1/3，但是我国对美国出口深度并不高，e_{ij}年平均增长率仅为2.12%左右；我国出口到日本的电子信息产品占我国电子信息产品的5.95%，但是我国对日的出口深度却高于美国和韩国，而且近几年出口深度增长幅度也明显收窄；我国对韩国的e_{ij}在2005年时仅为0.123，然而虽然基数低，近几年增长趋势却趋于良好，基本平均的e_{ij}增长维持在6.66%。如果以除中国以外的其他国家作为一个经济体分析，我国在国际上的出口深度基本维持在0.6左右的范围内，相比20世纪末期，我国已成为货真价实的电子信息产品出口大国，但是近8年e_{ij}的增长率几乎为零，而且从2011年起还呈现出下降的趋势，这不但体现了我国电子信息产品在国际上的竞争力不强，还说明了我国电子信息制造业的出口深度对其在全球价值链提升中的贡献度极其微小，在众多因素中可以忽略。

从国际经济形势角度分析，首先，2008年世界金融危机对我国的出口深度影响是持久而全面的。电子信息产业在国际上的出口深度下跌7.43%，并低于我国2005年的水平。其次，2010年以来，原材料、劳动力等要素价格全面上涨，人民币升值加快，企业经营压力加大。2010年由于原材料价格大幅上涨，电子信息制造业主营业务成本同比增长28%。[①] 相比之下，一方面，一些东南亚国家如越南、泰国等生产成本比较低，一些国际性的企业纷纷在中国撤资清场，将组装制造的生产任务转移到生产要素低的国家，失去了价格优势做支撑的制造业在国际上的出口深度日益减小；另一方面，一些发达国家在经历金融危机以后认识到制造业对本国的实体经济和就业的重要性，纷纷提出“重返制造业”战略。不仅如此，发达国家之间为保障其利益，建立新的国际贸易规则，如美国牵头签署的《跨太平洋伙伴关系协定（TPP)》和正在谈判中的《跨大西洋贸易与投资伙伴协议（TTIP)》，使得更多的国际贸易红利流向发达国家。最后，地缘政治和外交环境对出口贸易的影响也不可小觑。如2012年中国对日本的出口深度从2011年的0.439降到了0.424，下降了3.4%。除了从经济的角度考虑这一现象之外，我们注意到2012年中、日就钓鱼岛问题外交关系紧张，一度影响到两国之间的正常贸易往来。

2. 出口广度波动较大

从出口广度的计算结果看（见表2），我们对不同国家的出口深度规律不尽相同。我国对美国的出口广度整体上呈现先快速增长、后逐步回落的趋势。2008~2010年连续三年我国对美国的出口广度持续上升，到2010年增长率达44.0%，而到2011年又落回到2008年的水平。经历了两年的增长下降，到2013年才又实现了14.0%的同比增长率。相对2005年，我国在2013年对美国的出口广度整体增长5.1%。和美国类似，我国对日本的出口广度整体呈现一个倒V形的增长趋势，9年间下降了51.7%，除了2008~2010年三个年份是正向增长以外其他年份均为负增长。2009年以前，我国对韩国的出口广度也一直处于负增长状态，不过2013年相对于2005年，整体上提升了14.7%，是目前三个国家我国出口广度最宽的国家，基本维持在0.3左右，没有急剧下降的现象。我国在国际上的出口广度不同于出口深度，波动较大，且整体偏低，总体上的出口广度也呈现下降趋势，其中我们注意到在2009年出口广度急剧攀升，达到了0.087，同比增长率达到163.6%；我国对美、日等发达国家的出口广度在2010年出现急剧增长的态势。在随后的一年，即2011年，我国在国际上的出口广度和对美日的出口广度大幅下降。我们从两个方面考虑这

① 2010年电子信息产业统计公报。

个现象的产生：第一，我国在金融危机爆发后就开始进行产业结构调整，出现了国际经济市场中国“一枝独秀”的现象，在一些发展中国家市场和新兴市场上我国电子信息产品的出口优势明显，导致国际市场上我国出口数量短期大量增加；第二，国际市场相对于国家市场来说，对经济的反应程度要更加灵敏；第三，经过金融危机的冲击，发达国家积极采取手段保护本国产业贸易，在发达国家纷纷采取措施进行产业保护的背景下，我国对发达国家的出口数量明显受到影响。

表 2　中国与美、日、韩及世界电子信息产业贸易出口深度及出口广度

年份	中对美		中对日		中对韩		中对世界	
	e_{ij}	N_{ij}	e_{ij}	N_{ij}	e_{ij}	N_{ij}	e_{ij}	N_{ij}
2005	0.278	0.158	0.306	0.327	0.123	0.306	0.623	0.053
2006	0.285	0.160	0.296	0.307	0.129	0.293	0.642	0.043
2007	0.278	0.149	0.285	0.269	0.125	0.283	0.641	0.032
2008	0.292	0.164	0.337	0.308	0.133	0.255	0.641	0.033
2009	0.316	0.195	0.424	0.357	0.176	0.310	0.593	0.087
2010	0.326	0.280	0.422	0.551	—①	—②	0.620	0.048
2011	0.320	0.163	0.439	0.324	0.216	0.387	0.636	0.042
2012	0.326	0.146	0.424	0.238	0.212	0.303	0.628	0.039
2013	0.330	0.166	0.358	0.158	0.206	0.351	0.620	0.034

注：①由于韩国 2010 年的某些指标数据不可得，故无法计算其出口深度；②由于韩国 2010 年的某些指标数据不可得，故无法计算其出口广度。

特别需要注意 2008 ~ 2010 年是一段特别的时间段，无论先前我国对其他国出口贸易境况好坏，在这三年中出口广度都实现了连续增长，2010 年更是跳跃式的增长，美、日的同比增长率都达到了 40% 以上。从全球贸易环境看，2008 年我国虽然也受到了金融危机不小的冲击，但是相对于美、日、韩等发达国家，我国出现了明显的滞后效应，2010 年金融危机对我国的影响开始显现。2011 年我国对于各个国家的出口广度增长率都出现了不同程度的下滑，甚至出现了负增长，这个状况一直持续到 2015 年。一方面，美、德、韩等国家对于电子信息产业某些产业的资金支持对我国相关的出口贸易造成一定的影响；另一方面，反映了我国电子信息产业结构层次不合理，电子信息制造业处于全球价值链分工中比较基础的位置，高端自主品牌比较少，需要进行产业结构调整，并且自2009年起一直处于调整转型期。而且从规模以上制造业来看，外资企业发展速度明显慢于内资企业；三资企业收入增长9.6%，利润下降2%，出口增长12%，分别比内资企业增速低15.7个、22.8个、9.6个百分点，① 这说明我国政府采取的救市政策对制造业企业起到一定的保护作用。

应该说，政治摩擦对出口广度的影响更加直观明显。我国对日本的出口广度从2012年的0.238直接降到2013年的0.158，降幅达33.6%。美国主要是以服务型经济为主，我国是以工业型经济为主，电子信息产业的结构互补性导致我国对美国市场的出口广度一直处于一种稳定的状态，但是也正是由于产业结构的互补性使得我国对美国出口的种类单一固定，出口广度不高。排除国际经济形势变化的影响，我国和韩国电子信息产业出口贸易一直处于一种平稳发展的态势。从国家与国际的数据对比结果看，我国对于美日韩的出口广度远远高于我国在国际上的出口广度。一方面，电子信息产业的行业特点决定了其贸易在工业技术发达的国家之间进行，发达国家工业和高端技术产业发展的都比较完善，所以我国与发达国家之间的出口贸易种类比较丰富，而对于世界来说我国的产品种类并不具有优势；另一方面，发达国家对于电子信息产品的基础性产品需求较高，而国际市场对于中高端产成品及其新技术产品需求量比较大，我国“世界工厂”的地位显然在国际市场上缺乏竞争力。这样的数据特征也可以反证出我国在电子信息产业价值链上处于较低位置。

综上所述，我国出口深度特点是总体增长比较稳定，但是增长速度缓慢，对发达国家需要进一步提升出口深度；出口广度特点是整体呈倒V形曲线增长，程度偏低，对发达国家的出口广度远高于在国际上的出口广度。

四　我国电子信息产业发展建议

本文在阐述了我国电子信息产业出口贸易的现状的基础上，基于企业异质性贸易理论，提出了出口深度和出口广度的概念。利用Kancs的参数模型，依

① 2008年电子信息产业统计公报。

据2005～2013年HS四位商品编码数据，测度出我国电子信息产业出口商品的出口深度和出口广度。根据本文的研究结论，对我国电子信息产业发展提出以下建议。

（一）加快出口通关便利化，降低出口成本

企业出口的时间成本、资本成本、办理相关手续单证的繁杂程度对企业的贸易有着不可忽视的影响。世界银行根据企业的进出口单证和规及边界和规所耗用的时间和成本计算出不同国家的企业前沿距离得分，其中美国和韩国都在92分以上，日本为85.9分，更有法国、波兰等发达国家达到100分，发展中国家分数普遍都比较低，作为贸易大国的中国只有69.13分。单就出口贸易分析，单位出口所耗费用为607美元，花费时间为47小时，世界排名第96位。除日本排第52位外，美韩均排在前50名，分别为第34和第31名，美国出口时间成本仅为4小时，韩国出口费用仅为196美元。我国政府虽然大力鼓励出口，也出台了一系列的政策扶植外贸企业，为其出口提供方便，但是在进出口通关便利化、单证管理简约化方面仍然有很大的改进空间。政府应当制定宏观指导政策，通过海关改革机制改善出口企业生存环境，简化手续，降低进出口成本。

（二）鼓励高新技术发展，提高企业生产率

技术创新是进行产业结构和贸易结构升级的最直接途径，企业生产率是技术创新的直接表现，从模型参数的变动分析来看，企业生产率对出口深度的贡献率达30.5%。电子信息产业作为技术密集型产业对带动企业科技创新、提高制造业高端要素创造价值、引领我国外贸企业转型升级有着重要作用。所以，政府要尽一切努力为企业创新提供帮助，为创新型企业提供支持。通过政策鼓励促进高新技术发展，投入资金对中小企业提供融资支持，提高企业的生产率，从而增强企业的国际竞争力。目前，中国已经出台了一系列鼓励创新创业的政策和口号，如提出了第一个制造业的十年战略计划“中国制造2025”，提出“大众创业，万众创新”的号召。在这些鼓励和支持下，中国涌现了一大批创新载体，如电子商务平台、新型孵化器、众创空间等。

（三）加强区域经济合作，参与国际经贸规则制定

改革开放以来，我国的国际贸易迅速发展，经历了高速发展的十年，进入了发展的平缓期。制造业的产业优势和出口深度都已经基本固定，价值链难以进一步提升，而区域经济的发展为我国经贸发展提供了新的思路和视角。区域经济合作使得各个国家可以发挥各自的优势，不仅可以提高我国贸易增长率，也有利于我国产业的优化升级，尤其是在电子信息等高端领域的合作，能够促进我国的国际市场竞争力。以出口深度和出口广度的变动分析为例，多边阻力变动1%，出口深度变动0.754%、出口广度变动1.687%，多边阻力对我国出口贸易的影响较为深刻。以我国正在积极推进的“一带一路”战略为例，“一带一路”倡导积极建立与周边国家的经济合作伙伴关系，我国相对于沿线国家具有资本、技术、市场和政策方面的优势，而沿线国家可以提供给我们生产要素资源，形成优势互补的区域价值链[①]，增强我国的经贸实力。不仅如此，区域贸易的发展还能够帮助我们在复杂的国际贸易形势下积极参与到国际贸易投资规则的制定中去。以美国为领导达成了TTP协议，并积极推进TTIP协议达成，为避免我国在国际贸易中失去话语权，我国也应该积极与其他国家达成区域贸易协定，努力达成区域全面经济伙伴关系（RCEP）以及中美双边投资协定（BIT）。

（四）提高产品附加值，完善产业链结构

完整的产业价值链结构是一国产品国际竞争力提高的综合体现。目前呈现形式主要以跨国公司为主。在这种生产模式下，国家可以优势整合利用丰富的要素资源，生产出高附加值产品。我国经历了制造业和出口“两高一资”的粗放型增长，完成了劳动密集型和资本密集型的代工和贴牌加工生产[②]，在保持着制造业稳定增长的情况下，目前正在朝着拥有自主品牌、自主知识产权的贸易发展。

---

① 马涛：《全球价值链背景下我国经贸强国战略研究》，《国际贸易》2016年第1期，第26~31页。

② 马涛：《中国贸易方式转变的建议》，《经济研究信息》2016年第4期。

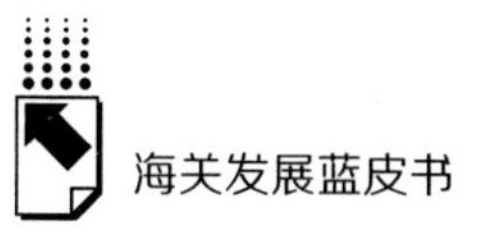

总而言之，我国可以以现阶段积累的大量生产经验和基础设施为跳板；以区域经济合作为纽带；以逐步提高的服务、技术水平为动力；尽可能降低成本，提高产业效率，去除生产过程中产生的成本冗余，在现阶段重点研发核心技术的同时，与大型企业、跨国公司合作，发展销售建设及服务建设，建设成区域的销售网络，创出自有品牌，进而建立完整的产业价值链，实现高附加值产品的生产和出口，提高整个电子信息产业的国际竞争力。

B.12

贸易开放促进经济增长的效应有多大？基于面板门槛模型的估计

赵永辉*

摘　要：开放经济背景下，对外贸易发展如何影响经济增长？其作用又会随开放程度深化呈现何种变化特征？从市场化演进视角，本文研究了中国的贸易开放与地区经济增长之间的关联作用。研究表明，贸易开放机制对地区经济增长的促进作用须依赖于当地的市场化进程，并呈现明显的门槛效应：当地区市场化发展高于门槛条件时，贸易开放对经济增长会产生极其显著的促进效果；但当市场化进程低于特定门槛条件时，开放贸易对经济增长的促进作用将受到极大制约而不能很好地释放。因此本文认为，要更好地发挥贸易开放对经济增长的促进作用，不仅要继续深化贸易开放的水平，着力推进开放型经济新体制构建，还应当从多方面着手，加强对国内市场的经济整合，着力提升、培育并完善与地区发展相配套的经济机制和市场环境。

关键词：贸易开放　经济增长　市场化进程　门槛效应

一　引言

中国自改革开放以来尤其是入世之后，得益于国家政策开放的力度和水平

* 赵永辉，上海海关学院经济与工商管理系讲师。

不断提高，对外贸易获得了长足进步，外贸进出口从2001年的5097亿美元上升到2014年的43030亿美元，年均增长幅度高达17.8%，远超同期世界贸易5.6%的增长速度，中国在2013年超越美国，成为世界第一贸易大国。① 通过经济体制转轨以及利用开放市场的契机，中国经济在深度融入全球化进程的同时，也开始逐步分享到全球经济一体化带来的益处。在过去的十四年间，中国的经济规模大约扩大了10倍，与世界主要发达国家的经济差距迅速缩小，②与此同时，中国对世界经济产出和国际贸易活动的影响则不断扩大。无可置疑，开放贸易对于促进中国经济实现持续、稳定的增长发挥着至关重要的作用。从图1中可以看出，在加入WTO之后，除了2009年因受困全球金融危机的影响外贸有所下跌之外，其余年份我国外贸进出口总值年均增幅均远超GDP的增长，对外贸易的依存度不断提高。因此，在一定程度上，可以说正是由于对外贸易的强劲增长，才有力地支撑了我国外向型经济的发展壮大和成熟成长。③

但如果把视角聚焦于国内则会发现，中国贸易开放的政策实施似乎并没有能够使各个地区都同等享受到由贸易开放带来的经济发展红利。在现实中，各地区之间经济发展的不均衡程度不是在缩小，而是在进一步扩大。正如图2所示，在以人均GDP衡量的地区间收入不均衡的基尼系数显示，中国的基尼系数在2000年之后开始呈现显著上升，基尼系数从2000年的0.417上升到2008年的0.491最高点，在此之后虽有下降，但在2014年则依然高达0.469，这表明在我国，不同区域之间居民的实际收入差距确实在恶化，地区发展的鸿沟在加深。从区域来看，经济总量向东集中的趋势在改革开放之后不断加强，东部

① 数据来自《2014年中国统计年鉴》，统计口径为海关统计进出口货物贸易数额，增长率由笔者计算得到；世界贸易增长数据来自WTO，*World Trade 2013*，*Prospects for 2014*，2014。

② 2000年中国经济总量约8.9万亿元人民币，按可比汇率首次突破1万亿美元；入世之后，经济发展加快，2005年，GDP突破2万亿美元；2009年，超过5万亿美元；到2014年，中国国内生产总值达到636463亿元，以美元计则首次突破10万亿美元大关（2015.1.20，国家统计局，《2014年国民经济和社会发展统计公报》）。从跨入“1万亿美元俱乐部”到突破10万亿美元，中国用时14年；相比之下，美国1970年国内生产总值约为1万亿美元，早于中国30年，但直到2001年美国GDP才达到10万亿美元，从1万亿到10万亿，美国用时31年。

③ 包群、刘蓉：《贸易开放与经济增长：基于政策协调效果的实证研究》，《世界经济研究》2008年第9期。

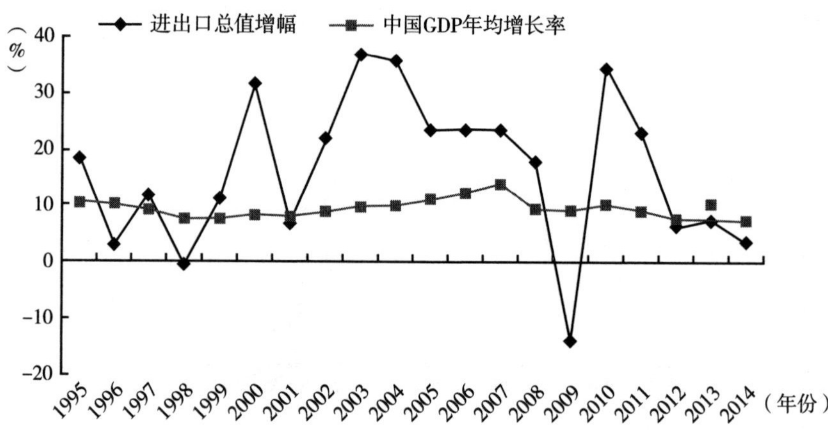

图1　1995～2014年我国GDP年均增幅与进出口贸易发展趋势

资料来源：国家统计局及历年《中国统计年鉴》。

10省（市）比重由1978年的43.6%上升到2010年的53.1%，提高9.5个百分点；中部地区由21.6%下降为19.7%，下降1.9个百分点；西部地区则由20.8%下降为18.6%，下降2.2个百分点；东北地区降幅最大，由14.0%下降为8.6%，下降5.4个百分点。具体到省（市）级层面，1978～2010年，我国各地区GDP份额在全国总量中占比提高的有8个省区，6个省区持平或基本持平，其他17个省区经济份额占比则均呈下降趋势，其中上升幅度最大省份为广东、浙江和江苏，降幅最大的则分别是辽宁、上海和黑龙江，① 可见改革开放并未使我国各地区之间的经济发展实现有效收敛。结合图1，贸易开放对外向型经济的发展影响巨大，但同样是面临一个开放经济背景，不同省区的经济增长却可以呈现截然不同的地域差别。要解释这一差别，除去地理空间、资源禀赋与制度执行视角，一个自然的疑问是，地区间经济增长的差异是否跟贸易实施的经济效应有关？如果确认开放贸易在促进经济增长方面存在地区差别，那导致这一差别的原因是什么？如何用之解释当前地区之间经济发展的非收敛状况？

---

① 有关区域经济特征及地区发展差距的研究，具体可参见国家统计局普查中心《30年地区发展：绝对差距在扩大》，http：//finance.sina.com.cn/roll/20121107/162513605464.shtml，2012年11月7日。

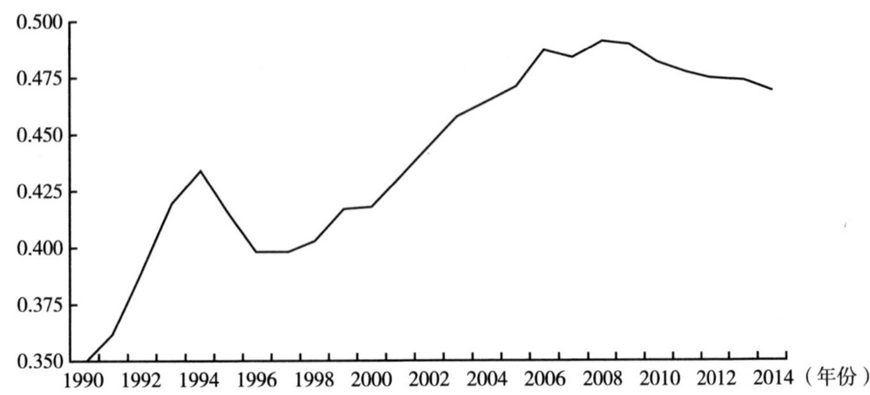

图2　1990～2014年中国人均收入基尼系数变化趋势

资料来源：历年《中国统计年鉴》，由笔者计算得出。

对于上述问题，我们认为，应当结合当前中国地区经济转型的实际和市场化进程演进的背景来综合看待。① 一方面，改革开放实践本身即内嵌于经济转轨时期的地区市场化发展进程中，其与对外开放国策的实施既一脉相承又相互补充，并随着对外开放水平提高而不断深化，要系统考察贸易开放的经济效果，就不应忽视更不能剥离市场化进程对潜在资源配置效率进而经济增长的积极影响。另一方面，依照古典、新古典和新增长理论的研究，贸易发展通过参与专业化分工、依靠市场规模集聚以及通过技术扩散和溢出等途径直接或间接作用于一国经济增长的过程；② 微观视角看，贸易自由化通过开放竞争效应促进企业技术进步进而提高要素生产率以促进经济增长。③ 无论是市场规模集聚、技术溢出扩散还是微观生产效率提升，都离不开市场化秩序重塑和竞争观念培育的作用。因此，考虑到中国开放贸易的改革实践遵循的市场化演进背景，以及市场机制对经济发展绩效可能存在的反向关联作用，我们有必要在一个充分考量地区市场化发展的环境中重新审视和评估开放贸易的经济增长效应。

---

① 市场化进程是指我国由计划经济向市场经济转型过渡的体制改革，它不是某一项简单的规章制度变化，而是包含一系列经济、社会、法律乃至政治体制变革的综合意涵（樊纲等，2003）。

② Damijan, J. P. and Kostevc, C.,"Learning from trade through innovation: Causal links between imports, exports and innovation in Spanish micro data", LICOS Discussion Paper, 2010 No. 264.

③ 简泽、张涛、伏玉林：《进口自由化、竞争与本土企业的全要素生产率：基于中国加入WTO的一个自然实验》，《经济研究》2014年第8期。

本文从地区市场化演进的视角研究我国贸易开放与经济增长之间的关联作用特征。研究的理论价值和现实意义在于：首先，以市场化进程为视角切入，可以为探讨我国各地区之间经济发展非收敛的现状、成因给予一个不同于传统观点的解读，进而丰富新增长理论关于开放贸易促进经济发展的作用机制等理论研究。其次，从新视角研究贸易开放对经济增长的作用，也有助于应对国家转变经济发展方式的内在要求对外贸政策调整的影响和冲击。尤其在当下，在中国经济开始步入由高速向中高速转变的换档期、国际贸易又面临新旧动能转换尚未完成的背景下，外贸增长的乏力在一定程度上拖累了宏观经济的稳健增长，这需要我们重新认知和辨识二者之间的复杂作用关联。再次，面对经济新常态的现实，中央提出“要加快建立开放型经济新体制、发展更高水平的对外开放”，强调“以开放发展为理念，着力推动新一轮高水平对外开放，以开放促改革、促发展”，以此应对由外贸乏力和经济下行带来的发展压力①，而开放型经济新体制的构建尤其需要相关配套措施的跟进，这其中，最为关键的又首推市场经济秩序的重塑和竞争观念的培育，这与我们强调推进地区市场一体化的理念一脉相承。

使用中国 1994 ~2013 年 30 个省级行政单位的面板数据集对贸易开放影响经济增长的作用机制进行考察。本文估计结果表明，在我国，贸易开放对地区经济增长的促进效应依赖于市场一体化进程的发展程度，即贸易开放的经济效应发挥存在一定的“门槛条件”：当地区市场化进程尚未达到一定门槛时，贸易开放对经济增长的促进作用相对偏弱或不明显；而当地区市场化进程跨过一定的门槛条件之后，贸易开放对经济增长将会产生更为显著的促进效果。这一结论在后续的一系列识别检验中，在控制了产业结构、人口红利、政策冲击以及消费、投资等需求因素的影响之后，依然表现出了显著的稳健性特征。

本文其他部分安排如下：第二部分阐述贸易开放与经济增长的作用机制；第三部分是研究设计，包括实证模型估计思路和指标构建及说明；第四部分为实证结果及分析；第五部分为本文结论。

---

① 《中共中央、国务院关于构建开放型经济新体制的若干意见》，2015 年 9 月 17 日；《关于扩大对外开放积极利用外资若干措施的通知》（国发〔2017〕5 号），2017 年 1 月 17 日。

二　贸易开放与经济增长：文献梳理

（一）研究回顾

关于国际贸易增长影响国家经济发展的研究是国际经济学领域由来已久的研究话题，但针对经济一体化背景下开放贸易机制对经济发展的影响，多数学者并没有得出确定性的结论。目前，学界倾向于认为贸易开放在促进经济增长方面面临阶段性目标并须受发展的条件性制约。① 贸易开放与经济增长的正相关特征并不总是成立，除了经济实践可以证伪之外，② 这一结论也受到贸易开放指标的度量以及研究方法的制约。Singh、Kim 等人的研究进一步支持了上述论断。③

Kohli & Singh 研究认为贸易开放对经济增长具有差异化影响，并且二者的作用机制存在效应转变的临界值。④ Baldwin&Sbergami 在解释相关实证研究分歧时也指出，导致贸易效应争论的原因是二者之间的实际关系，可能并非线性，以传统线性回归进行度量，结果就有可能会因样本自身差异以及变量之间的阶段性变化特征而表现出不确定性。⑤ Damijan & Kostevc 进一步指出，一国（地区）对外贸易的发展可以通过规模经济效应、模仿示范效应、技术转移效应以及产业关联效应等途径影响经济增长的表现，并且各类贸易效应的发挥也是共生的，在贸易发展的不同阶段，其对经济增长的关联作用也有显著的差别。Kim 以人均 GDP 作为门槛变量的研究中发现，那些处在门槛值以上的发

---

① Rodriguez, F., Rodrik, D., Trade Policy and Economic Growth: A Skeptic's Guide to the Cross-National Evidence, NBER Macroeconomics Annual 2000, MIT Press, 2001.

② 比如，在亚洲以及许多非洲国家，贸易开放并没有使这些国家从经济全球化中明显受益，相反许多落后国家被卷入世界原材料供应市场，或被锁定在全球化分工的低端生产链条，导致其对外贸易条件不断恶化、全球化贸易发展的红利难以显现。

③ Singh T., Does international trade cause economic growth? A survey, The World Economy, 2010, 33 (11): 1517－1564; Kim, D., H., Trade, Growth and Income, the Journal of International Trade & Economic Development, 2011, 20 (5): 677－709.

④ Kohli, I., Singh N., Exports and Growth: Critical Minimum Effort and Diminishing Returns, Journal of DevelopmentEconomics, 1989, 30 (2): 391－400.

⑤ Baldwin, R., Sbergami, F., Non-linearity in Openness and Growth Links: Theory and Evidence. European Trade Study Group, Second Annual Conference, Glasgow, 2000.

达国家，贸易开放会显著推动本国经济增长；而对于处在门槛值以下的众多发展中国家而言，贸易开放的作用则不甚明显，甚至与经济增长负相关。

国内方面对贸易开放促进经济增长的研究更多是从立足解释地区发展差距角度展开。黄玖立和李坤望研究发现，市场规模和出口开放显著影响了1970～2000年各省区的人均收入增长。越富裕的省区，其越有条件通过发挥市场优势扩大出口进而进一步积累发展优势；而对内地省份尤其西部省区，则因天然地理劣势和市场规模制约影响出口增长并出现外贸拉动经济增长难以为继的情况，这使得东部和中西部地区发展差距在某种意义上具有不可逆性。基于经济地理差异的研究也表明，我国东、中、西部存在贸易开放对经济增长作用的非对称性，东部的贸易开放促进了经济增长，但在中西部地区作用并不显著。① 张建清和蒋坦从产出增长和技术溢出视角研究贸易增长的经济效应，结果表明贸易开放对经济促进具有非线性效应，边际产出增长率随着地区开放程度的提高而减小。② 徐婧和孟娟以人力资本的区域分布为传导变量的研究，也证实贸易开放对经济增长的影响在跨越门槛值前后存在明显变化。③

上述国内外学者的研究，更多是从新经济地理以及内生增长机制驱动的视角来解释贸易开放的经济效应差别，没有考虑地区潜在的市场化进程对市场秩序重塑和市场化观念培育的影响，而后者则直接制约与资源配置及产出效率相关的制度环境以及市场动力转变的潜在效应发挥。这使得既有的研究缺乏某种对作用机制解释的完善性，也不能反映市场化进程中开放贸易政策效应发挥的阶段性作用特征。

图3描述了我国1997～2014年各地区市场化进程的均值分布。从图中可以看出，我国各地区的市场进化呈现明显的梯度差异：上海、北京、江苏、浙江和广东等少数省市位于第一梯度，市场化水平相对较高，上述地区也恰是我国经济最发达、对外开放水平最高的地区；山东、福建、天津等位居第二梯度，市场化进程稍稍滞后于第一梯度；最后则是广大的中部及西部欠发达地

① 方红生、李琪：《贸易开放对产出波动的影响：来自我国省级层面的经验证据》，《国际贸易问题》2010年第2期。

② 张建清、蒋坦：《贸易开放与经济增长的非线性关系：理论及中国的实证研究》，《世界经济研究》2014年第5期。

③ 徐婧、孟娟：《贸易开放、经济增长与人力资本——基于面板门槛模型的研究》，《世界经济研究》2015年第6期。

区，他们构成市场化进程滞后的第三梯度。通过对比可知，我国地区之间经济发展的差距与各自市场化进程的差距是一致的。区域经济发展悬殊、市场化进程不一以及其他地区异质性特征使得经济变量之间有可能存在非线性关系。要正确识别、评估贸易政策的经济效应，就须进一步挖掘开放与增长之间在存在市场化制约条件下的非线性关联。

图3　中国各地区市场化进程分布格局

注：数据来自樊纲等编制的市场化指数，部分年份利用插值法补齐。

通过稳步推进经济转型以及引入有效竞争机制，我国的市场化进程改革极大地调动了地方政府发展经济的积极性。[①] 而在推进经济转型的过程中，与之

① Qian，Y. and G.，Roland. Federalism and the Soft Budget Constrain，American Economic Review，1998，88（5）：1143－1162.

共生的还有市场化理念的塑造以及竞争意识的培育，只有市场一体化调节不断完善，才能更为有效地开发、调动市场需求与结构调整，并提升市场机制的调控作用发挥的空间和效力。① 从制度转型视角看，市场化进程的深入发展是经济运行机制和社会治理体制不断优化、不断完善的必然结果，也是制度环境和发展理念开始趋于成熟和高效的体现。我国不同地区之间的市场化进程呈现出显著的区域差异，首先表明地区之间在发展要件（包括劳动力素质、市场观念、产权保护以及对于规则秩序的遵守程度等）方面的差异，东部地区在发展要件上显著优于中西部省区；其次，这暗含了地区间发展能力（包括资源配置、市场调节和企业自我治理能力）的悬殊，沿海地区在配置资源、市场机制调节以及企业自治方面，无疑更具优势；最后，也体现为地方政府服务、治理现代经济运行能力方面的差异，发达地区与欠发达地区之间存在政府治理水平和效率悬殊也是不争的事实。由此，地区经济的市场化发育程度高低，实质上会直接关联并制约贸易开放机制的资源配置效率和技术资本的生产效率，并进而影响要素市场上各类型生产要素的自由、充分流动乃至最终潜在全要素生产率的释放。

由于以上三个层面原因，市场化进程的地区差异就可以在一定程度上解释为什么我国各地区虽然面临同一个开放的经济环境，却在经济增长绩效方面呈现截然不同的发展表现。考虑到市场化进程的这一特征可以作为区分区域不同发展阶段的天然指标，因此在下文分析中，我们将以各地区的市场化进程作为贸易开放的门槛变量，以全面考察并评估贸易开放与经济增长之间可能的非线性关系特征。

（二）本项研究的贡献

首先，从现实来看，2014 年，中国进出口贸易依存度占 GDP 的 42%。作为以外向型经济为主导的发展中国家，对外贸易对中国经济增长的拉动作用和重要意义甚至远超许多发达国家。在当下外贸乏力、国内经济增长动力难以为继的情况下，我们有必要重新审视开放经济条件下对外贸易增长对经济发展的

① 樊纲、王小鲁、马光荣：《中国市场化进程对经济增长的贡献》，《经济研究》2011 年第 9 期。

引擎和促进作用。其次，对像中国这样仍处于转型发展期的国家来说，贸易开放随改革深化不断提高，对经济增长的作用必然较之开放水平仍然偏低或已经很高的国家或地区有更为复杂的影响机制，从而很难以简单正向或负向的线性关系一言以论。我们认同贸易开放与促进经济增长具有非线性关系以及存在影响效应转变临界值的解释。已有研究对此也有涉及，但就目前来说，还鲜有文献从市场进化视角对上述非线性关系特征进行深入考察。再者，传统的非线性研究文献，在分类样本时倾向于通过强制标准划分区间，主观意念偏重，并不能真正反映数据自身的内生性结构突变特质，因而不能很好地获取在异质样本之间的非线性结构解析。在实证分析中，我们采用门槛效应模型来估计市场进化对贸易开放效应的结构性作用，可以取代传统文献中强加外生性标准分离样本的方法，从而使得分析结果更加可靠。①

三　研究设计

（一）门槛模型设定

依据前文理论分析，我们对开放经济条件下贸易发展促进经济增长的作用给予实证检验。借鉴黄玖立和李坤望、盛斌和毛其淋等人的研究，首先建立如下基准回归模型：

$$\ln pgdp_{it} = a_0 + \beta_1 open_{it} + \phi \cdot Pt_t + \sum_{j=2}^{n} \beta_j \cdot X_{it} + \mu_i + \lambda_t + \varepsilon_{it} \quad (1)$$

其中，因变量 $\ln pgdp_{it}$ 为各地区人均实际 GDP 产出，用来表示地区经济增长状况；$open_{it}$ 为核心解释变量，表示 i 地区在 t 期的贸易开放程度；Pt_t 为影响经济增长的外部政策变量，本文选择以中国加入 WTO（2002 年）为分界点构造虚拟变量来表征政策体制实施的外部影响。X_{it} 为一系列影响经济增长的控制变量，包括消费、投资、政府支出、产业结构和人口因素等。μ_i 和 λ_t 分别控制地区及时间的固定效应冲击，ε_{it} 为随机扰动项。

① Bruce E. Hansen. Threshold effects in non-dynamic panels: Estimation, testing and inference, Journal of Econometrics, 1999, 93: 345 - 368.

进一步考察加入地区市场化进程的影响。我国的市场化进程与对外开放战略的实施一脉相承，其进化过程本身即共融于改革开放的实践中，市场化调节机制的不断完善成熟提升我国对外开放的水平，并随我国参与更高程度国际分工而不断实现深化演进。因此，市场化进程在某种程度上影响并激励开放贸易的经济效应不断释放，使得变量之间有可能存在非线性的变化特征。为捕捉这一非线性特征，借鉴 Hansen 关于门槛模型的设计思路,① 通过建立面板数据的门槛模型来对上述判断给予验证。

具体来讲，为了全面考察经济增长、贸易开放与地区市场化进程三者之间的内在关联，在（1）式的基础上，我们基于贸易开放促进经济增长的阶段性特征，并依据我国各地区市场化演进的经济实践，建立以下双重门槛模型：

$$\ln pgdp_{it} = a_0 + \beta'_1 open_{it} I(ml_{it} \leqslant \gamma_1) + \beta'_2 open_{it} I(\gamma_1 < ml_{it} \leqslant \gamma_2) + \beta'_3 open_{it} I(ml_{it} > \gamma_2) + \phi \cdot Pt_t + \sum_{j=4}^{n} \beta'_j \cdot X_{it} + \mu_i + \lambda_t + \varepsilon_{it}, \varepsilon_{it} \sim iid(0, \delta^2) \quad (2)$$

其中，i 与 t 分别表征经济指标的地区和时间维度；$open_{it}$ 为区间相关的门槛依赖变量，市场化指数 ml_{it} 则为门槛变量，γ_i（$i=1$，2）是待估门槛变量的区间临界值；I（·）为示性函数，当括号内逻辑判断条件成立时，取值为 1，否则为 0；β'_1、β'_2 和 β'_3 分别对应 $ml_{it} \leqslant \gamma_1$、$\gamma_1 < ml_{it} \leqslant \gamma_2$ 以及 $ml_{it} > \gamma_2$ 三个不同区间内的门槛依赖变量即开放贸易（$open_{it}$）对地区经济增长的影响系数，X_{it} 为独立于 $open_{it}$ 的外生控制变量集，变量指标界定及意义同（1）式，μ_i 用来捕捉个体固定效应，随机扰动项 $\varepsilon_{it} \sim iid$（0，$\delta^2$）。

从（2）式中可以发现，解释变量 $open_{it}$ 对因变量 $\ln pgdp_{it}$ 的影响要依赖于门槛变量 ml_{it} 的取值区间：当 $ml_{it} \leqslant \gamma_1$ 成立时，$open_{it}$ 对 $\ln pgdp_{it}$ 的影响系数为 β'_1；而当 $ml_{it} \in$（γ_1，γ_2］时，$open_{it}$ 对 $\ln pgdp_{it}$ 的影响系数变为 β'_2；在当 $ml_{it} > \gamma_2$ 时，$open_{it}$ 对 $\ln pgdp_{it}$ 的作用效应则通过 β'_3 系数的大小来体现。三个系数的显著性及估值系数大小反映了在对应不同门槛值条件下开放贸易的阶段性作用特征。

① Hansen 设计的面板门槛模型的基本思想是，依据“残差最小化”的思想、利用格子搜索方法寻找结构突变的门槛值，其最大的优点是可以依据数据本身的特点来内生性地划分区间并找出门槛值，因此可以有效地避免人为划分样本区间或二次项模型带来的偏误，进而正确捕捉门槛作用变量的非线性变化特点，并提高结构回归模型的估计效率。

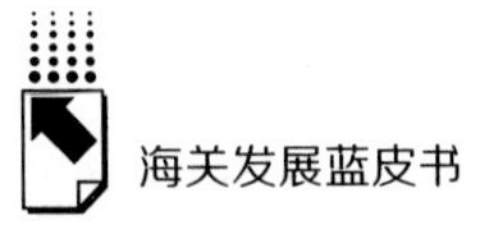

（二）门槛模型估计思路

在进行门槛模型估计时，首先是估计出门槛值 γ_i 以及对应的门槛待估系数 β'_i，然后进行不同门槛效应的显著性检验，进而求出门槛置信区间。我们以单门槛模型的估计为例进行说明。Hansen 提出的单一门槛模型是基于静态平衡面板数据的特征而设定的，其一般化形式可表述为：

$$y_{it} = \mu_i + \beta'_1 x_{it} I(q_{it} \leqslant \gamma) + \beta'_2 x_{it} I(q_{it} > \gamma) + x_{it}\Theta + e_{it} \tag{3}$$

在计算门槛值 γ 之前，应首先消除所考察样本中存在的个体效应的影响。通过从每个观测样本中减去组内均值进行处理。以 y_{it} 为例，$y_{it}^* = y_{it} - \frac{1}{T}\sum_{t=1}^{T} y_{it}$，其他变量处理类似。由此（3）式变换为：

$$y_{it}^* = \beta'_1 x_{it}^* I(q_{it} \leqslant \gamma) + \beta'_2 x_{it}^* I(q_{it} > \gamma) + x_{it}^*\Theta + e_{it}^* \tag{4}$$

为简洁表述，把（4）式表示为 $n \times k$ 阶矩阵的形式，即有 $y^* = X^*(\gamma)\beta + e^*$。为保证参数估计的随机性，将任意的 γ_0 作为初始值赋予 γ，并采用 OLS 估计（4）式，得到 β 的估计值及其相应的残差平方和 $S_1(\gamma_0)$：

$$\hat{\beta}(\gamma_0) = (X^*(\gamma_0)' \cdot X^*(\gamma_0))^{-1} \cdot X^*(\gamma_0)' \cdot y_{it}^*, S_1(\gamma_0) = \hat{e}^*(\gamma_0)' \cdot \hat{e}^*(\gamma_0) \tag{5}$$

然后，在 γ 允许的取值范围内对 $S_1(\gamma_0)$ 进行最小化求解，使残差平方和最小的 γ_0 即是所要的门槛值 $\hat{\gamma}$（满足 $\hat{\gamma} = \mathrm{argmin} S_1(\gamma_0)$）。在 $\hat{\gamma}$ 确定之后，可以进一步求得残差向量 $\hat{e}^* = \hat{e}^*(\hat{\gamma})$ 以及残差平方和 $\hat{\sigma}^2 = \frac{1}{n(T-1)}\hat{e}^*(\hat{\gamma})' \cdot$

$$\hat{e}^*(\hat{\gamma}) = \frac{1}{n(T-1)} S_1(\hat{\gamma}) \tag{6}$$

对门槛效应显著性的检验，我们建立原假设 $H_0: \beta'_1 = \beta'_2$ 以及备择假设为 $H_1: \beta'_1 \neq \beta'_2$，然后通过构造基于最小化残差平方和的 F 统计量（$F = \frac{S_0 - S_1(\hat{\gamma})}{\hat{\sigma}^2}$）进行检验。其中，$S_0$ 为不存在门槛值条件下的残差平方和，$S_1(\hat{\gamma})$ 则为预设存在门槛值条件的残差平方和。对 F 统计量而言，由于 γ 为待估参数因而无法事前预知，故 F 统计量为非标准分布，我们则采用“自举法”（Bootstrap）以获得其渐进分布特征，并通过构造对应的 P 值检验其显著性。

当确定存在“门槛效应”时，还需进一步验证门槛估计值 $\hat{\gamma}$ 是否与其对应的真实值 γ 一致，以及确认 γ 的置信区间。为此，构造原假设 $H_0: \gamma = \hat{\gamma}$，备择假设为 $H_1: \gamma \neq \hat{\gamma}$。对应的似然比统计量 $LR(\gamma) = \frac{S_1(\gamma) - S_1(\hat{\gamma})}{\hat{\sigma}^2}$，① $LR(\gamma)$ 的分布是非标准的，但Hansen给出了计算其拒绝区间的判断标准：在显著性水平为 α 、$LR_1(\gamma) \leqslant c(\alpha) - 2ln(1 - \sqrt{1-\alpha})$ 时，不能拒绝原假设（在95%的置信水平下，$c(\alpha) = 7.35$）。双重门槛以及多重（三重及以上）门槛模型，估计思路和分析过程与单门槛模型的估计类似，不再赘述。

（三）指标构建与数据说明

（1）经济增长

遵照既有研究惯例，并为排除人口规模增减的影响，我们使用各地区历年实际人均 GDP 增长的对数值来表示地区经济产出的变化情况，实际人均 GDP 以 2000 年消费价格指数为基期进行平减。

（2）贸易开放水平

衡量一个国家或地区对外开放程度，最常用的指标是进出口贸易总额与 GDP 比值。进口与出口从不同角度反映了某一经济体（国家或地区）居民从外部获取商品服务的经济需求以及供给国外消费者（生产者）生产生活需求的能力和水平，因此考察进出口总值在总产出活动中的占比高低在一定程度上可以反映一国（地区）参与国际经济活动的水平，同时使用这一指标来衡量贸易开放度也较为简单直观。另外，该指标也会因为其本身存在的一些固有缺陷而并不能够完全体现一国（地区）的真实对外开放水平。例如，经济规模或人口规模更大的国家和地区倾向有更大的内部需求，而随着国家（地区）经济的发展，服务业部门在经济中的比重则会上升，但大部分的服务业部门都属于非贸易部门从而并不在 GDP 核算中体现，这些原因都会影响贸易依存度；另一种更有可能的情况则是，经济发达程度更高的国家或地区，一般而言也拥

---

① 依照 Caner &Hansen 判断，当门槛效应存在时，$\hat{\gamma}$ 与 γ 之间具有一致性，然而由于干扰参数 e 的存在，使得渐进分布呈现出显著的非标准分布特征。面对这一问题，Hansen 提出可以使用 MLE（最大似然估计）方法、通过构造似然比统计量 $LR(\gamma)$ 来消除在检验门槛值真实性过程中面临的非标准分布特征的干扰。

有相对强大的商品制造和生产能力，进而满足其国内消费者需求的能力也更强，也会导致贸易依存度降低。

为控制这些因素影响，在 Patrick 等人的基础上，[①] 借鉴盛斌和毛其淋的做法对贸易开放度指标进行修正，设定贸易开放指数的测定模型为：

$$\ln open_{it} = a + b_1 pgdp_{it} + b_2 pop_{it} + b_3 hc_{it} + \mu_i + \varepsilon_{it} \quad (7)$$

$open_{it}$ 含义同上，$pgdp_{it}$ 和 pop_{it} 分别为地区人均 GDP 和人口规模，用以控制经济发展程度和居民需求状况的影响；hc_{it} 为平均受教育程度，用来反映地区特定消费观念的影响。[②] 我们采用固定效应模型估计（7）式，具体结果见表2。在表2中，模型3的估计结果能够很好地证实我们采用固定效应模型的正确性（Hausman 检验对应的 P 值能够在1%水平上显著拒绝原假设，即认为采用固定效应模型的估计效率更高）。

然后，再根据回归结果即可以得到贸易开放程度的拟合值 $\widehat{\ln open_{it}}$。$\widehat{\ln open_{it}}$ 反映的是一个在考虑了经济能力、人口需求以及消费习惯等因素的差异影响之后的“平均”贸易开放指标，以 $\widehat{\ln open_{it}}$ 参照对 $\ln open_{it}$ 平减，可以得到修正的贸易开放度指数：

$$open_{it}^{*} = \ln \frac{open_{it}}{\widehat{\ln open_{it}}} \quad (8)$$

与盛斌和毛其淋的解释类似，$open_{it}^{*}$ 指数的经济含义在于，它衡量一个地区的实际贸易开放水平相对于“正常”条件下的贸易开放水平的偏离程度：若 $open_{it}^{*} > 1$，意味着 i 地区的贸易开放程度偏高；若 $open_{it}^{*} = 1$，则表明实际贸易开放水平与理论贸易开放程度吻合；当 $open_{it}^{*} < 1$ 时，则说明贸易开放水平偏低。

---

① Patrick，L.，Marcelo，O.，Javier，S. Does Globalization Cause a Higher Concentration of International Trade and Investment Flows? . World Trade Organization，Economic Research and Analysis Division，1998.

② 一般来说，一个国家或地区居民受教育水平的高低代表着该国家或地区人力资本的水平。在现代社会，居民人力资本水平越高，其消费能力和消费观念也会相对较为成熟，从而内部消费能力也会得到有效提高。

(3) 市场化进程 (Marketplace)

在中国，以市场化为取向的经济体制改革在推动中国经济增长的过程中扮演着非常关键的角色，市场化进程推动了资源配置效率的改善，促进了要素市场竞争潜力的充分释放，对中国全要素生产率的提升尤其起着显著的促进效果；[①] 对微观主体来说，市场化进程也会通过改善企业面临的激励机制与成长环境进而带来微观生产效率的提高。对于市场化程度的衡量，我们使用以下两种指标。

第一，采用中国经济改革研究基金会国民经济研究所编制的中国分省市场化进程指数（ mi ）来表示。[②] 在数据方面，1997 ~ 2009 年市场化总得分取自《中国市场化指数 2011》，2010 年、2012 年和 2014 年市场化总得分则取自樊纲等公布的《中国市场化八年进程报告》，1994 ~ 1996 年、2011 年和 2013 年数据则通过 Matlab 调和插值法估算得到。

第二，使用私营经济发展状况（ nl ）来表示。毋庸置疑，作为市场主体之一的私营经济对加快市场化进程、提高经济运行效率具有重要作用，私营经济的发展状况是市场机制运行深入、市场观念普及的重要标志，对企业家创业行为的促进作用明显。市场化程度更高的地区，私营经济也相对更为发达。我们借鉴邵帅等的做法，采用各地区城镇私营和个体从业人数占总从业人数的比重来对其进行度量。[③]

(4) 其他控制变量

在控制变量集中，主要考虑以下因素。

---

① 樊纲、王小鲁、张立文、朱恒鹏：《中国各地区市场化相对进程报告》，《经济研究》2003 年第 3 期。

② 由樊纲、王小鲁和朱恒鹏等组织、推进和完善的中国市场化指数测度，是目前国内针对各地区市场化进程考察较为权威和得到认可度较高的研究成果。该指标体系由五个方面的指数衡量组成，依次是政府与市场的关系、非国有经济的发展、产品市场的发育程度、要素市场的发育程度、市场中介组织发育和维护市场的法制环境。每个分项中市场化程度最高的省份为 10 分，最低的省份为 0 分，较高的评分反映较高的相对市场化程度，单一方面的指数各自反映全国各个省份（自治区、直辖市）市场化的某个特定方面，总指数则由各个方面指数合成得到。具体内容可见《中国各地区市场化相对进程报告》（《经济研究》2003 年第 3 期，樊纲等），以及《中国市场化指数》（樊纲、王小鲁、朱恒鹏编，经济科学出版社，2010）。

③ 邵帅、范美婷、杨莉莉：《资源产业依赖如何影响经济发展效率？条件资源诅咒假说的检验及解释》，《管理世界》2013 年第 2 期。

①最终消费（Fc）。使用年末各地区居民人均实际消费支出衡量，以2000年价格指数为基期进行平减。②投资（Invset）。以全社会固定资产投资表示，并以2000年固定资产投资价格指数为基期平减得到各地区实际固定资产投资数额。③政府支出规模（Scale）。以地方本级财政支出/地区生产总值表示，财政支出的力度和规模在一定程度上体现政府对经济的干预程度，尤其在我国经济转型的关键时期，有效的政府引导能够在合理区间内对经济发展产生重要的促进效应。④产业结构（Fi）。用二、三产业增加值占总增加值的比重来表示。产业结构升级是促进经济增长的重要动力，依照经济发展与产业结构演进的规律可知，Fi比重越小，表明该地区工业化程度越低，产业结构相对落后；Fi比重越大，表明地区工业化水平越高，产业结构进化升级越合理。⑤人口红利（Pb），使用15~64岁人口占总人口的比重来表示，用以衡量人口红利对地区经济增长的影响。

本文分析所使用样本为1994~2013年中国30个省级行政单位（西藏除外）共20年的面板数据集。数据主要来自历年《中国统计年鉴》、《中国财政年鉴》、《中国经济社会发展统计数据库》、中经网、国研网及各地区《经济统计年鉴》，部分历史数据则通过国家统计局网站补全。变量描述性统计如表1所示。

表1　相关变量的描述性统计（1994~2013年）

变量	单位	平均值	标准差	最小值	25分位值	中位数	75分位值	最大值
pgdp	元	18557.04	17855.7	1527	5854.47	11749.67	25468.63	100105.4
*open**	—	1.08	0.55	0.28	0.73	0.87	1.44	3.22
mi	—	5.93	2.47	0.84	4.2	5.6	7.5	14
nl	—	16.21	10.38	1.82	9.01	13.89	19.81	68.70
invest	亿元	4122.24	5609.54	45.2	677.84	1782.79	5276.19	36789.1
Fc	元	5282.1	4520.68	489.17	2533.46	3932.63	6453.73	37923.47
Urban	%	44.83	16.10	19.9	33.35	42.1	52.9	89.60
Scale	%	16.54	11.55	4.92	10.31	14.38	20.26	214.32
Fi	%	16.04	11.72	0.36	8.06	14.68	21.94	76.50
Pb	%	59.20	8.55	34.52	53.20	59.42	65.47	80.73
Hc	%	7.85	1.19	3.51	7.04	7.85	8.54	12.03

注：为数据描述直观性起见，表1中所有变量均为原始值，但在下文门槛模型的实证分析过程中，除了贸易开放 *open** 和市场化程度 *mi*、*nl* 外，其余变量均取自然对数进入回归方程。

表 2 “平均”贸易开放水平的 Fe 模型估计结果

解释变量	model(1)	model(2)	model(3)	model(4)
	Fe	Re	Fe	Re
pgdp	-0.275** (0.120)	0.352*** (0.106)	-0.636*** (0.152)	0.310*** (0.113)
pop			-0.807*** (0.212)	-0.047 (0.105)
hc	0.414* (0.243)	0.693*** (0.252)	0.436** (0.210)	0.686*** (0.252)
常数项	4.834*** (1.309)	-2.214** (1.128)	15.116*** (2.995)	-1.384 (1.676)
Hausman 统计值 (P-Value)	75.44*** (0.000)		85.07*** (0.000)	
时间效应	yes	yes	yes	yes
地区效应	yes	yes	yes	yes
N	600	600	600	600
R^2	0.306		0.323	

注：* $p<0.1$，** $p<0.05$，*** $p<0.01$ 分别表示在 10%、5% 和 1% 统计水平上显著，在各模型中，回归系数下方括号内汇报的是参数估计的标准误。Hausman 检验 P 值的原假设为采用 FE 模型估计更有效率。

四 实证分析

（一）贸易开放与经济增长的基本关系特征描述

在分析之前，我们首先对开放贸易与经济增长以及地区市场化进程之间的关联特征给予直观的图示描述。图 4 描述了经济增长与贸易开放程度之间的散点图分布状况及其拟合曲线，其中横轴是修正的贸易开放指数，纵轴则为地区实际人均 GDP 的自然对数。从图中可以看出，在我国，地区经济增长与贸易开放水平之间并非简单的线性关系，而是在一定程度上呈现为倒 U 形的曲线特征，贸易开放对于经济增长的促进作用会随着地区开放程度的提高而不断增大，只有在贸易开放达到一定程度（拐点）之后，对经济增长的促进效应才会逐渐减弱。

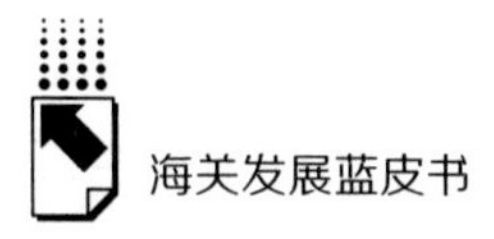

图 4 初步印证了上文我们关于开放贸易在促进地区经济增长方面存在非线性效应的判断，也证明了在实证分析中采用门槛模型进行估计的正确性。

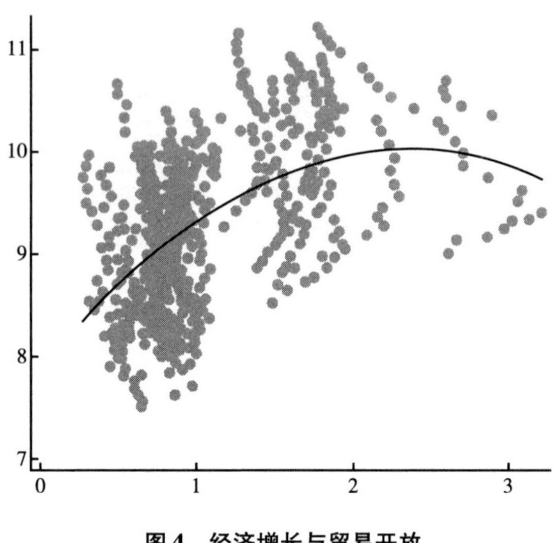

图 4　经济增长与贸易开放

图 5 显示的是贸易开放程度与地区市场化进程之间的简单关联特征。其中横轴是樊纲等编制的市场化进程指数，纵轴则为修正后的贸易开放指数。从图 5 中可以判断，贸易开放水平会受地区市场化进程的显著制约，并且贸易开放与地区的市场化进程之间也存在显著的非线性关系特征，随着市场化进程的不断深入推进，其对地区贸易开放效应的正向促进作用也会愈加明显。

本部分对经济现象之间的基本关系考察，可以为理解各目标变量之间的简单关联提供直观的印象。但对于开放贸易与经济增长以及地区市场化进程之间的具体作用效应及强度大小，还需通过进一步的实证分析予以检验。实证分析的具体结果在下文呈现。

（二）门槛效果检验和门槛值的估计

在进行门槛效应估计时，首先应确认（2）式中门槛值的存在以及门槛个数以确定模型具体形式。但 γ 是未知的，因此 F 统计量分布是非标准的卡方分布，通过“自抽样法”（Bootstrap）来模拟 F 的渐进分布并构造对应 P 值，然后对（2）式分别进行不存在门槛、1 个门槛、2 个门槛和 3 个门槛的假设情

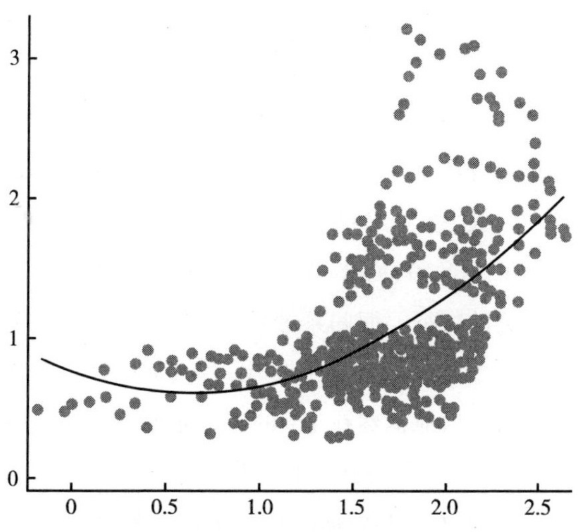

图 5　贸易开放与地区市场化进程

况进行检验。

表 3 报告了以地区市场化指数（*mi*）和私营经济发展状况（*nl*）为门槛变量的显著性检验结果。结果显示，对 *mi* 而言，单一门槛效应在 1% 的显著性水平下显著成立，双重门槛效应则在 5% 的显著性水平下显著，而三重门槛效应即使在 10% 的显著性水平下也不显著；对于 *nl* 来说，其单一门槛效应在 1% 显著性水平下显著，而双重门槛效应则在 5% 显著性水平下不再成立。因而，本文在实证分析中针对 *mi* 和 *nl* 两类反映市场化进程指标，将采用分别双重门槛和单一门槛模型进行计量分析。

表 3　门槛效应的显著性检验

门槛变量	模型	F 统计值	P 值	BS 次数	临界值		
					1%	5%	10%
mi	单一门槛	72.38***	0.000	1000	51.022	38.447	30.143
	双重门槛	39.34**	0.013	1000	40.681	30.161	24.992
	三重门槛	23.49	0.324	1000	94.497	70.674	53.588
nl	单一门槛	94.02***	0.001	1000	54.540	37.034	29.821
	双重门槛	13.23	0.375	1000	37.354	25.802	22.185

注：表 2 中门槛模型估计中的 P 值和 F 临界值均为采用“自抽样”（Bootstrap）1000 次得到的结果，* $p<0.1$，** $p<0.05$，*** $p<0.01$ 分别表示在 10%、5% 和 1% 统计水平上显著。

（三）门槛模型的估计结果及分析

表4列示了市场化进程演化背景下门槛模型的参数估计结果。为了更好地对比、分析门槛效应的特征，我们也基于（1）式的基准模型设定给出了固定效应回归的估计结果。如表4中的模型（1）所示，在初步控制产业结构（Fi）、人口红利（Pb）和政策冲击（Pt）的影响后，贸易开放对经济增长的作用呈现出显著正相关的特征，回归系数估计值则高达0.292；在进一步加入最终消费（Fc）、投资（Invest）和政府支出（Scale）等总需求因素的作用之后，贸易开放的经济增长效应依然在1%的置信水平上显著为正，而其影响系数则下降为0.093。这表明，贸易开放对于我国地区经济增长的促进作用具有显著的稳健性特征，贸易开放水平越高，对于地区经济增长的拉动效应就越大。这一结论与黄玖立和李坤望、熊灵等以及徐婧和孟娟等人的研究结论是一致的。

模型（3）和模型（4）分别是采用市场化进程指数（ mi ）和私营经济发展状况（ nl ）为门槛变量的门槛效应模型的估计结果。实证结果显示，市场化进程对贸易开放增长效应的影响呈现双重门槛的特征，当市场化进程指数（ mi ）小于（或等于）第一门槛值7.60时，贸易开放对经济增长的促进作用相对较小，其影响系数约为0.053，并在10%显著性水平上成立。当 mi 指数进入第二区间时（ $7.60 < mi \leq 11.00$ ），贸易开放对经济增长的影响系数提高到0.098，并在1%显著性水平上成立。而当 mi 指数高于11.00时，贸易开放对经济增长的作用系数在1%显著性水平上达到0.151，并远高于第一门槛值下和第二门槛区间对应的影响系数（分别是其影响系数的2.85倍和1.54倍）。这说明，当地区市场观念相对滞后、市场化进程尚未达到一定门槛时，贸易开放对经济增长的促进作用就不能够充分显现。而伴随市场化进程不断深入，市场经济秩序的调节作用和公平竞争机制的实施将越来越深入人心，地区参与国际分工和对接国际贸易游戏规则的能力和意识都会得到提高，进而地区实现经济发展和提升国际竞争力的能力也会不断得以改善。随着市场化进程不断深化并推进到第三区间，贸易开放对地区经济增长起到了更为显著的促进效应，对经济增长的影响比第二区间更大。

表 4　市场化进程（ *ml* ）条件下门槛模型的参数估计结果

解释变量	固定效应模型		门槛效应模型	
	model(1)	model(2)	model(3)	model(4)
	ln*pgdp*	ln*pgdp*	ln*pgdp*	ln*pgdp*
Pb	1.956 *** (0.194)	0.205 *** (0.051)	0.107 ** (0.047)	0.198 *** (0.047)
Fi	0.232 *** (0.048)	0.061 *** (0.012)	0.083 *** (0.011)	0.064 *** (0.011)
Fc		0.318 *** (0.020)	0.292 *** (0.019)	0.309 *** (0.019)
Invset		0.327 *** (0.011)	0.328 *** (0.010)	0.332 *** (0.011)
Scale		0.061 ** (0.027)	0.071 *** (0.025)	0.040 (0.025)
Pt	0.508 *** (0.042)	0.047 *** (0.011)	0.031 *** (0.011)	0.040 *** (0.011)
Open_adj	0.292 ** (0.121)	0.093 *** (0.032)	*mi* ≤ 7.60 0.053 * (0.029)	*nl* ≤ 32.88 0.074 *** (0.029)
			7.60 < *mi* ≤ 11.00 0.098 *** (0.029)	*nl* > 32.88 0.159 *** (0.030)
			mi > 11.00 0.151 *** (0.030)	
常数项	1.205 (0.867)	3.188 *** (0.231)	3.854 *** (0.219)	3.336 *** (0.215)
N	600	600	600	600
R^2	0.775	0.987	0.989	0.989

注：* p<0.1，** p<0.05，*** p<0.01 分别表示在 10%、5% 和 1% 统计水平上显著，在各模型中，回归系数下方括号内汇报的是参数估计的标准误。

模型（4）以私营经济发展状况（ *nl* ）为门槛变量，估计结果显示，当私营经济发展低于相应的门槛水平时，贸易开放对经济增长的促进作用相对较小，影响系数仅为 0.074；当私营经济发展水平越过门槛值时，贸易开放对经济增长的促进效应会有显著提升，其影响系数提高为 0.159，是第一门槛值下对应影响系数的2.15倍，且在1%水平上具有统计显著性。私营经济的发展能够丰富市场主体的所有制结构，对市场体系和观念的发育完善乃至市场取向的改革目标都有显著的影响和促进作用。随着私营经济的发展壮大，强调公平竞争、要素效率配置为先的市场化理念将得到更大程度的认同和推广，伴随而来的还有产权保护、经济秩序等一系列与之相关的制度发展软环境的改善，并促使市场经济主体自愿、积极参与国际竞争，提升地区经济发展的质量和效率。当以私营经济发展为标志的市场体系不断发育并趋向成熟时，开放型经济体制对经济增长的促进作用将得到更大程度的显现。

控制变量方面，产业结构、人口红利和政策冲击的作用在各实证模型中均呈正相关，并几乎均在1%水平上显著成立，表明产业结构的优化升级、劳动力的构成分布以及积极的外部政策冲击对经济增长都具有显著的正向促进效应。在影响总需求的因素方面，消费、投资和政府支出对经济增长的促进作用也均在多数回归模型中显著成立，且其影响系数的变化区间也较为稳定，说明影响社会总产出增长的各类需求因素的作用效果具有相对稳健的特征。这其中，消费和投资的影响系数远大于其他因素，则进一步说明在支撑我国地区经济增长的各类型因素中，依靠投资拉动和鼓励消费拉动仍然是目前最主要的经济增长驱动。

（四）门槛效应的区域差异

进一步考察门槛效应的区域差异。我们以2013年为例，根据具体反映市场化进程的门槛变量的取值范围对样本区间进行分类，以考察不同类型区域的贸易开放对经济增长的影响，具体分类结果见表5。

从表5可以看出，在市场化进程水平较高、私营经济发展达到一定门槛的区域（比如东部地区的北京、江苏、上海和东南沿海的广东、福建等省份），贸易开放对地区经济增长有较为明显的促进效应。而在市场化程度未达到一定门槛条件的区域（比如中部的山西、黑龙江和西部的宁夏、甘肃等省份），贸易开放对于经济增长的促进作用则相对较不明显，对外贸易发展对地区经济增长的拉动效应远低于东部某些省份。这说明，贸易开放对经济增长的促进效应存在显著的区域差异，这与徐婧和孟娟的研究结论是一致的，所不同在于，本文从地区市场化进程发展存在门槛效应的角度对这种经济增长的区域差异特征进行解释，我国区域之间市场化进程发育程度的不平衡是导致这一差异产生的重要原因。东部发达地区的市场化进程走在全国前列、其相对成熟的市场主体培育跨过了门槛条件，使得贸易开放对经济增长的促进效应能够得到很好的展现。相比之下，中部和西部地区的多数省份，经济基础薄弱、发展要件缺失以及制度环境的不尽规范，导致市场化进程的推进和市场理念的普及都相对滞后，并进而导致开放贸易促进经济增长的效应不能够得到很好的释放。

表5　门槛效应的区域差异（2013年）

门槛变量	门槛条件	区域类型	影响系数	代表性地区(按次序由小到大)
mi	$mi > 11.00$	市场化水平高	0.151*** (0.030)	广东、北京、江苏、浙江、上海
	$7.60 < mi \leq 11.00$	市场化水平中	0.098*** (0.029)	内蒙古、河北、吉林、湖南、湖北、江西、河南、四川、安徽、重庆、辽宁、天津、山东、福建
	$mi \leq 7.60$	市场化水平低	0.053* (0.029)	宁夏、黑龙江、山西、云南、新疆、海南、广西①
nl	$ml > 32.88$	私营经济发达	0.159*** (0.030)	广东、福建、浙江、重庆、江苏、北京、上海
	$nl \leq 32.88$	私营经济欠发达	0.074*** (0.029)	黑龙江、江西、宁夏、河南、河北、海南、湖北②

注：①为节省篇幅，*mi* 门槛中的低市场化水平组只列举了市场化进程指数低于7.6大于6.5的省份，其余未列明省份的市场化指数均低于6.5；②与 *mi* 门槛变量的处理类似，为节省篇幅，*nl* 中的私营经济欠发达组只列举了私营经济就业比重低于32.88大于25的省份，其余未列明省份的私营经济就业比重均低于25。

五　结论性评述

中国各个地方的经济发展面临同一个开放经济背景，但各省区的经济增长绩效却表现出显著的地域差别，这预示我国开放贸易发展对地方经济增长的促进效应并不均衡，而须受制于地区发展配套相关的经济机制。从地区市场化演进的视角，我们采用门槛模型的估计思路考察了开放贸易对地区经济增长的促进效应。结果发现，地区市场化进程对经济增长的制约存在显著的门槛效应：

当市场化进程指数低于第一门槛值 7.60 时，贸易开放对经济增长的促进作用较低（影响系数仅为 0.053）；当市场化进程逐渐提高至更高门槛值 11.00 时，*open** 的影响系数上升到 0.151，外贸增长的促进效应扩大为原来的 2.85 倍，开放对经济增长的促进效果显著提高。以私营经济发展 *nl* 为市场化门槛变量的估计结果，也同样支持上述结论。当私营经济发展程度低于门槛值 32.88 时，贸易开放对经济增长的影响系数仅为 0.074，但当私营经济发展高于 32.88 的门槛值后，贸易开放对地区经济增长的促进效应则扩大为原来的 2.15 倍（0.159）。开放贸易的这一阶段性作用特征显著不同于固定效应模型的回归结果，证明了我们采用非线性模型估计开放贸易的增长效应的正确性。

由此可以做出如下判断：首先，在开放经济背景下，贸易增长对地区经济发展的促进效应显而易见，但不同的市场化发展阶段和经济竞争环境会制约并显著反作用于贸易增长效应的释放，从而使得贸易开放对地区经济增长的影响呈现出一种非线性的变化特征；其次，对内开放与对外开放是相向而行、相互促进的。对市场化程度更高、竞争机制更成熟的省份来说，更能够利用开放市场的贸易方式来促进当地经济增长；而对于落后地区而言，如能着力改善其不适应市场化机制运行的经济秩序或制度规则，通过大力推进地区市场化进程、努力融入经济一体化并积极参与国际分工，则不失其为提升当地经济发展以及缩小与东部沿海发达地区经济差距的一个可行路径。

基于此，我们认为，在当前中国经济发展步入新常态、经济增速下滑并进入由高速到中高速“换档期”的背景下，为提升经济发展的动力和活力，政府在着力构建开放型经济新体制以及扩大开放贸易水平的同时，还应从多方面着手加强国内市场整合，充分发挥市场一体化带来的规模经济效应和生产协同效应。政策制定者不仅要努力减少不必要的政府干预，提高地区之间市场竞争机制的规范性和合意性，还应鼓励并引导私营、民营等非公所有制经济类型的正向发展，① 以培育成熟的市场主体观念。而在政府致力于完善地区市场化进程的过程中，一个极为关键的举措是要注重提升那些能够促进并影响地区资源

① 陈敏等研究曾指出，民营经济的持续发展可以为市场整合提供强大推动，而政府干预、失位或缺位都不利于中国国内市场的整合，反而会加剧市场分割。陈敏、桂琦寒、陆铭、陈钊：《中国经济增长如何持续发挥规模效应？——经济开放与国内商品市场分割的实证研究》，《经济学季刊》2007 年 7 月第 1 卷。

配置过程和微观企业生产效率改进的各类型配套发展机制（包括制度、规则、观念、文化）的完善。另外一个重要的政策启示则是，在建立市场配置资源的新机制、促进要素有序自由流动乃至建立公平开放、有序竞争的现代市场体系的过程中，对于生产要素制度建设的完善应优先于政策机制和管理体制的完善，这是发挥资源配置决定性作用的关键。应当通过着力规范、清理内外资适用不一致的体制机制方面的障碍，不断完善金融监管、扩大市场准入、改善营商环境，借以消除地区之间劳动力、资本自由流动的制度性障碍，从而有效推进地区经济的一体化进程，进而实现区域经济的协调、稳定增长。

海关深化改革与法制建设

Deeper-Level Reform of Customs
and Promoting the Rule of Law

B.13
通关一体化改革理论支撑与实践路径

胡 蓉*

摘 要： 本文梳理了通关一体化改革以及相关公共治理理论的相关研究，并对一体化通关的理论基础进行了阐述，在理论探讨的基础上，就如何在协同治理理论、整体性治理理论以及网络治理理论的背景下展开通关一体化改革，进行了路径研究，并提出了构建通关一体化的评估指标体系。最后，对通关一体化改革的发展趋势进行了展望。

关键词： 一体化通关 协同治理 整体性治理 网络治理

* 胡蓉，上海海关学院研究生处副处长、副教授。

一　问题的由来

（一）研究背景与意义

1. 研究背景

2013年11月12日，中国共产党第十八届中央委员会第三次全体会议通过了《中共中央关于全面深化改革若干重大问题的决定》，明确提出要“扩大内陆沿边开放，推动内陆同沿海沿边通关协作，实现口岸管理相关部门信息互换、监管互认、执法互助”。按照中央有关精神，2014年海关总署制定了《海关全面深化改革总体方案》，提出“适应开放型经济新体制，破除部门、关区、业务条线之间的藩篱，以优化三级事权、整合机构职能、再造通关流程为核心的通关管理改革牵引海关监管管理体制改革，以落实‘三互’推动口岸管理相关部门通关协作，形成集约高效、协调统一的一体化通关管理格局”，构建一体化通关管理格局正式提出。

汪洋副总理对海关通关一体化改革寄予厚望，认为“全国通关一体化改革是海关监管体制的一次革命”①，这是党中央和国务院对海关通关一体化改革的高度认可和殷切希望，改革既要做到保证监管到位，又要更好地防范，还要防控税收风险。

通关一体化改革是中国海关打造先进的、在国际上具有竞争力的海关监管机制的积极探索；通关一体化改革也是中国海关顺应贸易安全与便利国际海关通行做法的最佳实践；通关一体化改革还是中国海关响应外贸稳增长、调结构、扶持新兴业态的积极举措。

2. 研究意义

（1）通关一体化改革是对公共管理理论在海关领域的探索和实践

长期以来，公共管理理论不断在实践中检验、发展。海关领域也同样离不开公共管理理论，通关一体化改革涉及一体化协同、多主体、整体性治理等内容，都是公共管理理论在海关通关改革领域的探索和实践，对公共管理理论的

① 于广洲署长在海关总署全面深化改革领导小组2016年第一次会议上的讲话（2016年3月22日）。

完善和丰富有着积极的意义。

（2）通关一体化改革需要有正确的理论引导和推进

党的十八届三中全会提出要“改革海关监管管理体制”，汪洋副总理要求我们打造先进的、在国际上最具竞争力的海关监管机制，建设中国特色社会主义海关，形成“全国海关如一关”的新型海关监督管理体制机制，实现海关治理能力现代化和职能实现方式的科学化；海关政策的推陈出新、优化完善都需要科学、正确的理论作为指导。

（二）文献综述

在我国通关一体化不断推进的过程中，公共管理理论的发展异彩纷呈，国内外有不少学者对此进行过研究。

1. 通关一体化

王晔新在国内较早提出一体化通关概念，他的“长三角海关大通关联动”观点可以认为是区域通关一体化的雏形。通关一体化，力图从根本上打破地域限制和关区的行政界线，历经 2005 ~ 2013 年以“属地申报、口岸验放”为主的区域通关改革、2013 年 11 月 ~ 2014 年 9 月以“属地申报、属地验放”为主的深化区域通关改革，以及 2014 年 9 月至今①的京津冀、长江经济带、广东地区海关、东北地区海关、丝绸之路经济带区域通关一体化改革，但是收效有限，企业在区域通关一体化改革中获得感不强。

（1）“通关一体化”研究现状

2005 年，随着海关正式公布长三角通关一体化政策，各类研究呈现爆发式增长。改革初期，就有学者提出管理理念的一体化、区域执法的一体化、信息技术的一体化和口岸管理的一体化是实现长三角通关一体化的路径。随着研究的深入，海关成了研究的主要对象：海关在国家参与区域经济一体化进程中具有举足轻重的地位；应当通过取消“关区壁垒”或者打破“关区划分”以实现区内海关执法的“统一、规范化”；通过战略结盟、区域联动，在平级直属海关上实现海关组织机构的一体化；通过直属海关关长联席会议制度、业务协调机制和应急保障机制、人才交流制度，完善行政管理的一体化；伴随着海

① 因课题的时效性，本课题研究资料收集的截止时间为 2016 年 5 月 31 日。

关区域通关改革的发展和学界的研究推进，研究的热点又从海关转向了更多视角，比如技术手段、流程再造、经济学视角、管理学视角。通关一体化可以对通关效率的提高形成助力，但是在实际操作过程中暴露了不少问题：执法不统一、沟通交流不畅；各关区传统职能和考核机制与一体化的矛盾；企业尚未充分享受到一体化带来的红利；区域审单中心工作量压力倍增；随着通关一体化推进，原有的风险管理模式与海关新定位还会不适应。也有学者认为通关一体化过程中，顶层设计上的“不统一”与直属海关内部标准“不统一”是存在的主要问题。

（2）对策研究

对区域通关一体化中存在的问题，学者们也提出了各自见解，主要分为两大类。第一类主张通过通关模式的创新改革实现，如海关管理、区域执法、信息技术和口岸管理的一体化，构建“虚拟通关”模式；也有学者认为通过“一中心，四平台”（区域通关中心、申报平台、风范防控平台、专业审单平台和通关作业平台）的区域通关总体构想实现；优化考核指标、完善联系配合机制；从涉税领域进一步完善通关作业一体化；特别是各区域参数等设置不统一导致的通关事前风险增加，跨区域审单机构职责不清晰、多头管理导致的通关事中审单作业系统运行不畅，以及通关后续管理中税收征管风险增加等问题，建立健全税收征管风险参数管理机制、完善税收征管中心管理机制、建立健全税收风险处置机制、创新通关后续管理工作模式是解决好区域通关一体化的税收问题的良策。随着跨境电商和服务外包等新业态的迅速发展，我国外贸企业在进出口通关方面面临一些新问题，从监管制度重构、法律体系调整、创新监管主体视角切入，借鉴国际通关一体化的成功经验，结合中国开放经济的新需求，以政府职能转变为目标，形成新型的海关监管体系。还有学者展望了区域通关改革的趋势，即全国通关一体化。

第二类主张通过物流监管模式创新实现：区域海关通关改革，必须将物流作为改革的核心快速流动。海关区域通关改革应最大限度地减少因海关行政管理流程对企业物流流程内在规律的分割和阻滞，最大限度地消除人为因素对区域内进出口物流正常流动的影响。

（3）述评

综上所述，有不少学者对通关一体化开展过相关研究，主要从具体的操作层面开展研究；或者是研究的通关一体化产生的经济动因、单一窗口技术手段等，在理论方面欠缺运用公共管理理论研究如何开展通关制度构建；在实践方面缺乏对海关与其他口岸单位协调、社会组织、企业监管服务等内容的研究；在效果方面也缺乏学习效应的研究；而且由于海关近年来不断出台了新的通关改革政策，上述的研究基础也发生了较大的改变；最后，研究对象的地理范畴也不尽相同，因此有必要对通关一体化进行深入研究，这也是本文研究的应有之义。

2. 整体性治理

（1）整体性治理的理论研究

• 国外学者对整体性治理理论的研究。

Perri 首先提出了整体性政府的理念，到2002 年发展成为整体性治理。Kotzé 运用此理论开始对南非政府进行了实证研究。此外，国外学者还在社会可持续发展、高等教育、公司治理、反恐政府治理等不同领域开展了整体性治理的实践研究。

• 我国学者对整体性治理的理论研究。

台湾地区将整体性治理理论翻译为“全观型政府治理”，“全观型政府治理”在行政发展中适应社会的变化与需求；构建电子治理互动模式；在建立在线治理基础、整合型组织、主动型组织架构是全观型治理的三项策略方面开展了理论研究。此外，台湾学者还在实践领域开展了全观型治理的研究：如李武育在卫生服务领域、李逸洋在人力资源管理领域等。

• 大陆学者对整理性治理研究也精彩纷呈。

理论阐述与解析。整体性治理从 2002 年由陈铮在我国大陆地区首次提出，其后研究日趋活跃，相当部分的研究围绕着“理论阐述和解析”开展：许多学者都认为整体性治理是公共未来政府治理的新趋向；整体性治理理论在中国具有其适用性，但将整体性治理理论本土化必须考虑到本国国情。

• 比较研究。

通过对整体性治理理论与网络治理理论的比较，与新公共服务理论、无缝隙政府理论、网络化治理理论、协同政府治理理论等十分热门的行政理论的比较，不难发现整体性治理理论的确是一个相对更系统、更成熟、更具前瞻性的行政理论典型范式。整体性治理是对压力型治理的超越与替代范式。但是也有学者认为整体性治理与分散性治理是公共治理的两种范式，良好的治理需要超越非此即彼的逻辑，实现不同治理模式的整合。

（2）整体性治理的实践研究

在政府部门改革中，有不少关于整体性治理理论的相关研究：比如运用在构建大部制改革；深圳交通一体化体制改革中运用了整体性治理理论进行了实践探索；选取整体性治理作为创新区域行政协调机制的指导思想，试图解决长三角区域行政协调中的障碍；运用整体性治理理论研究京津冀大都市区地方政府协作模式。

近年来，也有学者尝试将整体性治理理论运用到海关的管理中，如原产地的管理、舆情危机管理、关警合作研究、大监管体系建设、某直属海关监管改革、某特殊监管区域监管改革、自贸区海关管理、海关电子政务设计。

（3）述评

整体性治理理论是当今的研究热点，国内外学者对该理论的背景、溯源、内涵特征进行了理论的阐述与解析；并将其与其他公共管理理论进行了比较研究；还有学者对该理论在我国政府适用性进行了论证。整体性治理理论也给发达国家（地区）的政府改革实践带来了重要影响，尤其是近年来已经转入实践领域的运用，在我国也可以发现学者将其运用到许多领域。

但是将整体性治理理论纳入通关一体化研究的并不多见，个别学者的研究内容比较接近，但是并非针对通关领域。通关一体化制度构建以及府际合作迫切需要正确的理论指导为通关机制构建提供理论支撑，而实践的检验又能为整体性治理理论在中国的本土化研究、在海关领域的运用提供借鉴，本文正是基于此视角开展相关研究。

3. 协同治理理论

联合国全球治理委员会将“协同治理”理解为相互冲突的不同利益主体，通过联合行动和协调一致的持续过程，强调了治理主体的多元化、治理权威的多范式、子系统之间的协作性、系统的整合性、自组织的协调性和社会秩序的规范化。在西方，该理论已被应用到管理学、社会学、政治学等诸多研究领域，在社会科学研究领域已经成为一种不可或缺的方法工具和分析框架。协同治理的价值有目共睹：增强公民意识，推动政府职能转化，提升政府服务质量，优化公共政策，实现政府效能。

（1）协同治理理论在公共管理领域的运用

整体而言，国内学者协同治理应用领域的研究主要集中在公共管理改革与服务型政府研究、公共危机中的协同治理、非营利组织研究等方面。

- 服务型政府背景下的协同治理研究。

优化社会治理资源、创新社会管理体制、创造社会良性资本、发展基层民主政治等是实现服务型政府协同治理的现实选择；实现路径、结构变革、行动主体与供给方式是运用协同治理理论构建服务型政府的关键，也有运用其他地区的经验指导基于协同治理理论下的我国的服务型政府建设。

- 公共危机背景下的协同治理研究。

不少学者将协同治理作为工具解决公共危机，政府和公民作为主体共同解决危机，并主张以公共权力为核心的刚性机制和以社会资本为基础的柔性机制相结合，刚柔并济共同构建政府协同社会各主体治理安全危机的整合机制。学者普遍认为，协同治理是公共危机的新解决范式和路径。还有学者从媒体关系、社会资本、组织合作不同视角对公共危机的协同治理开展了研究，热点不断。

- 以非营利组织为对象的协同治理研究。

地方政府与非营利组织的协同治理越来越成为研究的热点，学者们认为政府和非营利组织之间关系发展的总体不平衡状况严重制约了政府治理能力，而协同治理是非营利组织有效管理的一种新模式。

（2）协同治理理论在海关的运用

近年来，以海关为研究对象的协同治理研究也不断涌现，表现在海关的总体设计以及各个领域：如缉私、加工贸易、特殊监管区域或者某一具体海关或者具体路径。

（3）述评

从上述研究可以发现，尽管协同治理理论在政府乃至海关都已经被研究得如火如荼，但是在通关一体化的领域，还鲜有涉猎，而通关一体化改革作为海关今后工作的发展趋势，又亟须理论予以引导。本文正是以通关一体化为切入点，试图探索协同治理理论运用于海关通关一体化改革。

二　通关一体化的理论支撑

（一）协同治理

协同治理是个人、各种公共或私人机构管理其共同事务诸多方式的综合。

它是使相互冲突的不同利益主体得以调和并且采取联合行动的持续的过程。其中既包括具有法律约束力的正式制度和规则，也包括各种促成协商与和解的非正式的制度安排。协同治理理论，着重点是多中心主体参与的治理，协同治理以多样化的形式存在于参与主体，而每个主体又参与协同过程的每个阶段和治理过程的始终，因此主体的研究是协同治理理论研究的关键所在。

- 协同治理主体的多元化：协同治理主体的多元不仅体现在不同类型的海关协同监管，还体现在海关并不是通关一体化的唯一主体，参与的主体还应包括总部企业和其子、分公司以及其他第三方组织。
- 协同治理主体关系对等化：其包括通关一体化的口岸海关与属地海关关系对等，海关与企业的平等伙伴关系，总部企业与其机构内的分支机构的平等关系，口岸监管部门之间的合作关系，各国海关间的合作。
- 协同治理的愿景统一化：一站式服务、跨部门合作、信息互换、监管互认、执法互助。
- 协同治理组织的灵活化：属地海关、口岸海关、风险防控中心、税收征管中心的分工协调。

（二）整体性治理

在新公共理论式微与数字时代的背景下，综观学界的研究成果，整体性治理具有一个总体特征，即强调跨界协调与整合，主要强调治理应改善政府内部“碎片化”制度结构。现有理论结合多基于地方政府间关系的协调和整合、区域一体化发展的整体性与政府个体发展的碎片化的矛盾，主张政府内部机构和部门间的整体性运作。

整体性治理聚焦解决政府组织碎片化和协调性的缺失，以满足公民需求为主导治理理念，以信息技术为支撑手段，以整合、协调为治理策略，运用信息技术对碎片化的治理层级、治理功能、公私部门关系进行有机整合。逆碎片化治理、一站式服务提供、重塑公共责任、重新整合、跨部门写作、以实际结果为导向是它的理论内涵，目的在于实现各治理主体间高度协调一致，达到功能有效整合，为公民提供无缝隙的公共服务的运转模式。

- 治理层级。海关分为属地海关、口岸海关、风险防控中心、税收征管中心；企业分为总部、子公司、分公司。

• 公私部门关系。负面清单：法无明令禁止即可为；海关和企业建立合作伙伴关系。

• 逆碎片化治理。集中优势资源，抓大放小，打破关区界限，形成“全国海关如一关”的新型海关监督管理体制机制，实现海关治理能力现代化和职能实现方式的科学化。通过高度集中的“风险防控中心”和“税收征管中心”，统筹管理海关风险，并对企业实施“户籍式”管理和“大客户”管理。

• 一站式服务。海关集成对外窗口业务，总部企业通过注册地海关串口办理全国海关业务。

• 重塑海关责任。提供“一揽子”通关便利，即海关应为守法企业提供最大的服务便利。

• 跨部门合作。加强与口岸通关相关的商委、外汇、税务、检验检疫、银行等合作。

（三）网络治理

网络治理以新公共管理和治理理论的批判继承为基础，又积极借鉴了企业治理网络的研究成果，在关注政府内部治理网络绩效的同时，尤其强调政府、市场和社会的良性互动以及公共治理网络的效能，使治理理论具有操作性。

网络治理理论以其整合政府、市场和公民社会的理念引起越来越多公共管理研究者的兴趣，如何使其顺畅运行、取得稳定的运行状态成为公共管理领域亟待解决的问题。网络治理包含四个要义：一是治理主体多元化，宏观上涵盖政府、市场和社会三个领域，微观上包括政府、企业、非政府组织、普通公民等多种主体参与；二是治理手段多样化，主要表现为行政、市场和社会手段的综合运用；三是治理结构网络化，政府与其他社会主体更多以平等合作的方式组成服务网络，实现公共利益，而不仅是政府自上而下运用权威；四是治理目标明确化，网络治理旨在提高公共服务的质量和效率，增进公共利益，满足公众需求。

借鉴网络化治理理论，针对我国通关一体化模式中存在的治理手段单一等具体问题，结合通关一体化中税收征管工作，从构建信任共享的伙伴关系、明确合作主体的治理责任、采用多元治理手段等方面入手。

上述三大理论框架以及与通关一体化实践的逻辑关系详见图 1 和表 1。

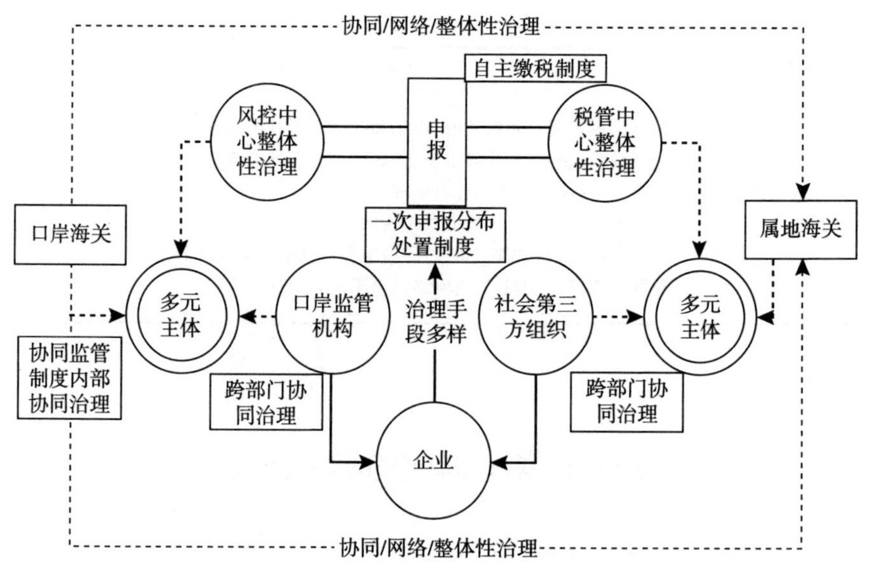

图 1　通关一体化理论框架逻辑

表 1　通关一体化实践与理论支撑关系

理论内容	关键要素	通关一体化实践
协同治理：多元主体参与治理	多中心主体参与的治理 第一步：风险防控中心进行安全准入风险分析，由口岸海关通关监管力量实施查验 第二步：税收征管中心对报关单税收要素筛选风险目标，通过风险防控中心下达验估、稽（核）查等指令，由口岸海关实施放行后验估作业，由属地海关实施放行后稽（核）查等作业 以隶属海关功能化建设为突破口，推进协同监管 口岸型海关主要负责运输工具检查、货物查验和验估、行邮物品监管、海关监管区和监管场所管理、口岸应急事务处理等。属地型海关主要负责稽查、企业管理、减免税审批、特殊区域和保税监管场所管理等	一步申报分布处置制度 协同监管制度
整体性治理：逆“碎片化”治理	通过整合公共服务的供给部门，实现对新公共管理“碎片化”治理的战略性回应。基于整体性治理理论，通关一体化中应当采用高度集中的“风险防控中心”和“税收征管中心”	两个中心

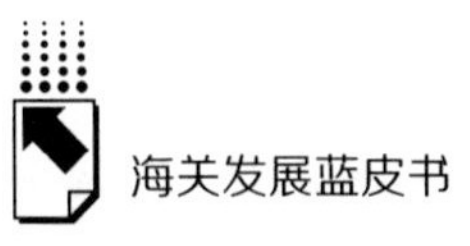

续表

理论内容	关键要素	通关一体化实践
政策网络治理：治理手段多样	网络治理宏观上涵盖政府、市场和社会三个领域，微观上包括政府、企业、非政府组织、普通公民等多种主体参与，综合运用行政、市场和社会治理手段，从而使更多的社会主体更多以平等合作的方式组成服务网络 通过自报、自缴税款、自行打印税单等自助模式创新海关税收征管模式，不断丰富网络治理手段和治理主体	税收征管制度

三　通关一体化的实践路径

（一）通关一体化与协同治理理论

协同治理强调参与合作主体的多元化和主体关系的对等。

跨部门协同治理。一是海关与商务、外汇、税务、检验检疫、银行等单位共同开展信用管理，建立反映企业诚信状况的动态评估机制，设置准入和退出量化标准，共同约束企业的违法冲动。这要求海关健全与相关执法部门规范化、合作化的信息交流平台，推动口岸管理部门“信息互换，监管互认，执法互助”。海关重新定位监管重心，以便利企业为海关监管的出发点。

海关内部协同治理。属地海关、口岸海关，风险防控中心、税收征管中心进行灵活的分工协调，以隶属海关功能化建设为突破口，推进协同监管。口岸型海关确保实际监管到位，把好安全准入关，主要负责“分步处置”第一步处置的执行反馈，具体职责包括运输工具检查、货物查验和验估、行邮物品监管、海关监管区和监管场所管理、口岸应急事务处理等。属地型海关加强源头治理，履行进出口企业海关税款清算和结算职能，强化对属地纳税人的管理，推进企业守法管理，主要负责“分步处置”第二步处置的执行反馈，具体职责包括稽查、企业管理、减免税审批、特殊区域和保税监管场所管理等。税收征管中心发挥专业化、信息化、集约化的优势，做好归类、价格、原产地等征管要素的集中审核；风险防控中心为安全准入与准出提供风险统一防控的支撑。

建立一、二级风险防控中心协同闭环；建立风险防控中心与税收征管中心联动机制，风险防控中心、税收征管中心与稽查部门衔接机制。划分隶属海关功能类型及职责，优化人力资源，加强通关监管和稽查力量配置，以隶属海关功能化建设为突破口，根据监管业务类型差异，构建不同类型海关的协同监管机制。“一次申报、分步处置”制度和“协同监管”制度是一体化通关流程根据协同理论，整合口岸海关、属地海关，进行流程再造的核心内容。

第一步：风险防控中心分析货物是否存在禁限管制、侵权、品名规格数量伪瞒报等安全准入风险并下达指令，由口岸海关通关监管力量实施查验。

第二步：税收征管中心在货物放行后对报关单税收要素实施批量审核，结合企业信用要素等筛选风险目标，通过风险防控中心统筹下达验估、稽（核）查等指令，由口岸海关综合业务岗或验估机构实施放行后验估作业，由属地海关稽查力量实施放行后稽（核）查等作业。

（二）通关一体化与整体性治理理论

整体性治理可概括为：数字信息化社会中，以公众需求和政策结果为导向，以信息系统和信息技术为依托，通过对政府组织架构、政策目标和治理手段的协调和整合，实现无缝隙紧密合作的治理行动。整体性治理理论提出的出发点就是运用现代信息技术拆除部门之间的藩篱，通过整合公共服务的供给部门，实现对新公共管理“碎片化”治理的战略性回应。

基于整体性治理理论，通关一体化中应当建立、建全高度集中的风险防控中心和税收征管中心。

1. 树立一体化思维

全国一体化通关以一体化为基本原则重构跨边界管理模式，在执法和管理层面把全国海关整合成一个有机整体，打破关区壁垒的束缚，不受关区、业务和部门的限制，倡导跨部门的协作，并依靠信息技术对区域通关一体化进行逆碎片化治理，利用互联网优势在更大程度上减少纸质报关单数量，提高海关信息化管理水平。依托大数据、云计算等新理念、新技术，集聚海关数据、信息、智慧等各类要素资源，集中各关的分散作业，把要素资源、作业方式的低水平分散变为高水平集中，把“小而全”的划片式监管变为“大而专”的中心式管理，实现全国海关的风险集中统一防控、资源集约统筹管理，使得资源利用更有效、风险防控更精准、税收征管更专业。

2. 构建整体性体系

海关建立统一的风险防控中心和税收征管中心，实施跨区域联防联控、协作配合，并实行统一的风险防控和税收征管模式，由各自为战转变为优势集成，实现了跨关区的信息共享、执法互认。相比以往的“海关总署－直属海关－隶属海关”三级垂直领导体制，现在变为“中心－现场”两级，将过去由各关分头进行的布控指令设置、税收要素审核变为由总署通过“两中心”下达指令直接指挥，统一进行安全准入和税收风险防控，一体化下的海关组织形态更加“扁平化”，具有较强的政策执行力和执法统一性，便于开展组织协调和功能整合，实施整体性治理更加灵活、便捷。

3. 实行逆碎片化治理

由于直属海关所在地域的经济差异，以及关区之间的竞争关系，海关执法不统一的现象长期存在。同时，直属海关通关流程缺乏统筹规划、负责部门不一，也造成了我国通关管理“碎片化的”现状。过去关区藩篱和业务条线“蜂窝煤”现象突出，引发执法不统一、协调不顺畅。以税收征管为例，同一商品的归类认定在不同海关、不同口岸存在差异，既容易引发“税往低处流”和走私“漂移”的风险，也使得企业在两地海关归类不一致时无所适从。过去更多依靠机制性措施来增强执法统一性，而全国通关一体化改革从体制层面着手解决，比如由风险防控中心统一下达职能部门的作业要求、由税收征管中心按商品和行业分类在全国范围统一审核税收要素等举措，就是确保同一类执法工作，无论在哪个关区，都是同一个口径、同一个标准，变“执法统一”为“统一执法”。在整体性治理的视角下，全国一体化通关通过逆碎片化治理实现跨关区、跨业务和跨部门的一体化。

（三）通关一体化与网络治理理论

网络治理是相对于单边治理、双边治理而言的一种治理理论。网络治理宏观上涵盖政府、市场和社会三个领域，微观上包括政府、企业、非政府组织、普通公民等多种主体参与，综合运用行政、市场和社会治理手段，使更多的社会主体更多以平等合作的方式组成服务网络。

治理结构网络化。海关明确合作主体的治理责任，与其他口岸部门、企业通过遵循一定的运行机制来维持一种友好关系以实现网络绩效优化的动态平衡，发挥社会和企业在海关改革中的需求作用、评估作用和监督作用，并有效建立发挥这种作用的良性循环机制，有效满足海关执法和自身管理的需要，以及企业便捷、快速通关的需要，发挥网络治理的最大效能。

治理手段多样化。海关除了推出“户籍式”管理、“大客户”管理等创新模式以及“菜单式”个性化服务外，积极推动信息化建设，充分利用大数据、互联网、物联网等技术，实现集中统一的风险防控和税收征管，审单、征税、放行等将全部通过网络进行，并通过自报、自缴税款、自行打印税单等自助模式创新海关税收征管模式，不断丰富治理手段和治理主体。

改革海关在货物放行前逐票审定报关单的方式，拓展海关对税收征管要素的审核时空。强化企业如实合规申报、及时足额纳税等信用管理，并作为企业自报、自缴税款，自行打印税单的重要参考。海关受理企业申报，对税收风险实施前置风险分析，放行前验估，放行后批量审核、稽（核）查等全过程管理。将税收征管要素由海关在通关环节审查确定向全过程抽查审核转变，海关征税由“审定制”转变为“受理制”。

（四）构建通关一体化评估指标体系

为了更好地评估通关一体化评估指标体系，并根据世界海关组织和世界发达国家的先进经验，结合我国通关一体化的发展现状和趋势，建议通关一体化评估指标体系应当这样构成。

1. 构成方法：指标正向化和无量纲化方法

对于评价的指标体系构建，因为涉及正向指标（信息可得性等）和逆向指标（货物放行时间），需要用正向化将其进行调整。同时，由于指标体系还涉及不同的量纲单位，当综合评价的指标值都是客观数值时，一般来说应该用均值化方法对指标进行无量纲化；而当综合评价的指标值是主观分数时，则用标准化方法更好。通关一体化中更多涉及的是客观分数，应当使用均值化的方法进行无量纲化。

逆向指标的正向化方法为：$$X'_{ij} = \max\{X_{ij}\} - X_{ij} \quad 1 \leqslant i \leqslant n$$

标准化的无量纲化为：$Y_{ij} = \frac{X_{ij}}{\overline{X}_j}$，均值化以后，各指标的均值都调整为 1，方差为：

$$Var(Y_j) = E[(Y_j - 1)^2] = \frac{E(X_j - \overline{X}_j)^2}{\overline{X}_j^2} = \frac{\text{var}(X_j)}{\overline{X}_j^2} = \left(\frac{\sigma_j}{\overline{X}_j}\right)^2$$

均值化以后的各项指标的方差是各个指标变异系数 X_j 的平方，它保留了各个指标变异程度的原始信息。

2. 构建通关一体化评估指标体系（见表2）

表 2　通关一体化评估指标体系

项　　目	具体指标内容
通关效率	进口平均通关时间 进口清关通关时间 进口转关通关时间 出口平均通关时间 出口清关通关时间 出口转关通关时间 24 小时通关率
物流成本	运输费用节省 仓储费用节省
执法统一	统一通关制度 执法结果互认 风险联防联控（如联合加载参数）
运作高效	两大中心运营效果
社会影响	推进国家战略（如是否开设 N 新欧班列） 推动地方经济发展 促进口岸监管部门合作

四　研究结论与展望

构建具有世界竞争力的现代海关监管体系和具有治理能力的海关，需要在正确的理论指导下，继续深入推进通关一体化改革。

第一，协调边境管理，实现跨关境的一体化通关改革，构建一站式的边境管理机构[①]。一站式边境管理机构不仅指两个相邻国家或地区在边境的接壤地区设置共同监管站，配备查验、相关设施和办公场所，还包括一体化无缝对接的进出口手续[②]。

第二，在一体化通关改革后实施国际海关比较项目[③]，通过比较、学习其他发达国家的先进做法，实现中国海关监管效能的不断提升。英国海关通过实施国际海关比较项目，发现其在进口申报文件（无纸化单证）中，分开申报估价，用身份识别系统替代监管证件；简化进口手续：常规 B 类货物简化进口手续、查验率、服务标准改进等方面都需要不断提高。德国、荷兰以及捷克海关在反腐和廉政方面有着成功的经验：扩大关员对廉政的认知度；拓宽举报渠道是反腐有力的工具；识别和分析高风险岗位。

第三，在一体化通关改革后实施货物放行时间研究，做好改革效益的评估。货物放行时间研究是衡量改革是否成功以及成功程度的重要工具，是评估清关手续和流程的重要工具，也是衡量货物自抵达至放行的主要测量方法。

① one-stop border post（OSBP）.

② Kieck E，“Coordinated border management：unlocking trade opportunities through one stop border posts，” *World Customs Journal*，2010.

③ CUSTOMS INTERNATIONAL BENCHMARKING http：//www. wcoomd. org/en/topics/facilitation/instrument-and-tools/ ~ / ~ /media/WCO/Public/Global/PDF/Topics/Facilitation/Instruments% 20and% 20Tools/Tools/International% 20Benchmarking% 20Manual/Benchmarking% 20Manual_ ENG. ashx.

B.14

一体化通关管理格局背景下的海关三级事权优化

王丽英*

摘 要：作为海关改革与发展的顶层设计，《海关全面深化改革总体方案》（以下简称《总体方案》）① 将构建一体化通关管理格局作为标志性、关联性作用的重要改革，是改革的主要抓手和主攻方向。构建一体化通关管理格局是以优化三级事权、整合机构职能、再造通关流程为核心的通关管理改革来牵引海关监督管理体制改革，以落实"三互"推动口岸管理相关部门通关协作，形成集约高效、协调统一的一体化通关管理格局。本文在讨论"优化三级事权"背景、依据、内容等的同时，提出"依法优化、兼顾三级事权利益格局、理顺事权与客观现实、职能、责任之关系"等展望。

关键词：通关 通关一体化 三级事权 公共产品

* 王丽英，上海海关学院法律系主任、教授。

① 《海关全面深化改革总体方案》（以下简称《总体方案》）在2014年11月由海关总署党组印发。内容包括海关全面深化改革指导思想、基本原则和总体目标，构建一体化通关管理格局，加快转变业务管理职能实现方式，创新组织管理和能力提升机制，加强改革组织实施等五大部分。《总体方案》提出，海关全面深化改革的总体目标是：建设中国特色社会主义海关，以构建一体化通关管理格局为抓手，转变职能实现方式，创新组织管理，打造先进的、在国际上最具有竞争力的海关监管机制，促进贸易便利，推进海关治理体系和治理能力现代化。

一　通关一体化改革及构建一体化通关管理格局

（一）通关一体化概念的界定

“通关”顾名思义是通过关境之意。通关一词是舶来品。《京都公约》对通关定义为：“系指完成必须的海关手续以使货物出口、为境内使用而进口或置于另一种海关制度下。”[①]《中华人民共和国海关法》（以下简称《海关法》）没有专门对“通关”下定义，但有类似的内容。该法第 8 条规定了进出口货物、物品、运输工具必须在设立海关的地点出境或进境。如果有特殊情况不能从设立海关的地点进境或出境，临时需要从未设立海关的地点出境或进境，则必须经过国务院或者国务院授权的机关批准，并依照本法规定办理海关手续。有的教材定义为：“通关既包括海关管理相对人向海关办理海关手续，还包括作为行政主体的海关对进出境货物、物品、运输工具的监督和管理，并核准其进出境的管理过程。”[②] 据此，我们认为：“通关”意指通过海关监管，又称“结关”或“清关”，是指进出口货物、运输工具、物品进入一国海关关境或国境必须向海关申报，办理海关规定的各项手续，履行各项法定义务后才能放行，“通关”有如下特点。

第一，“通关”必须接受海关的监管。

“通关”系指完成必须的海关手续以使货物出口、为境内使用而进口或置于另一种海关制度下。[③]“海关手续”系指为遵守海关法而须由有关的人和海关进行的一切业务手续。[④]“海关”是负责税费的征收、《海关法》的实施、执

---

① 海关总署国际合作司等译《京都公约》，法律出版社，2001，第 54 页。

② 海关总署教材编审委员会：《报关员资格全国统一考试教材》，中国海关出版社，2003，第 1 页。转引自邵铁民著《海关法学》，上海财经大学出版社，2004。

③ 海关总署国际合作司、上海海关高等专科学校、世界海关组织研究中心译《关于简化和协调海关制度的国际公约》（以下简称《京都公约》）中英文版第二章 E5，法律出版社，2001，第 54 页。

④ 海关总署国际合作司、上海海关高等专科学校、世界海关组织研究中心译《关于简化和协调海关制度的国际公约》（以下简称《京都公约》）中英文版第二章 E9，法律出版社，2001，第 54 页。

行与货物进出口相关的有关法律法规和规章的政府机构。[①]《海关法》第1章第2条也明确规定中华人民共和国海关是监督管理进出关境的国家机关。[②] 法国海关法学家克劳德若·贝尔、亨利·特雷莫在其《海关法学》里也说："在他们眼里，海关时而是税收机关，时而又是经济部门。"[③] 根据《海关法》，海关的职能是海关依《海关法》及其他法律、法规和规章，监管货物、物品（行李物品、邮递物品和其他物品）和运输工具，征收关税和其他税、费，查缉走私，并编制海关统计和办理其他海关业务。在国际法层面，根据《简化和协调海关制度的国际公约》的界定，海关"指负责海关法的实施、税费的征收并负责执行与货物的进出口、移动和存储有关的法律、法规和规章的政府机构"[④]。

"海关监管"系指海关为保证海关法得到遵守所采取的措施。[⑤] "海关监管"与征税、统计、查缉走私共同构成海关的四项职能，是指海关运用国家赋予的权力。海关对进出口货物、物品、运输工具的监管除了备案、查验、放行、稽查等管理方式外，还要通过诸如进出口许可制度、外汇管理制度、知识产权海关保护、文物管理制度等一系列管理职责与管理方式，依法对进出口运输工具、货物、物品的进出境活动实施行政管理，执行或监督执行国家其他对外贸易管理制度，确保进出境活动符合国家的政策及法律规范，进而维护国家的主权和利益。由上述可见，海关监管是海关全部行政执法活动的统称。

第二，"通关"的监管对象是进出口货物、运输工具、物品。

《海关法》第二条规定海关是国家进出境监督管理机关。海关依照《海关法》和其他有关法律、法规，监管进出境的运输工具、货物、行李物品、邮

① 海关总署国际合作司、上海海关高等专科学校、世界海关组织研究中心译《关于简化和协调海关制度的国际公约》（以下简称《京都公约》）中英文版第二章 E6，法律出版社，2001，第54页。

② 海关总署政法司：《中华人民共和国海关法》，中国海关出版社，2001，第27页。

③ 〔法〕克劳德若·贝尔、亨利·特雷莫：《海关法学》，中国社会科学出版社，1991，第26页。

④ 海关总署国际合作司：《简化和协调海关制度的国际公约（京都公约）总附约和专项附约指南》，中国海关出版社，2003，第7页。

⑤ 海关总署国际合作司、上海海关高等专科学校、世界海关组织研究中心译《关于简化和协调海关制度的国际公约》（以下简称《京都公约》）中英文版第二章 E7，法律出版社，2001，第54页。

递物品和其他物品，以下简称运输工具、货物、物品。通关一体化改革的内容主要是简化企业货物进出口申报环节和流程，因此，讨论通关一体化相关问题主要着眼于货物通关。进出口货物是指在对外贸易经济活动中，通过各种贸易方式进口或出口的商品。海关监管货物类型包括：自向海关申报起到出境止的出口货物，自进境起到办结海关手续止的进口货物以及自进境起到过境、转运和通运货物①等应当接受海关监管的货物。具体包括一般进出口货物②，保税货物③，特定减免税货物④，担保和原状出进境的暂准进出境货物，其他过境、转运和通运货物，出料加工货物，租赁货物，修理货物和其他尚未办结海关手续的货物。

第三，通关是广义的动态流程。

根据相关法律和实践，通关有广义和狭义之分。狭义通关主要指进出口货物收发货人、物品所有人或代理人、运输工具负责人按照海关法的规定，办理货物、物品、运输工具进出境及相关海关事务的步骤和手续。广义的通关是指进出口货物收发货人、物品所有人或代理人、运输工具负责人按照海关法的规定，办理必要的进出境手续的整个过程。广义的通关不仅包括报关，还包括报关前的许可或备案、报关、报检、提货、银行付汇等各环节。广义的通关法律关系中管理主体是多元的，不仅有海关，还有其他口岸监管部门（商务部、国家环保总局、国家食品药品监督局、中国人民银行、出入境检验检疫局、文化部、农业部、外汇管理局、税务部门、质量监督局等）。

“一体化”一词通常用于政治、经济、法律、文化、社会领域的横向或纵向的相互融合或互动过程。一般指两个或两个以上相互关联但又互不相同、互

① 过境是指从境外启运，在我国境内不论是否换装运输工具，通过我国陆路运输继续运往国外；从境外启运，在我国境内设立海关的地点换装运输工具，不通过我国陆路运输继续运往国外；从境外启运，由船舶、航空器运载进境，并由原运载工具运载出境。

② 一般进出口货物是指单边进出口不再复出进口的货物纳税的货物，一般指实际进出口的货物。放行后海关不再监管。

③ 保税货物是指经海关批准未办理纳税手续进境，在境内储存、加工、装配后复运出境的货物，如保税加工货物和保税物流货物。《海关法》对保税货物的定义是：“经海关批准未办理纳税手续进境，在境内储存、加工、装配后复运出境的货物。”

④ 三定特征：特定企业（三种外资企业自用货物）、特定用途（国内投资项目、利用外资项目、科教用品项目、残疾人专用品项目）、特定地区（保税区、出口加工区）。

不协调的事项，经过采取适当的方式、方法或措施，有机融合为一个整体，形成协同效力，以达到集约、高效、便利的目的。“一体化”具有自然性、自愿性、协商性和共赢性等特点。根据其一体化内容划分为经济一体化、法律一体化、文化一体化等；根据其一体化主体结构分布，划分为纵向一体化和横向一体化；根据一体化主体属性借用生物学词语可划分为种群一体化和群落一体化。海关“通关一体化”既包括海关系统内部各层级海关的种群纵向一体化，也包括各区域海关、全国海关横向一体化，还包括海关与其他口岸监管部门乃至“一带一路”沿线各国海关的横向或群落一体化。因篇幅所限本文只探讨海关系统内各层级、各区域海关乃至全国通关一体化格局下的海关总署、直属海关、隶属海关三级事权的优化。一体化的内容主要体现在打破行政区域藩篱，简化通关监管程序，节约通关成本，整合资源，提高企业竞争力。

就进出口货物的当事人而言，办理海关手续的时间的长短、申报地点选择权以及减少许可限制等是通关便利的重要指标。由于我国海关的分布按照属地化原则划分，每个地方的海关体现出各自为政的问题。因此，以往企业坐落在一个地方，但是货物的进出口可能在另外一个城市，必须往返于各海关间，经多次申报才能完成通关。根据《海关法》第 35 条，进口货物的海关手续应当在收发货人所在的进境地海关办理，出口货物海关手续应当在收发货人所在的出境地海关办理。如果货物收发货人想在设有海关的启运地或指运地办理海关手续，就需要启动申请和审批程序，即需要货物收发货人的申请，以及海关同意程序。《中华人民共和国进出口货物申报管理规定》（以下简称《进出口货物申报管理规定》）第 8 条第 2 款规定，进口转关运输货物的收发货人、受委托的报关企业应当自运输工具申报进境之日起 14 日内，到进境地海关办理转运手续，有关货物应当自运抵指运地之日起 14 日内向指运地海关申报。由此可见，货物向海关申报一般在出境地或进境地申报，如果进口货物指运地与进境地不一致或出口货物启运地与出境地不一致时，要么运输至进境地或出境地，要么履行申请、审批等烦琐程序；转关货物需要申报两次：第一次是自运输工具申报进境之日起 14 日内到进境地海关办理转运手续；第二次是转关货物运抵指运地之日起 14 日内向指运地海关申报。这些规定严重影响了通关效率。“通关一体化”就是将企业以往需要在多个海关办理的通关手续改革为在一个海关办理，形成多关如一关的格局。自区域通关一体化①改革以后，企业在任何一地货物报关后，不需要再次申请报关，可以自主地选择申报、纳税、验放地点和通关模式，进而实现区域乃至全国“多地通关，如同一关”。通关一体化改革与传统通关模式相比，有两个显著特点。

第一，在形式上“一体化通关”方式，即当经营单位所在地与货物进出口口岸不一致时不需要转关，“属地申报，口岸验放”或“属地申报，属地验放”就直接实现跨关区清关，放开清关的条件限制。

第二，统一了区域内乃至全国的监管操作。即风险参数、布控信息互通共享，报关信息、放行信息互传互通，集中一关办理人工专业审单，有效实现同一企业同一商品统一风险防控，无论企业选择哪个海关申报，都会产生一致的通关判别结果和相同的监管作业要求。

第三，海关的通关一体化行政性、体制性特点突出。“通关一体化”是“大通关”的重要内容之一，以破除部门间、区域间的各种藩篱，强化跨部门、跨区域通关协作为内容。因此，需要打破传统的海关区域结构，优化各层级职能，在全国范围内整合、分配资源（见图1）。

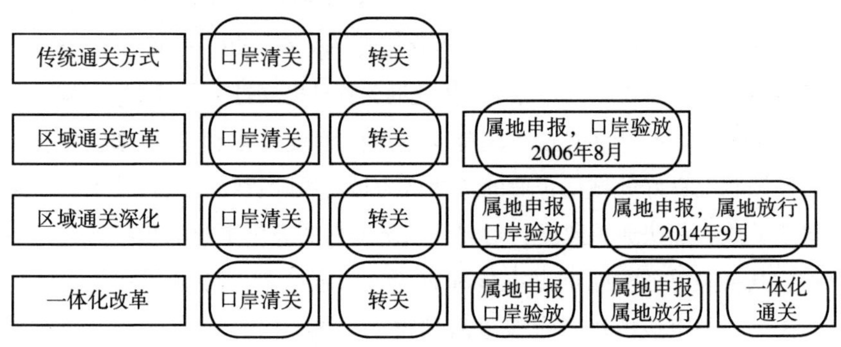

图1　通关方式演变过程

（二）通关一体化改革及构建一体化通关管理格局

贸易便利化是衡量开放程度的重要标尺。《贸易便利化协定》作为世界贸

① 京津冀区域、长三角、珠三角、东北区域、丝绸之路经济带五大区域通关一体化改革。

易组织的规则体系，规定在确定税率和费用之前凭保放行，允许货物抵港前向海关等口岸部门递交进口文件，对低风险企业降低查验比例和单证要求，等等。可见，贸易便利化是简化通关程序，按国际标准完善和协调法律制度，改进基础设施，是国际贸易各种数据、文件的系统化、标准化、信息化，使贸易流动更加便利和流畅，进而减少国际交易过程成本，加速要素跨境流通。中国在2015年向世界贸易组织递交《贸易便利化协定》议定书接受书，表明我国已接受《贸易便利化协定》议定书的国内审核程序。

世界海关也经历各项转变：如职能从财政向非财政转变，尤为注重贸易安全与便利；监管时空从进出口环节向供应链转变；作业模式从纸质作业向无纸化转变；执法方式从海关单一执法向多部门和国际合作转变。中国海关自身存在深层次矛盾：如监管水平与服务“五位一体”总布局要求不相适应；职能实现方式与国家治理体系和治理能力现代化要求不相适应；关区藩篱和业务条线“蜂窝煤”现象突出；管理重点不突出，资源配置不科学，科技应用不足；通关便利化水平与构建开放型经济新体制要求不相适应；三级事权划分不尽科学；全方位、全过程集中统一的风险防控能力还不强等。长期以来，中国海关为了提升通关效率所采取的一系列业务改革、为顺应时代发展所推进的信息化建设，1998年实施通关作业改革、2009年分类通关改革、2012年通关无纸化改革、2014年区域通关一体化等，为构建一体化通关管理格局打下了坚实的基础。

“分类通关改革”的核心问题是应用风险管理技术和手段对企业进行分类，对守法状况良好的诚信企业的货物认为是低风险货物，其报关单证快速审核、快速验放，加快通关速度；对守法状况不好的失信企业的货物认为是高风险货物，其报关单证实施重点审核和查验，加强监管。可见，分类通关改革后，海关的通关审核由逐票审核过渡到重点审核，由纸面人工过渡到电子自动。通关作业流程的再造是在全面运用风险管理、企业分类管理等现代管理理念和先进技术手段基础上实现的。

“无纸化通关”的核心问题是运用信息化技术和风险管理技术对企业进行分类，对守法状况良好的诚信企业的货物认为是低风险货物，其报关单证快速审核、快速验放，加快通关速度；对守法状况不好的失信企业的货物认为是高风险货物，其报关单证实施重点审核和查验，加强监管的作业模式。该模式有利于企业守法管理，有利于完善风险管理运行机制。推进了随附单证（企业提交的随附单证、海关内部流转的单证、联审部委审批的单证）电子化，完善了海关作业无纸化模式与通关流程，有效解决了执法、廉政、管理风险。2015 年在全国海关全面实现通关作业无纸化。分类通关改革中有一个重要的改革举措就是“无纸通关、事后交单、单证暂存”，这是对“无纸化通关”作业模式的实践。

区域通关一体化是在区域范围内，以跨关区快速通关为基础，以企业守法管理为核心，利用统一的信息化数据平台，区域内各海关信息互换、监管互认、执法互助，从而简化海关手续，降低通关成本，提高通关效率。以破除部门间、区域间的各种藩篱，强化以跨部门、跨区域通关协作为内容的“通关一体化”是“大通关”的重要内容之一。早在 2005 年 11 月，长三角区域通关试点在上海、南京、杭州、宁波四个海关之间展开。以改革转关运输通关方式为突破口，改变从前转关运输由人工逐票审核、逐票放行的传统监管方法，实施转关运输的计算机自动化处理；改变从前转关运输“两次申报、两次放行”① 的传统监管方法，实施转关运输“属地申报、口岸验放”的改革举措，初步实现转关运输“一次申报、一次放行”。区域通关一体化是全国一体化通关管理格局的基础。在此基础上，中国海关从 2014 年启动京津冀、长江经济带、广东地区海关区域一体化。2015 年 5 月 1 日起，丝绸之路经济带、东北地区区域通关一体化正式启动，广东地区区域通关一体也在当天扩大至泛珠区域。由此，标志着企业可自主选择办理申报、纳税和查验放行手续的便捷通关模式覆盖全国 42 个直属海关，实现“多关如一关”，惠及所有进出口企业。从 2015 年 7 月 1 日起，东北地区海关区域一体化与其他四个海关区域一体化实现了互联互通，进而实现“关通天下”的理念，为最终实现全国通关一体化奠定基础（见表 1）。

表 1　通关一体化改革历程

改革年份	1998 年	2009 年	2012 年	2014 年	2016 年
改革内容	通关作业改革	分类通关改革	无纸化通关	区域一体化	全国通关一体化

2014 年起海关推行的区域通关一体化改革是构建一体化通关管理格局的突破口。区域通关一体化就是在区域范围内，以跨关区快速通关为基础，以企

① 孙毅彪：《长三角区域通关一体化的思考》，《今日中国论坛》2006 年第 5 期，第 60 ~ 61 页。

业守法管理为核心，利用信息化手段，整合口岸与内地海关管理资源，倡导企业守法便利，简化海关手续，降低通关成本，提高通关效率，提升通关监管效能。构建一体化通关管理格局强调的是系统性、整体性、协调性、长远性。它是一个复杂程度较高的系统工程，既需要通过部分区域的先行先试来摸清情况、积累经验，也需要全国海关各层级、各条线、各部门和广大海关警员的全面参与来实现。区域通关一体化改革重在加强区域内各直属海关之间横向的统筹协调、配合协作，通过对专业审单集约化等理念的先行先试、积累经验，力图在区域内破除藩篱，尽可能实现关区间相关业务的互认共享、互联互通。因此，构建一体化通关管理格局并非是现有区域通关一体化改革的简单拼合，区域通关一体化是从区域“小集中”入手，而构建一体化通关管理格局要实现全国海关“大集约”；区域通关一体化是先完成必要的“零配件”预制，而构建一体化通关管理格局则是在现有工作基础上强调“整体浇筑”，确保海关全面深化改革的系统性、整体性、协调性。因此，《总体方案》提出从区域通关一体化起步，围绕“一带一路”建设、京津冀区域协同发展、依托黄金水道打造长江经济带等战略部署，继续深化京津冀、长江经济带、广东地区等区域通关一体化改革，重点在改革内容上延伸，通过先行先试来摸清情况、积累经验，加快“两中心三制度”建设。区域通关一体化是从区域“小集中”过渡到全国海关“大集约”，从而构建全国海关一体化通关管理格局的。

二　全国通关一体化管理格局与优化三级事权

构建一体化通关管理格局是《总体方案》中具有标志性、关联性作用的重要改革。放眼世界，世界海关经历着深刻改变：如职能从财政向非财政转变、注重贸易安全与便利、监管时空从进出口环节向供应链转变、作业模式从纸质作业向无纸化转变。中国是贸易大国，不论是适应经济全球化规则，还是实现“一带一路”战略目标，中国海关制度理应朝着国际化方向发展。与此同时，中国海关执法方式从海关单一执法向多部门和国家间合作转变，改革直接指向海关监督管理体制的三个方面弊端：一是内部管理条块分割，条线上呈“蜂窝煤”式管理，块上呈“百关一面”、自成“领地”状态，作业系统“烟囱林立”，通关作业时空上呈“橄榄形”，风险防控上倚重报关单数据，有“报关单迷恋”倾向，以及较为突出的执法不统一等问题；二是外部未能实现协同治理，与其他口岸管理部门之间的配合协作机制有待建立健全，整体合力不足，缺少对社会助力的培育和应用；三是在海关与企业关系上还局限于海关对企业的单向管理模式，未能形成良性互动，企业守法自律的义务和守法便利的权利未得到充分体现。

"事权"一词包含了职权、职责、公共管理与服务等内涵。如党的十八届三中全会提出的划分中央与地方财政事权、财权，是想把中央和地方财政职权划分，将财政职权与支出责任挂钩。"三级事权"是指纵向上理顺总署、直属海关、隶属海关三级事权关系，简化管理条线，强化总署对业务运行的直接指挥，打破上下级海关内设机构间的简单对应关系，实现扁平管理。使"大脑"更加发达，"四肢"更加有力，"肚腩"不再臃肿，运行指挥更加协调、顺畅。目前，海关三级事权的运行过程中存在"缺位"、"越位"等问题：如海关总署承担全国海关决策、指挥、监督职责，缺少对业务运行的直接指挥；直属海关职能部门既要把总署制定的"均码"决策进一步本地化、具体化，又要针对关区内个性化情况研定"特码"对策，以及对大量事务性工作进行审批和核批，既增加管理层级、消耗管理资源，也在一定程度上导致执法不统一，出现业务条线、关区之间的"政策打架"、做法不一、运行不畅等问题；隶属海关侧重于以商品为单元对纸质单证的流程性审批，而"由企及物"的实体性监管相对不足，事前事中事后各支监管力量缺乏统筹整合。因此，《总体方案》提出优化三级事权，并将其作为构建一体化通关管理格局的逻辑起点。优化三级事权目的是实现集约化、扁平化管理，通过统一执法实现执法统一。过去囿于技术条件，相关管理模式难以实现，现在随着大数据、云计算、移动互联等技术的不断成熟和运用，基于这些技术的海关新一代业务管理系统将为集约化、扁平化管理创造条件。优化三级事权的内容有以下几个方面。

第一，强化海关总署决策指挥的"大脑"职能，设立总署直管的一级风险防控中心和税收征管中心，撤销专业审单和现场接单部门。通过设置风险参数、下达布控指令等方式，强化总署对业务运行的直接指挥，全国安全准入和税收风险防控要统一决策，指令直达一线。建立健全总署与直属海关职能管理联动机制，将部分总署事权以授权方式交由直属海关职能部门承担。总署各司局对各职能领域的政策法规进行研究，形成的决策、制定的标准和作业要求，通过两个中心统一下达到业务现场。与此管理体制相配套，两个中心的人事由总署统一建立干部选拔任用和综合评价考核机制，按干部管理权限实施管理，机构人员编制挂靠所在地直属海关；财务由总署统一安排专项预算，由所在地直属海关保障行政、科技、后勤等具体工作（见图2）。

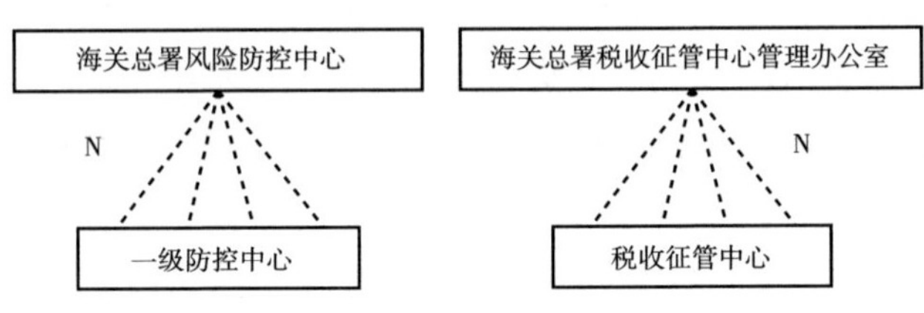

图2　两个中心结构设置

可见，优化后的风险防控中心有两级：一级风险防控中心负责全国性、区域性、行业性和重大专项的安全准入风险防控，按照一定标准科学分工，作为一个整体开展工作；二级风险防控中心根据本关区口岸的特性风险开展本关区口岸安全准入风险防控，向一级风险防控中心报送信息情报、风险处置建议，并接受一级风险防控中心的业务指挥。“两中心”与总署各职能部门相比，虽然属于基层单位，但它主要职责是现场实施的执法作业由风险防控中心通过指令方式统一下达，业务现场负责执行和反馈。“两中心”为通关监管、稽查、缉私等现场执行力量提供后台支撑，实现相关信息主动推送、实时查询。其作业模式为集体分析、专业研判（构建风险分析模型和规则自动甄别风险，逐步向机器智能判断转变）、协同处置（放行前查验及验估，放行后稽核查等）和结果反馈四个环节整体联动、循环优化，实现选、查、处分离，不断提升智能化水平和风险防控能力。

第二，直属海关层面，推动“瘦上强下”，减少职能部门和机关人员数量，人力资源向基层一线倾斜。加强对本关区业务运行实际状况的日常管理和监控，避免职能部门简单地成为总署“二传手”以及过多地干预业务具体执行。长期以来，总署、直属海关、隶属海关三级架构之间过于强调内设机构的“上下对口”，由此产生了一系列问题，诸如内设机构过多、分工过细，管理呈“蜂窝煤”式，系统“烟囱林立”等现象突出，横向上信息资源封闭、协调配合不足；直属海关职能部门和机关人员数量偏多，工作中容易形成力量耗散和门户之见；大量隶属海关“麻雀虽小，五脏俱全”，从事综合保障工作的非业务人员偏多，导致内部运行成本高、人力资源使用效率低。因此，《总体方案》提出集约高效的基本原则，打破上下级海关内设机构间简单对应关系，简化管理条线。三级事权优化结果是“决策－执行”模式由“总署－直属－隶属”三级变为“中心－现场”两级。

第三，隶属海关功能改造，淡化内设机构的简单对应关系，减少非业务人员数量，部分隶属海关依托直属海关或位置优越、辐射能力较强的隶属海关，实现人、财、物等集约化保障，相关海关不设或少设综合管理机构；强化对两个中心下达作业要求的执行和反馈；推动功能改造。如 2015 年，青岛海关针对流亭国际机场海关和青岛大港海关在青岛市地域内空港口岸和属地监管的不同职责定位，启动功能化整合改革：将原流亭国际机场海关辖区的 5000 余家外贸企业的教工贸易、稽查、企业管理等海关监管业务调整到青岛海关受理，流亭国际机场海关负责青岛流亭国际机场空港的各项海关业务以及空港配套的保税仓库业务，青岛大港海关负责除海岸新区、胶州市外的各项海关业务。整合后，流亭国际机场海关专注于空港监管，青岛大港海关侧重属地监管业务。两个海关功能定位和机构设置差别化，分工更明确，术业有专攻，监管格局更科学，隶属海关功能定位差别化推动隶属海关的功能性改造（见图 3）。①

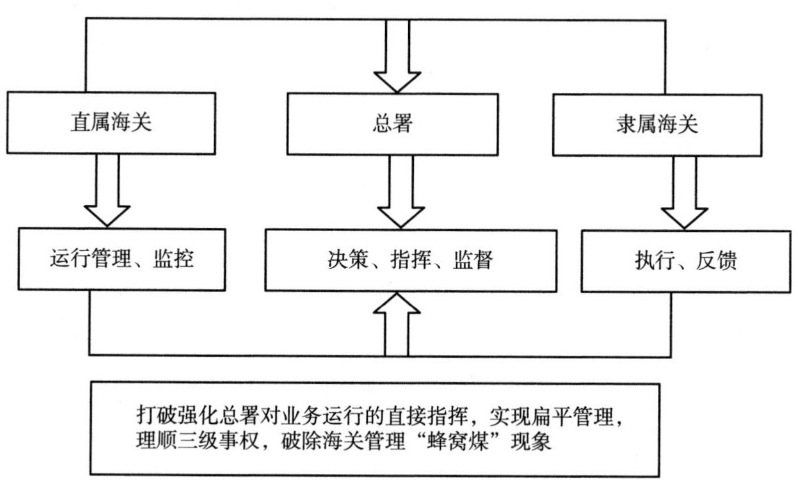

图 3　三级事权优化思维

① http：//qingdao. news. 163. com/15/0615/15/AS5MJJQ8034813IQ. html，2016 年 9 月 17 日访问。

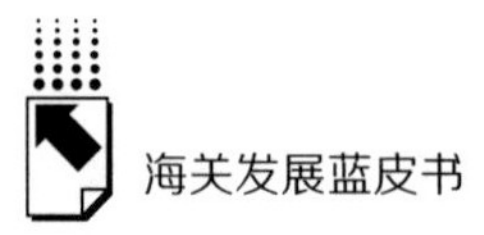

三　三级事权优化的理论基础

（一）三级事权优化的法律依据

关于垂直管理机构的设置，《中华人民共和国宪法》（以下简称《宪法》）没有明确规定。其第3条第三款是关于中央和地方事权划分的原则性规定，提出“中央和地方的国家机构职权的划分，遵循在中央的统一领导下，充分发挥地方的主动性、积极性原则”①。《中华人民共和国国务院组织法》（以下简称《国务院组织法》）对直属机构的设置有了明确的规定，该法第11条规定：“国务院根据工作需要和精简的原则，设立若干直属机构主管各项专门业务，设立若干办事机构协助总理办理专门事项。”②《中华人民共和国国务院预算法》（以下简称《预算法》）规定：“各级预算支出的编制，应当贯彻厉行节约、勤俭建国的方针。各级预算支出的编制，应当统筹兼顾、确保重点，在保证政府公共支出合理需要的前提下，妥善安排其他各类预算支出。”③ 这是将事权与支出责任相联系。《海关法》第3条规定：“国务院设立海关总署，统一管理全国海关，国家在对外开放口岸和海关监管业务集中地点设立海关。”④海关的隶属关系不受行政区划的限制。海关依法独立行使职权，向海关总署负责。这是海关机构设置的法律依据。

（二）三级事权优化的政策依据

十八届三中全会作出的全面深化改革的决定，十八届四中全会作出的全面推进依法治国的部署，以及习近平总书记系列重要讲话中的许多新思想、新观点、新论断，都为海关全面深化改革工作指明了正确方向。党的十八届三中全会审议通过了《中共中央关于全面深化改革若干问题的决议》，其第五部分是

① http：//www. cnrencai. com/zengche/344746. html，2016年12月12日访问。

② http：//news. xinmin. cn/domestic/2013/03/12/19168581. html，2016年12月12日访问。

③ http：//baike. so. com/doc/6708344 – 6922360. html，《中华人民共和国预算法》第12条、第37条，2016年12月12日访问。

④ http：//baike. so. com/doc/6706668 – 6920666. html，2016年12月12日访问。

"财税体制改革"，其中专门有一部分是与建立事权和支出责任相适应的制度。其规定："适度加强中央事权和支出责任，国防、外交、国家安全、关系全国统一市场规则和管理等作为中央事权；部分社会保障、跨区域重大项目建设维护等作为中央和地方共同事权，逐步理顺事权关系；区域性公共服务作为地方事权。中央和地方按照事权划分相应承担和分担支出责任。中央可通过安排转移支付将部分事权支出责任委托地方承担。对于跨区域且对其他地区影响较大的公共服务，中央可通过安排转移支付将部分事权支出责任委托地方承担。对于跨区域且对其他地区影响较大的公共服务，中央可通过安排转移支付承担一部分地方支出责任。"[①]《全面推进依法行政实施纲要》规定：中央政府和地方政府之间、政府各部门之间的职能和权限比较明确，合理划分和依法规范各级行政机关的职权和权限。[②]《中共中央关于加强党的执政能力建设的决定》提出：正确处理中央和地方关系，合理划分经济社会事务管理的权限和职责，做到权责一致，既维护中央统一领导，又更好地发挥地方积极性。[③]《海关全面深化改革总体方案》提出构建一体化通关管理格局目标。《方案》提出要适应开放型经济新体制，破除部门、关区、业务条线之间的藩篱，形成集约高效、协调统一的一体化通关管理格局。同时，首次提出协同治理理念，要求坚持开放合作，加强海关内外部协调配合，推动构建与管理活动中不同主体的新型合作伙伴关系。协同治理的概念来源于新公共管理领域的整体性治理理论。协同是为在更大范围内对资源优化配置，从而实现服务升级。

（三）新公共管理理论

新公共理论是兴盛于英美国家的一种新公共行政理论和管理模式，也是指导西方行政改革的重要理论。该理论以现代经济学为自己的理论基础，在政府改革中引入竞争机制、绩效管理、目标管理等，进而重新整合和调配行政组织和人力资源等，发挥市场机制在公共服务领域的作用，进而提升政府的管理能

---

① http：//finance. ifeng. com/a/20131115/11093995_ 0. shtml，2016 年 12 月 12 日访问。

② 国务院《全面推进依法行政实施纲要》（全文），http：//www. 360doc. com/content/11/1106/10/1302411_ 162180077. shtml，2016 年 12 月 12 日访问。

③ 《中共中央关于加强党的执政能力建设的决定》，http：//www. mlr. gov. cn/jgdjw/zyzt/lxyz/d/201605/t20160524_ 1406278. htm，2016 年 12 月 12 日访问。

力和服务能力，最终导致新公共管理理论的诞生。新公共管理理论的先行者是英国，1980 年，撒切尔政府推行缩小政府规模和财政管理创新的改革。其后的梅杰政府推出“公民宪章运动”①、布莱尔政府推出“第三条道路”②。新公共管理理论包括以下几点。

弗里德曼和哈耶克的“小政府理论”。哈耶克在 1984 年提出的“小政府理论”主张政府只管市场做不了也做不好的领域，主张政府权力有限，政府管辖范围有限，政府提供必要的排他性的公共产品。

哈默的“流程再造理论”。哈默在 1995 年提出的“流程再造”理论主要针对官僚制度进行重新塑造。从打破传统职能性组织结构入手，目的是建立全新的过程性组织结构，改善政府管理成本、管理质量和管理速度。其再造方法如工作流程的重新设计、以顾客满意度和需求为目标改造业务流程等。

霍哲的政府绩效评估理论。该理论主要是通过绩效评估改进绩效。设计了一整套的绩效评估流程，要求公民参与评估等。另外，霍哲还提出基于回应性的政府全面质量管理理论，即回应顾客，以顾客满意度为目标改进政府工作方法，提高政府工作质量。其目的在于通过引入政府全面质量管理，消除由于官僚制、利益集团以及专业化的结构带来的回应性障碍，建立更具回应性以及以顾客为中心的公共机构。

1. 善治理论

上述理论均围绕着政府与市场关系的界限、政府职能与权限等核心问题，如奥斯本在 1996 年提出的“掌舵而不是划桨”理论，提出政府应该是开创前瞻进取型政府、市场社区导向型政府、竞争绩效型政府、分权式政府等。在此模式下，政府管理不是独唱，而是领唱，发挥企业、团体和个人等若干配角作用，重视构成网络社会的各种组织之间的平等对话与系统合作来共唱“公共治理”这首歌。“治理”式行政就是多元的、民主的、合作的新型舞台。其要素有三：一

① 所谓公民宪章就是用宪章的形式把公共部门服务的内容、标准、责任等公布于众，接受群众监督，提供服务质量和水平。

② 所谓第三条道路是完全放任的资源资本主义和完全管制的社会主义之间的道路，既不想完全放任，也不想完全管制。1998 年 9 月，费边社发布了布莱尔撰写的小册子《第三条道路：新世纪的新政治》，标志着第三条道路成熟。第三条道路的主要内容是：肯定自由市场价值，强调解除管制，地方分权和抵税赋等政策。

是多人参与管理，社会各利益主体在信任互利基础上形成社会协调网络进行管理，称民主管理或善治；二是政府的角色是“最小政府”，其主要的作用是掌舵而非划桨；三是管理方式和模式的多样化。多元治理旨在打破政府对公共权力资源的垄断，让社会中介、基层群众自治组织、民间公益组织、企业等都可以依法成为社会治理主体。和谐治理指多元治理主体在政府指导下，实现分工合作、良性互动，达到有序治理。可见，善治是把“多元治理”与“和谐治理”有机结合。善治作为一种政府和公民对公共生活进行合作管理的新型治理模式，体现了政府权力来自于民，还政于民，引导公民积极参与、积极合作，使政府从善政走向善治。善治具有法治性、民主性、透明性、稳定性、廉洁性等特点（见表2）。

表2　比较传统与治理模式下提供公共产品的不同

项目	传统纵向事权划分及公共产品供给	现代治理模式下公共产品供给
供给基础	公共产品需要	公共产品需要
供给主体	中央和地方政府	各级政府、市场、社会
供给主导	政府为主	政府主导，多元提供
供给结构	纵向结构	纵横交错结构

2. “元治理”理论

“元治理”理论。治理理论的核心是政府、市场、社会的多元主体治理社会，其理论和实践价值不言而喻。但现实中过高估计了市场和公民的社会作用，实际效果并不理想，治理理论引起质疑和反思。美国著名的社会理论家福山指出：“国家建构也许比治理更重要，一个强有力的国家比自助组织治理更重要，尤其对第三世界而言。”英国著名政治理论家杰索普提出了修正治理的理论。元治理是治理的治理，是对市场、国家、公民社会等智力力量进行宏观安排，重组治理机制。“元治理”理论认为治理与市场和政府失灵一样也会失灵和失败，失败的根源在于多元主体利益多元，在治理各方谈判和协作过程中出于各自不同利益的考量，很难达成共同的治理目标。因此，出于在多元治理体系中协调不同力量和组织的立场，他们达成共同目标，国家（政府）必须承担起“元治理”的角色。“元治理”理论与“治理理论”相比，其最大的差别就是强化国家（政府）在社会治理中的作用，国家仍然具有对治理机制的开启、关闭、调整和建制的权力。“元治理”理论的本质是政府良好安排和指

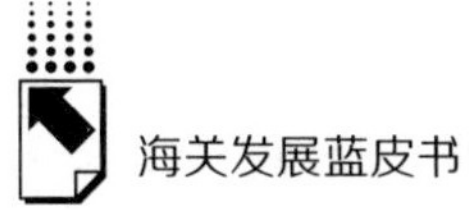

导（如政府在社会治理体系中发挥主导作用、利益平衡、促进社会信息对等等），形成良好的社会管理机制。

3. 整体性治理理论

整体性治理理论主要是针对20世纪90年代初政府改革所强调的碎片化状态而提出的。主要代表人物是英国的佩里·希克斯和帕却克·登力维。如佩里·希克斯认为强调分散、强调竞争、强调激励的碎片化管理会导致管理成本高、资源浪费的问题，使服务使用者感到沮丧；因目标不一导致利益冲突问题，各自为政、缺乏沟通、效率低下等问题。[①] 整体性治理理论主要的思想包括：①大部门式治理。以顾客和功能来重塑组织。②一站式服务。目的是把一些分散的服务功能集中起来，不仅解决重复的问题，更是为了提高服务质量。③建立数据库，并提倡信息共享。数据库建立并互动信息搜寻和提供，有利于政府机构预测公民需求和发现政策风险，有利于提高行政效率。④主张重新政府化，强调政府的主导作用。如登力维主张将一些包括私人部门的公共部门的活动重新交由公共部门进行。主张政府监管的灵活性、可持续性，主张集中采购和专业化。⑤借用信息技术提供的生产力，重塑具有公共服务支撑功能的提供链。如重新设计事务处理系统、公务支撑系统等。网络治理，网络式服务。可见，整体性治理理论主张从分散到集中，从部分到整体，从纸质到网络来改革政府内部机构和部门整体性运作，目的是为公民提供无缝对接的整体性服务。整体性治理理论的核心观点和核心思想是协调和整合。协调是通过激励和诱导的方式，将多个任务组织、多个任务部门、多个任务单位，朝着共同方向行动。整合是借助激励、文化和权威结构将各类组织和政策跨越组织和行政区域界线整合起来，以应对非结构化的重大问题。整体性理论是通关一体化改革的重要理论支撑。通关一体化改革中的许多内容体现了该理论，如推行海关、检验检疫、边防、海事等部门的“三个一”、“单一窗口”等一体化通关作业模式，实现通关作业的一体化；加强海关系统内部管理体制改革，优化三级事权，加强隶属海关功能改造；加强电子口岸建设，实现部门、企业和作业信息的共建共享、互联互通、联网应用，实现信息技术一体化；各级口岸办与各查验部门建立健全统一的制度化的分工协作机制，有效整合口岸管理资源和力量，实现口岸管理协调的一体化；等等。

---

① 竺乾威：《从新公共管理到整体性治理》，《中国行政管理》2008年第10期。

（四）公共产品层次性理论

公共产品是指为绝大多数人共同消费或享用的产品和服务。公共产品具有非竞争性、非抗拒性、非排他性三种。同一公共产品可供多人共同消费，互不影响者为非竞争性公共产品。如国防保护不会因国家多了一个人而受影响，对提供公共产品的国家来说增加一个消费者其边际成本为零，边际拥挤成本为零。任何人都无偿享有，他人无权排斥类公共产品为非排他性公共产品。有些公共产品的消费是非享用不可，不以人的主观意愿为转移的公共产品为非抗拒性公共产品。可见，公共产品的供给和消费与价格无关，而在于它的公共提供性上，公共产品生产者效益远远低于其社会效益，这种局面使公共产品的供给与需求无法通过市场机制来规制，只能由非营利的各级政府来提供。

各级政府在给社会提供公共产品时，分层次提供，根据政府层级及各级政府事权，分全国性公共产品、准全国性公共产品和区域性公共产品。由中央政府提供，在全国范围内实现均等化和高效配置的属于全国性公共产品；在跨区域、需要协调区域之间利益和分工合作类公共产品属于准全国性公共产品。提供途径或由上一级政府直到中央政府统一提供，或由地方政府提供，由其上一级政府直至中央政府补贴的方式提供。海关三级事权优化就属于此类。对地方政府本区域内的居民提供公共产品的属于区域性公共产品。如此设置的理由是地方政府了解区域内居民对公共产品的具体需求，也有利于居民对地方政府的监督。可见，公共产品的分类分层提供与各级政府事权划分相适应，其逻辑为中央与地方事权配置—中央与地方财权配置—提供公共产品层次性（见图4）。

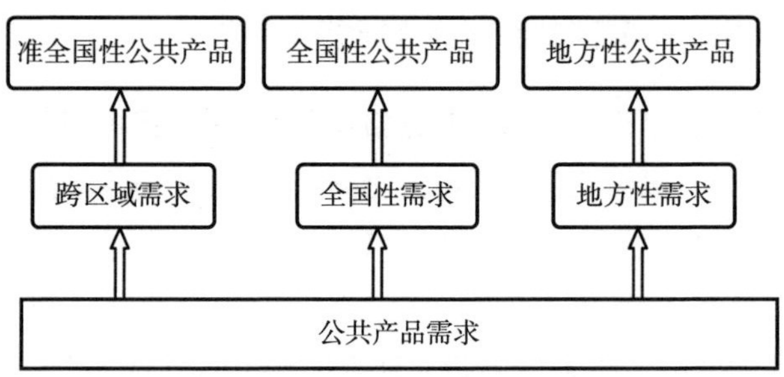

图4　公共产品分层提供

四　三级事权优化的展望

（一）依法优化三级事权

1. 三级事权分配要以某种法律形式固定下来

优化三级事权是在现有体制框架内的机制的优化，组织法上的变动不明显，但是它打破了原有的事权分配，有集中，有功能定位，需要《海关全面深化改革总体方案》中的相关内容用一定的法律形式固定下来，以便有法可依。

2. 要明确“事权”与“职权”的区别，界定三级事权的范围和边界

两者依据不同。“职权”是以法律法规和规章作为依据和授权，而“事权”不仅具有法律法规和规章依据和授权，而且还可能依据政策、工作规程等。两者内容不同。“职权”一般指法定权力，而“事权”不仅包括职权，还包括了管理和服务。

3. 完善配套的法律制度

三级事权优化涉及纵向的权力上收和集中，也有横向的事权分配，打破了原有的职权分配格局，所以需要修订相关法律、法规、规章，现阶段可以通过修改总署规章或公告形式颁布相关修订；完善改革后的业务流程，并以公开形式告知相对人，增加透明度；完善改革后的救济制度。三级事权的优化，涉及职权主体的改变，复议、诉讼主体均相应改变，依据相关法律、法规进行三级事权的优化的适格责任主体。

（二）优化三级事权要统筹兼顾各方利益

原有的三级事权已运行多年，利益格局和业务范围形成定式，优化三级事权实际上是总署、直属海关、隶属海关之间，各海关内设机构等的功能重新定位、资源重新组合的过程。组合的方式为“上收、集中、统一、分离、智能”。“上收”是指“决策－执行”模式由“总署－直属－隶属”三级变为“中心－现场”两级。“集中”是指实现全国海关的风险集中统一防控、资源集约统筹管理。“统一”是指从体制层面着手解决，变“执法统一”为“统一执法”。“分离”是指通过专业化分工，使得各部门、各业务环节相互之间权责明确、职能定位清晰，确保各司其职、正确履职。“智能”以科技创新引领海关监管理念改革，实现专家智慧与专业技术工具的紧密结合。在此过程中，倘若过分强调“上收或集中”可能导致地方海关失去施政资源，同时也可能出现尾大不掉、指挥不灵的现象。倘若过分关注地方海关的利益，则会出现执法不统一、资源重复建设等现象。因此，优化三级事权要统筹兼顾三级事权传统利益格局，以便调动各利益主体的积极性，提高效率。

（三）理顺事权与客观现实、职能、责任的关系

海关根据公共物品和公共服务的受益范围（全国性、准全国性、地方性）确定三级事权和支出责任。海关对公共产品提供的公共性、受益范围性、层级性与海关相应级别事权要对应。同时，保证各级海关具有足够的能力和资源去履行和实现所掌握的事权。事权是职能的载体，而职能是事权实现的保障。此外，权责要对应，有多大事权就有多大责任，既不能无事权有责任，也不能容忍事权恣意行使却无责任枷锁。

（四）完善三级事权优化的保障机制

首先，解决人力资源问题。三级事权优化是海关流程再造，包括人力资源在内的资源重新整合过程。因此，人员编制、人员培训、人员激励、人员退出等相应人事制度应予以完善。其次，事权与财力相匹配。事权最初就是与财权、财力相对应相伴而生的，因事定财是原则。在合理划分三级事权的基础上，加快调整海关三级财政税收关系，从而保障各级事权运作的基本财力，特别是解决隶属海关财力不足的问题。再次，要完善与优化三级事权相配套的基础设施，如与事权划分对应的办公设施的改造和提供，“两个中心”建设对应的数据平台建设，隶属海关功能改造后的设施设备，与事权对应的对外合作，等等。

B.15
中欧海关估价制度比较

王永亮*

摘　要：　对海关来说，估价是一个世界性的难题。“尽管在这方面的论述很多，但全球统一适用的定价规则是不存在的。就像是治疗方法因患者而异一样，估价的方法也因公司的差异而有着较大的区别。虽然最终的目标都是要找到一个公允价值，但各个国家的做法却大相径庭。”[①] 在这种大背景下，加强比较法研究，汲取各国估价的先进经验和做法就显得尤为重要。中国海关总署组织的“中国与欧盟海关法比较研究”就是其中的一个重要组成部分。

关键词：　欧盟立法　海关估价　比较研究

《欧洲议会和欧盟理事会2013年10月9日第952/2013号关于制定欧盟海关法典的条例（重新修订）》（以下简称《欧盟海关条例》）对欧盟海关估价制度进行了修订。为了更好地了解欧盟海关修订后的估价制度，笔者通过与我国现有规定进行比较的方式进行解读。

一　《欧盟海关条例》对估价方法的规定

《欧盟海关条例》在五个条文中对估价方法做出了规定。

---

* 王永亮，上海海关学院法律系讲师、上海昊理文律师事务所兼职律师。

① Ashok Kumar, *Transfer Pricing*, *Multinationals and Taxation*, *New Century Publication*, New Delhi India, 2006, preface.

（一）成交价格法

第 70 条规定，基于成交价格的海关估价方法。①货物完税价格的主要基础应当是成交价格，即将货物出口销售至欧盟关境的实付或应付的，并已在必要情况下调整后的价格。②实付或应付的价格应当是由国内买方向国外卖方，或者为使国外卖方获得利益国内买方向第三方就进境货物已支付或将支付的全部款项，且包括作为进境货物销售条件的已支付或将支付的全部款项。③成交价格适用的前提是满足下列全部条件：（a）除下列情形外，对国内买方处置或使用货物不予限制：（i）欧盟法律规定或欧盟公共机构要求或施加的限制；（ii）对货物可能转售的区域的限制；（iii）对货物的完税价格无实质性影响的限制。（b）销售或价格未受到使被估价货物的价格无法认定的条件或因素的影响。（c）国外卖方不得直接或间接获得国内买方对货物后续转售、处置或使用的任何收益，除非能进行适当的调整。（d）交易各方之间没有特殊关系或该特殊关系未对价格产生影响。

第 71 条规定，成交价格的要素。①在根据第 70 条认定完税价格时，进境货物实付或应付的价格应当补充下列因素。（a）因国内买方所产生的但未包括在货物实付或应付的价格中的下列支出：（i）佣金和经纪费，购货佣金除外；（ii）为海关目的与有关货物视为一体的容器的费用；（iii）包装费用，包括人工费用和材料费用。（b）下列由国内买方直接或间接免费提供或减价提供的，用于进境货物相关出口生产与销售活动的货物与服务的、适当时按比例分摊的价格，如该价格未包括在实付或应付价格中：（i）进境货物包含的原材料、部件、零件及类似物品；（ii）进境货物生产中使用的工具、模具及类似物品；（iii）进境货物生产中消耗掉的原材料；（iv）欧盟以外完成的、为进境货物生产所必需的工程、开发、图纸、设计作品、规划草图。（c）作为被估价货物销售条件，国内买方必须直接或间接支付与被估价货物相关的知识产权相关支出，如此类知识产权相关支出未包括在实付或应付价格中。（d）国外卖方直接或间接从进境货物的后续转售、处置或使用中所获得的收益的任何部分。（e）货物运至欧盟关境进境地的下列费用：（i）进境货物的运输支出和保险相关的支出；（ii）与进境货物运输相关的装载和搬运输支出。②按照第 1 款对实付或应付的价格的补充调整应当仅在可量化的客观数据基础上进行。③除本条规定外，在认定完税价格时不应对实付或应付价格进行补充调整。

第 72 条规定，不纳入完税价格的要素。在根据第 70 条认定完税价格时，下列支出不得纳入。(a) 进境货物进入欧盟关境后的运输支出。(b) 进境货物进入欧盟关境后的建设、安装、组装、维修或技术支持支出，例如工业厂房、机器或设备支出。(c) 国内买方达成的与进境货物购买相关的财政安排的利息支出，不论资金是由国外卖方还是其他人提供，只要财政安排已以书面形式达成，并且国内买方能够应要求表明下列条件已满足：(i) 此类货物实际按照申报的实付或应付价格销售；(ii) 声明的利率不超过资金提供时在该国的此类交易的普遍利率水平。(d) 在欧盟复制进境货物权利支付的支出。(e) 购货佣金。(f) 由于货物进口或销售产生的、在欧盟应付的进口关税或其他支出。(g) 尽管有第 71 条第 1 款中 (c) 项的规定，国内买方为进境货物分销或转售权利支付的支出，前提是此类支付不是货物销售出口到欧盟的条件。

第 73 条规定，简化措施。如在海关申报之日下列金额无法量化，海关当局可以依申请授权准予其在特定标准的基础上认定：(a) 根据第 70 条第 2 款纳入完税价格的金额；(b) 第 71 条和第 72 条所称的金额。

（二）成交价格法之外的估价方法

第 74 条规定，海关估价的其他方法。①如无法根据第 70 条认定货物完税价格，则应当依次按照第 2 款 (a) 项至 (d) 项认定，直至可依据其中一项规定认定货物完税价格。如申报人要求，第 2 款 (c) 项和 (d) 项的适用顺序应当予以颠倒。②根据第 1 款完税价格应当认定为：(a) 与被估价货物同时或大约同时销售出口至欧盟关境的相同货物的成交价格。(b) 与被估价货物同时或大约同时销售出口至欧盟关境的类似货物的成交价格。(c) 以在欧盟关境内向与国外卖方无特殊关系的主体合计销售总量最大的进境货物或者相同或类似的进境货物单价为基础的价格。(d) 计算价格，包含下列支出的合计：(i) 进境货物生产中的料件费用和制造、加工支出；(ii) 在出口国生产并出口销售至欧盟的被估价货物的同等级或者同种类货物通常的利润和一般支出；(iii) 第 71 条第 1 款中 (e) 项所称要素的费用或价格。③如完税价格不能根据第 1 款认定，则应当以欧盟关境内可用数据为基础，使用符合下列所有条文中的原则及一般规定的合理方法认定：（a）关于实施《关税与贸易总协定》第七条的协定；（b）《关税与贸易总协定》第七条；（c）本章。

二　中国海关适用的估价方法

中国海关在估价中所运用的方法，直接适用海关总署的规章和规范性文件，但在事实上也参考适用了 OECD 规则，并在一定程度上受到国内税务执法部门的规则以及世界海关组织估价规则的影响。

（一）海关总署规章

当前海关估价中，直接适用的、具有法律拘束力的规则是海关总署令第 213 号《中华人民共和国海关审定进出境货物完税价格办法》（以下简称《审价办法》）。《审价办法》设定了六种审定货物完税价格的办法：成交价格法、相同货物成交价格估价方法、类似货物成交价格估价方法、倒扣价格估价方法、计算价格估价方法、合理方法。但这些审价的具体方法与丰富的审价实践相比，仍然显得粗糙，在如何判断跨公司定价策略合规性上仍然显得缺乏可操作性。因为《审价办法》是 WTO 海关估价协定的国内版，因此海关适用《审价办法》就是实质上在适用 WTO 海关估价协定。对于 WTO 海关估价协定的内容不再做重复论述。

（二）OECD 转让定价规则

OECD 转让定价规则。OECD 1995 年发布的《关于跨国企业和税务局的新转让定价准则》规定，符合正常交易原则的转让定价认定方法有五种，即非受控可比定价的方法（CUP）、转售定价的方法（RPM）、费用加成定价的方法（CPM）、交易净利润率的方法（TNMM）和利润分割的方法（PSM）。前三种方法，一般称为传统交易法，是认定关联企业间交易行为是否独立的最直接方法，在上述三种方法无法实施时，可采用后两种方法，以利润为基础，通过比较具体交易项目的利润，推断转移价格是否合理。

与《审价办法》相比，OECD 转让定价规则具有如下特点。

一是规则适用的主体不同。OECD 规则基本建立在美国 IRS 转让定价规则的基础之上，它的设定初衷是用来解决税务执法部门的征税问题的，而不是用于海关估价。而海关与税务执法部门在对转让定价合理性的认定上，均是以有利于征税为导向的。① 立场不同则对规则的适用也是不同的，税务执法部门认为合理的转让定价策略，并非必然为海关所接受。比如，在广州海关处理的一起化妆品转让定价估价案例②中，普华永道认定的利润区间被税务部门否定，企业按照税务执法部门的要求备案了 2.25% 的利润率。海关虽然最终接受了税务部门认定的利润率，但在调查过程中仍然提出了质疑。海关与税务执法部门对于转让定价中的利润率有着不同的判断标准。税务执法部门关注的是某一段时间内的税负问题，海关则关注的是每一次货物进出口的税负问题。

二是调整范围不同。海关审价仅仅针对货物贸易，OECD 规则在 1994 年设立时虽同样仅针对货物贸易，但 1995 年 OECD 规则修订时，已经将关联企业间的无形资产与服务的估价纳入其中。③ 基于以上差异，海关直接套用 OECD 规则解决审价问题，可能存在先天不足。

（三）国家税务总局转让定价规则

除了海关之外，税务执法部门对于转让定价问题同样保持着高度的关注。2009 年 1 月 8 日，国家税务总局颁布《特别纳税调整实施办法（试行）》，将税务执法部门可接受的转让定价方法界定为：可比非受控价格法、再销售价格法、费用加成法、交易净利润法、利润分割法和其他符合独立交易原则的方法。

与《审价办法》相比，《特别纳税调整实施办法（试行）》具有如下特点。一是调整范围不同。《特别纳税调整实施办法（试行）》借鉴了 OECD 规则中的主要内容，同样既包括货物贸易，也包括服务贸易。《审价办法》则仅适用于货物贸易。二是调整手段不同。《审价办法》侧重于从实体上解决审价问题，并将执法重点放在某一次交易上，强调执法的时效性；《特别纳税调整实施办法（试行）》则立足于对企业的长期监管，对企业提出了更多程序方面的监管要求。这一点与海关与税务执法部门的执法特点有着直接的

---

① Ceteris, *Guide to international transfer pricing*: *Law*, *Tax Planning and Compliance Strategies*, Wolters Klumer Law&Business, 2010, p. United Kingdom – 22.

② 广州海关：《化妆品转让定价估价案例》，海关总署关税征管司主办《海关估价案例汇编（Ⅶ）》，第 22 ~ 25 页。

③ Wagdy M. Abdallah, *Critical concerns in transfer pricing and practice*, praeger, 2004, p. 192.

关系。

关于海关估价中对税务执法规定的借鉴，笔者将在文末的对策部分详述。

（四）国际海关组织转让定价规则

作为世界海关组织“税收一揽子计划（RevenuePackage）”第二阶段行动计划（Phase II Action Plan）第二系列的举措之一，2015 年 6 月，应海关与商界的需要，世界海关组织就海关估价与转让定价方面发布了《海关估价与转让定价指南》（以下简称《指南》），介绍了海关估价和转让定价的基本原则和方法，总结了迄今为止所做的相关工作及各成员国海关的优秀实践。该指南对两个问题提出了更具体的建议：一个是在运用销售环境测试法判断特殊关系是否影响成交价格时，海关如何借助转让定价资料判断；另一个是对于转让定价后续调整的海关估价问题。与 OECD 已有的转让定价规则相比，指南并未提出实质性的新举措。由于颁布时间尚短，其对于中国海关估价的实际影响尚有待考察。

三　欧盟与中国海关估价制度比较分析

与欧盟相比，中国海关与税务执法部门在估计方面受到较多的批评。在估价方面，中国税务执法部门过度依赖政府的强权，不重视纳税人的权利，不愿意给予纳税人延期等便利，无视企业所面临的复杂商业环境。[①] 因此，研究欧盟与中国海关估价制度的异同，有着重要的实践意义。笔者从以下六个具体方面进行比较。

（一）成交价格在估价中的基础地位

无论是欧盟还是中国，均明确了成交价格为认定完税价格的基础。只要真实的成交价格可以直接认定或者通过调整后认定，则海关应当以成交价格作为完税价格，而不得采用其他估价方法。在成交价格调整项目上，欧盟与中国海关的规定也高度相似，包括了佣金支出、协助、知识产权相关支出、转售所得

---

① ROBERT FEINSCHREIBER，MARGARET KENT，*Asia-Pacific Transfer Pricing Handbook*，John Wiley&Sons Singapore Pte. Ltd，p. 71.

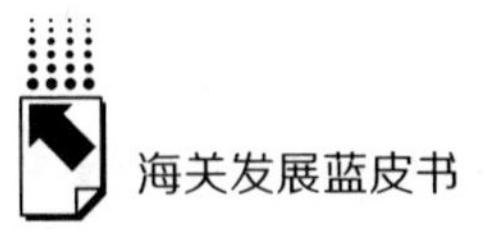

等项目。

有关成交价格的区别则体现在以下几个方面。

1. 举证责任

《审价办法》第一条第二款明确规定："纳税义务人应当向海关提供本条所述支出或者价值的客观量化数据信息。纳税义务人不能提供的，海关与纳税义务人进行价格磋商后，按照本办法第六条列明的方法审查认定完税价格。"而《欧盟海关条例》则并未对客观量化资料的举证责任作出明确的规定。

《审价办法》尽管明确了举证责任，但对于具体的举证范围仍然欠缺明确的规定，以至于在估价实践中，有的海关要求企业提供的资料明显不合理。笔者曾经碰到过一起海关稽查案件，海关稽查人员要求企业提交五年内的数据信息，这种要求违反了《海关稽查条例》关于三年稽查期限的规定。但这一问题似乎也无法通过立法的方式解决，因为每个案件的情况不同，估价中的举证范围只能因案而异加以认定。举证范围的差异是一个全球性的问题，并非中国海关所独有。比如，在转让定价的税务稽查中，在认定母公司应当向子公司收取的管理费时，美国不要求提供详细的人员工作时间报告，而一些欧洲和亚洲国家则要求提供。①

2. 不纳入完税价格的项目

在应当纳入完税价格项目的设定上，欧盟与中国具有高度的相似性，但在不纳入完税价格的排除项目上，中欧则存在着一定的区别。

（1）进入关境后的运输支出。《欧盟海关条例》第 72 条（a）项规定，进境货物进入欧盟关境后的运输支出不纳入完税价格。而《审价办法》第十五条第一款第（二）项则规定，进境货物运抵中华人民共和国境内输入地点起卸后发生的运输及其相关支出、保险相关支出，不纳入完税价格。在完税价格的计算方面，欧盟海关进境货物的运输支出止于关境，而中国海关进境货物运输支出则止于中国境内的起卸地点。按照《审价办法》，从中国的进境地点到实际起卸地点所发生的境内段运输支出，仍然要纳入完税价格。

① Aydin Hayri, Ph. D. , Althea Azeff, J. D. , *Transfer Pricing in Action*, Wolters Klumer Law & Business, Netherlands, p. 146.

（2）保修费用。《欧盟海关条例》第72条（b）项规定，进境货物进入欧盟关境后的建设、安装、组装、维修或技术支持支出，例如工业厂房、机器或设备支出，不纳入完税价格。从文义来看，保修费用同样属于售后发生的支出，应当不纳入完税价格。《审价办法》第十五条一款第（一）项则规定，厂房、机械或者设备等货物进口后发生的建设、安装、装配、维修或者技术援助支出，需纳入完税价格，但是保修费用除外。由此，中国对于保修费用作出了特别的保留规定，尽管属于售后发生的支出，但仍然要纳入完税价格。

（3）利息支出。《欧盟海关条例》第72条（c）项规定，国内买方达成的与进境货物购买相关的财政安排的利息支出，不论资金是由国外卖方还是其他人提供，只要财政安排已以书面形式达成，并且国内买方能够应要求表明下列条件已满足：（i）此类货物实际按照申报的实付或应付价格销售；（ii）声明的利率不超过资金提供时在该国的此类交易的普遍利率。而《审价办法》第十五条第二款则规定，同时符合下列条件的利息支出不纳入完税价格：（一）利息支出是国内买方为购买进境货物而融资所产生的；（二）有书面的融资协议的；（三）利息支出单独列明的；（四）纳税义务人可以证明有关利率不高于在融资当时当地此类交易通常应当具有的利率水平，且没有融资安排的相同或者类似进境货物的价格与进境货物的实付、应付价格非常接近的。可以看出，中国海关对于利息支出不纳入完税价格的条件具有更加严格的规定。与欧盟相比，除了证明利息支出的合理性外，中国海关还要求纳税人证明利息支出未对交易产生实际的影响，且形式上必须单独列明。

（二）相同货物成交价格估价方法与类似货物成交价格估价方法可比性的判断标准

虽然均规定了相同货物成交价格估价方法与类似货物成交价格估价方法，但中欧海关在认定可比性上的执法标准是不同的。相比较而言，中国海关的执法标准更加具有可操作性。

《审价办法》第二十一条规定，按照相同或者类似货物成交价格估价方法的规定审查认定进境货物的完税价格时，应当使用与该货物具有相同商业水平

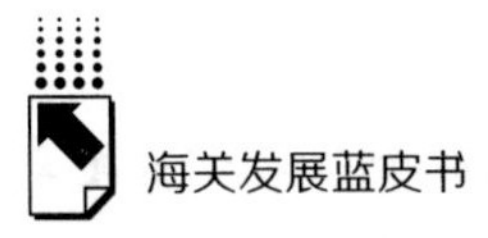

且进口数量基本一致的相同或者类似货物的成交价格。使用上述价格时，应当以客观量化的数据信息，对该货物与相同或者类似货物之间由于运输距离和运输方式不同而在费用和其他支出方面产生的差异进行调整。在没有前款所述的相同或者类似货物的成交价格的情况下，可以使用不同商业水平或者不同进口数量的相同或者类似货物的成交价格。使用上述价格时，应当以客观量化的数据信息，对因商业水平、进口数量、运输距离和运输方式不同而在价格、费用和其他支出方面产生的差异做出调整。

《审价办法》第二十二条规定，按照相同或者类似货物成交价格估价方法审查认定进境货物的完税价格时，应当首先使用同一生产商生产的相同或者类似货物的成交价格。没有同一生产商生产的相同或者类似货物的成交价格的，可以使用同一生产国或者地区其他生产商生产的相同或者类似货物的成交价格。如果有多个相同或者类似货物的成交价格，应当以最低的成交价格为基础审查认定进境货物的完税价格。

与欧盟相比，中国海关给相同货物成交价格估价按照类似货物成交价格估价时，强调了商业水平和进口数量水平的重要性，并明确了同一生产商价格优先以及多价格中最低价格优先的原则。

（三）倒扣价格估价法所涉扣除项目

欧盟与中国对倒扣价格估价法的适用条件作出了相似的规定，均要求用于比较的销售价格同时或者大约同时发生在境内第一销售环节、发生于非关联方之间、货物状态未发生改变且该价格下成交的货物合计销售总量最大。

区别在于，欧盟并未对倒扣价格法中具体的扣除项目作出规定。而《审价办法》则明确作出了规定。

《审价办法》第二十四条规定："按照倒扣价格估价方法审查认定进境货物完税价格的，下列各项应当扣除：（一）同等级或者同种类货物在境内第一销售环节销售时，通常的利润和一般支出（包括直接支出和间接支出）以及通常支付的佣金；（二）货物运抵境内输入地点起卸后的运输及其相关支出、保险相关的支出；（三）进口关税、进口环节海关代征税及其他国内税。如果该货物、相同或者类似货物没有按照进口时的状态在境内销售，应纳税义务人要求，可以在符合本办法第二十三条规定的其他条件的情形下，使用经进一步加工后的货物的销售价格审查认定完税价格，但是应当同时扣除加工增值额。前款所述的加工增值额应当依据与加工费用有关的客观量化数据信息、该行业公认的标准、计算方法及其他的行业惯例计算。按照本条的规定认定扣除的项目时，应当使用与国内公认的会计原则相一致的原则和方法。”

（四）计算价格估价方法中的运输支出计算

如前所述，《欧盟海关条例》第72条（a）项规定，进境货物进入欧盟关境后的运输支出不纳入完税价格。而《审价办法》第十五条第一款第（二）项则规定，进境货物运抵中华人民共和国境内输入地点起卸后发生的运输及其相关支出、保险相关的支出，不纳入完税价格。在完税价格的计算方面，欧盟海关进境货物的运输支出止于关境，而中国海关进境货物运输支出则止于中国境内的起卸地点。按照《审价办法》，从中国的进境地点到实际起卸地点所发生的境内段运输支出，仍然要纳入完税价格。相应地，在适用计算价格估价方法时，进境地点到实际起卸地点所发生的境内段运输支出，仍然要纳入计算价格估价方法。

（五）合理方法中可供比较的数据来源

《欧盟海关条例》第74条第三款规定，如完税价格不能根据第1款认定，则应当以欧盟关境内可用数据为基础，使用符合下列所有条文中的原则及一般规定的合理方法认定：（a）关于实施《关税与贸易总协定》第七条的协定；（b）《关税与贸易总协定》第七条；（c）本章。

《审价办法》第二十六条规定，合理方法是指当海关不能根据成交价格估价方法、相同货物成交价格估价方法、类似货物成交价格估价方法、倒扣价格估价方法和计算价格估价方法认定完税价格时，海关根据本办法第二条规定的原则，以客观量化的数据信息为基础审查认定进境货物完税价格的估价方法。

作为海关审价的最后兜底性估价方法，中欧均要求海关在适用合理方法估价之前，必须首先穷尽其他的估价方法。只有在无法通过其他方法进行估价时，海关才可以适用合理方法进行估价。区别在于，《欧盟海关条例》要求海关用于合理方法时“以欧盟关境内可用数据为基础”，而《审价办法》则没有这种数据选择范围上的限制。事实上，中国海关在估价中，也常常借助于公开的国际资料。购买 BVD 公司“全球上市公司数据库”，从而得到可比非受控企业的行业数据，已经成为一些中国海关的选择，并被认为是一种较为可靠的做法。①

在估价数据范围的选择上，还有一个经常碰到的问题，《欧盟海关条例》与《审价办法》均未作出明确的规定，即海关是否可以使用不公开的数据进行估价。笔者认为，海关总署应当以部门规章的形式对这一问题作出明确的规定，即海关可以依据内部不公开的数据进行估价。否则，一线的应诉人员在诉讼中总是处于被动地位，难以证明自身执法行为的正当性。有了海关总署制定的部门规章作为依据，海关在依据内部资料或数据库进行估价时才能做到于法有据，降低自身的诉讼风险。海关估价执法有其特殊性，由于比对的价格资料等数据往往涉及第三方企业的商业秘密，如海关必须依据证据规则提供，无法有效保护第三方企业的商业秘密，与海关法中关于海关应当保守企业秘密的规定相悖。此外，从比较法的角度来看，海关使用不公开数据进行估价也有据可循。OECD 规则中，也并未强制要求海关估价中必须公开所有的数据，海关可以依据内部数据库中的数据进行估价。日本税务在估价中，同样并不禁止使用秘密数据进行海关稽查，尤其是在认定稽查对象的阶段。② OECD 估价规则中也并不禁止海关利用秘密数据进行估价。③

最后，国家税务总局的规定也是值得借鉴的。国家税务总局制定的《特别纳税调整实施办法（试行）》第三十七条明确规定，税务执法部门应选用本办法第四章规定的转让定价方法分析、评估企业关联交易是否符合独立交易原则，分析评估时可以使用公开数据信息，也可以使用非公开数据信息。同样负担征税职权，国家税务总局的上述规定值得海关总署借鉴。

---

① 参见孙凝、张安宁《特殊关系影响韩国食品成交价格估价案例》，《海关估价案例汇编（VI）》，第 105 ~ 109 页。

② ROBERT FEINSCHREIBER, MARGARET KENT, *Asia-Pacific Transfer Pricing Handbook*, John Wiley&Sons Singapore Pte. Ltd, p. 256.

③ ROBERT FEINSCHREIBER, MARGARET KENT, *Asia-Pacific Transfer Pricing Handbook*, John Wiley&Sons Singapore Pte. Ltd, p. 111.

（六）对估价方法的排除性规定

《审价办法》第二十七条规定，海关在采用合理方法认定进境货物的完税价格时，不得使用以下价格：“（一）境内生产的货物在境内的销售价格；（二）可供选择的价格中较高的价格；（三）货物在出口地市场的销售价格；（四）以本办法第二十五条规定之外的价值或者支出计算的相同或者类似货物的价格；（五）出口到第三国或者地区的货物的销售价格；（六）最低限价或者武断、虚构的价格。”

《欧盟海关条例》对于估价方法仅做了正面的规定，而未作出排除性的规定。相比之下，笔者认为，《审价办法》更加具有可操作性。排除性规定更加具体明确，易于为一线关员在执法中掌握并使用。

五　关于改进海关估价的建议

在对中欧海关估价进行比较研究的基础上，并结合中国海关估价实践，笔者建议从以下几个方面予以完善。

（一）加强对重点企业的日常资料管理

海关估价应当力求避免一票货物一估价的执法模式，对于重点企业，应当仿效税务执法部门，建立同期资料的报送制度。这样既有利于保持执法的统一性，也有利于减轻企业不必要的负担。虽然时间节点不同，估价的结果会存在明显的差别，但在承认案件个性的同时，也不应当忽视案件中的共性部分。比如，甲海关对某企业产品所包含的专利情况进行调查了解后，企业在这一案件中的自认，完全可以为以后的乙海关所利用。总署应当建立统一的数据库，保留稽查中已经取得的数据，以便于海关在执法中灵活选用。对于企业已经报送过的资料，比如全球定价协议、专利数据等，后续的海关经与企业核对无误后，即可直接使用，不需要企业再次向海外的母公司申请调取。数据的共享，既方便了企业，也提升了海关执法的效率和稳定性。同时，海关总署应当对报送内容进行细分，明确企业应当报送的数据。因为海关总署并未作出细化的规定，一些海关便直接依据国家税务总局《特别纳税调整实施办法

(试行)》的规定要求企业提供数据。[①] 笔者认为，由于海关与国内税务执法部门所征收的税种不同，海关不应照抄国家税务总局的规定要求企业提供数据。[②]

除了同期资料的报送外，海关应当注意执法数据的沟通与共享。在估价实践中，海关对于专利尤其是外国专利的判断基本上依赖于企业的陈述。在这种情况下，企业曾经对产品中专利使用情况做出过哪些陈述，对于海关最终估价的准确性具有直接的影响。执法数据的沟通与共享，可以使后续海关在估价中有效地利用企业就相同产品已经作出的陈述。

（二）赋予海关否定企业法人格的权力

国家税务总局在实质课税方面走在了海关的前面，值得学习和借鉴。在估价实践中，海关对于企业与其所设立的壳公司之间的交易价格往往不予认可，认为不能反映非关联方之间的公允价格。厦门海关在估价案件中曾否定卖家与国内代理进口商之间的交易价格、[③] 宁波海关曾在估价案件中否定台湾总公司与大陆分公司之间的交易价格、[④] 南宁海关曾否定公司与代工厂之间的交易价格。[⑤] 笔者认为，海关的做法是正确的，但在法律依据上则是欠缺的。公司的法人格独立原则是公司法所赋予的，是公司法最核心的原则之一。基于税收的特定目的否定公司的法人格，应当具有行政法上的依据。否则，海关的执法就将难以自圆其说。比如，在富士未曝光彩色相纸受特殊关系影响成交价格估价案例中，南宁海关将《中华人民共和国合同法》与《中华人民共和国物权法》

---

① 参见孙凝、张安宁《特殊关系影响韩国食品成交价格估价案例》，《海关估价案例汇编(VI)》，第105~109页。

② 税种的不同决定了国家税务总局和海关总署在涉税数据的采集上应当有着不同的侧重。比如，雇员工作地点和时间长短对于认定PE是否成立具有直接的影响，国家税务总局应当重点关注，而海关则仅针对货物征税，因此上述数据在海关总署制定的数据采集点中则可以略去。

③ 参见雷荣泉、李骏《认定真实国内买方对平网印花机进行估价案例》，《海关估价案例汇编(VII)》，第78~81页。

④ 参见戴立辉《从否定销售行为入手对台湾进口机床估价案例》，《海关估价案例汇编(VI)》，第114~117页。

⑤ 参见严俊杰、潘虹佐《富士未曝光彩色相纸受特殊关系影响成交价格估价案例》，《海关估价案例汇编（VI)》，第62~66页。

作为执法的法律依据，笔者认为这显然超出了上述两部法律的立法意图。如果海关总署能够通过规章作出类似国家税务总局《特别纳税调整实施办法（试行)》的规定,[①] 海关在否定虚假价格时就要容易很多，不需要再为了寻找法律依据而大兜圈子。

除否定壳公司的法人格，从而避免税基侵蚀以外，税务总局在转让定价方面的做法也值得海关学习和借鉴。2009 年 1 月 8 日，国家税务总局颁布《特别纳税调整实施办法（试行)》，将税务执法部门可接受的转让定价方法界定为：可比非受控价格法、再销售价格法、费用加成法、交易净利润法、利润分割法和其他符合独立交易原则的方法。与《审价办法》相比，《特别纳税调整实施办法（试行)》具有如下特点：一是调整范围不同。《特别纳税调整实施办法（试行)》借鉴了 OECD 规则中的主要内容，同样既包括货物贸易，也包括服务贸易。《审价办法》则仅适用于货物贸易。二是调整手段不同。《审价办法》侧重于从实体上解决审价问题，并将执法重点放在某一次交易上，强调执法的时效性；《特别纳税调整实施办法（试行)》则立足于对企业的长期监管，对企业提出了更多程序方面的监管要求。

从世界范围来看，海关与税务执法部门在转让定价上合作，已经是世界潮流，我国海关与税务执法部门也应当尝试建立合作机制，在转让定价方面进行数据共享，相互合作，共同发展。海关可以考虑引入税务执法部门的数据系统，获取相应的数据支持，将海关《审价办法》与 OECD 转让定价规则相协调，准确审查转让定价案例，共同加深在转让定价方面的合作研究。

从技术层面来讲，海关总署与国家税务总局之间的合作目前应当是没有问题的，并且已经有了较好的合作范例。2013 年 6 月 14 日，国家税务总局与海关总署发布了《国家税务总局、海关总署公告 2013 年第 31 号——关于实行海关进口增值税专用缴款书“先比对后抵扣”管理办法有关问题的公告》，如果能够得到很好的落实，这一规定将有效地解决纳税人利用技术漏洞偷逃增值税

---

① 《特别纳税调整实施办法（试行)》第九十四条规定，税务执法部门应按照经济实质对企业的避税安排重新定性，取消企业从避税安排中获得的税收利益。对于没有经济实质的企业，特别是设在避税港并导致其关联方或非关联方避税的企业，可在税收上否定该企业的存在。

税款的问题。①

鉴于数据技术的日益成熟，笔者认为，海关总署与国家税务总局应当继续深入合作，建立可以共享的数据技术平台，并增加对基层执法单位的科技数据投入，提高数据化管理水平。技术的合作与升级，将有助于解决海关估价中存在的各种问题。

（三）理解并尊重企业商业行为的经济实质，整体利润稳定则不应调整

从海关估价具体操作规程来看，海关实施估价法律法规的配套操作办法过于简单。我国海关估价强调的实际成交价格带有较强主观色彩，估价操作办法通常为内部规定，再加上地方海关对估价法律的理解程度不同，造成不同等级、不同区域关区在执行同一文件时存在一定差距，普通进口商无法从公开渠道获得具体估价操作规程，成为影响进口商成功预测估价的重大阻碍。

中国海关在估价中，往往将估价的具体对象定位于某一特定类型商品的单一价格上，而不是企业之间交易的整体价格。比如，在武汉海关所处理的一起估价案件中，企业通过 OSIRIS 证明自身的利润率高于同行业平均水平。但武汉海关认为，所有产品的整体利润和海关质疑的特定复合橡胶产品的利润不具有可比性。② 笔者认为，将价格相对较低的某一产品专门挑出来进行估价，而无视其他产品较高的价格的做法，虽然形式上符合法律的规定，但实质上对企业来说是非常不公平的。在这方面，国家税务局的规定也可供借鉴。《特别纳税调整实施办法（试行）》第三十条规定，实际税负相同的境内关联方之间的交易，只要该交易没有直接或间接导致国家总体税收收入的减少，原则上不做转让定价调查、调整。

---

① 相关案例及分析可参见浙江省龙游县溪口教学设备有限公司诉龙游县国家税务局处罚纠纷案，浙江省龙游县人民法院（2008）衢龙行初字第 10 号行政判决书。该案中，纳税人利用海关与税务系统不兼容，税务执法部门无法对海关进口增值税专用缴款进行及时比对的技术漏洞，偷逃国家税款。

② 参见李晶、陈力玲《特殊关系影响符合橡胶成交价格估价案例》，《海关估价案例汇编（V）》，第 27～30 页。

（四）增强海关执法标准的透明度

海关的监管要求与执法标准不透明，往往成为企业的切肤之痛。依据《中华人民共和国海关审定进出境货物完税价格办法》的规定，企业在估价过程中，向海关提交的数据信息必须符合“客观量化”的要求。在实际操作当中，许多海关还要求企业在提供数据信息的同时提交书面的声明，承诺所提交数据信息的真实性和完整性。由于海关限定提交材料的期限比较短，企业往往觉得没有方向，不知该如何配合海关进行调查。而海关在调查启动之初，往往没有明确的调查方向。此时，海关关于提交材料的要求也多是模糊的。对海关来说，这只是多一句话或者少一句话的问题。但对企业来说，提交材料范围的缩放意味着巨大的工作量上的差异。比如，在笔者所处理的一起估价案件中，海关要求企业提交十年来进境货物的材料。而企业则采纳了我们的建议，以海关稽查应以货物放行的三年之内为限的法律规定与海关进行了沟通。该意见得到了海关的认可，从而将提交材料的范围从十年减少为三年，大大减轻了企业的负担。

鉴于目前估价的实际情况，海关应当增强程序约束，借鉴《特别纳税调整实施办法（试行）》中的相关规定。海关与税务执法部门分属于不同政府部门，各自在封闭的系统内进行研究，导致海关所依据的审价办法与税务执法部门所依据的转让定价制度相对独立，欠缺交融。但鉴于跨国公司交易方式的复杂性，对两套制度的研究、协调日渐紧迫。对于海关审价办法中欠缺的部分，税务执法部门的制度具有一定参考性，比如借鉴《特别纳税调整实施办法（试行）》中关于借贷资金比例、特许权等控制指标的细化规定等。

我国海关现行估价规定框架基本与 WTO 海关估价协定接轨，但在具体细节上规定得不严密，导致估价法律法规过于抽象，可操作性不强。比如，在与完税价格有关的支出补充申报方面，目前对应当补充申报的情况分为海关审核价格时要求补充申报和企业递交报关单时进行补充申报，并没有明确规定进口后认定或产生的支出应当由企业主动进行申报，存在一定的法律漏洞。从海关估价法律法规本身来看，其宣传普及力度不够，社会对估价法律的了解及掌握程度相当有限。涉及海关估价的各项规定并没有整合出版在某一特定刊物上，导致进口商在检索获取相关法律法规上存在困难；再加上估价法律本身特有的专业性、技术性，普通进口商很难凭借自己的理解在短时间内准确把握海关估

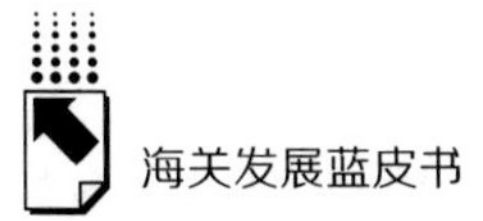

价原则，无法实现法的指引作用，致使社会对海关估价法律法规的实际掌握程度极其有限。

（五）转变监管方式

面对海量的申报数据，必须逐步由事前监管向事后监管转变，既提高通关效率，降低企业的负担；又有效地减轻海关的工作负荷，提升监管水平。比如，在海关监管中尽管在是否公开估价资料的问题上，世界各国海关仍存在分歧，① 但一些发达国家在这方面已经做出了表率。以美国为例，中美两国在转让定价上有三点区别：首先，在比对资料的选取上，美国是公开资料，而中国是海关内部掌握的资料；其次，中国海关对要求企业提供全球定价策略习以为常，而美国税务则较少运用；最后，为了既征收税款又吸引外资，中国税务执法部门会选择中间道路，在对转让定价进行调整的同时，尽可能少地使用罚则。② 美国海关似乎并不存在上述顾虑，一旦发现企业违规行为将给予重罚。

比较而言，把所有的规则都放在“桌面上”，应当是一种更优的制度设计和选择。作为监管方，中国海关同样面临着前所未有的压力。一方面是监管范围的扩大和监管精度的提高，另一方面是企业对监管效率要求的增强。优化监管模式，无论对中国海关来说，还是对企业来说，可能都是一种面对海量货物时的现实选择。

---

① Ceteris, *Guide to international transfer pricing: Law, Tax Planning and Compliance Strategies*, pp. Brazil 28 – 29.

② Ashok Kumar, *Transfer Pricing, Multinationals and Taxation: Concepts, Mechanisms and Regulations*, p. 125.

B.16

现代船舶吨税制对我国的启示及借鉴*

刘海燕**

摘　要：　船舶吨税是海关对于进出一国关境的船舶征收的税收。现代船舶吨税制的实质是以船舶吨为基础的公司税，世界上主要的航运国家都已实行现代船舶吨税制。我国目前的船舶吨税制给航运企业的发展造成了一定的阻碍。在我国推行现代船舶吨税制，对推进我国贸易和航运发展具有积极意义，海关应作为一个有建设性话语权的执行者，协同税务机关形成完善的航运税收体系，提高执法效能。

关键词：　现代船舶吨税制　海关

一　问题的提出

船舶吨税是海关对于进出一国关境的船舶征收的税收。自金融危机之后，世界经济复苏缓慢，国际贸易萎靡不振，航运业首先受到冲击。我国政府通过一系列的税制改革，力图促进整个对外贸易的增长，改变航运企业的经营状况。面临新的国际和国内经济形势的变化，海关总署出台了《海关总署关于促进外贸稳定增长的若干措施》，以实现促进外贸稳定增长的经济增长目标。“一带一路”的国家战略，尤其是海上丝绸之路的战略，使得国家更加重视远洋运输的发展，在税收中给予航运企业以扶持。2015 年十二届人大三次会议的政府工作报告、财政预算报告以及计划报告中提出税制改革的攻坚，并将船

* 本文是上海海关学院专家结对项目的研究成果。

** 刘海燕，上海海关学院法律系副教授。

舶吨税立法列入改革事项。2016 年 6 月，上海市人大常委会通过了《上海市推进国际航运中心建设条例》，对接“丝绸之路经济带”和“21 世纪海上丝绸之路”建设，要求进一步营造具有国际竞争力的航运发展环境。在上述经济发展背景的要求下，以建立我国现代化的航运吨税制度为研究对象，为促进我国对外贸易突破，构建进出口税制的共同治税格局探索新的思路，不吝为一种独辟蹊径。

二　现代船舶吨税制的内涵与制度演进

（一）现代船舶吨税制的内涵

现代船舶吨税制是国家在税收制度的设计中，以促进本国航运贸易和航运企业的发展为出发点，不以航运企业的航运所得为征税依据，而是以船舶吨位来征税，采用船舶吨税取代公司所得税的制度。现代船舶吨税制的实质是以船舶吨为基础的公司税①，因此，现代船舶吨税也被称为“吨所得税”。

现代船舶吨税制是国家采用财税政策促进国家航运贸易发展的重要措施。其优越性在于：第一，税收负担可预测性强。由于船舶吨税与船舶净吨位相联系，船舶净吨位数固定，所以应纳船舶吨税也是固定的，便于经营企业明确其税收成本。第二，有利于航运企业发展。与航运企业的所得税比较而言，船舶吨税的税负较低，从而增加船舶经营者的现金流，使其在国际海运市场上更具竞争力。第三，节约税收征管成本。吨税计算以净吨位为基准，吨税计算简便，降低税收管理成本。

（二）现代船舶吨税制度的演进

1. 希腊首创现代船舶吨税制——希腊模式

经济学理论认为，“一个国家应该将资源部署到那些它占有相对优势的行业里，以此来实现经济效益最大化，也即应集中力量发展优势产业”。二战之后，欧洲整体经济受到重创，战争的后遗症使得各国的支柱经济都受到沉重打

① 周新意：《英国航运的衰落》，《世界水运》2002 年第 2 期，第 35 页。

击。希腊作为船东和航运大国，为了对外经济贸易和航运的振兴，防止本国船舶向外转移船籍，吸引外籍船舶前来登记，在1957年，首创现代船舶吨税制度，从传统的根据公司实际经营利润征收的公司所得税制度，转向以船舶吨位为基准的船舶吨税制度。希腊船舶吨税的适用范围：悬挂希腊国旗的希腊船舶或外国船舶；或者是悬挂外国船旗但在希腊拥有船舶的管理公司。希腊模式船舶吨税的征收有两个基本参数，一个是船舶的总吨位，另一个是船舶的船龄。以一艘船龄5年总吨位20000吨的船舶为例，按照希腊船舶吨税的模式计算船舶应纳税额（2015年的船舶吨税税率如表1所示[①]）。

表1　2015年希腊船舶吨税税率

船舶总吨位(吨)	税率(%)	船舶年龄(年)	税率(美元/吨)
100~10000	1.2	0~4	0.407
10001~20000	1.1	5~9	0.730
20001~40000	1	10~19	0.714
40001~80000	0.45	20~29	0.676
超过80001	0.2	超出30	0.522

计算：总吨位为20000的船舶，应税吨位为10000×1.2+10000×1.1=23000；因为其船龄为5年，按照表1对应税率为0.73，所以23000×0.73（美元/吨）=16790美元。

这种吨税制度的改革，使得希腊航运企业实际有效税率非常低。船舶所有人无须缴纳使用船舶得来的利润的所得税或出售希腊籍船舶的收益的所得税，吨位税即代表了船舶所有人需缴纳的所有应纳税额。该制度一经实施立即受到航运企业的欢迎，极大地提高了希腊船公司的海运竞争力。到目前为止，希腊仍然是世界上最大的船东国家，根据联合国贸易发展委员会2015年《Review of Maritime Transport》，希腊船舶占有全世界注册船舶净吨位的16%[②]，这主要

① 所举例子及表1出自普华永道，http：//www.pwccn.com/home/chi/index_chi.html，2015年9月访问。

② http：//unctad.org/en/pages/PublicationWebflyer.aspx?publicationid=1650，REVIEW OF MARITIMETRANSPORT 2015.

得益于希腊所实行的现代船舶吨税制。

2. 盛行于欧洲的船舶吨税制——荷兰模式

1996 年，荷兰开始实施船舶吨税制，称之为荷兰模式。与希腊的船舶吨税计算时要考虑船龄不同，荷兰的船舶吨税制更加透明和方便。荷兰所实施的船舶吨税应税基数是船舶的净吨位，也不考虑船舶年龄，而是按照船舶的净吨位，根据递减的吨位级距，计算船舶的应税利润，然后，按照应税利润，适用公司所得税税率，或者对于个人企业主适用个人所得税税率，计算应纳船舶吨税税额（见表 2）。①

表 2　荷兰模式的船舶吨税制

每 1000 净吨位每天应税金额		每 1000 净吨位每天应税金额	
8 欧元	不足 1000 净吨	4 欧元	不足 25000 净吨
6 欧元	不足 10000 净吨	2 欧元	超过 25000 净吨

注：所举例子及表 2 出自普华永道，http：//www. pwccn. com/home/chi/index_ chi. html，2015 年 9 月。

计算一艘船龄 5 年总吨位 20000 吨的，18000 净吨位的船舶应税利润：每天的应税利润为 1 ×8 +9 ×6 +8 ×4 =94 欧元

每年应税利润为 94 ×365 =34310 欧元

基于 25% 的特定税率，这艘船的应税额应该为 34310 ×25% =8578 欧元

荷兰的船舶吨税制是给予从事国际运输的船舶一种特殊优惠，纳税义务人可以是船舶所有人或光船承租人。荷兰模式已经发展成为最普遍的现代船舶吨税制的模式，大多数欧洲国家都采用此种模式，包括比利时、保加利亚、法国、德国、挪威、爱尔兰、波兰、西班牙，甚至连一直在游离于欧洲大陆的英国，也采用的是荷兰模式。

全球化的发展给航运带来了很大的冲击，许多发展中国家利用“方便旗”的制度，成了船舶的船籍国，而作为老牌的航运国家，英国的航运萎靡不振。于是在 2000 年，英国也实行了现代船舶吨税制。英国虽然为判例法国家，但是对于船舶吨税制却进行了相关立法规定。英国的船舶吨税制基本采用了荷兰

① 冯昱：《浅议国际海运大国的船舶吨税制》，《涉外税务》2012 年第 10 期，第 53 页。

模式的框架，但其更为详尽，在《2000年拨款法》的基础上制定了《吨税制实施手册》，对实行吨税制的船舶与公司的条件、培训要求、75%限制、税收避免、相关船舶利润、封闭税制以及退出机制等都做了详细的规定和说明。[①]其主要内容为：第一，明确船舶吨税的适用范围。凡缴纳公司税、经营一艘或多艘合格船舶并且在英国从事航运活动及商务管理的公司都可实行吨税制（合格船舶指不小于100总吨、从事远洋旅客或货物运输或以海上服务与活动为主的船舶，并具备国际通用的相应证书）；[②] 同时规定船舶经营人也可以适用船舶吨税制。第二，规定吨税制的选择权，船舶公司可以选择吨税制，也可以维持原有的公司税。第三，船舶吨税的适用期限的限制，一旦船公司选择了吨税制，就要连续实行10年，不得中途退出，这个期限也被称为"船舶吨税的锁定期"。第四，船公司的义务要求。选择适用船舶吨税制的航运公司，必须满足船舶营运的安全要求，以及保障英国籍船员的就业。2009年，英国修订了船舶吨税制度，规定①取消对设在英国的航运企业日常技术管理的要求；②定期租船的船舶不必在英国进行技术管理；[③] ③要求英国船舶吨税与欧洲委员会国海事运输资助指南一致，条款的含义按资助指南予以解释，因此英国船舶吨税与欧洲大陆国家基本一致，都是"荷兰模式"；④在规则范围内，国内税收与海关机构协调，可以采取更加灵活的方式评价英国航运公司的营运活动；[④]⑤实行吨税制的船舶公司或集团必须能够表明其为英国经济做出了巨大贡献，但不要求这种贡献必须是直接的（比如英国的船舶吨税制要求航运企业尽可能招聘或雇用英国籍船员）；⑥实行吨税制的船舶公司可选择所有或部分船舶长期或暂时退出吨税制。英国的船舶吨税制的设计充分考虑了本国经济的发展利益，将船舶吨税和船舶登记、国民就业、贸易安全联系为一体，其船舶吨税制度对整个英国航运经济的发展起到了关键作用，维护了英国海运大国和海运强国的地位。

---

① 全贤淑：《制度发展是航运发展的动力》，《大连海事大学学报》2013年第3期，第6页。

② http：//data. stats. gov. cn/Briefing，Watson，Farley & Williams，2011，转引自全贤淑《制度发展是航运发展的动力》，《大连海事大学学报》2013年第3期，第6页。

③ 全贤淑：《制度发展是航运发展的动力》，《大连海事大学学报》2013年第3期，第6页。

④ 全贤淑：《制度发展是航运发展的动力》，《大连海事大学学报》2013年第3期，第6页。

3. 现代船舶吨税制的全球性扩张

进入21世纪后，随着航运经济中心以及造船中心向欧洲之外的国家和地区转移，为了鼓励本国和本地区的航运经济的发展，这些新崛起的航运经济体也效仿传统的欧洲国家开始变革本国或本地区的船舶吨税制度，实行现代船舶吨税制度，以“吨位税”代替“所得税”。

美国并非是传统的航运大国，2004年开始，美国也实施了现代船舶吨税制度。美国在海运方面的国家利益体现在供应链的其他服务方面，因此其所实施的船舶吨税制度与欧洲吨税制虽然基本相近，也基本采用荷兰模式，但适用范围却更广泛，不仅适用于远洋运输，而且远洋运输的辅助服务业也采用吨税制。另一个美国与其他国家不同之处在于，美国没有在船舶吨税的问题上规定锁定期①。

在亚洲国家中，印度于2004年引入现代船舶吨税制，航运公司无须根据公司的经营利润缴纳吨税，而是根据吨位计算应税额。根据新的船舶吨税制，印度的船舶吨税制只能适用于企业法人，纳税义务人是船舶所有人或者光船承租人。纳税义务人可以选择缴纳吨税或者公司所得税，而吨税税率只有1.5%~2%，公司所得税税率为35%②。同时规定，选择吨税必须是在公司成立日期或者在公司成为一个“符合条件的公司”之日后三个月提出。现代船舶吨税制在印度的适用，极大地降低了印度航运企业的税收负担，印度各航运公司在印度注册的船舶数量不断增加。根据2014年 *Review of Maritime Transport*，统计全球前20个最大的船舶所有国/经济体拥有的吨位和悬挂外国船旗的所占份额，只有新加坡、中国香港、意大利、印度在本国登记的船舶超过半数。

日本的企业所得税税率一直位居世界前列。自2008年起，日本也对航运企业采用船舶吨税制，代替过高的企业所得税。在日本，只有企业法人可以适用船舶吨税。自2013年4月后，日本政府规定了日本船公司海外子公司适用船舶吨税需满足的条件：第一，每增加三艘船舶应当有一艘悬挂日本国旗、注册日本船籍，第二，公司承诺，在政府有要求的情况下，将外国船舶转移为日本船籍的船

① 锁定期，即在采用荷兰模式的船舶吨税制时，一般规定纳税人可以选择适用公司所得税或者吨税，做出选择后，在一定期限不可以变更，这个期限称为锁定期。

② 冯昱：《浅议国际海运大国的船舶吨税制》，《涉外税务》2012年第10期，第54页。

舶。日本的船舶吨税通过适用优惠的税率吸引日本船舶注册为本国国籍，防止船舶海外移籍。目前，日本是拥有船舶仅次于希腊的第二大船东国家。

2009 年，我国台湾地区采用船舶吨税制。其适用的要求是必须有一艘船是在台湾注册的船舶法人实体，并且船舶总吨位不少于 300 吨，船舶可以适用于货运、疏浚、拖船等其他用途，但在台湾内陆地区提供商品或服务的船舶除外。

4. 对现代船舶吨税制的总结

综上，从现代船舶吨税制度的演进来看，现代船舶吨税制是一种有利于航运经济发展的良好制度，已被各国所认可，建立现代船舶吨税制已经形成一种广泛的趋势。目前，无论是航运大国还是与航运产业密切相关的国家，都舍弃了原有的企业所得税制，采用现代船舶吨税制。据数据统计（见表 3）①，截至 2015 年 1 月，世界船舶保有量排名前 11 位的国家或地区，有 6 个来自亚洲，4 个国家在欧洲，1 个国家（美国）来自美洲。

表 3 世界船队的所有权排名

Rank (dwt)	Number of vessels				Dead-weight tonnage				
	Country/territory of ownership	National flag	Foreign flag	Total	National flag	Foreign flag	Total	Foreign flag as a% of total	Total as a% of world
1	Greece	796	3221	4017	70425265	209004526	279429790	74. 80%	16. 11%
2	Japan	769	3217	3986	19497605	211177574	230675179	91. 55%	13. 30%
3	China	2970	1996	4966	73810769	83746441	157557210	53. 15%	9. 08%
4	Germany	283	3249	3532	12543258	109492374	122035632	89. 72%	7. 04%
5	Singapore	1336	1020	2356	48983688	35038564	84022252	41. 70%	4. 84%
6	Republic of Korea	775	843	1618	16032807	64148678	80181485	80. 00%	4. 62%
7	Hong Kong, China	727	531	1258	56122972	19198299	75321271	25. 49%	4. 34%
8	United States	789	1183	1972	8731781	51531743	60263524	85. 51%	3. 47%
9	United Kingdom	477	750	1227	12477513	35904386	48381899	74. 21%	2. 79%
10	Norway	848	1009	1857	17066669	29303873	46370542	63. 20%	2. 67%
11	Taiwan Province of China	117	752	869	4681240	40833077	45514317	89. 71%	2. 62%

① http://unctad.org/en/pages/PublicationWebflyer.aspx? publicationid = 1650, REVIEW OF MARITIMETRANSPORT 2015.

这些国家或地区大多实施了现代船舶吨税制度，只有中国内地和香港、新加坡没有实施现代船舶吨税制度。而香港没有引入现代船舶吨税制度是因为其自由港的免税制度，便于吸引国际船舶入籍和方便国际船舶航行。新加坡也同为自由港，迄今未实施现代吨税制的主要原因是新加坡一直保持对海运企业实施优惠的税收减免政策。新加坡目前企业所得税税率是17%，而在新加坡注册的航运管理公司和船舶经纪公司可以从海事业奖励计划（MSI）中获得免税税率。新加坡的海事业奖励计划有两种免税方案：第一种是拥有新加坡船籍的船舶且在国际航运水域营运该船舶的公司获得符合条件的收入自动免税，只要该船舶继续悬挂新加坡船旗，这一奖励计划没有到期日。第二种，在国际航运水域悬挂外国船旗的船舶，只要证实船队的控制和管理设在新加坡并满足其他资格的定量标准就可以免税，这个激励计划的时限是10年，可以延长至30年。这种海事奖励计划几乎发挥了类似于现代船舶吨税的作用，吸引了船舶加入新加坡船籍，也方便了新加坡对外国籍船舶的控制和管理。

世界船队规模排位前11的国家和地区的船队几乎占世界总运力的近70%，根据前述的文献论述，对这些国家的海运税收情况进行梳理如下（见表4）。

表4　世界排名前十一位的国家或地区的海运税收情况一览

排名	国家或地区	海运税收情况
1	希　腊	船舶吨税 + 希腊模式
2	日　本	船舶吨税 + 荷兰模式
3	中　国	较少船舶激励制度
4	德　国	船舶吨税 + 荷兰模式
5	新加坡	自由港 + 船舶激励制度
6	韩　国	船舶吨税 + 荷兰模式
7	中国香港	自由港制度
8	美　国	船舶吨税 + 荷兰模式
9	英　国	船舶吨税 + 荷兰模式
10	挪　威	船舶吨税 + 荷兰模式
11	中国台湾	船舶吨税 + 荷兰模式

三 我国船舶吨税制度相关的法律规定

（一）我国船舶吨税制度立法变迁

船舶吨税是比较古老的税种。我国历史上很早就对国际航行船舶征税。唐朝就对进入我国疆域的商船征收“舶脚”，明清两代按船只大小征收“船钞”或“水饷”，1843 年以后开始对外国商船改按吨位征收船舶吨税。[①] 然而，由于新中国成立后对外贸易长期处于较为封闭的状态，进出我国关境的国际船舶只是少数，因此有关船舶吨税的立法并未受到足够的关注。1952 年 9 月 29 日海关总署发布了《中华人民共和国海关船舶吨税暂行办法》（简称《船舶吨税暂行办法》），船舶关税待遇一直依靠这部规章进行调整。然而，随着我国吨税对外贸易格局的不断变化，以一部规章来调整对外贸易税收，无论在内容还是形式上都显得落后和不适宜。因此，2011 年 11 月，国务院通过了《中华人民共和国船舶吨税暂行条例》（以下简称《船舶吨税暂行条例》）。对比原有的《船舶吨税暂行办法》，现行的《船舶吨税暂行条例》有很大的变化：第一，船舶吨税立法级别由部门规章上升到行政法规；第二，扩大了船舶吨税的适用范围，将进出我国关境的中国籍船舶也纳入到课税范围中；第三，统一税目，没有单独设立拖船和非机动驳船税目，并根据航运实践情况，调高了船舶吨税税目设置的净吨位数额标准；第四，增加了船舶吨税的执照期限，增加了 1 年船舶吨税执照期限，并规定执照期限越长，税率越低。《船舶吨税暂行条例》更加具有法律效力，更合理和人性化，有利于保证船舶吨税法律的威慑力，保证财政收入的及时入库（见图 1）。[②]

（二）我国船舶吨税制和现代船舶吨税制度的差异

尽管《船舶吨税暂行条例》已经进行了大幅修改，但是其和现代船舶吨

① 钟昌元：《船舶吨税制的变化及其对国际航运船舶的影响》，《对外经贸实务》2012 年第 11 期，第 35 页。

② 夏明伟：《新旧船舶吨税制比较研究》，《财经论坛》2012 年第 6 期，第 69 页。

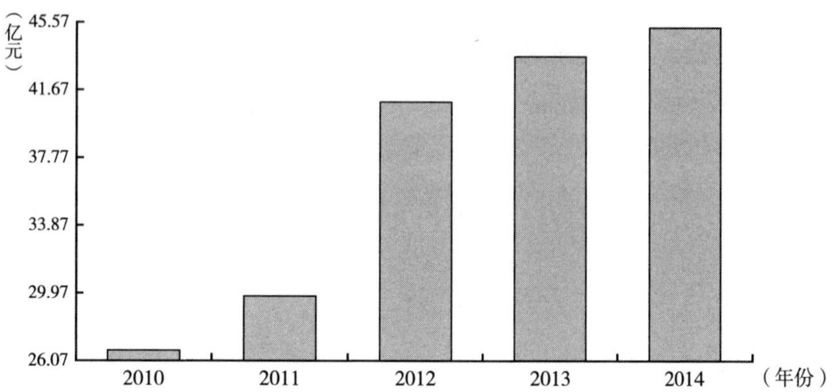

图1　2010～2014年我国船舶吨税收入情况

资料来源：根据国家统计局网站数据整理，http：//data. stats. gov. cn/。

税制仍然大相径庭。第一，税种的属性的差异。我国的船舶吨税属于财产税，而现代船舶吨税制度是以替代航运企业所得税为主要功能，应该列为所得税范畴。第二，纳税主体权利不同。现代船舶吨税制度，允许航运企业在吨税和所得税中进行选择，而我国的船舶吨税制度，航运企业没有选择权，需要履行船舶吨税和企业所得税双重纳税义务。第三，课税对象不同。现代船舶吨税是对在一国从事经营的航运公司所征收的税收，而我国的船舶吨税是以进出境的船舶作为征收对象。

四　我国现行船舶吨税制遭遇的困境

近十年来，我国的对外贸易一直持续稳定增长（见图2），我国集装箱港口的吞吐量也在世界处于前列（见表5），然而我国的船舶吨税制度仍然没有改变传统船舶吨税的本质，因而无法适应我国日益发展变化的对外贸易新形势，无法协调船舶企业降低经营成本和对外贸易飞速增长的矛盾，甚至出现了难以解决的困境。

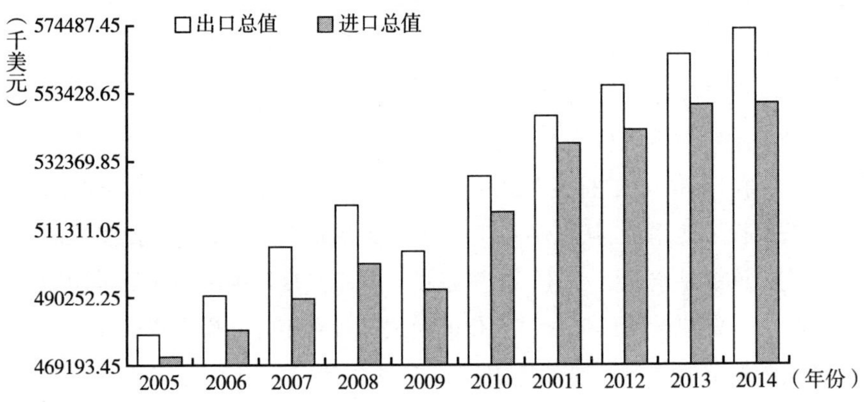

图 2　2005～2014 年我国进出口值

资料来源：国家统计局网站，http：//data. stats. gov. cn/ks. htm？ cn = C01，国家统计局 - 数据查询 - 年度数据。

表 5　2013/2014 年全球前十大港口吞吐量排名

单位：万吨，%

2013/2014 年	港口名称	2013 年吞吐量	2014 年吞吐量	增速
1/1	宁波 - 舟山港	74400	80978	8. 84
2/2	上海港	73600	77600	5. 43
3/3	新加坡港	53801	55958	4. 09
4/4	天津港	47700	50000	5. 04
6/5	广州港	43500	45512	4. 87
7/6	苏州港	42800	45430	6. 14
8/7	青岛港	41465	45000	11. 94
10/8	唐山港	36500	44620	24. 6
5/9	鹿特丹港	44153	44046	-0. 24
9/10	大连港	37400	40840	9. 49

资料来源：中国航运数据库，http：//www. shippingdata. cn/index_ gkmt. html。

（一）困境之一：现行船舶吨税的使用与我国港口开放实际情况的矛盾

我国的船舶吨税制度是传统意义上的吨税。其征税依据是外籍船舶使用了本国港口及助航设备，税收资金则专项用于海上航标的维护、建设和管理。从本质上说，我国的船舶吨税具有使用费的性质。而且在我国，船舶吨税实行专款专用，船舶吨税的资金只限于港口和航标设施的维护和管理。然而，自入世以来，我国的港口建设开放投资。2004 年《港口法》第 5 条规定："国家鼓励国内外经济组织和个人依法投资建设、经营港口，保护投资者的合法权益。"《港口法》第 18 条："航标设施以及其他辅助性设施，应当与港口同步建设，并保证按期投入使用。"从上述法律规定可以得出这样的结论，我国的港口和航标设施，许多是企业资金进行投资建设，并不是使用国家财政资金拨款。实践中，港口投资建设已经形成多元化的模式，或者中外合作合资，如上海外国桥四期集装箱泊位，上海港务集团控股 51%，和记黄埔占股 49%；采用国内企业合资，或者民营资本合资、中外合资投资建设港口的情况也屡见不鲜。既然港口设施和航标设施没有由国家财政拨款建设，征收船舶吨税的专款专用也就无法实现，那么征收船舶吨税也就师出无名。我国港口企业改制和开放港口投资建设是我国开放发展的必然，然而在实践中，却带来了征收船舶吨税缺乏征收基本条件的新问题。

（二）困境之二：传统船舶吨税制度是我国航运企业税赋沉重的主因

与世界其他国家相比，我国航运企业承担的税负相对较重。我国航运企业涉及的主要税目繁多，从事船舶营运和船舶管理的航运企业需缴纳的税主要包括企业所得税、增值税、关税和其他费用。

所有的航运企业均需按利润总额缴纳企业所得税，普通税率为 25%。此外，航运企业需缴纳运输服务的增值税。2011 年，经国务院批准，财政部、国家税务总局联合下发营业税改增值税试点方案。从 2012 年 1 月 1 日起，在上海交通运输业和部分现代服务业开展营业税改征增值税试点。2013 年 8 月 1 日，"营改增"已推广到全国试行，交通运输业适用 11% 的税率，这就意味着所有的船舶运输企业还需缴纳 11% 的增值税；另外，根据 2011 年《车船税法》规定，我国的船舶所有人、船舶管理人有缴纳车船税的义务，机动船舶按每净吨位 3 ~ 6 元进行缴纳；根据我国《进出口关税条例》和《增值税暂行条例》相关规定，航运企业购买境外船舶或在境外建造船舶视同进口货物，须缴纳关税和增值税；除了税负之外，根据《城市维护建设税暂行条例》和

《征收教育费附加的暂行规定》，航运企业还需征收应缴税额7%的城市维护建设税和应缴税额3%的教育费附加。

如此沉重的税赋负担，成为我国航运企业发展的阻碍，这其中，航运企业所得税对航运企业的影响最大。多种税赋的纳税压力和成本不仅影响了企业的自身经营，更不利于我国对外贸易和航运经济产业的发展。而如果建立现代船舶吨税制度，可以免除航运企业25%的所得税，这样可以减少企业的营运负担，增强企业的经营活力，并能够吸引大量的外国籍船舶有意愿在中国船籍港进行注册，从而扩大中国的就业，繁荣航运经济。

（三）困境之三：传统船舶吨税制度是中资船舶船籍流失严重的诱因

税收负担过于沉重成为我国船舶移籍海外的主要诱因。许多中国船舶所有人为了逃避高额的税负，选择方便旗国家作为船舶的登记地。截至2015年1月，巴拿马、利比亚和马绍尔群岛是世界上最大的船舶登记国，这三个经济体共计占有全球船舶登记吨位41.8%的份额（见表6）。

表6　全球十大船旗国

登记船旗	船舶数量	船舶份额占比	净吨位（1000dwt）	净吨位份额比（dwt）	累积份额（dwt）	船舶净吨平均值（dwt）	增长（%）
Panama	8351	9.33	352192	20.13	20.13	44052	0.91
Liberia	3143	3.51	203832	11.65	31.79	65018	0.31
Marshall Islands	2580	2.88	175345	10.02	41.81	67990	13.32
Hong Kong(China)	2425	2.71	150801	8.62	50.43	63575	6.47
Singapore	3689	4.12	115022	6.58	57.01	33830	8.52
Malta	1895	2.12	82002	4.69	61.70	43898	8.69
Greece	1484	1.66	78728	4.50	66.20	63286	4.45
Bahamas	1421	1.59	75779	4.33	70.53	54322	2.54
China	3941	4.41	75676	4.33	74.85	20756	-1.28
Cyprus	1629	1.82	33664	1.92	76.78	32000	3.96

资料来源：http：//unctad.org/en/pages/PublicationWebflyer.aspx? publicationid=1650，*REVIEW OF MARITIME TRANSPORT* 2015，第55页。

根据 *Review of Maritime Transport* 2015 公布的数据，2015 年，注册为中国国籍的船舶登记载重吨为 75676000 吨，占全球份额的 4.33%，居第九位，仅为最大船舶登记国巴拿马的 1/5。[①] 另外，中国的船舶实际控制净载重吨达到 157557210 吨，占全球份额的 9.08%，位居世界第三。根据联合国贸易发展委员会的统计，在中国船东实际控制和运营的船舶中大约有 53.15% 的船舶在外国注册并取得外国船籍。[②] 尽管这个数字比 2014 年我国外籍船舶的比例达到 63% 略有好转，但是联合国贸发会在 *Review of Maritime Transport* 2015 也指出，在中国，具有中国国籍的船舶大量从事沿海运输，而这些船舶，其船舶状态远远差于国际航运船舶，甚至可能达不到世界海事组织的船舶航运的安全标准。而我国国际航运船舶不注册中国船籍、大量流失的主要诱因就是我国仍然是传统的船舶吨税和其他税负并行适用的税制环境，缺乏吸引外籍船选择中国作为登记国的营商环境。

为了吸引中资外籍船舶的回归，2007 年 7 月，我国实施临时性的“特案免税登记”政策，期限两年，对符合条件的中资外籍国际航线的船舶进口，免征关税和进口环节增值税，鼓励中资外籍船回国登记，悬挂五星红旗航行。2009 年 6 月 30 日，国务院又将“特案免税登记”政策延长至 2011 年 6 月 30 日，然而效果并不是十分理想。在政策实施的前两年仅有 44 条中资外籍船回国登记。[③] 中资船舶船籍流失严重的现象不仅给我国航运安全管理造成潜在威胁，更是挫败了航运业谋求自我发展和在国际竞争中崭露头角的信心。

五　现代船舶吨税制对我国的启示和借鉴

（一）我国建立现代船舶吨税制的现实意义

现如今，我国外贸发展的国际环境和国内发展条件已发生重大变化，外贸持续 30 多年的高速增长的时代一去不复返。统筹考虑和综合运用国际国内两

---

① http：//unctad.org/en/pages/PublicationWebflyer.aspx？ publicationid ＝ 1650，*REVIEW OF MARITIME TRANSPORT* 2015，第 48 页。

② http：//unctad.org/en/pages/PublicationWebflyer.aspx？ publicationid ＝ 1650，*REVIEW OF MARITIME TRANSPORT* 2015，第 55 页。

③ 全贤淑：《制度发展是航运发展的动力》，《大连海事大学学报》2013 年第 3 期，第 8 页。

个市场，进行制度创新，主动适应外贸发展新常态，完善扩大出口和增加进口政策，努力保持外贸平稳增长，是我们要实现的经济目标。目前，我国尚未建立现代船舶吨税制度，对国际航运企业实行与其他行业相同的所得税制，这在海运大国中是不常见的，也是不符合航运经济发展趋势的。为了破解我国海运业发展的困境，推动海洋强国战略，维护海运大国的地位，我国应借鉴国外现代船舶吨税制的经验，建立促进我国航运贸易发展的现代吨税制度。

2016 年出台的《上海市推进国际航运中心建设条例》第 42 条规定："市人民政府及其有关部门应当积极争取国家有关部门支持，推动形成有利于航运经济持续健康发展的税制环境。税务部门应当提高税收服务效率，营造有利于企业发展、公平竞争的税收环境。"加快引入现代船舶吨税制，是形成有利于航运经济持续健康发展税制环境的最有力措施。在我国建立现代船舶吨税制，不仅可以壮大中国籍船队规模，改变我国国际航运船队注册"方便旗"国的局面，同时有利于优化我国海运船队整体结构，提升我国航运业的国际竞争能力；可以带动海运相关产业，包括船舶融资租赁、船舶维修等产业集群的发展，推动现代海运服务业发展，加快自由贸易区和国际航运中心的建设；可以维护经济建设资源供应的战略通道，保障本国民生的物质供应、国家的经济安全和海洋权益①，同时，不断提升我国在国际海运事务中的地位和话语权。

（二）建立我国现代船舶吨税制的相关建议

1. 建立我国现代船舶吨税制度的原则

一国的航运综合实力与国家利益、经济运行安全息息相关，因此我国的现代船舶吨税制度应符合如下原则：第一，应以促进国家对外贸易和航运贸易发展为制度目标；第二，应以符合中国国情为基本原则。我国拥有强大的船队力量，同时又是对外贸易额第一的贸易大国，兼具着航运大国和货主大国的地位，因此船舶吨税制度的设计要以符合中国国情为基本原则；第三，要以科学合理为制度创新的标准。我国现代船舶登记制度的创新改革应该结合船舶国籍制度、减免税制度、船舶安全制度综合考量，形成完整统一的税收体系。

---

① 王玥、袁埜：《中国海运业需要加快引入现代吨税制度》，《对外经贸实务》2015 年第 7 期，第 30 页。

2. 探索建立我国现代船舶吨税制度的设想

第一，适用范围。适用对象为在中国经营的航运企业，包括船舶所有人、船舶管理人、船舶经营人。鉴于目前正在建设的自由贸易区对船舶辅助服务扩张的需求，可以将船舶吨税的适用对象扩展至船舶辅助服务业，即对船舶辅助服务业也采用船舶吨税代替所得税的模式。至于船舶吨税起征的吨位数额，应该结合实际调研确定。

第二，适用税率及课税标准。设置优惠税率，真正地减轻航运企业的税收负担，吸引中资外籍船的归籍。吨税的计算仅与应税船舶吨位挂钩，并允许企业和税务机关在每个会计年度自主协商征收方案，从而使纳税更加灵活、简便，利于企业预测和控制税收负担。

第三，航运企业的权利和义务。航运企业可以对纳税税种进行选择，可以凭自主意志选择企业所得税或者船舶吨税的缴纳。选择船舶吨税的航运企业要承担相应义务：①促进船员就业义务，实行吨税制的船舶公司必须考虑雇用中国籍普通船员并给予他们接受培训的机会；②航运安全义务，要求实行船舶吨税制度的公司要满足海事监管部门安全要求和海关进出境有关贸易安全的要求。

第四，船舶吨税的退出机制。许多建立船舶吨税制的国家都规定适用船舶吨税制度的时间，比如英国法律规定 10 年，采用船舶吨税制的企业在这一期限内不能选择采用其他税制，只能履行船舶吨税的纳税义务。建议我国的船舶吨税制度规定自由的退出机制，赋予企业最大限度的选择权，这样便于企业应对瞬息万变的航运市场，有利于增强中国航运企业的全球竞争力。

第五，船舶吨税制度的试点化引入。我国一直采用流转税为主的税收体制，全面削减航运企业的所得税可能会引发短期内财政收入的减少。可以试点化地运行船舶吨税制度，选择上海或者宁波等航运企业较为集中的区域，以及吞吐量较大的港口进行试点，分阶段、稳步引入现代船舶吨税制度。

（三）海关在建立现代船舶吨税制度中的作用

《船舶吨税暂行条例》第六条规定“吨税由海关负责征收”，明确了海关作为船舶吨税的征收执法机构的职能。在现代船舶吨税制度中，仍然是以船舶净吨税为税基，所以海关仍然是船舶吨税的征收机构，海关这一吨税执法机构的地位不会发生改变。

尽管我国船舶吨税制度不是由海关制定，但是在我国引入现代船舶吨税制度的改革进程中，海关的作用是不容忽视的。

1. 海关应作为一个有建设性话语权的执行者

海关作为征收船舶吨税的执法机构，对船舶吨税的征收程序、执法环境的改善有建设性的话语权，并能依据海关统计数据及进出境船舶通关信息为现代船舶吨税制度的制定提供数据源，从而保障现代船舶吨税制度的科学合理性。

2. 协同税务管理机关，形成综合完善的航运税收体系

我国税制改革的总体思路在于形成有利于科学发展、社会公平、市场统一的税收制度体系。而根据《海关全面深化改革指导方案》的指导思想和理念，“坚持改革方向和问题导向相结合，注重改革的系统性、整体性、协同性”。在探索建立现代船舶吨税制度的过程中，海关应该协同税务管理机关，优化航运税收体系，健全完善关税减免制度，将国家航运税收优惠政策制度化、体系化，以促进我国航运贸易的发展。

3. 提供国际航向船舶吨税征收的贸易便利

目前，船舶吨税的征收是依据吨位和税率计算得出应税额的。现代船舶吨税的征收用吨税代替所得税，也是依据吨税和税率确定应税额，使得纳税人可以预知应纳税的义务，并明确应缴税额度。这样明确的缴税额度可以使缴纳的时间、方式更为灵活。海关可以提供给负有纳税义务的航运企业以电子缴税的便利，也可以在征缴时间上由企业进行选择。

4. 依法履行对航运企业管理和评估的职权

现代船舶吨税制是一国对航运企业的扶持和倾斜。只有依法经营并履行航运安全和通关安全义务的航运企业才能享有这样的优惠政策。因此，海关有权对航运企业贸易安全的相关指标进行评估，在现代船舶吨税体系中，形成税收优惠和海关监管结合的航运税收和贸易制度。

5. 加强海关和其他有关船舶管理机构的联合执法效能

我国是中央机制下的多部门执法的管理体制，涉及船舶的管理主要包括海事部门对船舶的国籍及登记管理，而海关主要负责依据船舶登记证书进行征税。以国家管理的有效性为目的，应加强海关和海事等管理机构在船舶管理上的联合执法效能，形成部门之间的合作和互通机制，在有关船舶管理及船舶吨税的管理上形成完整的行政管理体制，避免管理体制上的漏洞。

B.17

《贸易便利化协定》与中国 B 类条款评析

张树杰　赵世璐*

摘　要：根据我国贸易便利化现状与《贸易便利化协定》的要求，我国在向世界贸易组织贸易便利化筹备委员会提交措施通报时，将“确定和公布平均放行时间”等四项内容列为 B 类措施，即在一定过渡期后再加以实施，针对这些措施，本研究梳理了实施现状，分析了存在的差距。《贸易便利化协定》的生效和实施对我国具有重要意义，在实施“一带一路”战略和自由贸易试验区战略背景下，推动《贸易便利化协定》实施有助于跨境货物的加速放行和流动，提高贸易效率，降低贸易成本，促进我国口岸通关综合管理体制和口岸治理能力的优化和提升。

关键词：贸易便利化　平均放行时间　单一窗口　出境加工　海关合作

2014 年 6 月 30 日，中国向 WTO 通报了《贸易便利化协定》（TFA）实施计划，其中除“确定和公布平均放行时间”、“单一窗口”、“出境加工”、“海关合作”四项内容拟在协定生效后申请过渡期再实施外，其他措施均归入 A 类条款（Category A），即在协定生效后立即实施，也就是在 TFA 所包含的 40

* 张树杰，上海海关学院培训部主任、经 WCO 认证的贸易便利专家；赵世璐，上海海关学院《海关与经贸研究》编辑部编辑。

项实质性条款中 90% 以上的条款，中国已实施或具备实施条件。2015 年 9 月 4 日，中国向世界贸易组织递交关于《贸易便利化协定》议定书的接受书，是第 16 个核准成员，作为世界上第一大贸易国和最大的发展中国家，中国的接受为 TFA 尽早生效起到了积极的推动作用。

一 《贸易便利化协定》与国际贸易规则体系新演化

（一）《贸易便利化协定》的制定历程

贸易便利化议题于 1996 年新加坡部长级会议上被列入世界贸易组织（WTO）议程，与“政府采购透明度、贸易与投资、贸易与竞争政策”等一并称为“新加坡议题”。2001 年多哈部长级会议决定，贸易便利化议题谈判将在坎昆部长级会议后，就谈判模式达成明确一致基础上启动。2004 年 7 月，WTO 总理事会通过了多哈工作计划七月套案（July Package），明确以附件 D 即“贸易便利化谈判模式”为基础启动贸易便利化谈判。当年 10 月，成立贸易便利化谈判组，谈判正式启动。2009 年 12 月，在成员提案并经多轮谈判磋商基础上，形成了协定文本草案。2013 年 12 月 7 日，巴厘部长级会议决定通过“巴厘一揽子协定（Bali Package）”，达成贸易便利化谈判。2014 年 11 月 27 日，世界贸易组织在总理事会特别会议上，批准了有关落实《贸易便利化协定》（TFA）的议定书，将 TFA 纳入《世贸组织协定》附件 1A① 中，赋予 TFA 作为货物贸易多边协定的法律地位。TFA 作为 WTO 成立近 20 年来达成的首个多边贸易协定，是多哈回合谈判启动以来取得的最重要突破，是国际贸易规则在降低和拆除非关税壁垒领域的里程碑，对世界经贸发展具有重要意义和深远影响。

（二）《贸易便利化协定》的主要内容

TFA 是对 GATT 相关重要条款的扩充、细化和完善。根据多哈工作计划，

① 《世贸组织协定》附件 1A 包含了《1994 年关税与贸易总协定》、《农业协定》、《技术性贸易壁垒协定》等 13 个货物贸易多边协定。

贸易便利化谈判旨在澄清和改进《关贸总协定》第5条（过境自由）、第8条（进出口规费和手续）以及第10条（贸易法规的公布和实施）相关内容，以期进一步加速货物（包括过境货物）的流动、放行和清关。谈判还应加强贸易便利化领域的技术援助和能力建设，促进海关之间或其他边境管理机构之间的有效合作。考虑成员国的不同发展程度，要求谈判结果应充分考虑给予发展中成员和最不发达国家特殊和差别待遇。

最后达成的TFA文本由3个部分24个条款40项实质措施构成。第一部分（第1~12条，见表1）规定了各成员在贸易便利化方面的实质性义务。其中，第1~5条为对GATT 1994第10条的澄清和改进，涉及信息公布、咨询点设立、法律法规评论及生效前的公布、预裁定、上诉或审查程序等内容。第6、7、9、10条则对GATT 1994第8条做了进一步丰富和扩充，涉及进出口规费、风险管理等货物放行与结关措施以及与进出口和过境相关的单证和手续方面的规定。第11条是对GATT 1994第5条的澄清和改进，主要对过境运输法规或程序、收费、担保等方面进行规定。第8、12条主要涉及海关及边境机构之间的合作。以上TFA的实质性条款是对不少发达国家也包括中国在内的成员多年来实施贸易便利化制度和措施的追认，大部分是世界海关组织（WCO）《经修正的京都公约》的条款规定，TFA算不上“高标准”，但因WTO多边贸易规则的约束力，TFA将为全球贸易便利化确定基准规则。

表1　WTO《贸易便利化协定》条款与措施

<table>
<tr><th>GATT 1994 条款</th><th>TFA 条款</th><th>子条款(贸易便利化具体措施)</th></tr>
<tr><td rowspan="13">第10条　贸易法规的公布和实施</td><td rowspan="4">第1条　信息的公布和可获取性</td><td>1. 信息公布</td></tr>
<tr><td>2. 通过互联网提供信息</td></tr>
<tr><td>3. 咨询点</td></tr>
<tr><td>4. 通知</td></tr>
<tr><td rowspan="2">第2条　评议机会、生效前信息及磋商</td><td>1. 评议机会和生效前信息</td></tr>
<tr><td>2. 磋商</td></tr>
<tr><td>第3条　预裁定</td><td>预裁定</td></tr>
<tr><td>第4条　诉讼或复议程序</td><td>申诉或复议权</td></tr>
<tr><td rowspan="3">第5条　增强公正性、非歧视性及透明度的其他措施</td><td>1. 增强监管或检查的通知</td></tr>
<tr><td>2. 扣留</td></tr>
<tr><td>3. 检验程序</td></tr>
</table>

续表

<table>
<tr><th>GATT 1994 条款</th><th>TFA 条款</th><th>子条款(贸易便利化具体措施)</th></tr>
<tr><td rowspan="24">第 8 条　进出口规费与手续</td><td rowspan="3">第 6 条　关于收取进出口或与进出口相关的规费和费用的原则</td><td>1. 对进出口征收或与进出口相关的规费和费用的一般原则</td></tr>
<tr><td>2. 对进出口征收或与进出口相关的规费和费用的特殊原则</td></tr>
<tr><td>3. 处罚原则</td></tr>
<tr><td rowspan="9">第 7 条　货物放行与结关</td><td>1. 抵达前业务办理</td></tr>
<tr><td>2. 电子支付</td></tr>
<tr><td>3. 将货物放行与关税、国内税、规费和费用的最终确定相分离</td></tr>
<tr><td>4. 风险管理</td></tr>
<tr><td>5. 后续稽查</td></tr>
<tr><td>6. 确定和公布平均放行时间</td></tr>
<tr><td>7. 对经认证的经营者的贸易便利化措施</td></tr>
<tr><td>8. 快运货物</td></tr>
<tr><td>9. 易腐货物</td></tr>
<tr><td>第 9 条　受海关监管的进口货物的移动/转移</td><td>受海关监管的进口货物的移动/转移</td></tr>
<tr><td rowspan="9">第 10 条　与进口、出口和过境相关的手续</td><td>1. 手续和单证要求</td></tr>
<tr><td>2. 副本的接受</td></tr>
<tr><td>3. 国际标准的使用</td></tr>
<tr><td>4. 单一窗口</td></tr>
<tr><td>5. 装运前检验</td></tr>
<tr><td>6. 报关代理的使用</td></tr>
<tr><td>7. 同一边境程序和统一单证要求</td></tr>
<tr><td>8. 拒绝入境的货物</td></tr>
<tr><td>9. 货物暂准进口/进境和出境加工</td></tr>
<tr><td rowspan="7">第 5 条　过境自由</td><td>第 8 条　边境机构合作</td><td>边境机构合作</td></tr>
<tr><td rowspan="5">第 11 条　过境自由</td><td>1 ~ 3. 过境费用、法规及手续</td></tr>
<tr><td>4. 过境非歧视原则</td></tr>
<tr><td>5 ~ 10. 过境程序及监管</td></tr>
<tr><td>11 ~ 15. 过境担保</td></tr>
<tr><td>16 ~ 17. 过境合作和协调</td></tr>
<tr><td>第 12 条　海关合作</td><td>海关合作</td></tr>
</table>

资料来源：整理自 WTO《贸易便利化协定》。

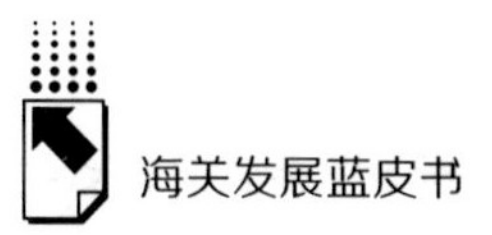

就负责实施的政府部门而言，TFA 涉及以海关为主的边境和贸易管理的多个部门，据 WCO 分析研究，30% 的条款海关是唯一实施部门，40% 的条款海关是主要实施部门，28% 的条款涉及所有边境部门（包含海关）。

第二部分（第 13 ~ 22 条）规定了发展中成员和最不发达国家在实施第一部分实质性条款时可享受的特殊和差别待遇（special and differentiated treatment），主要体现在实施期限和能力建设两个方面，基本原则是每个成员对 TFA 的实施进度与能力相一致，强调发达成员经济体对不发达成员的能力建设援助，确立了多边贸易规则的新原则。第三部分（第 23 ~ 24 条）规定了管理机构安排等内容。

（三）《贸易便利化协定》的生效与实施

根据 WTO 规定，TFA 须经 WTO 2/3 成员完成国内批准程序后才能生效，即世界贸易组织 164 个成员有 110 个成员完成批准和递交手续后，TFA 方能生效。截至 2016 年 10 月 31 日，冰岛成为第 96 个完成国内核准程序的成员方，① UNCTAD 和 WCO 等国际组织也在积极推动此进程。2016 年 7 月举行的 G20 贸易部长会议发表声明“承诺在今年（2016）年底前批准 TFA，并呼吁其他世贸组织成员效仿”，并重申为贸易便利化援助机制提供资源的承诺，以帮助最不发达国家和需求最迫切的发展中国家实施 TFA。在《二十国集团全球贸易增长战略》中，也将通过实施 TFA“降低贸易成本”作为首要策略。

二　关于确定和公布平均放行时间

（一）条文解析

本条款为 TFA 第 7 条第 6 款的规定，包含 6. 1 和 6. 2 两个子条款，其中子条款 6. 1 规定“鼓励各成员定期并以一致的方式测算和公布其货物平均放行时间，使用特别包括世界海关组织（本协定中称 WCO）《世界海关组织放行时

① *Iceland ratifies Trade Facilitation Agreement*, https: //www. wto. org/english/news_ e/news16_ e/fac_ 31oct16_ e. htm，访问时间：2016 年 11 月 6 日。

间研究》等工具",[①] 要求成员定期测算和公布货物的平均放行时间；而子条款 6.2 则规定"鼓励各成员与委员会分享其在测算平均放行时间方面的经验，包括所使用的方法、发现的瓶颈问题及对效率产生的任何影响"，要求成员之间要就测算平均放行时间的经验和做法进行交流合作。就其约束效力而言，在 TFA 所有的实质性条款中，两个子款均使用了"are encouraged to…"，因此属于软约束性条款，英文称之为"best endeavor clause"，即成员应在实施条件和能力具备的情况下，尽最大努力实施该条款。

本条要义在于：在共同标准和工具（如 WCO 放行时间研究）基础上，成员有义务确定和公布测算货物平均放行时间的本国（或本地区）标准，制定和建立公众认可的货物放行时间公布机制，并努力缩减此时间，建立和制定公众认可的货物放行时间。

在整个 TFA 条文中，只有两次明确提到世界海关组织（World Customs Organization），本条款为其中之一。在此，特别提到的是 WCO 的一项重要工具即放行时间研究（Time Release Study，TRS），单独强调一个国际组织的标准与工具，此条款在 TFA 条文中也是开辟先例的。值得注意的是，TFA 没有直接使用 TRS 的概念，而使用了更为宽泛的"平均放行时间（Average Release Times）"，即表明 TRS 是测定该时间的主要国际标准，但非唯一标准。

就实施部门而言，此条款需要包括海关在内的边境管理部门和私营部门的共同参与及合作。作为一个成员国要达到的基本条件，WTO《贸易便利化协定实施自我评估指南》对本条实施中可能出现的问题提出了基本评估要点（见表 2）。

表 2 《贸易便利化协定》第 7.6 款自我评估要点

领　域	评估问题
政策/法律框架	• 海关或其他相关机构是否已制定正式制度以定期测定平均放行时间并公布其结果
管理程序	• 海关和其他边境管理部门协同下，是否已建立相应程序，定期测定和公布平均放行时间 • 海关和其他边境管理部门，是否已开展过放行时间研究

① 每一成员可依照其需要和能力确定此种平均放行时间测算的范围和方法。

续表

领　域	评估问题
机制框架	●海关（或其他部门）是否已获得授权定期测定和公布平均放行时间
人力资源管理与培训	●是否已安排充足的且有能力的人员计划、设计和实施放行时间研究 ●上述人员是否受到合适的培训
通信和信息技术	●如有海关通关管理系统，是否有支持开展放行时间研究的功能 ●开展放行时间研究时，是否使用了 WCO 开发的在线软件

（二）放行时间研究的相关背景

自 20 世纪 90 年代初算，WCO 的 TRS 指南和工具的推出已有近 30 年的时间。WCO 的 TRS 指南主要以日本海关的经验为蓝本，分别推出了 1994 年、2002 年和 2011 年三个版本，其中 2011 年版本是最新版本，也是当前 WCO 成员广泛采纳的指南。日本、韩国等国已形成较为完善的定期研究机制，对提高本国海关管理水平、贸易便利化水平起到了积极作用，由于 WCO 的标准和工具在国际法意义上多属推荐性质，TRS 在成员海关中使用并不广泛。但 WTO《贸易便利化协定》的通过，标志着 TRS 将逐渐从“可选动作”变为“必要动作”，越来越多的 WTO 成员在 TFA 即将实施之际开展了此项研究，评估过去贸易便利化及边境管理改革成效，也为 TFA 未来实施效果的评估确定基准措施。WTO 协定中设定的义务是针对单个成员而言的，不同国家（地区）海关间联合研究虽并未构成义务，但却具有重要意义。

正如其名称所示，TRS 本质是基于实证的研究，而日本海关在研究中仍以纸质问卷收集数据为基础，数据采集采用抽样法，研究的程序比较复杂，数据代表性存在问题，海关和其他机构开发的管理信息系统中的数据未有效利用。在国际层面，虽然在世界银行协助下，WCO 开发了 TRS 在线软件，但仍以纸质问卷录入数据为基础，不能与海关信息管理系统相连接，不能自动采集研究所需数据。在国别海关层面，韩国海关在 TRS 方面已走在世界前列，在贸易立国的国策下，韩国贸易管理机构和海关致力于提升贸易效率，建立了国际贸易单一窗口和海关通关系统，实现了国际贸易管理和通关的全面无纸化，TRS 已实现了全样本、实时化，能为企业提供可靠的时间数据统计，帮助企业完善供应链管理。

如WTO《贸易便利化协定》所示，国际上关于贸易和物流便利化的评估工具不只有TRS，比较广为人知和引用的还有世界银行开发的“营商指数”和“物流绩效指数”、世界经济论坛开发的“促贸指数”，虽然上述指数的构成指标各异，这些指数多以问卷为主要数据采集手段，主要询问受访对象的经验和印象，其客观性略显不足；同时，这些指数对跨境贸易的流程和活动涉入程度有限，从提升跨境贸易效率、贸易便利化水平的角度看，针对性不强。WCO开发的TRS指南与工具，其理论渊源可追溯到科学管理创始人泰勒所使用的时间研究，对货物抵达直至物理提取之间的流程、参与方和使用时间进行深入细化的分析，其数据基于客观的数据，在抽样得到有效科学控制的情况下，其所得出的平均放行时间更具客观性，在定期开展的情况下，能量化地看出边境管理改革举措的成效和水平，是海关管理中科学性的具体体现。

在开展TRS研究中，关注焦点不应仅仅停留在所发现的平均通关时间的结果，更应该如文中所强调，研究本身不是目的，关键是对研究结果的利用，在客观理性基础上，提出改革和持续改进措施，以日本海关为例，TRS的开展本质是贸易监管的全面质量提升和持续改进理念的体现。

（三）中国海关的做法与对标分析

2006年，中国海关接受世界海关组织亚太地区能力建设办公室（ROCB AP）的能力技术援助，在国内首次开展了“放行时间研究研讨会”，学习和了解了WCO放行时间研究的相关背景、标准、工具和标准流程。研讨会举行后，中国海关分别选取海运、陆运、空运三个口岸，首次运用和借鉴WCO的标准和工具，开展了TRS的试点研究。

中国海关自2007年以来使用执法评估系统每月统计并发布全国的“海关通关时间”和“海关作业时间”等相关指标，并在2014年根据《贸易便利化协定》推荐的世界海关组织放行时间研究（TRS）方法调整了通关时间的统计口径，更加客观、准确地反映了海关整体通关状况，对提升海关整体通关效率、评估各项通关业务改革成效发挥了重要作用。在关区层面上，上海海关自2013年以来，连续开展相应研究；2015年，厦门海关和台湾海关已开展了跨境放行时间研究的试点。

近年来，各直属海关以海关总署每月发布结果为指导，寻找并着力解决制约本口岸通关效率的瓶颈因素，从而促进了各口岸海关通关效率的提升。研究结果表明，2011～2015年，我国进口海关通关时间由45.3小时缩短到28.2小时，缩短幅度达到37.7%，说明中国海关在推动贸易便利化进程、促进口岸通关效率的提升方面所做的努力取得了较好的效果。

（四）建议与思考

计算并公布进出口货物在口岸的放行时间，提高物流信息的公开度和透明度，使企业能够及时掌握货物所处通关状态及流向，在证明货物未被不当扣押、提升企业应对能力、促进贸易便利化水平的提升以及开展国际对比等方面都具有重要的意义。

中国海关近年已在全国和相关直属海关层面开展了相关研究，全国海关的通关时间也已在公众媒体上发布。对照TFA本条款的要求和“三互”大通关建设的需要，笔者建议：由贸易便利化部际联席会议牵头，由国家口岸办具体实施，在全国和地方口岸两个层面建立放行时间研究定期测定和公布机制；全面系统学习和引入WCO的TRS指南，在测定范围和口径上，与国际标准接轨，以增强评估结果的国际可比性，为构建国际上最具竞争力的贸易和海关监管体系确定可量化的评估指标；进一步提升透明度，多渠道向公众和贸易监管的利益相关人公布测评结果，并注重测定结果的后续使用，形成持续提升和改进的良性循环，以公共机构和私营部门协同参与治理的方式，稳步缩减平均放行时间；借鉴新加坡和韩国海关的经验，与国际贸易单一窗口建设和通关一体化改革同步，尽快在现有和将来开发的系统上增加自动放行时间研究功能，使私营部门随时随地可以了解通关状态和重要节点。

三　关于海关合作

（一）条文解析

本条在所有实质性条款中处于最后一条，也是GATT第5、8、10条以外的补充条款，就中国而言，此条下所有12款规定均属于B类措施。考虑跨关境的合作更多涉及转运，WTO将其视为对GATT的解释与扩展，但如观其条款的内容和范围，则远远超出转运所涵盖的合作内容。

本条的目的在于通过海关之间加强合作、相互提供货物信息，协助进口国海关核实货物申报信息的真实性，解决进出口国家（地区）之间货物信息的不对称问题，打击伪报、瞒报、偷漏海关税款等违法行为，促进合法企业的货物便利通关。本条的目的在于打击违法行为，并非直接的便利化措施，不会给企业通关直接带来手续简化的结果，但是通过打击违法行为，可以间接地促进合法货物的通关，这一条也是在谈判过程中争议较大的条款。要求每个成员的海关，应其他国家和地区海关的请求且在满足相应条件的情况下，有义务就特定的进口或出口货物提供相关信息或单证。本条也规定了各成员间进行信息交换的条件和要求，通过信息交换以实现更有效的海关监管，同时要求对所交换的信息给予保密。本条包括 12 个子条款。

作为一个成员要达到的基本条件，WTO《贸易便利化协定实施自我评估指南》对本条实施中可能出现的问题提出了基本的评估要点（见表 3）。

表 3 《贸易便利化协定》第 12 条自我评估要点

领　域	评估问题
政策/法律框架	• 贵国法律是否允许和要求海关向外国海关提供本条所规定的信息 • 贵国法律是否要求对政府机构所持有的商业信息予以保密和保护 • 贵国法律是否允许本国海关拒绝本国的其他政府机构获取从其他国家海关获得的秘密信息 • 除非其他成员国予以授权，贵国法律是否允许海关拒绝披露在本国刑事和法律程序中所使用的信息
管理程序	• 是否已建立相应的内部程序或流程，以确保要求其他成员国提供的信息符合本条之规定 • 是否有相应的程序，以确保从其他成员国收到的信息仅被海关用于特定目的（如核实货物申报信息） • 是否已建立相应程序或方法以保全从其他成员国收到的秘密信息免遭泄露或用于非正当的目的 • 是否已建立相应程序，以处理其他成员国要求提供信息的请求，确保符合本条之规定（如提供信息的基本要求，拒绝请求的理由等） • 如从另一成员国收到请求，海关留存的货物报关单和随附的单证（纸质或电子形式）是否容易获取
机制框架	• 是否已制定相应人员或办公室，做出或回应信息提供（如联络员） • 在海关内部，该联络员的作用和权力是否已明确规定

续表

领　域	评估问题
人力资源管理与培训	• 是否有充足的有能力的员工，在规定的时间内，对其他成员国提出的提供信息的请求给予回应和处理
通信和信息技术	• 货物报关单和随附单证是否提交给海关通关系统 • 留存（或存档）在海关通关系统的这些货物报关单与数据，在本条规定的时间内，如应提供信息的请求，是否容易获取

（三）实施现状与所面临的挑战

在 TFA 谈判过程中，此条提案方为印度、巴西和南非等发展中国家，这些国家希望有较强出口竞争能力的国家提供出口货物的价格信息，以便使其能够识别和打击低报、伪报价格偷逃关税等行为。

我国目前已与境外海关签订各类互助合作协议文件 100 多件，其中行政互助协定适用于 70 多个国家。依据这些互助协定，我国与境外海关开展了行政互助方面的合作。由于我国是世界第一出口大国，有些国家在进口环节遇到很多具有价格低报嫌疑的货物，希望我国能够协助提供货物信息，以便其正确计征关税，打击不法行为。目前，有关国家和地区向我国提出的协查请求涉及数千票货物，我国在资源允许范围内给予了一定协助。

《贸易便利化协定》生效后，无论是否签有行政互助协定，WTO 成员都可以依照协定第 12 条海关合作的规定，向其他成员提出请求，要求提供相关货物的信息。

就中国而言，海关合作条款实施以后，既给我们带来了挑战，同时也带来了机遇。从挑战来看，首先，所有 WTO 成员，无论是否与我国签订过海关行政互助协定，都可以向我国提出请求，请求数量必然会大大上升，给我国办理协查请求的行政资源带来非常大的压力。其次，我国缺乏涉及信息交换方面的法律规定以及商业秘密、个人信息保护等方面的专项立法，海关规章和操作方面的规定也有待完善。再次，对少部分企业来说，会因在境外海关伪报、低报而受到处罚。

但就机遇而言，首先，如果该条款得到全面实施，由于世界各国海关因信息交换而密切了相互合作关系，这种信息交换会对违法行为产生极大威慑，伪

报、瞒报情况会大大减少，贸易秩序会得到进一步规范，大部分合法货物的通关效率会大大提高，中国出口货物的声誉会大大改善。其次，我国海关可以利用这一条款积极向外方提出协查请求，要求其他国家（地区）海关向我国提供信息，提高我国海关执法效能。最后，大量的协查请求也会促使中国海关增加资源投入，使用信息化技术，提高信息交换的效率。

目前，中国海关正在积极推进协查机制改革，明确办理和提出协查请求的程序和要求，规范办理模式，开发有关信息系统，努力通过实施海关合作条款，实现互利共赢。

（四）建议与思考

在经济全球化和地区一体化不断深入演化的背景下，国际海关的互联互通将是不可逆转的。TFA本条关于海关合作的细致规定，将推动各成员海关在信息交换、核查等方面更为深入。中国海关既面临巨大挑战也有良好机遇，以TFA本条款所确定的原则与规定，建议：在国家立法层面，尽快完善授权海关可以进行信息交换的立法，明确可进行交换的范围；加大能力建设力度，培养和充实更多的国际海关执法合作人才；推动《二十一世纪海关》在国内和全球层面的实施，WCO于2008年发布了其战略政策文件《二十一世纪海关》，“全球海关网络”和“协同边境管理”被确立为现代海关的关键支柱，在政治层面，这两个支柱提出了海关国际合作的新范式；在技术层面，鼓励成员海关采用国际数据交换标准，以渐进形式，逐步实现海关系统的连接、信息互换，与中国海关提出的“三互”合作模式具有异曲同工的意义。

四　单一窗口

（一）条文解析

本条款为TFA第10条第4款的规定，包含4.1、4.2、4.3、4.4四个子条款，其条款内容是具有灵活性的约束义务，该款具体规定如下。

4.1　各成员应努力建立或设立单一窗口，使贸易商能够通过一单一接入点向参与的主管机关或机构提交货物进口、出口或过境的单证和/或数据要求。

待主管机关或机构审查单证和/或数据后，审查结果应通过该单一窗口及时通知申请人。

4.2 如单证和/或数据要求已通过单一窗口接收，参与的主管机关或机构不得提出提交相同单证和/或数据的要求，除非在紧急情况或其他已公开的有限例外情况下。

4.3 各成员应将单一窗口的运行细节通知委员会。

4.4 各成员应在可能和可行的限度内，使用信息技术支持单一窗口。

由于世贸组织成员之间在单一窗口建设方面存在巨大差异以及建设成本高和障碍多等因素，单一窗口不仅最常被世界贸易组织成员排除在直接实施的《贸易便利化协定》A类通知之外，也被列为发展中国家和最不发达国家最需要技术和资金援助的措施。由于类似原因，在现有达成的区域贸易协定中也很少有要求建立单一窗口的规定，例如即使是在《贸易便利化协定》谈判时单一窗口措施的主要倡导者（如韩国），在其缔结的区域贸易协定中，有关单一窗口的规定也很少出现。①

（二）中国单一窗口建设进展情况

2013年11月《中共中央关于全面深化改革若干重大问题的决定》中要求：“实现口岸管理相关部门信息互换、监管互认、执法互助（以下简称‘三互’）”。2015年4月1日，国务院印发的《国务院关于改进口岸工作支持外贸发展的若干意见》（以下简称《若干意见》，国发〔2015〕16号）设定了按照2015年底在沿海口岸、2017年在全国所有口岸建成单一窗口的目标。

2014年2月，由国家口岸办牵头，成立单一窗口试点建设工作组，并在上海自由贸易试验区启动试点工作。2015年6月，上海国际贸易单一窗口1.0版成功上线，形成货物与运输工具申报、税费结算、企业资质办理、贸易许可申请和信息查询等6大模块，参与单位包括海关、检验检疫、海事、边检、商务、国税、外汇等17个部门，使用企业达1000余家，反响良好。目前，上海国际贸易单一窗口2.0版形成货物进出口、运输工具、贸易许可与资质、支付

① 余丽：《世界贸易组织〈贸易便利化协定〉研究》，人民法院出版社，2016，第110页。

结算、自贸专区、人员申报、快件与物品、信息共享、政务公开等 9 大功能板块，涵盖了口岸通关的申报、查验、支付、放行、提离/运抵物流作业等各环节，基本实现所有上海口岸货物和船舶申报手续企业普遍通过单一窗口办理。2016 年上半年，上海国际贸易单一窗口进一步完善“先入区、后申报”提货手续办理功能，推动实现货物一线进境报关报检协同。目前，海关“先入区，后报关”功能和检验检疫“先入区，后报检”功能均已在单一窗口开发完成，并正式发布上线。同时，推动二线“分批出区、集中报关”、“预检验与核销”通关手续在单一窗口办理。“分批出区、集中报关”的数据对接功能、“预检验与核销”功能均已正式发布上线，畅联公司等自贸区企业已在开展试用。

启动试点至今，上海、天津、福建、广东、山东、辽宁、浙江、江苏、海南、广西、河北等沿海地区 11 个省市国际贸易单一窗口均已上线实际运行或开展了系统试点运行，国务院提出的“2015 年底在沿海口岸建成单一窗口”的工作目标如期实现。2016 年 5 月国务院发布的《关于促进外贸回稳向好的若干意见》（国发〔2016〕27 号）明确提出：“2016 年年底将国际贸易单一窗口建设从沿海地区推广到有条件的中西部地区，建立标准体系。”2016 年 8 月 2 日，内陆沿边地区国际贸易单一窗口建设工作启动会在重庆召开，国家口岸管理办公室副主任韩坚表示，2016 年将在现有试点的基础上，新增重庆市、陕西省、贵州省、江西省、内蒙古自治区以及宁夏回族自治区等六个省区市作为新增的单一窗口试点省区市，进一步提升内陆沿边地区的开放水平，助推“一带一路”国家战略。①

2016 年，在前期试点的基础上加强顶层设计，完善工作机制，中央和地方继续协同推进国家单一窗口建设。中央层面组织编写国家单一窗口总体方案，统一标准规范，统一基本功能，完善基础设施，初步实现统一门户。到 2017 年底前，实现单一窗口标准版在全国推广应用。到 2020 年底前，将实现单一窗口功能由口岸通关执法环节向前置和后续环节拓展，进一步覆盖国际贸易链条各主要环节，实现与“一带一路”沿线主要国家单一窗口互联互

---

① 参见《我国“单一窗口”试点扩容　新增六个内陆沿边省区市》，http：//www.shport.gov.cn/shkaq/InfoDetail/？InfoID = e66bd732 - 38db - 49d2 - b864 - 6d1533d9a814&CategoryNum = 001001，访问时间：2016 年 9 月 27 日。

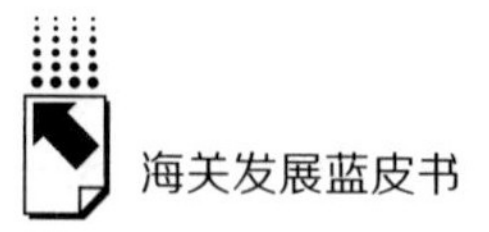

通，使单一窗口成为中国全面参与塑造国际经济治理新格局的重要贸易基础设施。

（三）中国单一窗口建设成效

单一窗口的建设和实施对于实现口岸相关部门信息共享、简化通关手续、降低通关成本、提高通关效率，从而对推动贸易便利化起到积极作用，成效愈发显现。

一是切实简化了申报流程和手续，降低了申报环节操作的复杂性。采用单一平台申报，摒除以往多人员、多客户端和多单证系统操作；整合各部门需要的申报数据，相同或相近的数据项只需录入一次，有效减少同类数据项的重复录入；将传统的“串联式”口岸通关流程变为同步化的“并联式”流程，最大限度地简化企业的多头申报，提高通关效率。企业通过单一窗口界面可“一站式”办结所有通关手续，避免在各执法部门之间奔走和等候，从而节省人力和时间成本。以福建国际贸易单一窗口为例，企业通过单一窗口数据申报简化率达 32.7%，申报效率提升 50% 以上，进出口货物申报时间从 4 个小时减至 5 ~ 10 分钟，船舶检验检疫申报时间由 50 分钟缩短为 5 分钟；实施关检“一站式”查验，全面推行无纸化作业，缩短 40% 的通关时间，节省 50% 以上的人力成本，每箱节约成本 600 元，节省查验时间 24 小时。①

二是普遍实现了海运货物和运输工具申报与核放的基本功能。从单一窗口功能实现来看，各地普遍实现了一般贸易货物进出口申报和船舶全流程监管两个核心项目，满足了海运货物进出境申报、验核及放行的基本需求。沿海口岸单一窗口中的一般贸易进口货物申报功能，实现了企业通过互联网登录单一窗口平台，一次性录入（或导入）一张大表，可以满足海关、检验检疫、海事等口岸查验监管部门对货物申报和信息共享的需求，监管结果信息通过平台实时反馈申报人；船舶进出口岸全流程受理，实现了船舶出口岸手续签注一体化，海事、海关、检验检疫、边检共同将准予船舶离港电子放行信息发送至单一窗口，海事部门凭电子信息签发船舶出口岸许可证，提升了海运口岸的通关效能。

---

① 参见《厦门自贸片区 18 项举措全国首创》，http：//www.fujian.gov.cn/inc/doc.htm？docid = 1095854，访问时间：2016 年 9 月 27 日。

三是各参与单位“信息互换共享”初步实现，提升了口岸执法透明度。单一窗口通过对进出口贸易数据和信息进行集约化处理，实现数据的高度集中和信息共享，从而优化口岸管理部门之间的协调配合。随着单一窗口运输工具动态申报、企业贸易资质管理等一批新增项目上线运行，海关、检验检疫、海事、边检以及贸易管理部门之间实现了监管信息的初步共享，打破了“信息孤岛”隔阂。现在，海关、检验检疫等查验指令可在单一窗口上实现自动对碰，对进出港的船舶，口岸管理部门可通过单一窗口实现信息共享和联合核放，跨境电商还可通过单一窗口实现“三单（货物订单、支付单和运单）”上传办理通关手续。各监管部门通过单一窗口协同办理相关业务，并将办理结果统一通过单一窗口告知申报企业，实现了企业与口岸和贸易管理部门之间信息流的无缝衔接。

四是切实为企业带来便利，取得良好反响。单一窗口在最初规划和推进时，就始终坚持系统功能以企业需求为导向，流程设置根据企业应用感受不断完善，同时提供全天候运维保障，使企业充分感受便利。自上线运行以来，上海口岸使用单一窗口的各类企业已从最初的 10 家达到 1100 余家；天津国际贸易单一窗口应用企业达到 226 家，处理一般贸易货物进出口申报 58. 27 万票，占进出口申报总量的近 20%，联检核放出入境船舶达到 16525 艘次；[①] 福建国际贸易单一窗口直接服务于福建自贸区内的口岸生产经营、国际贸易、物流企业和中介服务企业 3700 多家，间接服务的外贸企业 1. 5 万家，日单证处理量 3 万多票。[②] 其他单一窗口上线运行地区也在积极完善系统功能，应用企业数量稳步提升。

（四）建议与思考

我国单一窗口的建设任重道远。数据协调和简化工作仅仅迈出了第一步，在建立了《数据元目录》后，一是需对收录至《数据元目录》的数据元进行标准的、一致的数据定义；二是参与单一窗口建设的口岸执法和相关部门，应

① 曾姝、陈君言：《单一窗口建设释放多重发展红利》，《国际商报》2015 年 10 月 27 日。

② 参见《厦门自贸片区 18 项举措全国首创》，http：//www. fujian. gov. cn/inc/doc. htm？ docid =1095854，访问时间：2016 年 9 月 27 日。

仅在《数据元目录》所列范围内，对企业提出申报要求；三是实现申报数据通过单一窗口平台“一次递交”，相同数据不再要求企业重复递交。

在数据协调和简化的基础上，口岸执法和相关部门应进一步研究。①

一是尽量采用国际标准统一代码规范和报文标准，确保信息经过编码及解码等处理过程后内容保持不变，使信息传输及存储错误率降到最低，并使信息传输更简化、更快捷、更经济。

二是以《数据元目录》应用为基础，在满足所有监管要求的前提下，充分考虑企业获取数据的途径和便利，共同努力重新设计口岸执法部门与贸易商之间的交互流程，改进合规程序，更加便利企业申报，达到降低合规程序复杂性、贸易成本的目的，并且尽量在处理用户需求时提供友好界面。

三是以《数据元目录》应用为基础，不断提升口岸执法和相关部门信息化系统间互操作水平和能力，如有可能，应考虑数据管理“去部门化”，使通过单一窗口平台上进行的跨部门数据交换，从目前的技术互操作，逐步过渡到语法、语义、语用互操作，不断改善并提升跨部门信息共享的能力，各部门数据可以不经转化实现直接交换共享；最终实现跨部门信息化系统间的动态互操作、概念互操作，提升跨部门共同决策的能力，真正实现“信息互换、监管互认、执法互助”。

五　出境加工

（一）条文解析

本条款为 TFA 第 10 条第 9 款的规定，该款是约束性条款，包含 9.1（货物暂准进口）、9.2（进境和出境加工）两个子款，其中出境加工对我国是属于 B 类条款。9.2 款“进境和出境加工”规定如下。

（1）每一成员应按其法律法规规定，允许货物进境和出境加工。允许出境加工的货物可依照该成员有效法律法规全部或部分免除进口关税和国内税后

① 参见梁丹虹《美国单一窗口 ACE/ITDS 的实施及启示》，《海关与经贸研究》2016 年第 5 期，第 17 页。

复进口。

（2）就本条而言，“进境加工”一词指用于制造、加工或修理并随后出口的货物据以有条件运入一关境并有条件全部或部分免于支付进口关税和国内税或有资格获得退税的海关程序。

（3）就本条而言，“出境加工”一词指在一关税区内自由流通的货物据以暂时出口至国外用于制造、加工或修理并随后复进口的海关程序。

“出境加工”是指国内企业借助境外技术、劳动力等资源开展出境加工再返回境内的业务，即生产环节“中间在外”。采用“出境加工”方式，可有效利用国外的先进技术、人力成本等优势，缓解本地资源、环境与人力限制的困难。

（二）我国开展出境加工业务的相关情况

我国海关对出境加工的探索始于20世纪80年代，1989年海关总署与当时的对外经济贸易部联合下发《关于加强对出料加工进出口货物管理的通知》[（89）署监一字第811号]，在当时特定的经济社会环境下，对出境加工（当时称为出料加工）进行了较为严格的规定。

近年来，我国海关对创新出境加工进行了研究论证，2012年12月11日，海关总署批复允许长春海关（珲春地区）开展对朝出境加工复进境业务，首次开展了试点工作，试点期限为2年，选择部分服装制造企业开展对朝（鲜）出境加工业务试点。[①] 首批共有4家试点企业，对其暂用“出料加工”监管方式办理海关通关手续，即以“境外加工费”、“料件费”和“复运进境的运输及相关费用和保险费”审查确定完税价格。以“海关接受该货物申报复运进口之日适用的汇率和税率”计征税款，在完税价格基础上再加入原出口的料件价值统计进口值。“出境加工”业务的开展，不仅破解了地方劳动力缺乏的难题，还将有利于推动地方产业转型升级，推动加工贸易发展。

2013年1月，珲春海关向珲春运达针织服装有限公司签发了首本出境加

① 参见《我国诞生首笔出境加工业务订单销售“两头在内”》，http：//www. mzyfz. com/cms/benzhousheping/shepingzhuanqu/shizheng/html/1238/2013－02－25/content－669674. html，访问时间：2016年9月27日。

工贸易手册，对该公司与罗先市先锋出口服装厂签订的出口加工合同进行了备案，这是珲春海关先行先试、积极申请的全国独有的“出境加工”业务得到总署批复后，办理的首笔出境加工业务。2014 年 8 月 7 日，长春海关公告提出了 30 条措施并获得了海关总署批复，继续支持长春海关开展“出境加工”业务，扩大了“出境加工”试点业务范围，逐步从服装行业扩展到其他行业，吸引了更多加工贸易企业向吉林转移。

2014 年 9 月，海关总署批准辽宁和福建开展出境加工业务的试点，辽宁省首票出境加工货物在丹东口岸申报出口，共有 5 家企业试点运行出境加工业务；2014 年 9 月 30 日，福建首票出境加工货物在厦门海关快速验放，10 月 1 日运往印度，总价值 7.61 万美元。

2015 年 5 月，海关总署出台服务“一带一路”16 条措施，其中明确提出了要完善海关出境加工货物管理模式，适时选择部分企业开展试点，实施适用“走出去”企业物资回运的完税价格审核办法，推动我国优势产业走出去、优势产能转出去、技术标准带出去。

2015 年 10 月，在海关总署召开的自贸试验区内海关监管制度创新评估会上，出境加工政策被列入首批在全国海关复制推广的 15 项举措之一。①

（三）建议与思考

《中华人民共和国进出口关税条例》和《中华人民共和国海关进出口货物征税管理办法》对“出境加工货物”复运进境的完税价格问题进行了规定。但是，除了其中的出境维修（进出境修理货物监管方式代码 1300，简称“修理物品”）外，我国目前没有与协定规定的出境制造、加工对应的贸易方式及与之配套的监管制度（包括监管代码、单证要求等），在现阶段实施该项措施客观上缺少法律依据。此外，考虑到加工过程位于境外，不仅存在监管风险的问题，以“境外加工费”、“料件费”及“复进境的运输及相关费用和保险费”为基础审定完税价格实际难度也很大。

---

① 参见福建自贸试验区领导小组办公室、福建自贸区发展研究中心、毕马威企业咨询（中国）有限公司《福建自贸试验区创新实践探索》，海峡出版发行集团、福建人民出版社，2016，第 133 ~ 135 页。

出境加工是一种国际通行做法，从长远看开展出境加工业务有助于企业在更广阔的全球化市场范围内进行产业结构调整和资源优化配置。目前，海关总署已选择厦门、南京、大连等部分海关开展出境加工业务试点，并将之作为自贸区第二批在全国范围内复制推广的制度创新之一。试点期间，试点企业使用“出料加工（1427）”监管方式办理进出口通关手续，在 H2010 出境加工手册（账册）系统上线以前，暂时使用纸质手册、手工管理。同时，海关不断尝试通过与境外加工企业所在地海关（或具备海关职责的政府机构）建立合作机制，或通过第三方机构提供的境外情况证明辅助海关监管。目前，海关正在起草《中华人民共和国海关出境加工业务监管暂行办法》，预计 2017 年完善监管政策并实现推广。从目前试点效果来看，该政策不仅有效缓解了企业人力成本高的问题，还整合了国内国外两个市场、两种资源，拓展了本土企业的发展空间和市场份额，打造企业转型升级的平台。

六 结语

《贸易便利化协定》的生效和实施对我国具有重要的意义，在我国实施“一带一路”战略和自由贸易试验区战略背景下，推动《贸易便利化协定》的生效和实施有助于跨境货物的加速放行和流动，提高贸易效率，降低贸易成本，同时也会促进我国口岸通关综合管理体制和口岸治理能力的优化和提升。

B.18
《新政》背景下的跨境电子商务管理模式创新

高 翔 贾亮亭 张 磊*

摘 要：跨境电子商务在落实“一带一路”倡议、促进制造业转型升级、扩大就业等方面具有十分重要的意义。通过对8座跨境电商试点城市调研发现，跨境电子商务试点城市发展不均衡；跨境电商进口与出口受《新政》影响不显著；新政后，跨境电商税负水平显著提高。在此基础上分析了我国跨境电子商务发展面临的挑战，即跨境电子商务法规政策不完善与跨境电子商务监管业务复杂存在矛盾；跨境电子商务企业盈利本质与企业守法成本存在矛盾；传统贸易的监管流程与跨境电子商务特殊性存在矛盾。通过借鉴国外跨境电子商务在立法通关申报制度、进口环节税费、行业自律方面的经验，提出创新跨境电子商务综合管理模式的建议。

关键词：跨境电子商务 《新政》 试点城市

一 引言

随着经济的发展、互联网技术的成熟，跨境电子商务日益成为新兴且发展迅速的商业模式。联合国贸易和发展会议在《2015年贸易和发展报告》中指

* 高翔，上海海关学院办公室主任、讲师；贾亮亭，上海海关学院办公室实习研究员；张磊，上海海关学院经济与工商管理系讲师。

出，2015年全球的经济增长率约为2.5%，仍然低于经济危机爆发前4%的平均水平，因此，全球经济正处于萎靡的状态。[①] 近年来，跨境电子商务在传统对外贸易放缓的情况下却快速增长，这一变化在丰富贸易新渠道的同时，也给政府综合管理模式带来新的难题。2016年4月8日，我国开始实施海关总署第26号文，即《关于跨境电子商务零售进口税收政策》（以下简称《新政》）并调整行邮税，使跨境电商再次吸引了社会各界的目光。

为进一步了解我国跨境电子商务开展的实际情况，上海海关学院跨境电商海关监管科研创新团队赴重庆、广州、深圳、郑州、宁波、杭州、东莞、上海8个城市开展实地调研，了解当地跨境电子商务监管和天猫国际、小红书、蜜芽宝贝、跨境通、苏宁跨境购等知名电商企业运营情况。调研发现，许多地方政府把推动跨境电子商务发展作为稳定就业、促进外贸增长的重要抓手；同时，以跨境电子商务为主要业务的企业也迫切希望相关管理部门能够适应跨境电子商务发展的要求，建立与跨境电子商务发展相配套的监管体系，促进我国跨境电子商务的良好发展。本研究在分析我国跨境电子商务发展现状的基础上，通过实证分析和国别比较研究，提出创新跨境电子商务监管模式的相关建议。

二　我国跨境电子商务的发展现状

（一）跨境电子商务的概念界定

明确电子商务的含义是定义电子商务的首要前提。联合国经济合作和发展组织（OECD）将电子商务定义为：卖家与卖家之间、卖家与买家之间发生在互联网上的商业交易的活动。[②] 联合国国际贸易法律委员会（UNITRAL）认为：电子商务采用的是以电子数据交换技术和其他通信形式来增进国际贸易的

---

① Samiee S，1998，“The internet and international marketing：is there a fit?”，Journal of Interactive Marketing，pp. 5－21.

② Pan X，Gunasekaran A，Mc Gaughey R E，2006，“Global e-business：firm size，credibility and desirable modes of payment”，International Journal of Business Information Systems，pp. 426－438.

一种活动。[①] 随着对电子商务的深入研究，对电子商务的定义、界定更加细化，狭义的电子商务是卖家与卖家或卖家与买家之间的通过互联网进行商品交易的活动，也就是通常所说网络商品批发和零售。

跨境电子商务是电子商务的一个新兴的分支，对应电子商务的定义，不同国家或地区间的交易主体通过网络平台实现商品交易和与商品交易相关其他商业数据交换行为被定义为广义的跨境电子商务（cross-border electronic commerce）。[②] 我国正在修订的《电子商务法》将跨境电子商务定义为：在不同关境内的交易主体，通过电子商务平台达成交易并进行支付结算，通过跨境物流送达商品，完成商品交易、服务交易及相关服务。本文主要研究后一种，即狭义的跨境电子商务。

（二）国家支持跨境电子商务的政策

自2013年开始，我国大力出台政策以促进跨境电子商务的发展，成为推动跨境电商行业成长的重要助推器。其中，2013年8月国务院发布的《关于实施支持跨境电子商务零售出口有关政策的意见》最具标志性意义。《意见》明确提出对跨境电子商务进行包括6项具体措施的政策支持，从而解决跨境电子商务零售出口在海关、检验检疫、税务和收付汇等方面存在的问题。2013年至今，国务院及其他相关部门发布了若干支持跨境电商发展的政策，降低了对电子商务外资准入的要求，解决了为跨境电子商务交易双方提供不同币种资金收付及结售汇服务的问题，支持建立与完善电子商务出口检验监管模式，并实施适应电子商务出口的税收政策，规范了跨境电子商务试点流程，严格了交易过程中的风险管理等。

2012年国家批准上海、重庆、杭州、宁波、郑州5市为跨境电子商务试点城市，随后几年加入了广州、深圳、天津、福州、平潭5座城市，试点城市的规模快速扩大，体现了国家对发展跨境电子商务的决心。国务院在2015年3月12日印发《关于同意设立中国（杭州）跨境电子商务综合试验区的批

---

① Lee J, 2012, "Network effects on international trade", Economics Letters, pp. 199 - 201.

② 中国电子商务研究中心：《2016年中国跨境电商市场现状分析及行业发展趋势》，2016年9月10日，http://www.chyxx.com/industry.html。

复》，指出地方政府要通过深化改革、扩大开放以完善跨境电子商务各环节的业务流程、监管模式等方面，建立适合不同地区发展要求的跨境电子商务运行模式。

（三）我国跨境电商发展现状和通关模式

1. 我国跨境电商发展的现状

近年来，我国跨境电商完成了从起步阶段到迅速成长阶段的巨大转变。我国跨境电商的规模在 2015 年为 5.4 万亿元，同比增长 28.6%。[①] 随着更多跨境电商企业的积极加入、国家扶持政策的出台以及跨境电商体系的逐步建立与完善，跨境电商在未来几年仍会保持快速发展，预计到 2017 年，跨境电商对我国进出口贸易总额的贡献将达到 20% 左右。2011～2016 年我国跨境电子商务交易规模如图 1 所示。

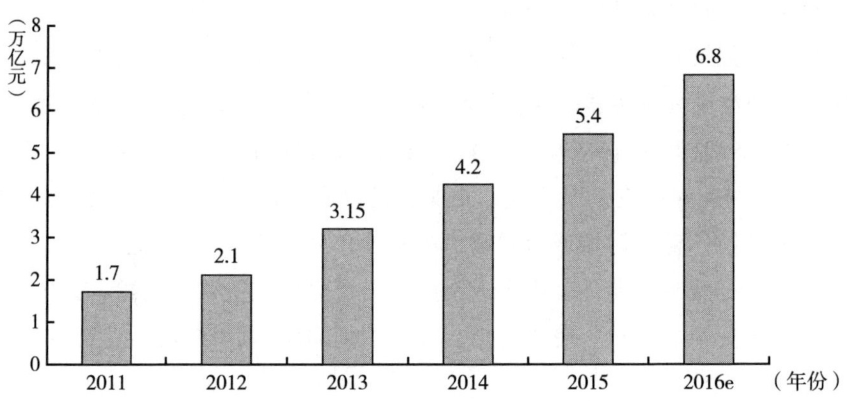

图 1　2011～2016 年跨境电子商务交易规模

2015 年我国跨境电商进出口结构表明，跨境出口的规模为 4.49 万亿元，跨境进口的规模为 9072 亿元。[②] 虽然我国跨境电商进口起步晚，但随着国内消费者需求的增加，预计未来跨境电商进口份额会持续上升，但受到跨境电商

① 中国电子商务研究中心：《2015 年度中国电子商务市场数据监测报告》，2016 年 10 月 9 日，http：//www.100ec.cn/zt/2015sndbg/。

② 艾瑞咨询：《2016 年中国跨境进口零售电商行业现状研究分析》，2016 年 9 月 10 日，http：//www.askci.com/news/chanye.shtml。

新政策影响，跨境电商进口份额会平缓上升。

2. 跨境电商通关模式分析

针对如今跨境电商零售进出口业务特点及存在的问题，海关总署创造性地提出了四种通关监管模式。

（1）“一般出口”模式：跨境电商通过“清单核放，汇总申报”的方式，海关在监管场所对货物进行监管，海关以“清单核放”的模式，企业定期将结关的清单数据进行汇总，通过“9610”贸易方式形成出口货物报关单向海关申报。

（2）“特殊区域出口”模式：企业把关境外的货物按一般贸易报关进入保税监管场所或者海关特殊监管区域，企业在上述两个区域内退税，从而降低成本；对于关内的货物，境外网购交易达成后，海关凭清单核放，出口商品由跨境物流分批运送，海关定期将结关的清单汇总，并通过“1210”贸易方式形成出口报关单向海关申报。

（3）“直购进口”模式：企业将符合条件的电子商务平台与海关资源中心联网，实现数据资源共享；境内个人在电子商务平台完成线上交易活动后，商品通过海关的监管场所进行监管，海关凭清单进行核放。

（4）“网购保税进口”模式：企业将进口商品按照“1210”贸易方式报关运入海关特殊监管区域或保税物流中心（B 型）内，纳入海关统计，海关建立电子商务管理账册；境内个人在电商平台完成线上购买已进入区内的商品后，海关凭清单核放，境内物流企业负责商品派送，准确验放后账册自动核销。

从实际运作成效看，各试点城市政府和跨境电子商务企业战略布局和选择不同，在四种跨境电子商务进出口海关通关监管模式中各有侧重，各有特点。

进口方面，网购保税进口模式具有国际运费低、发货速度快等优势，成为跨境电商进口的首选模式，相较于直购进口模式，增幅较大，在进口业务中占比较重，以重庆海关为例，进口业务以网购保税进口为主，相关比重自试点以来维持在 99% 左右。① 税收新政实施后，受税收政策、通关单及食药品备案的影响，直购进口及网购保税进口业务出现短暂下降，但在国家出台政策宣布试

① 来源于课题组调研数据。

点城市暂缓一年执行后，直购进口及网购保税进口业务量又继续出现上升态势。

出口方面，与传统贸易增幅放缓甚至下降不同，各试点城市一般出口业务量呈爆炸式增长，成为经济增长新亮点；根据课题组实地调研广州、杭州、重庆等9个主要试点城市来看，均未开展特殊区域出口业务，该模式仅停留在测试阶段。

（四）试点城市跨境电商的开展情况

从2013年初开始，海关负责推动跨境电子商务的试点工作，力图总结试点过程中制度创新和技术实施两个方面的经验，为建立跨境贸易电子商务新的政策制度和监管模式提供借鉴。课题组对2014年至今跨境电商相关的数据进行梳理与回顾。

1. 试点关区跨境电子商务清单票数

表1与图2梳理了8个试点关区跨境电商进口与出口的清单票数。

表1　部分试点关区跨境电子商务清单票数

单位：万条

项目	2014年	2015年	2016年1月1日至4月8日	2016年4月9日至5月29日
广州海关	4930.90	10308.66	2655.89	265.21
上海海关	12.10	228.15	215.15	118.26
黄埔海关	5.50	134.89	138.75	48.90
重庆海关	20.78	344.36	294.57	68.37
宁波海关	143.86	1232.51	585.66	213.31
杭州海关	503.00	10306.00	4322.00	501.00*
郑州海关	48.16	4526.74	1822.02	514.13
深圳海关	4.97	972.55	585.82	140.31

注：*这一数值截至6月21日。

2. 部分试点关区跨境电子商务进口税款

（1）税额

表2与图3梳理了7个试点关区跨境电商的进口税额数。

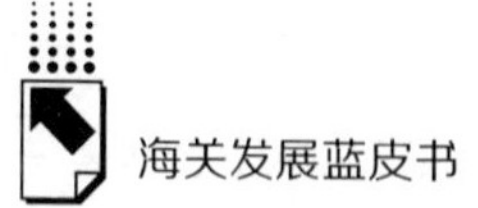

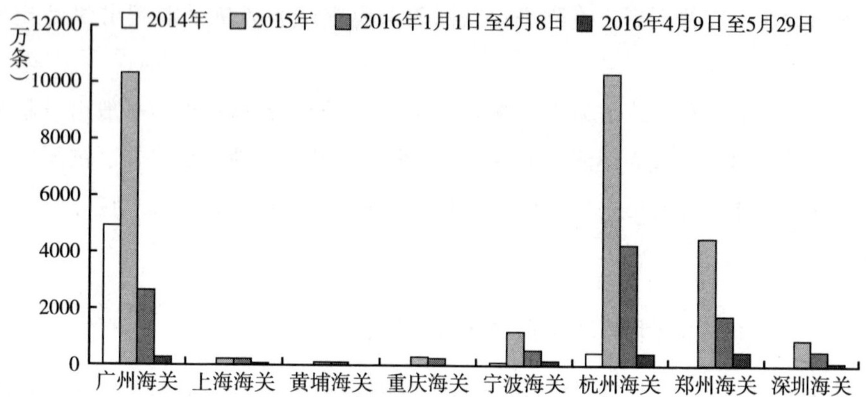

图 2　部分试点关区跨境电子商务清单票数

表 2　部分试点关区跨境电子商务税额

单位：万元

项目	2014 年	2015 年	2016 年 1 月 1 日至 4 月 8 日	2016 年 4 月 9 日至 5 月 29 日
广州海关	655.2	16077.1	4236.8	6609.3
黄埔海关	0.6	3353	2212	3099.4
重庆海关	148	653	264	2165
宁波海关	0.023	612	303.7	4705.8
郑州海关	718.7	11150.9	2293.2	7619.7
深圳海关	2.4	2043	1027.5	2367.3
杭州海关	285.4	4413.1	2730.3	11334 *

注：* 这一数值截至 6 月 21 日。

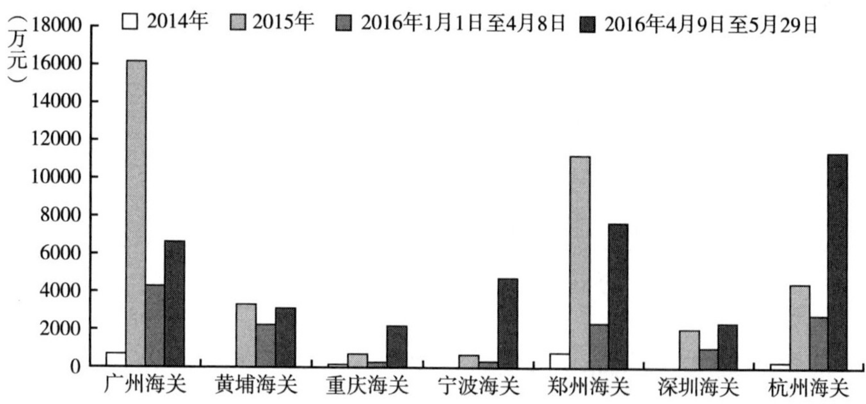

图 3　部分试点关区跨境电子商务税额

（2）平均税率①

表 3 与图 4 梳理了 5 个试点关区跨境电商的进口平均税率。

表 3　部分试点关区跨境电商平均进口税率

单位：%

项目	2014 年	2015 年	2016 年 1 月 1 日至 4 月 8 日	2016 年 4 月 9 日至 5 月 29 日
广州海关	2.51	3.10	3.45	12.46
黄埔海关	2.45	7.66	4.93	12.24
重庆海关	2.50	0.80	0.38	11.85
杭州海关	1.21	1.37	1.59	11.98
郑州海关	8.01	2.88	1.48	13.13

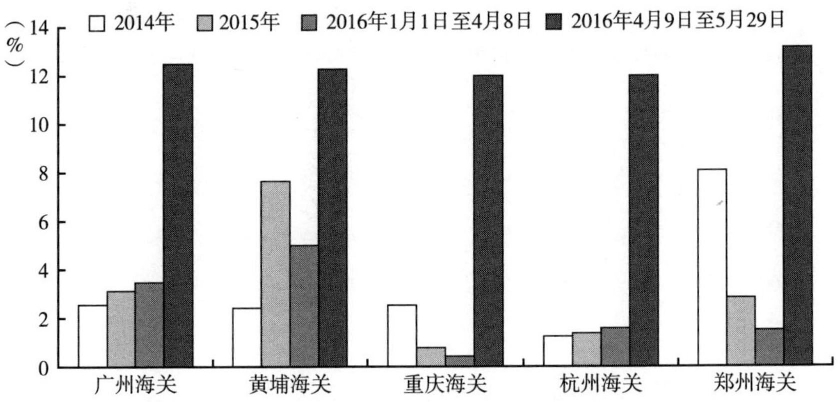

图 4　部分试点关区跨境电商平均进口税率

3. 不同通关模式下进口业务量情况

从全国试点情况来看，目前试点城市以物流集散地和口岸以及产品生产地等为主。课题组通过调研部分跨境电子商务试点城市，对不同通关监管模式下的业务量统计分析如下。

（1）直购进口模式业务量

表 4 与图 5 梳理了部分试点关区直购进口业务量。

① 平均税率 = 同期税额数/（保税进口业务量 + 直购进口业务量）×100%。

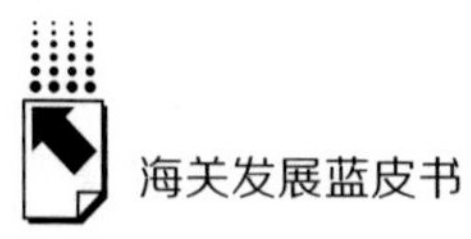

表4　部分试点关区直购进口业务量

单位：万元

项目	2014 年	2015 年	2016 年 1 月 1 日至 4 月 8 日	2016 年 4 月 9 日至 5 月 29 日
广州海关	12233.6	281605.4	50592.7	15954.2
黄埔海关	5	41473	41487	24200
上海海关	1942.7	11073.6	6552.5	9610.6
重庆海关	129	1098	893	252
杭州海关	3826.7	61234.5	27094.8	12594.2*
郑州海关	1907.7	5134.6	1841.3	7.3
宁波海关	—**	4755.16	13054.93	1964.23

注：* 这一数值截至 6 月 21 日；** 这一部分数据宁波海关因没有提供而空缺。

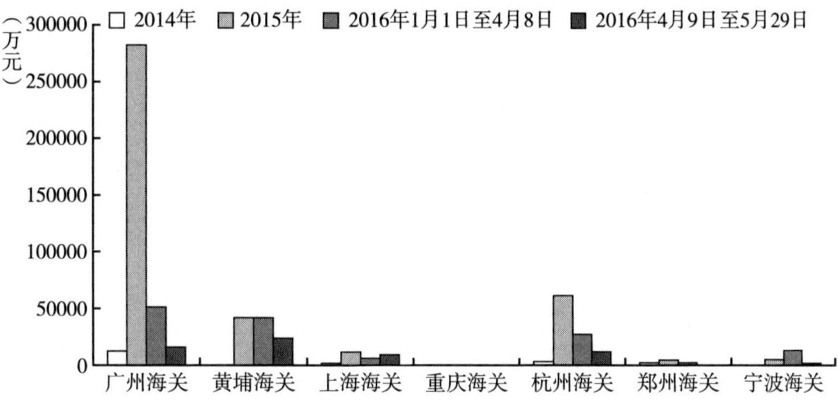

图5　部分试点关区直购进口业务量

注：本图不包括宁波海关 2014 年数据。

（2）保税进口模式业务量

表 5 与图 6 梳理了 8 个试点关区跨境电商的保税进口模式业务量。

（3）部分试点城市保税进口与直购进口比例

表 6 梳理了部分试点关区跨境电商的直购进口模式与保税进口模式占的不同比重。

4. 部分试点关区跨境电子商务进口税款

表 7 与图 7 梳理了 4 个试点关区跨境电商零售出口业务量。

表 5　部分试点城市保税进口业务量

单位：万元

项目	2014 年	2015 年	2016 年 1 月 1 日至 4 月 8 日	2016 年 4 月 9 日至 5 月 29 日
广州海关	13921.6	236250.1	72174.3	37094.5
上海海关	1770.1	30671.6	32738.1	12728.2
黄埔海关	19.5	2306	3393	1130
重庆海关	5784	80122	69026	18016
宁波海关	36614.4	259746.7	111658.1	39497.5
杭州海关	19686.4	261441.5	144252.4	82042.5*
郑州海关	7066.9	381695	153283	58013.9
深圳海关	141.3	13920	9672.6	3284.8

注：*这一数值截至 6 月 21 日。

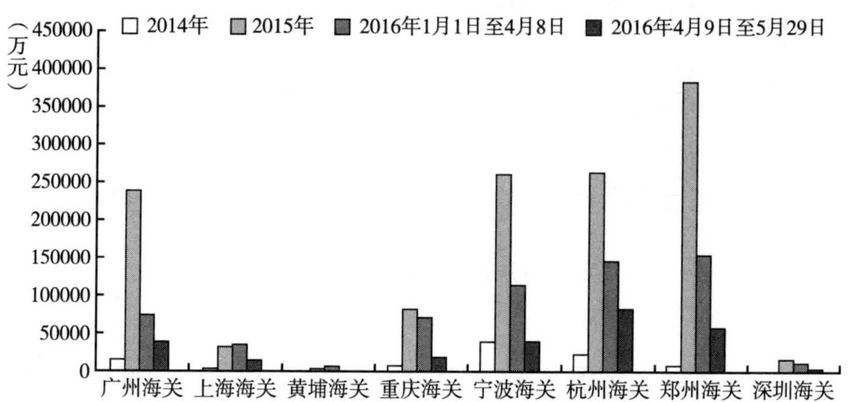

图 6　部分试点城市保税进口业务量

表 6　试点关区跨境电子商务直购进口模式与保税进口模式的比重

单位：%

项目	2014 年		2015 年		2016 年 1 月 1 日至 4 月 8 日		2016 年 4 月 9 日至 5 月 29 日	
	直购	保税	直购	保税	直购	保税	直购	保税
广州海关	46.77	53.23	54.38	45.62	41.21	58.79	30.07	69.93
黄埔海关	20.41	79.59	94.73	5.27	92.44	7.56	95.54	4.46
上海海关	52.32	47.68	26.53	73.47	16.68	83.32	43.02	56.98
重庆海关	2.18	97.82	1.35	98.65	1.28	98.72	1.38	98.62
杭州海关	16.27	83.73	18.98	81.02	15.81	84.19	13.31	86.69
郑州海关	21.26	78.74	1.33	98.67	1.19	98.81	0.01	99.99

表 7 部分试点关区零售出口业务量

单位：万元

项目	2014 年	2015 年	2016 年 1 月 1 日至 4 月 8 日	2016 年 4 月 9 日至 5 月 29 日
广州海关	280880. 7	550484. 8	169943. 7	24661. 6
黄埔海关	6890. 0	34781. 5	11401. 0	10588. 5
杭州海关	22405. 5	348939. 5	174213	21488. 5
郑州海关	1307. 5	5814. 9	1443. 6	40. 5

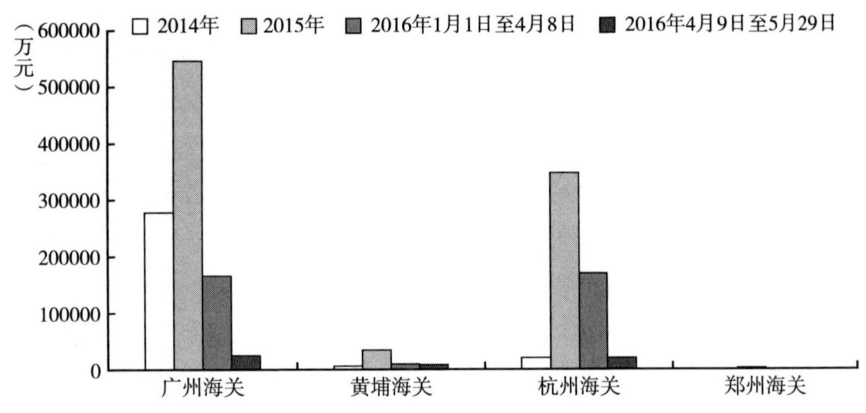

图 7 部分试点关区零售出口业务量

（五）新政对跨境电商业务的冲击情况——基于经验数据的统计

新政对跨境电商业务的冲击是显而易见的，但这要来自于统计学的依据。为了进行对比，我们选取 2015 年至新政前的平均数据与新政后的平均数据进行对比统计，这是因为 2015 年是跨境电商发展最蓬勃的一年，相关数据具有统计可比性。

1. 新政前后跨境电商清单日平均清关票数变化的统计学分析

表 8 反映了新政前后各试点关区跨境电商日平均清关票数。

对新政前后日平均票数进行平均值的成对双样本分析，统计结果如表 9 所示。

结论：通过 t 值与 t 双尾临界，可以看出在 5% 的显著性水平下，新政前后跨境电商日平均清关票数没有显著性变化。实际上，某些关区跨“4. 8 新政”

表 8　新政前后各试点关区跨境电商日平均清关票数

单位：万票

项目	新政前	新政后	项目	新政前	新政后
广州海关	715.9442	312.8275	重庆海关	4.290948	4.941176
黄埔海关	178.7931	474.5098	杭州海关	190.3649	174.9194
上海海关	37.98728	188.4431	郑州海关	15.03427	0.143137

表 9　新政前后跨境电商日平均清关票数成对双样本均值分析

项目	新政前	新政后	项目	新政前	新政后
平均	190.4024	192.6307	t Stat	-0.02336	
方差	72990.15	33302.63	P(T≤t)单尾	0.491134	
观测值	6	6	t 单尾临界	2.015048	
泊松相关系数	0.524199		P(T≤t)双尾	0.982269	
假设平均差	0		t 双尾临界	2.570582	
df	5				

后单日清关票数还有所上升。这一现象可能是由于新政的暂缓实施对跨境电商影响的消除。同时，我们也可以认为，新政对跨境电商的影响并不大。

2. 新政前后跨境电商日平均税额变化的统计学分析

表 10 反映了新政后试点关区跨境电商日平均征税额的变化。

表 10　新政前后部分试点关区跨境电商日平均税额

单位：万元

项目	新政前	新政后	项目	新政前	新政后
广州海关	43.77996	129.5941	郑州海关	28.97435	149.4059
黄埔海关	11.99353	60.77255	深圳海关	6.617457	46.41765
重庆海关	1.976293	42.45098	杭州海关	15.39526	157.4167
宁波海关	1.973491	92.27059			

对新政前后日平均征税额进行平均值的成对双样本分析，统计结果如表 11所示。

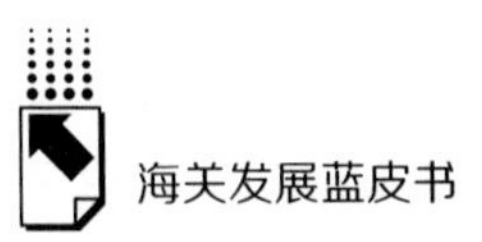

表 11　新政前后日平均征税额的成对双样本均值分析

项目	新政前	新政后	项目	新政前	新政后
平均	15.81576	96.90406	t Stat	-5.31773	
方差	239.6132	2387.971	P(T≤t)单尾	0.0009	
观测值	7	7	t 单尾临界	1.94318	
泊松相关系数	0.660951		P(T≤t)双尾	0.001799	
假设平均差	0		t 双尾临界	2.446912	
df	6				

结论：通过 t 值与 t 单尾临界，可以看出在 5% 的显著性水平下，新政后跨境电商日平均征税额有了显著提升。这说明两个问题，一是跨境电商新政后进口量并没有显著下降；二是新政后税负水平确实上升。

3. 新政前后跨境电商平均税率变化的统计学分析

本文比较 2016 年 1 月至新政前以及新政之后跨境电商平均税率的变化。具体数值如表 12 所示。

表 12　新政前后试点城市跨境电商平均税率情况

单位：%

项目	2016 年 1 月 1 日至 4 月 8 日	2016 年 4 月 9 日至 5 月 29 日	项目	2016 年 1 月 1 日至 4 月 8 日	2016 年 4 月 9 日至 5 月 29 日
广州海关	3.45	12.46	杭州海关	1.59	11.98
黄埔海关	4.93	12.24	郑州海关	1.48	13.13
重庆海关	0.38	11.85			

对新政前后平均税率进行平均值的成对双样本分析，统计结果如表 13 所示。

表 13　新政前后跨境电商试点城市平均税率成对双样本均值分析

项目	新政前	新政后	项目	新政前	新政后
平均	0.02366	0.12332	t Stat	-12.246	
方差	0.000327	2.54E-05	P(T≤t)单尾	0.000128	
观测值	5	5	t 单尾临界	2.131847	
泊松相关系数	0.116814		P(T≤t)双尾	0.000255	
假设平均差	0		t 双尾临界	2.776445	
df	4				

结论：通过 t 值与 t 单尾临界，可以看出在 5% 的显著性水平下，新政后跨境电商平均税率有了显著提升。这说明新政后对跨境电商的征税模式导致的税负水平大于原有行邮税所产生的税负水平。

4. 新政前后跨境电商日平均直购进口业务量变化的统计学分析

表 14 反映了新政前后各试点关区跨境电商日平均直购进口业务量数额。

表 14 新政前后部分关区跨境电商日平均直购进口业务量

单位：万元

项目	新政前	新政后	项目	新政前	新政后
广州海关	715.9442	312.8275	杭州海关	190.3649	22.01783
黄埔海关	178.7931	474.5098	郑州海关	15.03427	0.143137
上海海关	37.98728	188.4431	宁波海关	38.38381	38.51431
重庆海关	4.290948	4.941176			

对新政前后日平均直购进口业务量进行平均值的成对双样本分析，统计结果如表 15 所示。

表 15 新政前后跨境电商日平均直购进口业务量成对双样本均值分析

项目	新政前	新政后	项目	新政前	新政后
平均	168.6855	148.771	t Stat	0.236272	
方差	64126.51	34265.72	P(T≤t)单尾	0.41054	
观测值	7	7	t 单尾临界	1.94318	
泊松相关系数	0.519063		P(T≤t)双尾	0.82108	
假设平均差	0		t 双尾临界	2.446912	
df	6				

结论：通过 t 值与 t 双尾临界，可以看出在 5% 的显著性水平下，跨境电商日平均直购进口业务量没有显著性变化。

5. 新政前后跨境电商日平均保税进口业务量变化的统计学分析

表 16 反映了新政前后各试点关区跨境电商日平均保税进口业务量数额。

表 16 新政前后部分关区跨境电商日平均保税进口业务量

单位：万元

项目	新政前	新政后	项目	新政前	新政后
广州海关	664. 7078	727. 3431	宁波海关	800. 4414	774. 4608
上海海关	136. 6588	249. 5725	杭州海关	874. 3403	1139. 479
黄埔海关	12. 28233	22. 15686	郑州海关	1152. 97	1137. 527
重庆海关	321. 4397	353. 2549	深圳海关	50. 84612	64. 40784

对新政前后日平均保税进口业务量进行平均值的成对双样本分析，统计结果如表 17 所示。

表 17 新政前后日平均保税进口业务量成对双样本均值分析

项目	新政前	新政后	项目	新政前	新政后
平均	501. 7108	558. 5253	t Stat	-1. 68913	
方差	183911. 3	202472. 8	P(T≤t) 单尾	0. 067523	
观测值	8	8	t 单尾临界	1. 894579	
泊松相关系数	0. 977705		P(T≤t) 双尾	0. 135046	
假设平均差	0		t 双尾临界	2. 364624	
df	7				

结论：通过 t 值与 t 双尾临界，可以看出在 5% 的显著性水平下，跨境电商日平均直购进口业务量没有显著性变化。

6. 跨境电商日平均出口业务量的统计学分析

表 18 反映了新政前后各试点关区跨境电商日平均出口业务量数额。

表 18 新政前后部分跨境电商试点关区日平均出口业务量

单位：万元

项目	新政前	新政后	项目	新政前	新政后
广州海关	1552. 648	483. 5608	杭州海关	1127. 484	298. 4514
黄埔海关	99. 53125	207. 6176	郑州海关	15. 64332	0. 794118

对新政前后跨境电商试点关区日平均出口业务量进行平均值的成对双样本分析，统计结果如表 19 所示。

表 19　新政前后试点关区日平均出口业务量成对双样本均值分析

项目	新政前	新政后	项目	新政前	新政后
平均	698.8265	247.606	t Stat	1.541831	
方差	579550.6	40258.36	P(T≤t) 单尾	0.11039	
观测值	4	4	t 单尾临界	2.353363	
泊松相关系数	0.90747		P(T≤t) 双尾	0.220779	
假设平均差	0		t 双尾临界	3.182446	
df	3				

结论：通过 t 值与 t 双尾临界，可以看出在 5% 的显著性水平下，跨境电商日平均出口业务量并没有显著性变化。

7. 整体结论

（1）跨境电子商务试点城市发展不均衡

因为各地政府和跨境电子商务企业有着不同的战略布局和对四种跨境电子商务进出口海关通关监管模式的不同选择，各地边境监管的宽严尺度和监管便利措施的创新各有不同，因此试点城市在跨境电子商务进出口开展的重点不同，各有特点，经验和教训值得互相借鉴。

导致跨境电子商务试点城市发展不均衡的原因，一方面是各地政府和跨境电商企业有战略布局的差异和选择了不同的海关通关监管模式。另一方面，不同试点城市跨境电商运营方式和监管体制各有不同。各试点城市根据当地特点设计了自成体系的跨境电商管理模式，虽然有利于因地制宜地解决各地实际问题，但在一定程度上也影响了执法统一性的有效贯彻，甚至可能造成相对的“监管洼地”。

（2）跨境电商进口与出口受《新政》影响不显著

《新政》出台后，由于跨境电商严格的“监管政策”得到暂缓一年实行的优惠，跨境电商业务快速恢复，跨境电商在《新政》出台前后，试点关区的日平均进口清单数、日平均保税进口业务量、日平均保税进口业务量、日平均出口业务量都没有显著的变化，跨境电商得到了平稳发展。

由于《新政》调整面过大，企业在落实政策时面临硬着陆的“尴尬”。据企业反映，《新政》实施前，直购进口商品按《中华人民共和国进境物品归类表》对商品进行管理，而《新政》实施后，企业需按“正面清单”的要求进行商品归类及区分，工作量非常大，短期内难以完成；同时，由于正面清单内的商品范围（尽管已公布两批清单）要少于《新政》之前允许经营商品范围，这些变动直接影响企业的经营，有些企业尤其是经营品种比较单一的企业甚至可能无法继续开展跨境电商业务，面临一场“硬着陆”的考验。

（3）《新政》出台后，跨境电商税负水平显著提高

《新政》出台以后，对跨境电商商品改征关税、增值税和消费税，并给予一定的优惠，但取消免征额，而行邮税有50元的免征额，因此造成跨境电商商品税负水平显著上升，各关区日征税额也有了显著提升。这说明《新政》出台后的税收政策与税收环境发生了很大变化。

从短期来看，由于税收新政未设置缓冲期，电商企业应对不足，出现恐慌情绪，有的企业处于观望状态，短期内业务量会下降；长远来看，社会各界普遍接受和适应税收新政后，其对拉动内需、鼓励进口消费，税收优惠红利直接让利消费者的政策导向作用将更加明显，网购保税进口业务将进入新的发展周期，并实现快速增长。由于互联网有着开放性和透明性的特点，跨境电子商务比传统商务的商业信息披露程度更高，对减少商业欺诈行为、改善商业生态环境，都起着变革性的作用。因此，相关政府部门在明确将其纳入征税范围的同时，也应给予其适度的优惠政策，以引导跨境电子商务的健康发展。

三　我国跨境电子商务发展面临的挑战

跨境电子商务在落实“一带一路”战略、促进制造业转型升级、扩大就业等方面具有十分重要的意义，跨境电子商务在快速发展的同时也面临着许多挑战。

（一）跨境电子商务法规政策不完善与跨境电子商务监管业务复杂存在矛盾

跨境电子商务在经济发展中的作用越来越大，国家发改委、商务部、海关总署、人民银行、质检总局、国家邮政局等部门积极出台了一系列的指导意见以及部门公告、通知等法律文件。立法存在滞后性，无法对快速发展的跨境电

子商务产生的问题做出及时调整。我国跨境贸易电子商务法律法规主要存在以下问题：一是国家立法层面，尚未明确跨境贸易电子商务的含义、性质、认定标准、监管原则等基础性内容，也未明确监管对象、商品范围、通关税收、贸易管制、检疫检验、国内税收等具体管理要求；二是监管部门之间的互联互通机制亟待加强，各试点城市自行构建相互独立的监管模式，缺乏全国相对统一的监管模式；三是监管上没有平衡合法和适度两个原则，也就是要求相关政府部门适度进行监管的同时，促进和鼓励跨境电商的发展创新；四是立法层次有待提高、内容的全面性和可操作性还有待加强。

同时，跨境贸易电子商务执法有待统一。各试点城市根据当地特点设计了自成体系的跨境电商管理模式，虽然有利于因地制宜地解决各地实际问题，但在一定程度上也影响了执法统一性的有效贯彻，甚至可能造成相对的“监管洼地”。如有的试点城市对企业拆单行为管理较严，并对企业申报价格的真实性进行严格把关，但有的试点城市对拆单行为管理较松。各试点间的政策落差带来了跨境电商企业间的恶性竞争，甚至产生“劣币驱逐良币”现象。

（二）跨境电子商务企业盈利本质与企业守法成本存在矛盾

调研发现，企业对跨境电子商务监管政策缺乏了解，守法意识较淡薄，未来跨境电子商务发展仍将面临灰色清关的冲击。之所以出现灰色通关，一是因为跨境商品进口前置审批周期过长。《新政》中明确指出，跨境电商零售进口按一般贸易通关单模式进行，以婴儿奶粉为例，不仅要求复杂的随附单证，还需要用中文印刷奶粉罐头，境外生产企业注册，以及未来的婴儿奶粉配方注册等前置性审批，手续繁杂、办理时间长；以国人热切追捧的保健品为例，目前在我国药监局备案的只有 700 多种，而新品申请备案从提交材料到审批结束时间长达 1～2 年，不仅如此，按照新保健品注册管理办法，几乎国外所有保健品都不能满足我国市场准入要求，这势必降低跨境电商进口商品的种类。二是进口检验检疫成本过高。跨境电子商务通过互联网实现国内消费者与国外商品市场的快速对接，通常是小批量多批次的采购方式，过高的抽检比例和检测成本给以一般贸易进口为主要进口模式的跨境电商带来了巨大的财政负担。高昂的费用对赚取微薄利润的跨境电商来说难以承受，势必阻碍作为国家倡导消费回流的新兴业态的可持续发展。

（三）传统贸易的监管流程与跨境电子商务特殊性存在矛盾

进口监管流程方面，一是跨境电子商务零售进口税收新政的有关过渡期监管方案于5月11日开始执行，但相关系统和程序仍在修改中，如“保税电商”的跨境报关单在H2010中仍受申报通关单的限制，需采取如集中时段走通关特殊通道人工接单作业等措施进行解决，短期内人工监管业务量较大。二是从监管方案以外的跨境试点城市流转的货物、以保税仓储贸易方式入境的货物等，是否可以在监管方案中的10个试点城市从事跨境业务目前没有明确规定。各口岸监管部门之间针对监管方案落实问题需要进一步沟通协调。

出口监管流程方面，海关主要采用“事中监管”的方式。跨境电子商务单次品种多而数量少的特点，通过事中监管方式对每单交易进行申报，增加了海关的查验工作量，难以保证海关执法效率，也让通关便利化成为一纸空文，在一定程度上阻碍跨境电子商务的发展。另外，从跨境电商零售出口的实际物流看，商品在运抵海关监管现场前已完成了货物的打板装载。由于海关采用是“清单核放、汇总申报”模式规范跨境电子商务零售出口，实际监管方式则参照邮/快件监管方式，即要求零售出口商品抵达海关监管现场后必须全部拆封卸载，完成查验放行后，才可重新装载离境。这大大增加了企业的物流成本，延长了通关时间，与普通货物现场集货拼柜出口方式相比，并没有凸显效率和成本优势。

四　国外跨境电子商务相关管理经验比较

各国经济水平、贸易制度、市场规模、技术能力、互联网发展和使用的差异使其跨境电子商务的规模、速度、水平存在较大的区别。目前，跨境电子商务较为发达的国家（地区）有美国、中国、欧盟、日本、澳大利亚等。

（一）跨境电子商务立法比较

立法是跨境电商发展与管理部门监管的基石。当今世界范围内，属美国电子商务法律体系较为成熟完善，它包括了涉及电商的关税、电子支付、安全性、隐私保护、基础设施、知识产权保护等方面的制度规范。1997 年，美国发布的《全球电子商务框架》规定美国对无形商品或者网上服务的交易实行免征税额的政策；对有形商品在网上进行交易，其税收征收应按照当前规定实现。[①] 该框架确立互联网独特性质、企业主导、政府避免不恰当限制、政策可预测以及全球视野五大原则。

欧盟在 1997 年推出的《欧盟电子商务行动方案》中指出，欧盟必须在信息基础设施建设、管理框架变革等方面做好充分准备，以行动原则为发展电子商务奠定良好基础。1999 年 12 月发布的《电子签名指令》中，将电子签名区分为简单、一般和严格三个等级，不同的等级代表不同的法律地位，通过区别对待证据效力来协调完善欧盟各成员国之间的电子签名法律。2000 年 5 月的《电子商务指令》全面规范了若干关键问题，包括关于开放电子交易、电子商务市场、电子商务服务提供者的责任等。[②] 欧盟通过上述法律文件建立了统一、清晰，而又概括的电子法律框架，向其他国家表明了加强合作、共同探索电子商务的法律体系的意愿。

日本不仅制订了在每一个商务活动中都开展的电子商务促进计划，还拟定了跨国界电子商务的格式合同文本。除此之外，政府为扶持电子商务企业和具有创新性的重点项目、建立电商解决投诉纠纷机制、成立跨境消费者中心 CCJ 拨出了大量的预算。

（二）跨境电子商务通关申报制度比较

各国海关关于跨境电商商品的申报方式主要由商品价值和运输方式决定。美国分正式报关和非正式报关两种方式，加拿大分正常申报和低值货物申报形式，澳大利亚采用正式申报和低值货物自评申报。欧盟则要求如实申报跨境网购进口商品的品名、性质和价值。此外，各国都规定跨境贸易进口的商品不得在各国禁止和限制商品进口的清单范围内以及具备相关许可证等。

美国规定对无形商品或服务等网上交易免税，而对有形商品网上交易的税赋比照现行规定办理。美国政府率先实现网上贸易免税政策，并主张和推动各

---

① 中华人民共和国财政部：《关于跨境电子商务零售进口税收政策的通知》，2016 年 7 月 9 日，http：//gss. mof. gov. cn/zhengwuxinxi/zhengcefabuhtml。

② 高翔、贾亮亭：《基于结构方程模型的企业跨境电子商务供应链风险研究——以上海、广州、青岛等地 167 家跨境电商企业为例》，《上海经济研究》2016 年第 5 期，第 76 页。

国对网上贸易免征关税。海关规定跨境电商出入境商品无论金额大小可以通过快件、邮递或货运方式等多种途径出入境。[①] 个人使用的入境商品不受配额限制，个人跨境购买的邮递包裹的报关价值低于 200 美元时，清关不需任何文件（见表 20）。

表 20　美国跨境贸易电子商务进口商品申报

单位：美元

商品进境方式	价值	报关程序	商品进境方式	价值	报关程序
邮运	≤2500	非正式报关	货运	≤2500	非正式报关
	>2500	正式报关		>2500	正式报关
快递		正式报关			

加拿大海关规定当入境商品不超过 2500 美元且加入“低值货物运输项目”的快递公司通过提供一揽子最少文件获得快速清关。澳大利亚跨境电商入境商品无论以何种运输方式入境，不论是否个人使用，超过 1000 澳元的商品应正常报关进口；未超过 1000 澳元的低值商品进口按入关方式分为两种，一种是以邮递方式入境，由海关直接清关，另一种是以货运方式入关，货运公司应以自评清关的方式报关（见表 21）。

表 21　澳大利亚跨境电商进口商品申报方式

价值	商品进境方式	报关程序	关税和进口环节税费
≤1000 澳元	航空、海运	低值货物自评申报，提交 SAC 申报单	无
	邮运	无须提交 SAC 申报单	
>1000 澳元	航空、海运和邮运	正式申报，提交进口申报单	需缴纳

韩国海关将“快速通关”进口通关程序所覆盖的货物范围从六类货物拓展到了几乎全部类物品，但食品、药品等与公共健康与安全相关商品除外。据

① 乔阳、沈孟、刘杰：《电子商务对国际贸易的影响及应用现状分析》，《对外经贸》2013 年第 3 期，第 39 页。

韩国海关介绍，据其自动化通关系统显示，“快速通关”手续下的货物通关时间仅为4小时。通过电子交易平台出口的货物，呈现出价格低、种类繁杂的特点，韩国海关简化了相关出口的手续，将出口报关所需要的申报数据从57个简化到了37个。为了便利出口商，减轻其所需要填写报关单的数量，韩国海关开发了专门便利电子商务货物的出口报关平台。该平台可以将在线零售商的订单和销售直接转化为报关单，并与韩国电子化通关系统实现了对接。同时为了便利出口商填制报关单，韩国海关开通了商品归类导航服务，通过在线查找货物名即可查询出口货物正确的HS编码。

（三）跨境电子商务进口环节税费比较

美国和加拿大关于2500美元的规定与进口环节税费的减免无关，仅对进口货物的通关提出要求。欧盟海关规定进口商品完税价格不超过150欧元的，不需要缴纳进口关税（酒、香水和花露水以及烟草和烟草制品除外）；欧盟不同的成员国对进口环节增值税和消费税有不同数额的起征点。① 澳大利亚对不同用途和不同运输方式的价值1000澳元以下的商品，均实行免征进口关税、商品与劳务税和其他税费的政策。

另外，澳大利亚海关对于跨境电商退运货物，如果因为是消费者自身的原因造成的退运，并且已缴纳关税和进口环节税费的退运货物，不属于法律、法规规定可退税情形，不予退税。但是，如将进口货物复出口，在法律许可特定的情况下，跨境电商有权申请退还已缴纳的关税。

（四）跨境电子商务行业自律比较

行业自律是保障海关有效监管的重要途径。21世纪初，法国在执行建立在政府、网络技术开发商和服务商以及用户三方经常不断协商对话的基础上的“共同调控”的管理政策期间，先后发布了《信息社会法案》、《个人信息保护法》、《信任法》。法国社会组织在消费维权方面承担起了消费教育的职责。②

---

① Brookes H, Martin W E, Zaki W, 2000, “The shocking economic effect of B2B”, Goldman, Sachs & Co. Global Economics, p. 34.

② Cisco System, 2002, “The study report of E-commerce and economic growth”, pp. 56 – 60.

日本实施特例通关制度的目标是和欧美发达国家及东亚近邻国家实现 AEO 的相互承认，因此日本对于符合条件的贸易业者实行分类，给予守法和守信的跨境电商企业特殊待遇通关。澳大利亚海关在企业自觉守法的基础之上，将邮件监管的视点从供应链和边境管理前移，延展到了前期的购买行为。澳大利亚海关要求商家不得将澳海关规定的违禁物品出售给澳大利亚境内收件人。据统计显示，这项措施使得违禁品的缉获数目每月减少了 900 件。

（五）跨境电子商务物流比较

美国通过与卡哈拉邮政组织签署协议，为在线跨境电子商务客户提供可视性邮政服务来加强跨境电子商务物流通道邮寄、快递和货运渠道建设。同时，美国海关积极推进与多国邮政系统实现数据互联共享的进程，以此推进通关速度。日本邮政和新加坡邮政强强联合，对日本电子商务公司的海外销售业务提供一站式物流服务，电子商务贸易商可以简化从仓储到交付流程的新型电子商务贸易商交付服务。

五　创新跨境电子商务综合管理模式的意见和建议

综上，目前我国的一些管理制度和手段与跨境贸易电子商务发展的需要还有一定差距。需要国家相关部门创新管理模式，研究制定适合跨境电商健康有序发展的综合管理制度。在“管得住、管得好”的情况下，顺势而为，因势利导。

（一）完善相关政策法规，营造良好发展环境

目前跨境电商监管缺乏顶层设计，针对跨境电商的立法正在积极制定和完善中，建议国务院等相关部门认真研究我国跨境零售进口发展方向，制定相关配套政策，树立对跨境零售进口业务的中长期的正确政策导向，深化我国供给侧改革。监管部门出台相关操作规程和执行细则，完善细化岗位操作流程，从而不断完善跨境电子商务监管的执行依据，保证管理部门有法可依。

新政因为出台时间较紧和“正面清单”调整范围大，对跨境电商保税进口模式影响较大，考虑到管理部门具体监管措施的制定落实、通关系统的改造

切换、电商企业的业务结构调整等都需要一定时间消化，国务院给予先期试点的10个城市政策缓冲期，即在保持其他税率及正面清单政策不变的情况下，“通关单新政”暂缓一年实施。[①] 为进一步支持跨境新兴贸易的平稳过渡和转型发展，建议1年缓冲期后，在充分调研评估的基础上，该项政策在其他符合条件的城市范围内进行推广。同时，鉴于国家《电子商务法》和《关税法》正在制定过程中，建议将相关过渡期延长至相关法律法规出台。

（二）完善口岸协作机制，推进“单一窗口”建设

由于跨境电子商务要求企业与监管部门之间实现规模大、数据多的电子数据交互，为优化口岸通关管理机制，转变海关职能实现方式，进一步促进贸易便利化，降低企业综合成本，发挥各项创新优势，各方一致认为在跨境电子商务领域很有必要推进建设全国性单一窗口平台。海关积极支持单一窗口模式业务开展，即企业优先通过单一窗口平台接入，继而对接海关、质检等口岸管理部门，发挥单一窗口的数据共享和业务协调机制，为社会创新增量价值。但是，目前各地政府对跨境电子商务单一窗口平台建设的定位和目标存在模糊错位，建设标准不同，各相关部门参与程度不一，存在影响企业数据安全和公平发展的风险。

为进一步促进部门之间的信息互通、监管互认、执法互助，建议从国家层面统一推进“单一窗口”建设，制定统一标准，强化跨部门、跨区域通关协作，完善口岸工作机制，按照“一点接入”和信息实时交换共享原则，建立起“关、检、汇、税”和国际贸易、仓储物流、金融结算等信息的交换共享机制，建成统一完善的跨境电子商务数据交换系统，形成大通关管理体制机制。[②]

（三）加强顶层设计，健全相关部门协调管理机制

落实全国通关一体化。借鉴全国通关一体化改革中“一次申报、分布处置”理念，将跨境电子商务商品监管纳入，改变海关接受申报、审单、查验、征税（扣减税款担保）、放行的“串联式”作业流程，由企业完成申报和税款

---

① 崔雁冰、姜晶：《我国跨境电子商务的发展现状和对策》，《宏观经济管理》2015年第8期，第65页。

② 孙蕾、王芳：《中国跨境电子商务发展现状及对策》，《中国流通经济》2015年第3期，第38页。

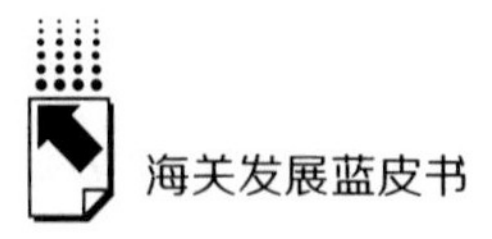

担保的缴纳，安全准入风险在监管现场处置，税收风险在货物放行后处置。

优化转关模式。建立跨境电商货物（B2B、B2C）的多渠道转关模式。根据企业实际需求，允许货物经二线口岸海关转关至陆运（公路、铁路）、空运、海运口岸清关，实现转关全覆盖；探索建立适合跨境电子商务零售进出口的批量转关模式，将综试区经验复制推广至全国范围。简化跨境直购进出口业务跨主管关区的转关物流监管机制，以监管袋替代监管车，降低企业物流成本。

（四）结合“一带一路”建设，创新跨境 B2B 监管模式

结合“一带一路”建设，建设严密、高效、科学的海关监管服务平台，实现跨境电商通过海关通道实现全国范围内物流配送网点最优化配置。铁路运输有着运输时间稳定、运量较大、成本相对较低的特性。就“渝新欧”铁路而言，其回程进口货物运价只有空运的 1/3 左右，而时效性远远高于水陆联运或者江海联运。

对于创新跨境电商 B2B 监管模式，一种是单独明确 B2B 的贸易方式及监管办法。对跨境电商 B2B 的货物在特殊区域区内或区间进行流转后，会导致从单证类型上与其他贸易方式的货物混淆，给监管带来困难，建议考虑在 L 账册上增加相应功能，使系统能识别进境时是 1210 或 1239 贸易方式的流转单证。另一种是参照杭州海关做法，B2B 货物申报时电商企业或其代理报关企业向海关提交订单和出口报关单，贸易方式申报为“一般贸易（0110）”，在报关单合同号中增添“电子商务”内容，将跨境电子商务出口货物与普通货物区别开。此外，积极引入具有较大规模与知名度的跨境电商企业、B2B 平台参与试点，与 B2C 电商做好对接工作，推进“互联网”与“外贸”、“批发”与“零售”的结合。

综上，改革创新是助推跨境电子商务健康发展的内在原动力，通过完善顶层设计、健全法律法规、创新监管模式、完善政策支持、优化作业流程等，建立高效、便利、统一的公共服务平台，进一步规范跨境电子商务市场主体行为，激发市场主体活力，积极营造公平公正、统一开放、竞争有序的良好发展环境；同时，不断强化部门配合和协同管理，顺应跨境电子商务时代发展，切实转变政府管理职能，让监管“隐形”于市场发展，将“管得住”与“通得快”的监管服务理念根植于心，强化政府监管的同时提升监管效能，建立更加顺畅、高效的跨境电子商务管理秩序，最大限度地推动跨境电子商务健康发展。

B.19
后　记

海关是国家宏观经济活动的重要组成部分与维护国家经济利益的重要力量。随着中国全方位开放新格局的纵深推进，面对“五大发展理念”的新要求、稳增长调结构的新形势、维护国门安全的新挑战，中国海关面临着全面深化改革的新任务。

近年来，上海海关学院以建设海关智库为抓手，围绕海关全面深化改革中的热点问题组织了一批科研创新团队，凝练出自贸区海关监管、跨境电商海关监管、知识产权海关保护、“一带一路”与海关法等一系列研究方向，采用多学科、多视角的研究方法，取得了丰硕的成果。海关全面深化改革的推进需要一系列具有深度与广度的研究支持，总结海关在制度改革、服务经济发展方面取得的成就，发现存在的问题并提出建议，更好地发挥上海海关学院海关智库的决策咨询职能，为中国海关与对外经贸事业建言献策，是我们开展这一研究课题的宗旨所在。

在本书的编撰过程中，我们得到了学院内外专家和同人的大力帮助。在此诚挚感谢各位作者在百忙之中为本年度蓝皮书提供了宝贵的稿件。诚挚感谢社会科学文献出版社谢寿光社长和任文武主任为相关立项给予的帮助和指导，以及对本书出版提供的大力支持和协助。

本书所用数据与政策法规资料截至 2017 年 2 月 1 日。

由于时间和水平限制，本书难免存在不少疏漏和不尽人意之处，诚挚希望读者批评指正！

编　者

2017 年 1 月 6 日

Abstract

It has been 3 years since the establishment of Shanghai pilot freetrade Zone in China and Customs witnessed important reforms in the participation of the pilot. In terms of the legal status of FTZ, Customs should follow the international common practices so as to identify FTZ as a customs control zone within both the sovereign territory and customs territory as well as exert its enforcement competency on all the goods including infringed goods in the FTZ. In the strategic context of forming a network of FTZs based on the surrounding regions and those radiating from the Belt and Road Initiative, Customs should further enhance the depth and breadth of its cooperation with the logistics enterprises in the FTZ, thus to provide a sound supporting environment for the construction of international logistic channel and the development of regional trade.

Meanwhile, the establishment of FTZ has brought new demands on the inter-agency cooperation among enforcement agencies of trade control and the innovation on control regimes, and therefore the innovation in customs control regime should be focused on its legal basis, coordinated innovation and innovative path. In practice, Customs should explore to establish new mechanism to break the bottleneck of coordinated innovation by leveraging on the constriction of Single Window in international trade. On the basis of control regime innovation, with the promotion effect of regime innovation in FTZ on manufacturing industry and cultural trade, Customs should further utilize FTZ as a test field, further expand the application of various measures related to manufacturing industry so as to guide its transformation and upgrading and should also learn from the developed countries on their development of cultural trade in order to expand the development path for the trade of cultural products and cultural services. The overall deepened reform of Customs should likewise be established on the basis of our foreign trade analysis in recent years.

From the respective of time, we can see a U-shaped curve on theTerm of Trade since the opening up. The recent improved trend is caused by the structural optimization of exports in terms of industry. From the perspective of space, the promotion on the economic development by the open trade mechanism relies heavily on the local process of marketalization with apparent threshold effect. In terms of service trade, the total volume of it has not yet been effectively promoted by China-ASEAN Agreement on Trade in Services and the current statistics for new modes of service trade is a missing link. In terms of the electronic information industry, its current development in China is currently positioned in the crucial stage, in which export products are obviously affected by external shocks with an inverted V-shaped growth, which indicates the necessity of industrial transformation and upgrading. In terms of cross-border E-commerce, the new regulations by customs are faced with many problems like the uneven development of pilot cities, no obvious influence on the importation and exportation under the new regulation as well as significant increase of tax burden on cross-border E-commerce enterprises, which makes it necessary for Customs to innovate an integrated management pattern for cross-border E-commerce in the respects of legislation and control.

Legislation is also an integral part of the overall deepened reform ofCustoms. Construction of the administrative pattern of integrated customs clearance is regarded as the important reform according to the " Overall Plan of Comprehensively Deepening Reform of Customs", and thus as the main leverage and target of reform. The construction of integrated customs clearance is to guide the reform of customs management system through optimization of three-level jurisdiction, integration of functions and reengineering of the customs clearance process and form the administrative pattern of intensive, efficient and harmonious integrated customs clearance. Meanwhile, Customs legislation should be in line with the international standards. Based on the requirements of Trade Facilitation Agreement, Customs should analyze the gap rationally and promote the implementation of TFA proactively so as to optimize and improve port clearance system and management capacity. As for Customs valuation, China Customs should enhance the comparative research on this conundrum and learn the best practices from foreign countries. The present tonnage tax in china has caused certain obstacles to the development of shipping enterprises. Customs, as an enforcement agency which is entitled to expressing constructive opinion, shall coordinate with tax authorities to form a sound shipping tax system and improve the efficiency of enforcement.

Contents

Ⅰ General Report

Abstract: Sept 29th 2016 was the three year's anniversary of the establishment of Shanghai Free Trade Zone in China. It was cleared stated in the national overall planning that the pilot reforms in the FTZ were expected to explore new thinking and path for future opening up and further reforms in China so as to better serve our country. After the innovative piloting for 3 years, the number of pilot FTZ has expanded from 1 to 11, which marks a new phase for FTZ construction. Currently it is time for us to summarize our best practices as well as to reflect on the reform path for innovations in Customs regimes, thus to have a clear vision for the new phase. In this thesis, the author first reviewed the achievements on innovations in Customs regimes in the past three years, especially a series of applicable best practices, and then analyzed the new challenges faced by Customs on regime innovation in the FTZ in the new phase. Finally, the author gave relevant suggestions and his outlook on the innovation path for future Customs regimes.

Keywords: Pilot Free Trade Zone; Customs; Regime Innovation

Ⅱ Customs and Development of Free Trade Zone

Abstract: At present, as an important part of the initiative to deepen reform in an all-round way, China will accelerate the implementation of the strategy of free trade area, and will be committed to form a network of free trade area based on the surrounding regions and those radiating from "the belt and road". Meanwhile, steady and important progress has been made in the establishment of domestic free trade zone and promotion of trade facilitation. In the future, China would center on domestic free trade zone to build an integrated pattern of customs clearance step by step and innovate systems of customs supervision in order to further integrate into international regulations. To give full play to comparative advantage of free trade zone and deepen reform in trade facilitation, the depth and breadth of integrated cooperation shall be further strengthened between customs and regional logistics enterprises. China shall establish collaborative innovation mechanism between customs and logistics alliance through setting up cooperation mechanism among logistics enterprises and strengthening cooperation with customs and other agencies in order to provide a good environment to support the construction of international logistics channel and harmonious development of regional trade.

Keywords: "The Belt and Road"; Free Trade Zone; Customs Collaborative Innovation; logisics Alliance

B. 3 A Probe into the Pathway of Expanding the International Cultural Trade by Tapping into the Advantages of China (Shanghai) Pilot Free Trade Zone

Sun Hao / 032

Abstract: The paper aims to explore pathways of how to increase the international cultural trade by making full use of China (Shanghai) Pilot Free Trade Zone, and then replicate the practice in other areas in China at right time . By referring to three typical countries in the development of cultural trade, including USA, Luxembourg and South Korea, the paper analyzes the current situation, measures and achievements in the development of cultural trade in Shanghai, and finally proposes some suggestions on how to enlarge the export of cultural products and trade in cultural service in Shanghai FTZ.

Keywords: Free Trade Zone; Cultural Trade; Cultural Products; Cultural Service

B. 4 Reference to the International Ruleson the IPR Customs Protection in the Free Trade Zone

Zhu Qiuyuan / 054

Abstract: There is no legal or policy definition of China's free trade zones (FTZs, also known as "free zone" in EU or in the Kyoto Convention) and no provision is available on the legal status of the FTZ. Meanwhile, China has not issued the official or effective interpretation on whether the FTZ is a special area regarded as being outside the customs territory. In practice, it is an arguable question if the customs authorities have the competency to enforce IPR protection in the FTZs of China, and there is also rare enforcement or innovative policies carried out in FTZs to protect IPR. Given the risks of infringement in FTZs, the main trend of the current international rules is to enforce IPR customs protection in free zones. In fact, the free zone is an area under the customs supervision which is located inside instead of outside the customs territory. Customs authorities have the full competency to enforce the IPR protection in FTZs.

Keywords: Free Trade Zone; Free Zone; Area Under the Customs Supervision; IPR Customs Protection; Infringement

B. 5 Deepen Cross-Departmental Cooperation in Trade Regulation in Shanghai FTZ *Chen Zhenhai* / 069

Abstract: Since the establishment of the Free Trade Zone (FTZ), there has been obvious development in cross-departmental cooperation, promoted by the law enforcement agencies of trade regulation, in which the Customs plays a major role. However, there are also some problems, including operational coordination, propelling initiative, coverage of business, standard uniformity, informatization, and foresight of system. These problems can boil down to lack of momentum and insufficient capacity. Therefore, it is highly recommended to perceive from organizational reform theory and mechanic analysis, and consider solutions from the power boost, resistance reduction and capacity improvement, so as to deepen cross-departmental cooperation in trade regulation in Shanghai Free Trade Zone.

Keywords: Shanghai Free Trade Zone; Trade Regulation; Cross-departmental Cooperation; Mechanic Analysis

B. 6 Major Bottlenecks and Solutions for Innovation of Trade Regulation in Shanghai Pilot FTZ *Zhou Yang* / 088

Abstract: Institutional innovation is both an essential mission and a key impetus of Shanghai Pilot FTZ, and the innovation of trade regulation is part of it. Although Shanghai Pilot FTZ has achieved well-recognized success over the past three years, there are still a few problems including legal basis, collaborative innovation and innovation pathways. The most practical pathway to tackle the legal bottleneck is to follow the precedent of "temporary adjustment or suspension". It is recommended to set up new mechanisms to break the bottleneck of collaborative innovation by leveraging on the development of the Single Window of international trade, and to diversify the innovation pathways of trade regulation by focusing on enhancing businesses' satisfaction and sense of gain.

Keywords: Shanghai Pilot FTZ; Trade Regulation; Institutional Innovation

Abstract: This paper summarizes the relevant policies and measures of promoting the development of manufacturing industry in the free trade zone, especially the institutional innovation of the Customs in the development of free trade zones. On this basis, through the comparative analysis of export volume of manufacturing sector, added value of manufacturing industry, value of fixed assets investment, FDI in the manufacturing industry and efficiency of customs clearance, this paper elaborates on the influence of China's (Shanghai) FTZ on manufacturing industry. The research shows that the customs institutional innovation has a positive effect on the development of the manufacturing industry based on the example of the Shanghai Free Trade Zone,, and the influence is mainly reflected in the change of "quality", i. e. the adjustment of manufacturing structure.

Keywords: Free Trade Zone; Customs Institutional Innovation; Manufacturing Industry

Ⅲ Customs and the International Trade of China

Abstract: Data analysis indicates that China's Term of Trade (ToT) shows as an upwardU curve after the reform and opening up in the past 40 years. The bottom appeared in 2011. Before 2011, the curve had the downward trend with volatility, and then picked up afterwards. Perceived from an external economic environment, bulk commodity prices continue to slump which creates a micro foundation for the improvement of price ToT. From the industry perspective, export industries presents obvious differentiation and optimization, which brings about improvement of the price ToT, and in turn, this improvement largely results from the optimization of export commodity structure, especially the rapid growth of export of electromechanical and high-tech products, which provides the micro foundation for the lasting improvement of the price ToT. , Thanks to the rapid growth in the quantity of exports, income and factor ToT have shown a steady improvement trend. The improvement of ToT means that our country is gradually getting rid of the long-term deterioration of trade gains and welfare. The international comparison reveals that the long-term economic growth is not achieved by extensive and massive export. Finally, based on the empirical analysis of the macro data of 1981 –2015, the price ToT of our country are closely related to export trade mode, ownership of export enterprises, type of capital intensity and commodity structure of export.

Keywords: Trade Gains; Term of Trade; Trade Mode; Commodity Structure of Trade

Abstract: Evaluating the results of implementing the liberalization agreements on of trade in service has always been an important research issue in the field of regional economic integration. Using data from the World Bank's Trade in Services Database, we adopt the method of Difference-in-Difference combined with propensity matching score (PSM-DID) to systematically estimate the effects of *Agreement on Trade in Services of the Framework Agreement on Comprehensive Economic Co-operation between the People's Republic of China And the Association of Southeast Asian*

Nations ("*China-ASEAN Agreement on Trade in Services*" *in abbreviation*) on the bilateral trade in services between China and ASEAN countries. We find no robust evidence that the implementation of *China-ASEAN Agreement on Trade in Services* promotes the bilateral import and export on aggregated level. Estimation on categorized data shows that the agreement has helped increase China's import of royalties and license services, as well as personal, cultural and recreational services from ASEAN countries. However, it has negative effects on China's two-way trade of construction services and the export of insurance services with its ASEAN trade partners. The reason which leads to the above results is that the opening measures in the agreement are consistent with neither China's comparative advantages nor the dominant mode in which related services are provided. For better promoting the development of trade in service within the framework of regional economic integration, follow-up negotiations are supposed to avoid the above problems.

Keywords: China-ASEAN Agreement on Trade in Service; Trade Service; Comparative Advantages; DID

B. 10 Current Situation, Problems and Countermeasures of Customs Service Trade Statistics

Abstract: Service trade is an important prolongation direction of high-end of global value chain for processing trade. According to the service trade definition of WTO and IMF, the paper focuses on the current lack of statistics on the new type of service format. Meanwhile, the paper proposes three policy countermeasures: the first is to transfer the enterprise as basic statistical unit, the second is to specify the obligation of active statistical declaration for enterprises, the thirdly is to improve the audit mechanism combining enterprise declaration with key-point investigation.

Keywords: Customs; Service Trade; Lack of Statistics; Countermeasure

Abstract: Electronic information industry is the most vigorous emerging high-tech industry in the world, and has gradually become the core of national trade competition and the marked symbol of the international competitiveness. This article decomposes the value chain of China's electronic information industry from the perspective of intensive and extensive margin to analyze the status of China's electronic information industry in the world. It is found that China's electronic information industry is currently positioned in the crucial stage of development, in which product exports are obviously affected by external shocks. The intensive margin presents an ongoing slow growth, while the extensive margin shows an inverted V-shape growth. with large fluctuations. Therefore, the electronic information industry in China is in urgent need of industrial transformation and upgrading.

Keywords: Intensive Margin; Extensive Margin; Value Chain Decomposition

Abstract: Under the background of such an opening world, how does the development of foreign trade affect economic growth, and what changes will happen to the mechanism as opening deepens? From the perspective of regional market evolution, this paper studies the link between China's trade opening and local growth. We show that the promoting effect of trade on local economic growth has to rely on the progress of marketization, and it will take on an obvious threshold effect: when the level of market development is higher than the threshold condition, trade opening will produce a very significant effect on growth; when the marketization is below the specific threshold conditions, the promoting effect will be greatly restricted and cannot be well released. Therefore, for better promoting effect, it is not only imperative to continue to deepen the opening level so as to press ahead the new system of open economy, but also necessary to strengthen the integration for domestic market from different aspects so as to improve and cultivate the economic mechanism and market environment which are aligned with local development .

Keywords: Trade Opening; Cconomic Growth; Marketization; Threshold Effect

Ⅳ Deeper-Level Reform of Customs and Promoting the Rule of Law

Abstract: The paper reviews the study on the integrated customs clearance andpublic governance theory and elaborates on the theoretical basis of integrated clearance. Based on the theoretical summary, the paper attempts to find out a pathway of integrated customs clearance under the background of collaborative governance theory, holistic governance theory and network governance theory, and then draws out the measurement indicator system of integrated customs clearance. In conclusion, the paper discusses the trend and development of integrated customs clearance in future.

Keywords: Integrated Customs Clearance; Collaborative Governance Theory; Holistic Governance Theory; Network Governance Theory

Abstract: As a top-level design of customs reform and development, construction of the administrative pattern of integrated customs clearance is regarded as the important reform that plays a symbolic and correlative role according to the "Overall Plan of Comprehensively Deepening Reform of Customs" (referred to as "overall plan" in brief below), and thus as the main leverage and target of reform. The construction of integrated customs clearance is to guide the reform of customs management system through optimization of three-level jurisdiction, integration of functions and reengineering of the customs clearance process and then to implement "three mutual" initiatives to promote cooperation among relevant port agencies and form the administrative pattern of intensive, efficient and harmonious integrated customs clearance. Apart from discussing the background, basis and content of "optimization of three-level governance system", this article proposes expectation on "legally optimizing, taking account of interest concerned in three-level jurisdiction, and sorting out the relationship among jurisdiction, objective reality, function and liability".

Keywords: Customs Clearance; Integrated Customs Clearance; Three-level Jurisdiction; Public Product

Abstract: To customs, valuation is really a worldwide problem. "There is no consistent valuation method even though it is hotly discussed. Just as therapies work differently to different patients, valuation method is quite different from company to company. Though the final goal is always to find reasonable price, countries around the world solve this in different ways." Against this background, to further comparative research and learn from other countries is becoming particularly important. Comparative research between EU and China organized by GACC is part of the efforts.

Keywords: EU legislation; Customs Valuation; Comparative Research

B. 16 Inspirations and Lessons from Modern Tonnage Tax

Liu Haiyan / 295

Abstract: Traditionally tonnage tax is a tax which customs imposes on a vessel which passes through the border. Modern tonnage tax is in essence a corporate tax based on the tonnage of the vessel. Major shipping countries in the world have carried out modern tonnage tax system. The present tonnage tax in china has caused certain obstacles to the development of shipping enterprises. To promote modern tonnage tax in our country is of great importatnce to the development of China's trade and shipping. Thus the customs, as an enforcement agency which is entitled to expressing constructive opinion, shall coordinate with tax authorities to form a sound shipping tax system and improve the efficiency of enforcement.

Keywords: Modern Tonnage Tax; Customs

B. 17 Analysis of China's Category B Provisions of the WTO Agreement on Trade Facilitation

Zhang Shujie, *Zhao Shilu* / 312

Abstract: Considering the current status of trade facilitation in China and the requirements of the WTO Agreement on Trade Facilitation (TFA), China, when notifying the categories of provisions of the TFA to the WTO Trade Facilitation Preparatory Committee, has put "Establishment of Publication of Average Release Times", "Single Window", "Outward Processing", "Customs Cooperation" under Category B. This paper analyzes the current circumstances in implementing the above provisions and identifies the possible gap. It is envisaged that the implementation of the TFA will contribute to the facilitation of cross-border movements of goods both in and beyond China, which will further improve trade efficiency and reduce trade costs, and eventually, optimize and enhance the border management and governance.

Keywords: Trade Facilitation; Establishment of Publication of Average Release Times; Single Window; Outward Processing; Customs Cooperation

Abstract: Cross-border electric commerce is of great significance to put in place the Belt and Road Initiative, promote the transformation and upgrading of manufacturing industryand expand employment. A survey on cross-border e-commerce of eight pilot cities reveals uneven development of cross border e-commerce in those pilot cities: The new policy has no obvious influence on import and export of e-commerce businesses . After the new policy, the e-commerce businesses face a considerable increase in tax burden level . On this basis, the article looks into the challenge of cross-border e-commerce in our country, i. e. conflicts between underdeveloped regulations and policies and complex control the pursuit of profit and the cost of compliance, as well as traditional customs procedure and particularity of cross-border e-commerce. By drawing lessons from foreign legislations on cross-border e-commerce in customs declaration, duties and taxes in importation and self-policing, we propose to innovate the comprehensive administrative model of cross-border e-commerce.

Keywords: Cross-border E-commerce; New Policy; Pilot Cities

S 子库介绍
Sub-Database Introduction

中国经济发展数据库

涵盖宏观经济、农业经济、工业经济、产业经济、财政金融、交通旅游、商业贸易、劳动经济、企业经济、房地产经济、城市经济、区域经济等领域，为用户实时了解经济运行态势、 把握经济发展规律、 洞察经济形势、 做出经济决策提供参考和依据。

中国社会发展数据库

全面整合国内外有关中国社会发展的统计数据、 深度分析报告、 专家解读和热点资讯构建而成的专业学术数据库。涉及宗教、社会、人口、政治、外交、法律、文化、教育、体育、文学艺术、医药卫生、资源环境等多个领域。

中国行业发展数据库

以中国国民经济行业分类为依据，跟踪分析国民经济各行业市场运行状况和政策导向，提供行业发展最前沿的资讯，为用户投资、从业及各种经济决策提供理论基础和实践指导。内容涵盖农业，能源与矿产业，交通运输业，制造业，金融业，房地产业，租赁和商务服务业，科学研究，环境和公共设施管理，居民服务业，教育，卫生和社会保障，文化、体育和娱乐业等 100 余个行业。

中国区域发展数据库

对特定区域内的经济、社会、文化、法治、资源环境等领域的现状与发展情况进行分析和预测。涵盖中部、西部、东北、西北等地区，长三角、珠三角、黄三角、京津冀、环渤海、合肥经济圈、长株潭城市群、关中—天水经济区、海峡经济区等区域经济体和城市圈，北京、上海、浙江、河南、陕西等 34 个省份及中国台湾地区 。

中国文化传媒数据库

包括文化事业、文化产业、宗教、群众文化、图书馆事业、博物馆事业、档案事业、语言文字、文学、历史地理、新闻传播、广播电视、出版事业、艺术、电影、娱乐等多个子库。

世界经济与国际关系数据库

以皮书系列中涉及世界经济与国际关系的研究成果为基础，全面整合国内外有关世界经济与国际关系的统计数据、深度分析报告、专家解读和热点资讯构建而成的专业学术数据库。包括世界经济、国际政治、世界文化与科技、全球性问题、国际组织与国际法、区域研究等多个子库。

法律声明